INTRODUÇÃO À HISTÓRIA DA ARQUITETURA

Sobre o Autor

JOSÉ RAMÓN ALONSO PEREIRA é arquiteto graduado pela Escuela de Arquitectura de Madrid e catedrático de "História da Arquitetura e do Urbanismo" da Escuela de Arquitectura de La Coruña desde 1991. Ele combina o exercício da profissão de arquiteto com a prática docente e de pesquisador. Autor dos livros *Madrid 1898–1931: de corte a metrópoli* (1985), *Historia general de la arquitectura de Asturias* (1996), *La Ciudad Lineal* (1998), *Ingleses y españoles: la arquitectura de la Edad de Plata* (2000), *La Gran Vía de Madrid* (2002) e *Roma Capital: invención y construcción de la ciudad moderna* (2003).

A454i   Alonso Pereira, José Ramón.
            Introdução à história da arquitetura, das origens ao século XXI / José Ramón Alonso Pereira ; tradução Alexandre Salvaterra. – Porto Alegre : Bookman, 2010.
            384 p. ; 25 cm.

            ISBN 978-85-7780-576-1

            1. Arquitetura – História. I. Título.

            CDU 72

Catalogação na publicação: Renata de Souza Borges CRB-10/1922

JOSÉ RAMÓN ALONSO PEREIRA

INTRODUÇÃO À HISTÓRIA DA ARQUITETURA

Tradução:
Alexandre Salvaterra
Arquiteto e Urbanista

Reimpressão 2012

2010

Obra originalmente publicada sob o título *Introducción a la historia de la Architectura, Edición Corregida y Aumentada*
ISBN 9788429121080

© Editorial Revertè, S.A., Barcelona, 2005

Capa: *Rogério Grilho*

Leitura final: *Sandro Waldez Andretta*

Editora Sênior: *Arysinha Jacques Affonso*

Editora Pleno: *Denise Weber Nowaczyk*

Projeto e editoração: *Techbooks*

Reservados todos os direitos de publicação, em língua portuguesa, à
BOOKMAN COMPANHIA EDITORA LTDA., uma empresa do GRUPO A EDUCAÇÃO S.A.
Av. Jerônimo de Ornelas, 670 – Santana
90040-340 – Porto Alegre – RS
Fone (51) 3027-7000 Fax (51) 3027-7070

É proibida a duplicação ou reprodução deste volume, no todo ou em parte, sob quaisquer formas ou por quaisquer meios (eletrônico, mecânico, gravação, fotocópia, distribuição na Web e outros), sem permissão expressa da Editora.

SÃO PAULO
Av. Embaixador Macedo Soares, 10.735 – Pavilhão 5 – Cond. Espace Center
Vila Anastácio – 05095-035 – São Paulo – SP
Fone (11) 3665-1100 Fax (11) 3667-1333

SAC 0800 703-3444 – www.grupoa.com.br

IMPRESSO NO BRASIL
PRINTED IN BRAZIL

Apresentação à Edição Brasileira

Uma visão concisa da arquitetura ocidental

Roberto Segre

É necessário uma grande dose de coragem para publicar, hoje, neste novo século, uma história geral da arquitetura ocidental breve e sucinta, desde suas origens até os nossos dias. Primeiro, porque, desafortunadamente, os alunos das nossas escolas de arquitetura leem cada vez menos livros. Drogados pelo *zapping* televisivo e pela proliferação de informações contidas na Internet, na superficialidade cultural da *wikipedia* e do *History Channel* estão acostumados aos fragmentos dos textos indicados pelos professores e consultados nas diabólicas cópias xérox. Segundo, porque as novas gerações perderam o prazer de folhear o livro, de acariciar as suas páginas, de desfrutar as imagens e o cheiro da impressão, e principalmente de assimilar os conteúdos conceituais. E por isso, as publicações de arquitetura se transformaram em infinitos catálogos de imagens brilhantes e coloridas editados pela *Taschen*, ou em gigantescos e pesados volumes, concebidos para bibliotecas ou para profissionais bem sucedidos e impossíveis de serem colocados em prateleiras convencionais: lembremo-nos do *The Phaidon Atlas of Contemporary World Architecture*, ou do recente *Le Corbusier Le Grand*.

Daí a ousadia e a generosidade do professor Alonso Pereira. Ousadia, porque conseguiu, em um reduzido espaço, desenvolver ideias, conceitos e teses originais sobre temas já tantas vezes estudados e aprofundados. Generosidade, porque imaginou esta breve história para facilitar o conhecimento básico dos jovens que começam os estudos universitários de arquitetura com o precário embasamento fornecido pelas escolas de ensino médio desconhecendo a essência da especialidade na qual decidiram se formar. Assim, em um percurso que se inicia com a pré-histórica cabana primitiva, até as obras que abrem o século XXI, é possível compreender o que aconteceu de mais significativo na evolução das formas e dos espaços do ambiente construído no mundo ocidental.

O livro não tem a pretensão de concorrer com as conhecidas e detalhadas histórias da arquitetura ocidental, tais como as de Nikolaus Pevsner e Spiro Kostof. E assume dois eixos básicos, contidos nos estudos gerais do tema: o teórico-conceitual, desenvolvido por Bruno Zevi no seu antológico *Saper vedere l'architettura*; e no breve

Roberto Segre é professor no Programa de Pós-Graduação em Urbanismo (PROURB/ FAU/ UFRJ) e coordenador do DOCOMOMO-RIO.

panorama elaborado por Leonardo Benévolo na *Introdução à Arquitetura*. É de se notar também a utilização de desenhos em preto e branco, em vez de fotos coloridas, que se iniciou no século XIX com os livros de Banister Fletcher e de Auguste Choisy, e que tiveram sequência com as publicações de Bill Risbero. Desta maneira, as imagens não são tradicionais ilustrações, mas representações dos elementos mais importantes que caracterizam os exemplos citados, resumidos nos gráficos interpretativos.

A estrutura linear do tema não significa uma rígida seqüência temporal nos conceitos, já que existe uma referência à modernidade persistente. Ou seja, não é uma história descritiva, mas uma interpretação da história embasada na visão do presente com um sistema de conceitos indispensáveis para o arquiteto de prancheta. As referências à Le Corbusier quando se analisam as formas puras das construções egípcias; ou o Modulor e a Neufert, citados no estudo das dimensões e modulações da arquitetura clássica grega, demonstram que alguns problemas essenciais da arquitetura perduraram ao longo da civilização ocidental. Assim, a distância temporal é superada pela proximidade conceitual. O naturalismo e primitivismo da árvore sagrada das civilizações pré-históricas aparecem no século XXI no Centro Cultural de Santiago de Compostela, desenhado por Peter Eisenman, cuja forma, quase subterrânea, assimilada pela topografia da colina, assume a significação de uma "Montanha Mágica".

Por enquanto a interpretação de cada época e dos seus códigos arquitetônicos é baseada em exemplos paradigmáticos, desde o Partenón em Atenas até o Museu Guggenheim em Bilbao; as obras não são examinadas no vazio mas dentro do seu contexto histórico, cultural e territorial. A cidade, que contém a arquitetura, está presente em todas as análises, enfatizando, como afirmou Vittorio Gregotti, o território da arquitetura. Sem dúvida este livro será de grande utilidade para os alunos brasileiros que estão iniciando os estudos de arquitetura, já que ele permite em pouco espaço, oferecer com uma linguagem acessível e com expressivas imagens, uma visão abrangente dos 5 mil anos da história da arquitetura e do urbanismo ocidental.

Rio de Janeiro, outubro de 2009.

Prefácio

Pedro Navascués

Este livro veio à luz pela primeira vez há 10 anos. Foi concebido pelo seu autor como uma introdução à história da arquitetura destinada aos estudantes do primeiro ano da Escuela Técnica Superior de Arquitectura da Universidad de La Coruña, onde José Ramón Alonso Pereira é hoje catedrático. A obra cumpriu seu objetivo inicial e teve sucesso além do esperado e, esgotadas as três primeiras edições, agora nos lançamos em uma segunda aventura editorial induzida pela insistente demanda por este manual universitário. Sua gênese e sua estrutura derivam de um programa de ensino de determinado momento da carreira universitária do autor, cujo brilhantismo atesto pessoalmente, tendo sido diretor da banca examinadora na ocasião.

Ou seja, trata-se de um livro pensado no âmbito específico das escolas de arquitetura e escrito para elas, levando em consideração também as exigências acadêmicas de duas das disciplinas obrigatórias no currículo universitário, "Introdução à arquitetura" e "História da arquitetura". Se consideramos todos estes aspectos, que poderiam parecer supérfluos à primeira vista, é exatamente porque esta *Introdução à história da arquitetura* foi concebida para servir de guia ao aprendiz de arquiteto em suas primeiras incursões pelo imenso horizonte da história e da arquitetura, um horizonte certamente sombrio onde mais uma vez as árvores não deixam ver a floresta, e vice-versa.

De fato, uma das tarefas mais difíceis do docente é definir a área de atuação, organizar os conteúdos com propriedade e, acima de tudo, expô-los com clareza. É isso o que o leitor vai encontrar neste livro, em uma visão tão válida como clássica: as origens da arquitetura, o mundo clássico, a Idade Média, o Renascimento e o Barroco, a Revolução Industrial, o Movimento Moderno e o que o autor denomina de "nosso presente", se referindo à arquitetura da segunda metade do século XX, ou seja, até ontem, porque o presente, e muito especialmente o que está sujeito à moda, se converte imediatamente em história pretérita.

O esquema resultante é impecável, entendendo-se que não se trata de uma história da arquitetura, e sim uma introdução a ela, e é este provavelmente o aspecto mais positivo do livro. Trata-se de

Pedro Navascués é catedrático de História da Arquitetura na Escuela Técnica Superior de Arquitectura de Madrid e membro da Real Academia de Bellas Artes de San Fernando.

uma primeira introdução à arquitetura, sua história e composição, na qual vão se entrelaçando os conceitos fundamentais dessas disciplinas onde o tempo e o espaço são duas coordenadas inevitáveis que o aluno não pode ignorar.

O estudante ávido para conhecer com mais detalhes o que nesta obra é exposto de modo sucinto, embrionário, convidativo, tem na bibliografia apresentada no final do texto – uma bibliografia igualmente geral e básica, porém mais do que suficiente neste primeiro estágio – a possibilidade de se aprofundar em qualquer um dos grandes temas expostos, analisando os desenhos, lendo seus textos ou apreciando as reproduções. Tomara que este livro sirva de alavanca e contribua para excitar a curiosidade intelectual que se espera de todo universitário, de tal forma que o professor trate com seus alunos já não as questões básicas, mas aquelas outras mais profundas apresentadas nas monografias. Um bom livro deve remeter a outro, e nas prateleiras das bibliotecas das nossas escolas de arquitetura centenas de livros esperam a consulta desse aluno que nunca chega, tornando-se velhos muitas vezes sem poder transmitir a tantos estudantes o que seu índice resume, sem que desvelem nas plantas baixas e elevações o DNA da arquitetura, sem que possam dar o prazer de suas imponentes edições, impensáveis quando éramos estudantes.

Por outro lado, a maioria dos estudantes e muitos professores – temos que admitir – costumam desdenhar a história da arquitetura, ou simplesmente relegá-la ao campo da erudição ou da mera curiosidade, temendo fazer algo que possa lembrar uma solução já vista, como se a formação histórica condicionasse a liberdade de expressão do futuro arquiteto. Isto que, infelizmente, se sente no ambiente acadêmico, entre professores e alunos, não corresponde em absoluto à realidade, mas muito pelo contrário. Paradoxalmente, ao apresentar uma *Introdução à história da arquitetura*, não posso deixar de afirmar que a própria história da arquitetura é a melhor introdução ao aprendizado da arquitetura em si. Em outras palavras, a história da arquitetura entendida não como uma história superficial e de estilos, mas como um estudo sério e completo, tem muito de disciplina propedêutica para um estudante de arquitetura. Composição, construção, expressão formal, estrutura, desenho, sociedade, enfim, tudo aquilo que incide no projeto de arquitetura vai surgindo de um modo lógico ao longo da história de tal forma que quem tenha cursado com um mínimo de interesse esta disciplina – além da informação que a história da arquitetura proporciona dentro do que cabe contemplar como cultura geral – contará com uma bagagem que nenhuma outra disciplina proporciona. A história da arquitetura revivida ao longo dos cursos escolares confere ao futuro arquiteto uma formação específica que dará peso próprio e interesse aos seus projetos como consequência – segundo mencionavam já muitos dos grandes arquitetos do século XIX – de imitar os princípios, e não as formas, do passado. Essa é a diferença.

Mas ainda tem mais, e esse seria o conselho mais importante: o verdadeiro conhecimento da arquitetura deriva da sua vivência, de realmente vê-la, porém não na condição passiva de espectador, mas questionando-a, procurando-a até senti-la em nós mesmos. A arquitetura fala para quem a escuta e diz coisas que nem os livros nem os professores são capazes de expressar. Da mesma maneira que cada um de nós ouve de maneira diferente uma sinfonia de Beethoven, por exemplo, assim acontece com a arquitetura, com toda a arquitetura, tanto com aquela arquitetura que erroneamente chamamos de antiga quanto com a moderna, como se a primeira fosse coisa dos historiadores e a segunda dos arquitetos. A arquitetura de hoje amanhã será de ontem, e a falácia da distinção entre antiga e moderna só revela a incapacidade e/ou a ignorância daqueles que assim se referem a ela. A única diferença que cabe estabelecer no campo da arquitetura, como no campo da literatura ou da música, é entre a boa e a má arquitetura, e boa ou má arquitetura não é monopólio de época alguma. Nem a chamada antiga (pelo fato de ter mais idade) é sempre boa, nem a que fazemos nos dias de hoje tem garantia de qualidade pelo mero fato de ser mais jovem.

Com estas reflexões não quero mais do que exortar o leitor a aproveitar este convite de José Ramón Alonso Pereira, que, como um intrépido Virgílio, fez um esforço de síntese muito preciso para nos guiar pela sua viagem pessoal através da história da arquitetura, essa história que ele conhece em primeira mão como autor de vários livros e artigos que têm contribuído para estruturá-la, nos avisando aqui e ali de tanta coisa interessante que se produz ao nosso redor. E como – segundo diz o Livro II dos Macabeus – "é uma tolice se estender no prólogo de uma história que vai ser contada sucintamente", interrompemos aqui esta apresentação de uma obra que, sem dúvida, mais uma vez fará sucesso entre os estudantes de arquitetura.

Madri, abril de 2005.

À memória de Fernando Chueca, a cujo magistério estão intimamente ligados este livro e seu autor.

Sumário

1	Considerações Gerais: das Origens ao Século XXI	13
	I As Origens da Arquitetura	
2	Menir, Caverna e Cabana	21
3	O Laboratório Egípcio	29
4	O Presente Eterno: da Geometria à Forma	37
	II O Mundo Clássico	
5	O Território da Arquitetura Clássica	47
6	Ordem e Linguagem	51
7	A Cabana Clássica	61
8	Arquitetura e Edificação Romanas	71
9	A Cidade Romana	85
	III A Idade Média	
10	A *Civitas Dei* Medieval	95
11	A Cabana Cristã	103
12	O Românico, o Primeiro Estilo do Ocidente	113
13	Lógica e Esplendor da Arquitetura Gótica	119
	IV A Idade do Humanismo	
14	O Renascimento	131
15	O Projeto e a Perspectiva Renascentista	139
16	A Linguagem Clássica nos Séculos XV e XVI	145
17	Escalas e Cenografias Barrocas	155
18	A Cidade Barroca	167

V A Revolução Industrial

19	Revisão e Ruptura com o Classicismo	181
20	A Composição Arquitetônica	189
21	Ecletismo e Industrialização	195
22	A Cidade do Século XIX	209

VI O Movimento Moderno

23	Vanguardas e Experimentalismos	227
24	Metodologia e Território da Arquitetura	237
25	A Cidade Moderna	245
26	A Linguagem Moderna	253
27	Auge e Esplendor da Arquitetura Moderna	265

VII O Nosso Presente

28	Modernidade e Pós-modernidade	279
29	Ruptura e Destruição dos Modelos Universais	293
30	O Desafio da Contemporaneidade	307

Ilustrações	318
Leituras Sugeridas	363
Índice	373

Capítulo 1

Considerações Gerais: das Origens ao Século XXI

Introdução à arquitetura

Este livro resume, numa visão geral e unitária, o desenvolvimento da arquitetura ocidental através do tempo, desde suas origens remotas até nossa própria contemporaneidade; não é nem pretende ser uma história convencional da arquitetura, mas uma introdução ao seu estudo que desvele seus códigos e permita compreender sua realidade tanto ao profissional quanto ao amador, especialmente para quem se aproxima da arquitetura pela primeira vez. Esta obra busca propor uma reflexão sobre a especificidade da arquitetura, tentando abrir nossos olhos para ela e percebê-la como uma realidade ontologicamente nova e diferente de quaisquer outras já conhecidas.

Uma característica diferencial que identifica a arquitetura para um arquiteto é o caráter de experiência e de processo com que ela se apresenta. De um ponto de vista eminentemente arquitetônico, esta publicação se volta, portanto, ao processo de projeto de arquitetura, formulando o saber histórico como meio fundamental para o conhecimento da composição e da construção das edificações, atendendo aos problemas que cada sociedade e seus arquitetos tentaram resolver, e focando aquelas questões que explicam o porquê das permanências e das evoluções. Afinal, a história não pertence a um passado mais ou menos distante, mas faz parte operativa do presente. E, conforme se diz, fazer edifícios novos sempre foi uma crítica aos edifícios do passado, não é verdade?

A história da arquitetura

Nesta tarefa, a história é o veículo útil e necessário para a abordagem da arquitetura. Por intermédio dela se individualizarão pouco a pouco seus componentes e seus elementos específicos. É na história onde se pode e se deve encontrar o sentido da ação e a reflexão arquitetônica, iluminando o presente desde o passado e convertendo seu *campo intelectual* em uma verdadeira *sala de cirurgia*. A história é o instrumento vital que, como uma vara de salto, nos propulsiona.

Existem diferentes formas de entender e explicar a *história da arquitetura*. Ela pode ser a história da arte concebida como história dos monumentos singulares e independentes ou uma história do urbanismo entendida como a história dos tecidos urbanos. Contudo, a história que vamos apresentar foi concebida como um estudo holístico que considera as obras concretas como partes de uma *obra total* que, por sua vez, é configurada pela construção, linguagem e forma arquitetônica.

Espaço e tempo são as variáveis essenciais trabalhadas pela arquitetura e a história. A arquitetura brinca com espaços de três dimensões, embora os dinamize mediante a variável temporal. A história brinca com esta variável temporal, tornando-a essência de sua trajetória.

O lugar e o tempo são as bases de partida da história e os determinantes da sua arquitetura. Toda a arquitetura tem sido debatida nos infinitos desenvolvimentos e transformações de ambos os conceitos. E com esse caráter se inicia a abordagem da sua história, a partir de uma visão ampla que compreende a arquitetura como fato cultural de caráter plural, ampliado do projeto das edificações e para o projeto da cidade, expandindo o conceito de arquitetura à história urbana, pois, como escreveu Leon Battista Alberti: "A cidade é uma casa grande, e a casa é uma cidade pequena".

Os conceitos de arquitetura

A primeira abordagem da arquitetura passa pela determinação dos seus limites, pela fixação do *território da arquitetura*. Por isso – e partindo do fato de que a pergunta "o que é arquitetura?" não leva apenas a uma resposta, mas a uma busca –, chega-se a esta definição pela via da história: através da apresentação sequencial de realidades arquitetônicas bem contrastadas e definidas no tempo. Os diferentes problemas específicos da arquitetura se apresentarão claramente enquadrados na sua sequência histórica, coisa que a essa altura nos interessa mais do que a multiplicidade das respostas concretas.

Para isso, nas páginas seguintes trabalharemos com uma dúzia de ideias-chave que ressurgirão ao chegarmos ao fim do nosso trabalho: a ideia de território da arquitetura como *marco de definição* de sua atividade; a ideia de *ordem, tipo* e *método* como instrumentos de controle da arquitetura e, em consequência, as ideias de tipologia arquitetônica e de metodologia da composição; a ideia da arquitetura como *processo*, como *experiência* e como *construção*; a ideia da *escala* humana ou monumental dessa construção do hábitat: as ideias da *geometria* e da *forma* arquitetônica; a *ideia linguística*, como linguagem ou como estilo arquitetônico; e a ideia de *cidade* como síntese e limite superior da arquitetura, a qual dá sentido às arquiteturas concretas e delas exige uma inserção histórica.

Para o melhor desenvolvimento dessas ideias-chave e para alcançar os fins propostos, devemos perguntar – nos unindo a Bruno Zevi – "se seria conveniente pegar um edifício e o analisar a fundo, com a descrição exaustiva de seus valores urbanísticos, sua essência espacial, sua volumetria, seus detalhes plásticos; ou, ao contrário, se seria conveniente esboçar de forma superficial as principais concepções que se encontram ao longo da história da arquitetura ocidental com um método que omita algumas regras importantes e infinitas exceções". E, também com Zevi, preferimos esta segunda opção "em favor do público ao qual se destina".

A análise detalhada de um objeto arquitetônico singular exige uma ampla preparação cultural e uma longa crítica que o aluno que ingressa numa escola de arquitetura não possui nem necessita. O percurso sequencial e polarizado ao longo da história lhe permite, ao contrário, utilizar sua bagagem geral de conhecimentos obtidos no ensino médio, e sua aplicação discreta, mas progressiva e continuada, à arquitetura.

Por isso é preferível, sem dúvida, traçar uma *linha histórica* contínua, desde as origens da arquitetura até o presente, formando assim uma trama clara e simples sobre a qual seja possível inferir qualquer noção posterior e qualquer experiência arquitetônica.

Das origens ao século XXI

Começaremos, então, falando do *menir*, da *caverna* e da *cabana*, entendidos, respectivamente, como os símbolos físicos da arte, do abrigo e da racionalidade materializada em uma construção. Ainda que ao longo da história esta última tenha sido o núcleo da atividade arquitetônica, pensamos que não convém começar com ela, mas com o menir ou a caverna como arquiteturas primárias, uma vez que os princípios que ambas representam têm polarizado o desenvolvimento histórico da arquitetura e resumem seu conceito. A partir dessa ideia geral e ampla, desenvolveremos a história da arquitetura seguindo sua evolução através dos séculos, sobrepondo em todo momento *cidade, arquitetura* e *estilo* como um tema unitário.

Assim, organizaremos o texto em *sete grandes temas* correspondentes aos grandes *ciclos* da arquitetura ocidental, subdividindo-os em 30 *capítulos* ou *lições* de extensão e complexidade similares. Nesses grandes temas serão apresentados progressivamente aqueles conceitos fundamentais que servem para orientar desde os primeiros passos a atividade de aprendizado e de estudo, tentando em todo momento despertar o interesse do aluno ou do leitor. Utilizaremos para isso um rico apoio gráfico que conta com mais de 500 ilustrações: algumas acompanhando o texto, desenhadas ou redesenhadas especialmente para maior expressividade e caráter didático; outras, em fotografias, como um caderno complementar que proporciona uma leitura diferente e paralela, mas, ainda assim, global e conjunta, da história.

A partir das abordagens indicadas, vamos apresentar a ampla transformação da arquitetura ocidental através da análise da arquitetura da Antiguidade, da Idade Média e da Idade Moderna, assim como dos períodos mais recentes, que são a base e o fundamento da realidade contemporânea.

Partindo, então, do menir, da caverna ou da cabana como *origens da arquitetura*, entenderemos o Egito como um verdadeiro laboratório, em que o espaço, a geometria e a forma se desenvolvem de um modo quase atemporal, e cujas permanências impregnarão para sempre a arquitetura ocidental.

Esta atemporalidade contrasta com a importância do fator tempo no *Mundo Clássico*. Nele, a arquitetura define um território e lhe confere leis próprias. O tempo no mundo clássico define a arquitetura, fazendo desta construção a base de uma linguagem: a linguagem clássica da arquitetura, de projeção ulterior transcendental. Galgando sobre o mundo helenístico, Roma coloniza, estrutura e começa a edificar o mundo ocidental, que entra definitivamente na história da arquitetura.

A *Idade Média* reformula as características tipológicas e construtivas da arquitetura, num longo trânsito entre os sistemas de massa ativa e de vetor ativo, que tem seu fundamento numa nova maneira de pensar que reúne a álgebra, a escolástica e a arquitetura nos séculos góticos. Ainda que tenha sido iniciada no período românico, será no período gótico que a estrutura urbana das cidades ocidentais se cristalizará.

Mas se a Idade Média estrutura a realidade urbana e territorial da Europa, a *Idade do Humanismo* vai edificá-la; vai construir e dar forma a suas cidades e vai estender a arquitetura ocidental à América. O Renascimento dos séculos XV e XVI abre o mundo ocidental às correntes humanistas do *Quattrocento* e do *Cinquecento*, ao Maneirismo e ao Barroco, tanto nos edifícios como nas cidades, dando forma a sua realidade histórica antes que a *revolução cultural* do Iluminismo e a *revolução social* da industrialização nos conduzam ao mundo moderno e contemporâneo.

O Iluminismo representa o despertar dos tempos modernos. Apoiando-se em suas bases culturais, se desenvolve no século XIX uma forte aceleração social e econômica ligada à *Revolução Industrial* que não tarda em se fazer notar nas edificações. Mas enquanto a técnica impõe soluções agressivamente diferentes, a tradição teima em manter os estilos habituais. A composição arquitetônica dará unidade de conteúdos ao ecletismo e à industrialização, embora esta unidade apareça disfarçada sob uma multiplicidade de formas.

No século XX, a arquitetura busca novas bases metodológicas e novas codificações linguísticas relacionadas com as abordagens do *Movimento Moderno*, o qual foi gerado nos anos anteriores à Segunda Guerra Mundial. Depois dela, o mundo inteiro enfrenta um crescimento progressivo muito acelerado, o qual acarreta uma formulação metropolitana e globalizante da arquitetura, abrindo assim o período contemporâneo: *Nosso Presente*, tema que foi completamente reescrito para a presente edição, numa aposta corajosa que combina o questionamento histórico com a crítica da atualidade.

Este trânsito entre *história e contemporaneidade*, devido à complexidade de suas abordagens e à diversidade de suas soluções, condiciona o processo arquitetônico e sintetiza ou resume esta *Introdução à história da arquitetura*.

Editado originariamente pela Universidad de La Coruña em 1995, este livro foi objeto de sucessivas reedições e reimpressões. Agora, na primavera de 2005, ao lançar uma nova edição por outra editora, o autor não quis se limitar a escrever uma apresentação nova e uma atualização final, mas revisou a totalidade do texto, reformulando seu corpo, abreviando alguns temas teóricos e refazendo os capítulos sobre urbanismo. Tudo isso sem alterar o espírito e o frescor original da publicação, que têm garantido sua aceitação e difusão nos últimos anos.

Assim, sem prejuízo do rigor científico, o caráter didático próprio desta obra justificou e ainda reitera a ausência de citações, notas ou referências bibliográficas de rodapé. Entretanto, além de remitir à bibliografia geral, o autor não pode deixar, mais uma vez, de relembrar sua dívida de gratidão com a atividade acadêmica de Fernando Chueca, e com as sugestões, estímulos e reflexões teóricas de Leonardo Benevolo, Bruno Zevi, Aldo Rossi, Ernst Gombrich, Sigfried Giedion e todos aqueles mestres sem cuja contribuição intelectual esta publicação jamais teria sido concebida.

I
As Origens da Arquitetura

CAPÍTULO 2
Menir, Caverna e Cabana

As origens e os limites da arquitetura

Os pesquisadores e os críticos não estão de acordo sobre qual realmente seria a origem e a essência da arquitetura: o menir, a caverna ou a cabana, entendidos como os símbolos físicos da arte, do abrigo e da racionalidade construída.

Contudo, ainda que ao longo da história vejamos que esta última, a cabana, se tornará o foco efetivo de desenvolvimento da atividade arquitetônica, convém começar refletindo não sobre ela, mas sobre o menir e a caverna como as arquiteturas primárias ou iniciais da humanidade – uma vez que todo o conceito e desenvolvimento histórico da arquitetura estão resumidos e polarizados nos princípios que elas representam.

O menir é o monumento mais primitivo, mais simples e há mais tempo em utilização ou elaboração. É a arquitetura como símbolo, como signo, como significação; uma arquitetura não habitável, mas com capacidade comunicativa intrínseca.

A caverna constitui o princípio oposto. É a arquitetura como abrigo. É a necessidade de habitar, de se abrigar e de se proteger de um mundo agressivo; é o reflexo do eterno retorno ao claustro materno. A caverna como arquitetura muda, sem significação nem capacidade de transmissão, vem a ser uma necessidade materializada na própria terra – a mãe terra –, pois certamente as primeiras habitações humanas foram as cavernas que a natureza oferecia como local de refúgio contra os animais e os humores do clima.

Toda a história da arquitetura tem sido debatida em torno desses dois princípios, em infinitas combinações nas quais – complementando-se ou contrapondo-se – davam lugar a diversos desenvolvimentos e evoluções. Numa dualidade frequentemente conflituosa, o abrigo e a comunicação têm sido responsáveis por toda a obra arquitetônica do homem e, tanto em suas exposições quanto em suas soluções, têm determinado os limites da arquitetura.

O menir

Numa definição restrita, um menir é qualquer monólito cravado verticalmente no solo. Mas, antes desse elemento pré-histórico, existem muitos outros exemplos mais genéricos nas próprias origens da arquitetura, como, por exemplo, a árvore, entendida como menir natural.

É evidente que uma árvore em si não é arquitetura; mas uma árvore na paisagem, conforme as circunstâncias, pode transcender sua condição vegetal e se transformar em arquitetura na medida em que tensiona e carrega de significado ou de simbolismo essa paisagem, antes simplesmente natural, tornando-a humana, social, arquitetônica. É o caso do *carbayón* de Oviedo, um símbolo urbano cuja demolição significou a abertura da cidade para o progresso no século XIX.

2.1 Círculo megalítico de Stonehenge (Salisbury).

2.2 Coluna de Trajano, Roma: obelisco da cultura clássica.

Assim como o menir, portanto, árvores individualizadas têm sido e continuam sendo objeto de culto quase sagrado por diversos povos. O carvalho isolado era a árvore sagrada dos antigos celtas, e sua marca ainda hoje está presente em muitas pessoas vinculadas ao mundo rural. As oliveiras sagradas de Atenas, Delfos ou Jerusalém não estão tão longe do homem mediterrâneo de nossos dias. Como *arbor victoriae*, a palmeira era um ícone, tanto para os egípcios de 5 mil anos atrás, quanto para os índios enriquecidos que, há menos de um século, retornavam dos Estados Unidos à Espanha.

Em todos esses casos, a árvore manifesta sua origem como marco referencial, como menir, e se conserva orgulhosa e isolada na esfera da arquitetura.

O menir adquire seu desenvolvimento máximo como monólito pré-histórico, um monumento megalítico cujo significado também podemos encontrar parcialmente no dólmen ou nas estruturas trilíticas que ainda existem, onde duas pedras fixadas verticalmente no solo sustentam uma terceira, horizontal. Assim, à margem da mera arqueologia, ainda em nossos dias apreciamos com fruição verdadeiramente arquitetônica Stonehenge (em Salisbury, na Grã-Bretanha), cujo círculo megalítico continua representando todo o signo mito-poético que a arquitetura pode conter (Figura 2.1.)

É também na busca pelas origens da arquitetura que Sigfried Giedion tem se ocupado, estudando este pensamento mito-poético, bem como o cosmos e a paisagem como focos alternativos do mesmo. Assim, teríamos como grandes mitos da arquitetura a Torre de Babel, o Templo de Salomão ou o Labirinto de Minos em Creta.

Por outro lado, é na arquitetura histórica que temos os exemplos mais perfeitos do menir antigo: a *pirâmide* e o *obelisco* egípcios, monumentos funerários ou religiosos cuja forma e simbologia ainda levantam importantes questões ao homem contemporâneo. O obelisco, com seu significado variado como menir histórico, tem se mantido constante na cultura ocidental: tanto no Império Romano, como na Roma barroca ou nas grandes capitais modernas de Paris, Londres, Madri ou Washington. Sua presença muitas vezes se une à da coluna, entendida como obelisco – e, portanto, menir – da cultura clássica, da qual são bons exemplos a coluna de Trajano, no Foro de Roma (Figura 2.2), ou a de Napoleão, na Praça Vendôme, em Paris.

Traçando uma comparação com esses menires antigos, podemos considerar como verdadeiros menires de nossos dias todas essas "torres de Babel" modernas que crescem e crescem até tocarem o céu: os arranha-céus, monólitos desmesurados e sem fim que, em suma, pretendem ser colunas elevadas sobre um pedestal; e, nesse sentido, Adolf Loos deixava clara sua visão europeia do problema numa proposta irônica para o concurso do jornal *Chicago Tribune* em 1922 (Figura 2.3). Os menires também são os novos símbolos vivos de suas respectivas cidades, como a torre Eiffel de Paris, construída como símbolo da Exposição Universal de 1889 (Figura 2.4), ou a Torre Collserola em Barcelona, construída por Norman Foster para as Olimpíadas de 1992, um excelente exemplo de menir contemporâneo.

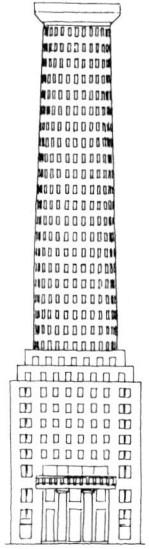

2.3 O arranha-céu como o menir ou a coluna dos dias de hoje, segundo uma proposta de Adolf Loos.

A caverna

Depois do menir-símbolo, surge a caverna-abrigo. A princípio, a caverna natural, – da mesma maneira que falávamos da árvore – em si não é arquitetura; mas, em determinadas circunstâncias, pode transcender sua condição geológica natural por ter a mesma função de uma edificação, e se tornar arquitetura. Esta caverna *natural* se diferencia muito pouco da caverna habitada pelo homem pré-histórico.

No entanto, o homem gosta de pintar nas paredes das cavernas e dos abrigos que habita, não só com fins estéticos, mas também com objetivos mágicos ou práticos. Por outro lado, o novo clima que surge com o término da Era Glacial e a substituição da caça

2.4 Torre Eiffel, Paris, construída para a Exposição Universal de 1889.

pela agricultura e pecuária como meios de subsistência têm consequências essenciais. O sedentarismo concede maior importância à moradia, o que, se somando às novas ideias sobre a conservação dos mortos, dá lugar às primeiras manifestações arquitetônicas de caráter permanente, que são os sepulcros, para os quais a fé numa vida posterior à morte faz mover pedras gigantescas. Isso nos permite dividir seu conceito em duas partes: as cavernas *totêmicas* e as cavernas *funerárias*.

As primeiras serão as construções ou escavações de natureza mágica. Um objeto mágico é idêntico àquilo que representa: suas essências se confundem. O símbolo, no entanto, supre a ausência do que ele representa e costuma substituir alguma coisa longínqua, sobrenatural e divina. Embaixo da terra ou sob o céu azul, a caverna totêmica adotará muitas formas ao longo dos séculos.

Já as cavernas funerárias fazem referência à *casa dos mortos* que, pensada para a eternidade e lavrada em enormes blocos de pedra, constitui a arquitetura megalítica ou de grandes pedras. Sejam ao ar livre ou cobertas por um túmulo de terra, se reduzem, às vezes, às próprias câmaras, mas outras possuem corredor de entrada e até uma abóbada falsa, como em Micenas.

Como exemplos contrapostos de caverna *neolítica*, teríamos a caverna totêmica de Altamira (Cantábria), obra-prima da arte ru-

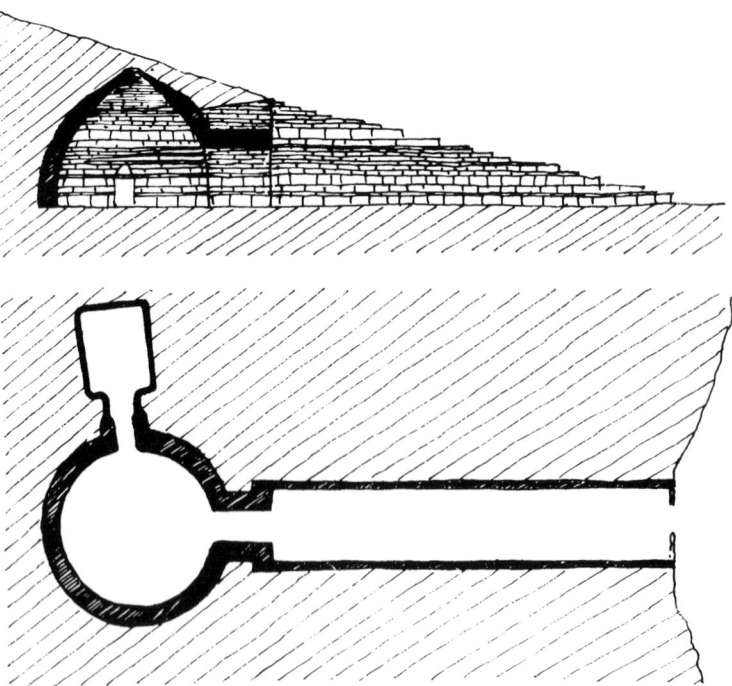

2.5 Caverna artificial em Micenas, conhecida como Tesouro de Atreu.

pestre quaternária há mais de 15 mil anos, com um comprimento total de 270 metros; ou a caverna funerária de Menga (Málaga), construção megalítica composta por uma longa galeria que desemboca numa câmara oval formada por quinze monólitos verticais de grande porte; assim como a caverna artificial de Micenas ou Tesouro de Atreu (Figura 2.5).

Como exemplos de caverna *histórica* construída pelo homem já em tempos históricos, teríamos os hipogeus (criptas) ou *speos* egípcios, dentre os quais se destacam os de Abu Simbel, ou o templo funerário de Hatshepsut. Por sua vez, no mundo clássico mencionaremos os vínculos totêmicos dos *tholos* sagrados; assim como o significado funerário do túmulo romano, que alcança sua máxima monumentalidade nos mausoléus de Augusto e de Adriano. Uma caverna muito especial seria o Panteon de Roma, obra fundamental da arquitetura de todos os tempos, que estudaremos oportunamente.

Fazendo referência à caverna *contemporânea*, devemos lembrar como, no início do nosso século, Adolf Loos opinava que somente uma pequena parte da arquitetura pertencia à arte (o sepulcro e o monumento) e relatava sua experiência do túmulo funerário. A partir dessa ideia, citaremos o exemplo do Valle de los Caídos, perto de Madri, com seu caráter de arquitetura funerária; enquanto que, com um caráter entre funcional e totêmico, poderíamos mencionar a maioria dos abrigos antiaéreos, alguns centros de comunicação e pesquisa, como o IRCAM de Paris, ou o projeto para a Cidade da Cultura, em Santiago de Compostela (2000), verdadeira montanha mágica.

As origens da cabana como origens da arquitetura

Quando, no início do Neolítico, o clima glacial se atenua e o homem pode sair da caverna e direcionar sua atividade ao exterior, os novos métodos de subsistência mudam sua forma de vida. Pouco a pouco, o descobrimento progressivo de formas e materiais para utilizar na confecção de objetos utilitários vai reafirmando a possibilidade de viver fora dos abrigos naturais. Num longo processo que vai da pré-história à civilização, a configuração do assentamento humano é resultado de um número de inovações, simbolizadas pelo arado nas sociedades agrícolas. O aumento da produção de alimentos foi suficiente para liberar algumas pessoas do cultivo da terra e as permitiu se dedicar a outras tarefas. Surgem então as primeiras edificações idealizadas pelo homem: moradias, quadras urbanas, muralhas, etc.; sistemas construtivos padronizados que criam espaços variáveis em forma e superfície.

Aqui cabe lembrar os *castros* celtas, povoados fortificados construídos no primeiro milênio a.C., situados, para melhor defesa, em zonas elevadas do terreno, cujas moradias, de planta circular e

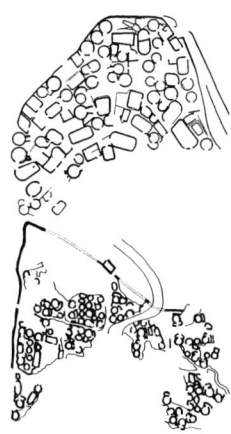

2.6 Castros celtas de Coaña, em Astúrias (acima), e de Santa Tecla, na Galícia (abaixo).

telhado de palha sustentado por vigas de madeira, ofereciam alguma semelhança com as atuais palhoças. Conservam-se excelentes exemplos em todo o nordeste da Espanha, destacando-se especialmente os de Coaña, em Astúrias, ou os de La Coruña e Santa Tecla, na Galícia (Figura 2.6).

Por outro lado, o homem nem sempre encontrou cavernas naturais para se proteger e teve que se contentar com barracas fixadas sobre o solo. Essas habitações improvisadas e estáveis conservam a mesma forma dos tempos mais remotos até os dias de hoje.

Se pegarmos algumas estacas, cordas e tecido, e colocarmos os tecidos sobre as cordas estendidas, teremos um abrigo que nos lembrará tanto as construções chinesas da Antiguidade quanto as barracas de campismo contemporâneas.

Desse modo, após a caverna – enterrada na mãe terra, como se ali buscasse sua origem vital –, a cabana emerge do terreno, se eleva sobre ele: o edifica. A cabana é uma *edificação*; a história da cabana é a história da edificação, embora não possamos vincular a ela exclusivamente a história da arquitetura sem reduzi-la excessivamente.

A dúvida que cabe é que, ainda que a arquitetura possa ter surgido de qualquer um dos três elementos com os quais iniciamos este capítulo (a caverna, o menir ou a cabana), a experiência histórica determinou como início esta última, de modo que, sem equivocar-nos demasiado, podemos entender as origens da cabana como as origens da arquitetura, podendo ampliar este conceito de cabana até incluir nele toda a história urbana, já que, como disse Leon Battista Alberti no século XV, "a cidade é uma casa grande, e a casa é uma cidade pequena".

A partir desse conceito geral e amplo desenvolveremos a história da arquitetura, seguindo a evolução através dos séculos da cabana arquitetônica como edifício e como cidade.

A construção da cabana

Em 1753, Marc-Antoine Laugier escreve sua obra *Essai sur l'architecture* [Ensaio sobre arquitetura], e nela imagina o início da arquitetura da seguinte forma: "O homem quer construir um abrigo que o proteja sem soterrá-lo. Uns galhos caídos na floresta são os materiais apropriados para seu propósito. Escolhe quatro dos galhos mais fortes, os levanta perpendicularmente e os dispõe formando um quadrado. Em cima coloca outros quatro galhos atravessados e sobre estes levanta, partindo de dois lados, outros galhos que, escorados uns contra os outros, se encontram na parte superior. Ele faz uma espécie de telhado com folhas, juntas o suficiente para que nem o sol nem a chuva possam atravessá-lo, e seu abrigo está pronto. Sem dúvida, o frio e o calor o farão se sentir desconfortável na sua casa aberta por todos os lados, mas então ele preencherá o espaço entre os pilares e se sentirá protegido". E acrescenta: "A pequena cabana rústica que acabo de descrever é o modelo a partir do qual tem se imaginado todas as mais extraordinárias obras de arquitetura".

Considerando a origem da cabana como a origem da arquitetura, podemos compreendê-la como o resultado da evolução de um recinto indiferenciado revestido como uma barraca de campanha, cujas paredes e cobertura foram resolvidas com um mesmo elemento comum (Figura 2.7).

Na evolução da cabana surgiria uma primeira diferenciação entre *cobertura* e *fechamento* parietal, que permite definir e articular racionalmente duas famílias construtivas: uma vertical e outra horizontal – ou seja, o suporte e a cobertura ou coberta –, a primeira formada por uma série de paredes ou pilares assentados sobre uma plataforma, que sustenta um segundo conjunto horizontal formado pelo entablamento ou teto do recinto, e pela cobertura. De qualquer forma, em primeiro lugar deve se estabelecer uma plataforma sobre a qual se irá assentar a cabana; uma plataforma tão importante na arquitetura que se pode defini-la como a ciência dos planos horizontais.

2.7 A cabana primitiva, imaginada no século XVIII, só diferencia o fechamento da estrutura, mas não faz a distinção entre a estrutura das paredes e a da cobertura.

Por outro lado, devemos considerar uma segunda diferenciação entre elemento de sustentação e fechamento. O suporte pode ser contínuo e, ao mesmo tempo, servir como limite que envolve ou fecha (a parede) ou não ter essa função, e ser apenas um suporte (o pilar ou a coluna).

Na parede devem se considerar tanto os materiais que a constituem como a forma como estão dispostos: ou seja, tanto os paramentos quanto os aparelhos. Os materiais mais usados são o barro, a pedra e a madeira.

O primeiro pode ser usado cozido (tijolo) ou simplesmente seco ao sol (adobe); sua técnica é a alvenaria. A técnica do trabalho em pedra é a cantaria e a arte de cortá-la, a estereotomia. A técnica ou o ofício de se trabalhar a madeira é a carpintaria. Se a parede é de terra apisoada, chama-se taipa de pilão. Se a parede for de pedras rústicas e elas forem de tamanho excepcionalmente grande, se denomina alvenaria ciclópica; se as pedras forem menores e unidas com argamassa, a parede ou muro é de alvenaria; se aparecerem regularmente cortadas em silhares, o aspecto do paramento é consequência do aparelho (a maneira como são assentadas as unidades).

O montante ou suporte vertical por excelência é a *coluna*, que, por ter sua origem no tronco da árvore, tem como característica fundamental a seção circular de seu fuste. O pilar é um suporte de seção quadrada ou retangular. A pilastra ou o pilar adossado é, na realidade, parte de uma parede, embora sua aparência exterior busque se assemelhar à do pilar e compartilhe suas características.

Além da parede e da coluna como suportes que transmitem a carga da cobertura verticalmente à terra, existem a mísula e o

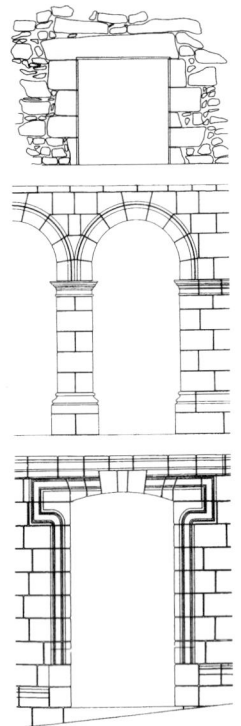

2.8 Exemplos de dintel, arco e arco falso: Convento das Bárbaras, Praça de Maria Pita e Casa de Cornide, La Coruña.

contraforte, que o fazem de forma oblíqua. A mísula é uma saliência na parede que transmite a ela a carga vertical que recebe. O contraforte é uma pequena parede adossada em ângulo com outra parede, que transmite à terra a pressão lateral de uma cobertura abobadada.

Por sua vez, a cobertura pode ser *adintelada* ou *abobadada*. A primeira produz somente pressões verticais, enquanto a segunda produz pressões laterais que precisam ser neutralizadas.

O *dintel*, lintel ou viga é um pedaço de madeira, pedra ou outro material que, apoiado sobre dois suportes, cobre um vão. O sistema pilar e viga é o mais estático dos sistemas construtivos, mas tem o inconveniente de não poder cobrir vãos muito grandes (Figura 2.8, superior).

O arco é uma cobertura curva que tem a vantagem de poder cobrir vãos de grande largura com peças de tamanho pequeno, embora as grandes pressões laterais que ele gera exijam paredes muito grossas ou medidas especiais de contenção do empuxo (Figura 2.8, central). Existem arcos falsos que, pese a sua aparência, trabalham como dintéis, como aqueles formados com a projeção gradual das unidades de alvenaria até uni-las na parte superior, próprios das arquiteturas primitivas. Igualmente, nas arquiteturas renascentista e neoclássica existem arcos falsos ou arcos adintelados que adotam a forma de vigas, mas que trabalham como arcos (Figura 2.8, inferior).

O movimento do arco origina a *abóbada*, elemento de fundamental importância na história da arquitetura. O deslocamento de um arco sobre duas paredes paralelas produz uma abóbada de berço, que pode ser padrão (de plena volta), abatida, elevada (alteada) ou de ogiva, segundo a forma do arco gerador. A interseção de duas abóbadas de berço produz a abóbada de arestas ou a abóbada com arestas (com arcos nas interseções). Por sua parte, o giro do arco sobre seu próprio centro origina a abóbada semiesférica, também chamada de domo ou cúpula.

CAPÍTULO 3
O Laboratório Egípcio

O Egito como laboratório de arquitetura

Na exposição dos problemas arquitetônicos é muito interessante encontrar uma espécie de laboratório de arquitetura, ou seja, um lugar onde os problemas básicos possam ser reduzidos na sua complexidade, assim como são reduzidos e estudados em um laboratório científico.

A *singularidade* do Egito o transforma num verdadeiro laboratório arquitetônico. Raramente se encontrará outro país cuja estrutura seja tão simples e regular, e essa estrutura geográfica – tão simples e evidente – facilita a abstração e o simbolismo dos conceitos fundamentais. O Egito também é adequado para verificar nossas hipóteses devido à sua dimensão física e também à sua estabilidade quase atemporal. O Egito é, portanto, como um grande laboratório em que os acontecimentos e situações arquitetônicas se dão com simplicidade em condições geográficas e históricas muito especiais.

O Egito se apresenta como a essência da Antiguidade, como escreve Sigfried Giedion: "Em todo o mundo sempre existiu alguma forma de arte, mas a história da arte como esforço continuado não começa nas cavernas do sul da França ou entre os índios americanos. Não existe relação direta entre esses estranhos começos e nossos dias, mas realmente há uma tradição direta passada do mestre ao discípulo e do discípulo ao admirador ou ao escriba, que relaciona a arte da nossa época com a arte do vale do Nilo de 5 mil anos atrás, porque os artistas gregos aprenderam com os egípcios, e todos nós somos alunos dos gregos". Daí a formidável importância da herança egípcia na arquitetura ocidental.

Os *limites físicos* egípcios são uma das bases da sua singularidade. Situado no nordeste da África, junto ao trópico, o Egito se desenvolveu ao longo do Nilo – entre a primeira catarata e o Mar Mediterrâneo – ao longo da borda ocidental do Saara, o maior deserto do mundo, onde não chove quase nunca e as únicas águas que existem se encontram a grande profundidade, salvo alguns oásis.

O Nilo se transforma, então, numa dádiva dos céus e o Egito numa *dádiva do Nilo* – como o definiu Heródoto –, e é a espinha do país, cujas cheias regulares fertilizam suas margens, permitindo a vida ao seu redor e tornando possível o florescimento dos assentamentos urbanos. Como as terras que se beneficiam das cheias têm uma largura que não ultrapassa 20 quilômetros na maior parte do seu percurso de quase 2 mil quilômetros de extensão, isso ocasiona certa unidimensionalidade vital, fazendo do espaço egípcio quase um eixo linear, um *oásis longitudinal*, em que a vida se desenvolve até onde chega a ação benfeitora das águas e dos aluviões fluviais.

Ao longo do inverno as neves se acumulam nas montanhas da África centro-oriental. Na primavera chegam as chuvas e a neve se derrete; enormes quantidades de água descem dos morros em direção aos rios e aos grandes lagos da região, e a corrente vai abrindo caminho para o norte. O Nilo se enche por causa dessas águas e transborda a partir do mês de julho, enchendo o vale com um aluvião – primeiro de cor verde, depois vermelha – que fertiliza o solo egípcio e inicia o ciclo biológico. Dessa maneira, o verde é a cor da esperança, e o vermelho a cor da vida; a cultura grega – e, por extensão, a cultura ocidental – herda esse conceito cromático e esse simbolismo egípcio. A partir do mês de setembro, as águas começam a recuar e o rio recupera sua normalidade em dezembro, depois de dar ao país duas coisas fundamentais: água e limo fertilizador. Desse modo, a terra se renova constantemente, tornando possível a agricultura.

Era necessário descobrir exatamente quando se produziam as cheias do Nilo, com o intuito de aproveitá-las ao máximo. Assim, os encarregados das irrigações mediram e estudaram cuidadosamente o nível das águas do rio dia a dia e descobriram que, em média, as cheias ocorriam a cada 365 dias, o que levou aos habitantes do Nilo a elaborar um *calendário* simples, no qual se baseia ainda hoje o nosso calendário, com pequenas modificações.

Além disso, as enchentes anuais do Nilo apagavam os limites entre as terras de propriedade individual, tornando necessário descobrir alguma fórmula para determiná-los novamente. Isso lentamente deu lugar a métodos de cálculo que conhecemos com o nome de *geometria*, o que significa medição da terra. Da mesma forma se desenvolveram outros ramos das ciências matemáticas e ainda a escrita, como veremos mais adiante.

Esse marco geográfico também condicionou o *marco histórico*. De fato, as irrigações possibilitaram o desenvolvimento de uma grande civilização no vale do Nilo, em cuja porção setentrional – uma faixa navegável até mesmo para as embarcações mais simples – se desenvolve ao longo de seis milênios uma das civilizações mais antigas do mundo, quase totalmente isolada das demais, e das quais se mantém como ente separado por mais de 3 mil anos.

A leste e a oeste de seu vale linear só havia um deserto que os exércitos estrangeiros dificilmente podiam atravessar; ao norte estava o Mediterrâneo e nas primeiras épocas não existiam barcos adequados para o transporte de exércitos através desse mar; e, ao sul, se encontrava a Primeira Catarata, que impedia eventuais inimigos de realizar incursões pelo Nilo. Durante muito tempo, então, o Egito viveu seguro e isolado, livre de guerras e invasões, o que significava bem-estar, mas também falta de intercâmbio. As formas e os métodos antigos continuaram sendo úteis, geração após geração.

Pode-se falar de uma espécie de *presente eterno* estendido de maneira constante, quase atemporal.

O Egito presenciou 2 mil anos de civilização entre 5000 e 3000 a.C., antes de alcançar sua primeira unidade política ao se unificar o Alto e o Baixo Egito.

Desde então, e apesar da distinção entre dinastias e Impérios Antigo, Médio e Novo, e dos correspondentes períodos de transição, esta civilização permaneceu isolada, quase sempre limitada às margens do Nilo, pois só no Império Novo – em 1500 a.C. – ela saiu esporadicamente de seu território e avançou.

O Egito resulta, assim, em um *laboratório* estável e impermeável que desenvolve uma civilização própria; um laboratório que reduz a complexidade das dimensões arquitetônicas espaço-temporais, admitindo só a linearidade como dimensão urbana e a superfície como dimensão arquitetônica e evitando com astúcia a temporalidade.

Tudo isso nos será muito útil para estabelecer os fundamentos da arquitetura, analisando as consequências científicas que podem surgir dessas abstrações conscientes.

As noções de orientação e ortogonalidade

O curso anual do Nilo marca um eixo fluido unidirecional, constante, que vai de sua foz, ao norte, até sua desembocadura, ao sul; eixo de grande importância, porque está ligado ao processo da vida, que depende dele. Este pode ser definido como o *eixo maior*.

Junto dele, a clara organização do tempo em dias determina a aparição de um *eixo menor* definido pelo curso diário do Sol, o qual – por sua proximidade dos trópicos – nasce e se põe todos os dias no mesmo lugar. Essa permanência cosmológica constitui um processo normal para os egípcios e determina um eixo transversal cujos extremos são o leste, por onde nasce o sol, e o oeste, onde se oculta. O leste está ligado à vida, e o oeste está relacionado com a morte, criando uma dualidade e um simbolismo que fez dedicar a margem oriental do território aos vivos, enquanto a parte ocidental ficava reservada aos mortos (Figura 3.1).

O Nilo e o Sol são as imagens dos eixos maior e menor: o Nilo corre de sul a norte, estabelecendo uma direção espacial primária; o Sol aponta à outra direção. Unidos, os elementos fundamentais da natureza egípcia estabelecem uma estrutura espacial simples. Os dois eixos mencionados nos trazem um resultado arquitetônico que é a *orientação*, problema sempre importante para

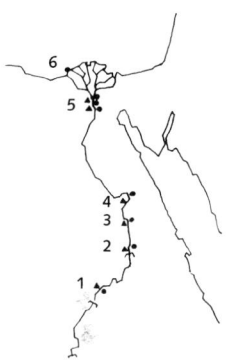

3.1 A dualidade do eixo menor no Egito: a leste, as cidades dos vivos; a oeste, as cidades dos mortos. Legenda: 1, Abu Simbel; 2, Asuan e Ilha de Philae; 3, Edfu; 4, Tebas, Carnac e Luxor, em frente ao Vale dos Reis e ao Vale das Rainhas e Deir-el-Bahari; 5, Heliópolis e Mênfis (Cairo), de frente para Sakkara e Gizé; 6, a cidade helenística de Alexandria.

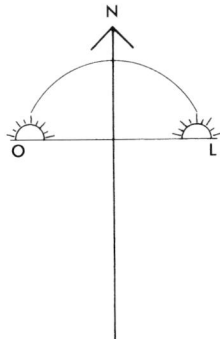

3.2 Orientação e axialidade.

a arquitetura, ainda que em alguns períodos não seja determinante (Figura 3.2).

Assim, se no mundo egípcio a orientação determina a localização dos vivos e dos mortos, no mundo medieval ela será responsável pela implantação dos edifícios sagrados, tanto cristãos como islâmicos. A orientação é a relação do homem com a abóbada celeste. É este o conceito sagrado da orientação, que se complementa com um conceito prático da mesma, perfeitamente perceptível na transferência da cabana neolítica à casa orientada.

Etimologicamente, orientar-se significa voltar-se para o oriente, localizar o nascer do Sol, ponto fixo na cultura egípcia. Leste e oeste – nascente e poente –, como extremos opostos da jornada diária do egípcio, são conceitos reais, perfeitos e mensuráveis na realidade.

Após esses conceitos, surge um conceito abstrato que define o sul ou meio-dia, e seu oposto, o norte, ponto absolutamente irreal, o qual, em que pese sua abstração, tem sido considerado em nossos dias a origem e o determinante da orientação e, em particular, da orientação arquitetônica. Esse norte já não é uma direção da vida, mas um fato racional: um conceito intelectual, básico para o estabelecimento das relações arquitetônicas abstratas no futuro.

Há um fato histórico curioso que revela esplendidamente essa realidade. Quando no Império Novo – cerca de 1500 a.C. – Tutmósis I sai do vale do Nilo, invade a Síria e avança até o alto do Eufrates, os soldados egípcios se surpreendem com a direção da corrente fluvial do Eufrates, um rio que *corria do norte ao sul*. Como o Nilo flui para o norte, eles se referem ao norte como "rio abaixo".

Horizontal e vertical

Por outro lado, a conjunção desses dois eixos produz uma consequência fundamental para nosso estudo, porque de sua combinação surge uma estrutura espacial simples, a *retícula* – chamada de quadrícula se ambos os eixos se cortam perpendicularmente (Figura 3.3) –, a qual, por sua vez, define um plano, o *plano horizontal*, o qual é a origem de uma arquitetura que se refere a ele como elemento orientado. Toda a arquitetura parte do conceito de plano horizontal e se baseia na distinção entre ele e o resto do espaço.

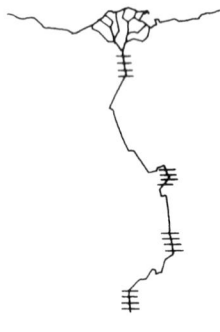

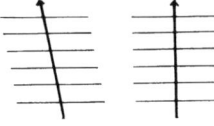

3.3 Eixo maior e eixo menor no Egito: da retícula à quadrícula.

Já mencionamos o papel simbólico do arado no longo processo até a urbanização. Com o arado, o homem traça as primeiras linhas sobre a superfície do solo. Nas várzeas periodicamente inundadas do Nilo, do Eufrates e do Tigre, do Ganges ou dos grandes rios da China, o arado vai abrindo sulcos paralelos que definem parcelas mais ou menos retangulares na sua forma. As sociedades agrícolas necessitam um sistema simples de parcelamento do solo para a delimitação das plantações e das propriedades rurais; assim como um sistema de tecido urbano para o reparcelamento e a remarcação

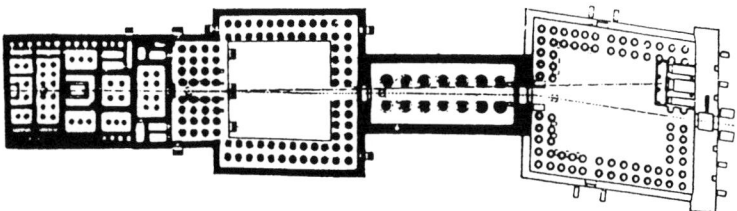

3.4 A retícula e a quadrícula no templo de Luxor, em Tebas.

depois de um transbordamento ou de uma cheia. A trama retilínea satisfaz tudo isso e permite planejar o uso do território.

Assim como a lógica do arado conduz à trama reticulada no campo, a lógica da construção da casa e a necessidade de uma divisão cômoda do terreno e da moradia levam a uma trama reticulada do assentamento.

Mas existe um segundo elemento inicial: a *diretriz vertical*, que também tem uma origem vital e que faz referência a uma relação cósmica. Nos trópicos, o Sol se ergue na abóbada celeste durante o dia e se coloca diretamente sobre nossa cabeça ao meio-dia. A direção vertical é resultado da relação do plano horizontal em que estamos com a abóbada celeste: ou seja, da realidade com o infinito. Assim, sem perder o caráter mítico-mágico de relação do homem com o universo, a diretriz vertical também faz parte do início da arquitetura, podendo-se dizer que esta se origina com um plano horizontal real, funcional, e uma diretriz vertical que não perde seu caráter simbólico.

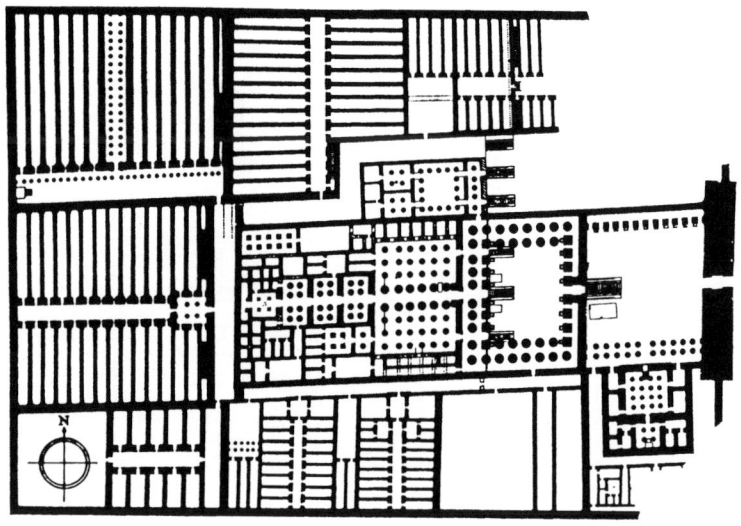

3.5 A retícula e a quadrícula no templo funerário de Ramsés II ou Rameseum, em Tebas.

A introdução da vertical como princípio de organização na arquitetura egípcia é uma das grandes mudanças desde a isotropia pré-histórica. Durante três milênios, mantivemos o método de composição com base em planos horizontais e diretrizes verticais: a horizontal é a linha do repouso; a vertical é a linha do movimento; uma e outra se combinam com o *ângulo reto* que, junto com elas, adquire valor preponderante na arquitetura.

Da interdependência dos três componentes surge o triângulo retângulo composto por uma linha vertical e uma horizontal com seus pontos extremos unidos, que exerce uma atração quase mágica quando se descobrem suas propriedades e leis ocultas.

A ordenação ortogonal da retícula – não pelo giro dela, mas pela definição da vertical – e sua transformação em quadrícula, o significado desta última e a concepção espacial arquitetônica que ela acarreta conduzem a uma definição mais completa de arquitetura na qual a axialidade e a simetria são consequência desse novo princípio de organização.

Axialidade e simetria

Junto com a ortogonalidade, a *axialidade* é o conceito fundamental característico da arquitetura egípcia, resultado da mesma limitação geográfica que fazia do Egito um território linear vertebrado em torno do Nilo e organizado como sistema uniforme de comunicação e transporte: tanto pela sua corrente, quanto pelos ventos que so-

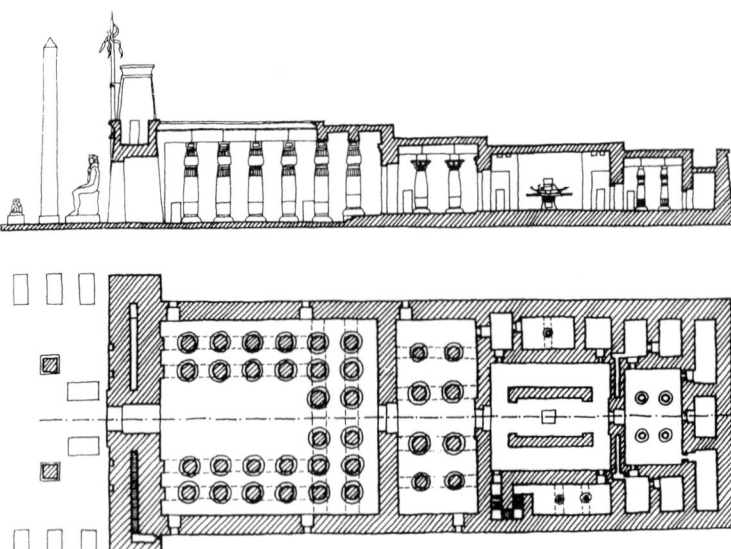

3.6 Os conceitos geométricos da arquitetura egípcia, exemplificados na seção longitudinal e na planta do templo de Consu, em Carnac.

pram no sentido contrário e reforçam essa direção ou *eixo primário* no percurso humano.

Um *eixo* é uma linha imaginária com a qual todos os pontos de uma superfície, volume ou espaço mantêm uma determinada relação. Este eixo primário determina a vida egípcia: faz surgir a *axialidade* e a *simetria*, e as relaciona com ele, não se podendo imaginar uma sem a outra (Figura 3.6).

Mas são várias as formas da *simetria*. A simetria *axial* ou *bilateral* resulta no uso da vertical como princípio de organização. A imagem especular se converte em lei essencial da escultura e da arquitetura na aurora da história. Na matemática, botânica, zoologia, cristalografia e estrutura atômica, a simetria axial é aceita como princípio organizador. Por sua vez, a simetria *translativa* ou *série* resulta da repetição rítmica das formas, e é, sem dúvida, o modelo mais antigo, remontando à pré-história; essa modalidade de simetria surge do deslocamento horizontal de determinada forma, como em uma ornamentação linear cujo motivo se repete regularmente e cria uma ordem compositiva.

CAPÍTULO 4

O Presente Eterno: da Geometria à Forma

Dos ideogramas aos signos

Tudo o que foi exposto anteriormente – o plano horizontal, a diretriz vertical, a retícula e a ortogonalidade, a axialidade, a simetria e a série – contribui para reforçar a posição fundamental da *geometria* como base da arquitetura. Mas é necessário dar mais um passo até a forma arquitetônica.

As enchentes anuais do Nilo obrigam a aparição da geometria para a medição das terras; da mesma forma, se faz necessário incluir nos registros os limites das terras e das plantações. Por conseguinte, é necessário criar algum *sistema de símbolos* para os diferentes números, as diferentes pessoas, os distintos tipos de cereais e produtos e os diversos acontecimentos.

Os habitantes das regiões dos rios Tigre e Eufrates haviam inventado pouco antes de 3000 a.C. um *sistema pictográfico* rudimentar no qual a escrita era uma imitação dos objetos representados. Os habitantes do vale do Nilo utilizaram esse conceito de escrita, mas o adaptaram a seus próprios fins e necessidades. Assim, através de belos símbolos, os egípcios elaboram o que os gregos denominam *escrita hieroglífica* (signos gravados sagrados), com um grande número de símbolos, alguns dos quais representavam palavras, e outros, partes de palavras (Figura 4.1).

A princípio, a egípcia é uma *escrita ideográfica*, já que representa os objetos pela sua figura e por um símbolo de ideias abstratas. Abreviando os signos se faz a escrita *hieroglífica*, enquanto se passa da escrita ideográfica à fonética, tornando silábicos os seus signos. Mais adiante, por volta de 1500 a.C., surge a leste do Mar Mediterrâneo a ideia de limitar o número dos símbolos gráficos a 25, cada um deles representando uma única consoante. Com um alfabeto semelhante podem-se escrever milhares de palavras diferentes e tornar muito menos complicado o processo da escrita. Daí surgem, precisamente, tanto o alfabeto grego quanto o latino.

A experiência alfabética também tem consequências no campo da arquitetura, onde somos obrigados a passar do mundo das ideias a um mundo de signos e formas. As imagens e as letras são partes de uma mesma família. Daí a importância do signo alfabético à arquitetura. O *alfabeto* deve ser entendido não só como um meio de

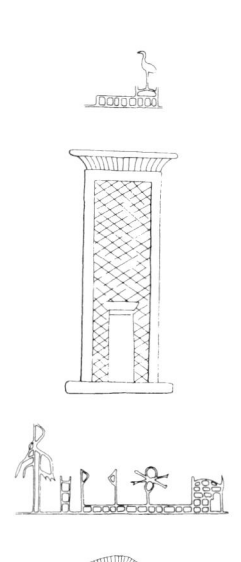

4.1 Diferentes hieroglifos que simbolizam, como se fossem logotipos, a forma do templo egípcio.

comunicação, mas também como um desenho fundamental: como um *logotipo*, e, em consequência, como um signo arquitetônico. As inscrições e representações simbólicas e narrativas nos levam diretamente à representação ideográfica como meio de comunicação e se encontram presentes tanto na escrita egípcia quanto em nossos dias.

A *forma arquitetônica*, além de ser algo, significa, ou seja, transmite algo: é um signo. Instrumento de tradução de ideias arquitetônicas, *o signo arquitetônico* é a união de um significado e um significante: de um conceito e da imagem que o representa e dá forma. Assim, o alfabeto pode ser considerado o primeiro signo arquitetônico, uma ideografia desenhada para ser empregada na arquitetura.

Formas absolutas e signos arquitetônicos

Arbitrário e variável, o signo sempre se relaciona a uma circunstância e traduz os sentimentos do seu momento histórico; suas formas ou expressões arquitetônicas têm, dessa maneira, um significado no contexto da época. Mas as formas da geometria não são apenas casuais ou incertas, também podem ser absolutas, e estas – levadas da pura geometria à arquitetura – dão lugar a signos que transcendem o significado temporal. Por isso, a vontade de categorização, muitas vezes presente na obra arquitetônica, faz com que se estabeleça também a existência de formas absolutas como signos arquitetônicos. De fato, a história da arquitetura egípcia pode ser contada como a história das *formas absolutas*.

As formas absolutas mais usadas no Egito são as relativas à horizontal e à vertical. A horizontal expressa o sentido do racional ou intelectual; é paralela à terra, sobre a qual o homem caminha, acompanha seu andar, se desenvolve acompanhando o olhar e não dá lugar a ilusões quanto à distância; sua trajetória sempre encontra algum obstáculo que define seu limite. A vertical é um símbolo do infinito que se rompe e se desmaterializa no céu; nunca encontra obstáculos nem limites; nos engana quanto à distância; é um símbolo do sublime.

Na sua forma inequívoca de agulha de pedra esbelta que reduz ao máximo a materialidade, o *obelisco* é a representação pura da verticalidade (Figura 4.2); coroado por um *piramidião*, que representa o sol, tem quatro lados (as duas direções e os dois eixos) e representa o desejo de se chegar ao céu.

O jogo plástico das formas sob a luz

Le Corbusier define a arquitetura como o *jogo dos volumes sob a luz*: "o jogo sábio, correto e magnífico dos volumes reunidos sob a luz" (Figura 4.3). E acrescenta: "Nossos olhos foram feitos para ver as formas sob a luz; a sombra e os claros revelam as formas; cubos, cones, esferas, cilindros ou pirâmides são as grandes formas primárias que a luz revela com clareza; suas imagens nos são nítidas e tangíveis sem

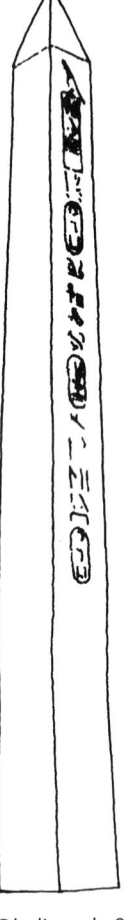

4.2 Obelisco de Sesostris I, em Heliópolis.

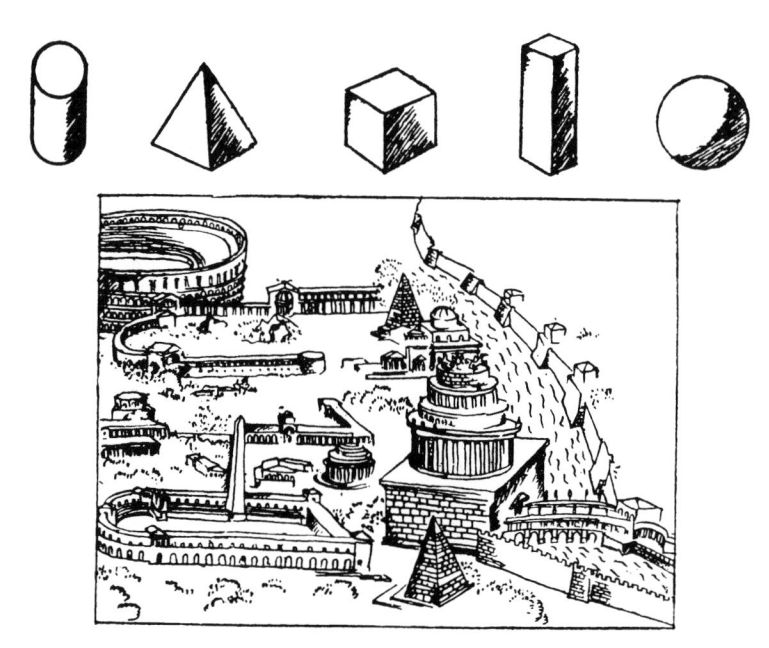

4.3 O jogo sábio, correto e magnífico dos volumes sob a luz, segundo Le Corbusier.

ambiguidade. Esta é a razão pela qual elas são as formas belas, as formas mais belas. Esta é a verdadeira essência das artes plásticas".

Em nenhum lugar esta essência se revela melhor do que no Egito, onde o problema geométrico e a articulação de planos e diretrizes são a origem das formas plásticas, dos elementos e dos espaços.

Mas há uma clara diferença entre espaço *físico* e espaço *arquitetônico*. O primeiro entende a arquitetura como uma plástica pura: como uma arte que se expressa em três dimensões; o espaço arquitetônico exige uma quarta dimensão temporal. Asim, inclusive no Egito – onde deliberadamente renunciamos à componente temporal em favor de um *presente eterno* –, a ideia de percurso na arquitetura introduz um fator sequencial que altera a estrutura atemporal, plástica ou tridimensional, agregando o *tempo* como quarta dimensão arquitetônica.

Junto a elas, a *luz* – fator essencial na definição de Le Corbusier – incorpora um fator novo, ainda que eminentemente plástico, mas qualificador da obra arquitetônica. Porém, mais do que uma quinta dimensão, a luz é o fator que nos leva a estabelecer o problema da dimensão simbólica na obra arquitetônica, revelador da forma e seu qualificador.

Nesse sentido, o laboratório egípcio mostra-se útil para entendermos o componente luz em um lugar geográfico cuja posição, sob o sol do trópico, revela a relação lumínica de modo constante ao longo de todos os dias do ano. As reflexões sob o nascer do sol, o ocaso, o zênite, etc., adquirem um novo sentido, revelando a dimensão simbólica do fato e da forma arquitetônica entendida plasticamente, diferenciando espaço físico e espaço arquitetônico.

O obelisco e a pirâmide

Por sua vez, *pirâmides, obeliscos* e *pilonos* oferecem o descobrimento da superfície plana e suas possibilidades de expressão como uma contribuição fundamental ao desenvolvimento da arquitetura baseado nesse mesmo conceito plástico.

As possibilidades expressivas inerentes às superfícies planas alcançam sua expressão paradigmática na *pirâmide* do Império Antigo, onde o ideal arquitetônico plástico chega à sua mais pura representação. Também a individualidade material encontra sua expressão mais completa na forma cristalina e centralizadora da pirâmide, cuja elevação continua sendo a representação absoluta do Egito.

Se observamos qualquer uma das faces de uma pirâmide, percebemos somente a superfície unitária do triângulo isósceles, cujo contorno não permite pensar em termos de profundidade. Além dessa delimitação da aparência material, falta por completo a formação do *espaço interno*, que se limita a uma pequena câmara sepulcral.

Se a ordem eterna é essencial para demonstrar a continuidade da vida após a morte, os túmulos e os templos funerários (as *moradias da eternidade*) são as obras arquitetônicas mais importantes do Egito. Nelas a experiência megalítica de *massa* e *peso* se abstrai e se exalta num sistema simbólico em que horizontal e vertical formam parte de um espaço ortogonal absoluto e abstrato.

A origem da arquitetura piramidal se encontra nas *mastabas* ou pirâmides truncadas de Abidos (cerca de 3000 a.C.), construções piramidais truncadas de planta retangular com capela no nível

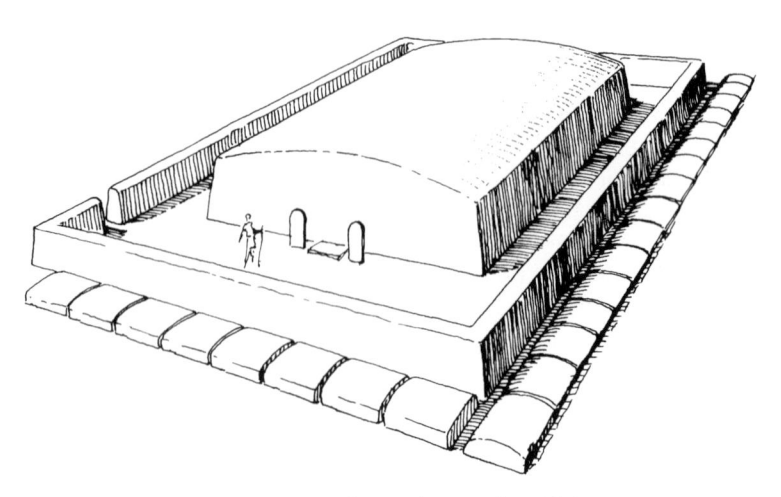

4.4 Mastaba de Abidos, origem da arquitetura piramidal.

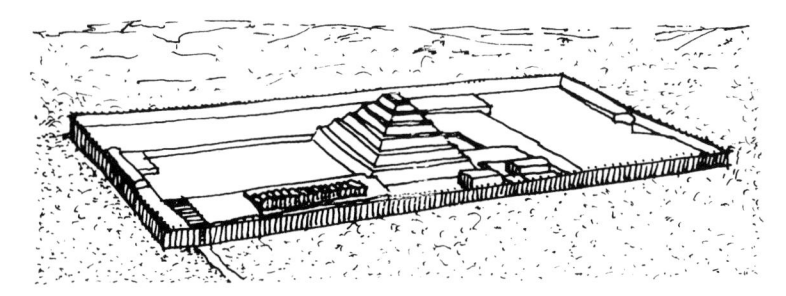

4.5 Imhotep, conjunto funerário de Zoser, em Sakkara.

térreo e sepulcro subterrâneo (Figura 4.4). A sobreposição de várias mastabas dá lugar à pirâmide escalonada, cujo melhor exemplo é a do faraó Zoser em Sakkara (cerca de 2500 a.C.), dentro de um importante complexo funerário que foi obra de Imhotep, a quem se atribui o surgimento da arquitetura em pedra mediante a tradução em pedra das construções de madeira anteriores (Figura 4.5).

A ideia de alcançar os céus, de chegar ao lugar mais alto como ponto de encontro com o sobrenatural, aparece já definitivamente expressa nas pirâmides de Gizé, (cerca de 2200 a.C.), que constituem algumas das maiores e melhores amostras de toda a arquitetura da humanidade (Figura 4.6). Com Quéops (Khofu), Quéfren e Miquerinos, o túmulo encontra sua máxima expressão monumental e aparecem as mais colossais e perfeitas pirâmides, entre as quais se destaca a de Quéops (Khofu), a maior massa de pedra que o homem já reuniu, com uma base de 230 x 230 metros e uma elevação de quase 150 metros.

Como um verdadeiro *morro de pedra*, o ângulo de inclinação da pirâmide determina a estrutura de sustentação e os muros de contenção. Mas, na arquitetura egípcia, as reflexões de ordem astronômica e simbólica não são menos importantes do que as considerações es-

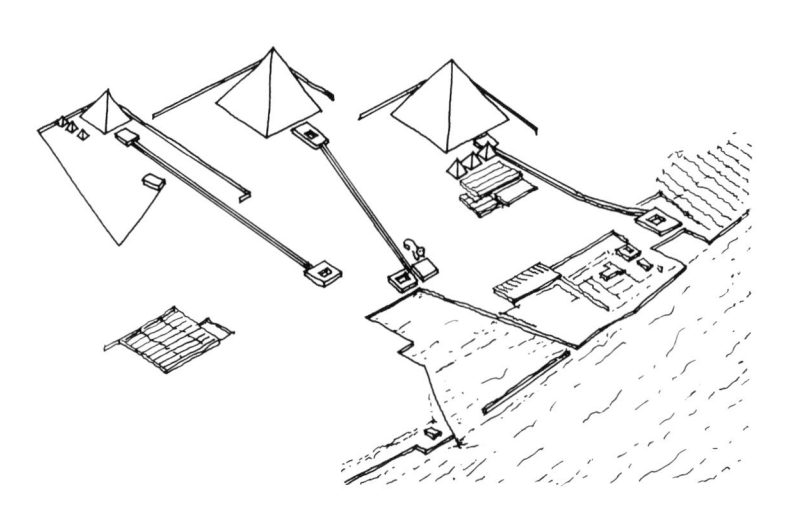

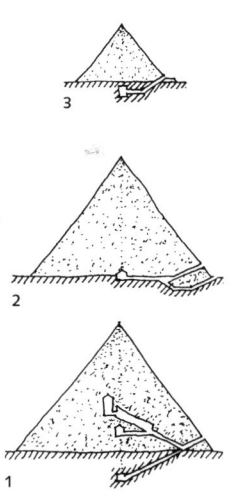

4.6 As pirâmides de Gizé: 1, Quéops; 2, Quéfren; e 3, Miquerinos. No alto, os cortes; à direita, uma perspectiva axonométrica do conjunto.

táticas. Por isso, a matemática das pirâmides é muito controvertida, embora esteja bem comprovado o saber astronômico e o grau de conhecimento geométrico que os egípcios possuíam, manifestados em seus sistemas de proporções e nas relações entre linhas e planos.

Se entendermos a pirâmide do Império Antigo como forma arquitetônica perfeita, são razões sociais e não arquitetônicas que fazem com que no Império Novo se abandone sua construção e se prefiram os templos funerários enterrados ou incrustados nas laterais de montanhas, na forma de templos subterrâneos ou *hipogeus* (criptas), como os do Vale dos Reis e do Vale das Rainhas em Tebas; assim como os grandiosos *speos* de Ramsés II em Abu Simbel, na fronteira meridional do Egito.

O templo egípcio

Em suas formas, a arquitetura egípcia desenvolve como ideias básicas o oásis fechado, a ordem ortogonal, a massa megalítica e o percurso. Cada uma concretiza simbolicamente alguma experiência existencial fundamental e, todas reunidas, elas constituem uma representação do cosmos egípcio. O *templo* reitera perfeitamente essa estrutura da natureza egípcia.

Espelhando esse oásis longitudinal organizado axialmente e estruturado ortogonalmente, o templo buscava ser uma *imagem direta do cosmos* e uma representação do Egito. A imagem do templo – sua série de espaços com colunas fechados por muros altos – reflete os altos paredões rochosos por onde flui o rio; seu esquema ornamental nos remete ao modelo mítico da paisagem-criação; suas colunas lembram a imagem cósmica do céu e ecoam a paisagem sagrada de fora do templo: um lago artificial entre palmeiras, rodeado de papiros e lótus.

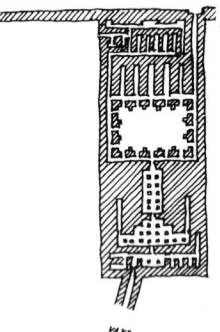

Assim, embora não seja uma *forma absoluta*, o templo tenta ser um modelo em pedra da paisagem-criação e conservar, na medida do possível, uma *forma plástica* ou *cristalina* semelhante, apresentando somente superfícies inarticuladas e destacando o contraste entre a necessidade do espaço interno necessário ao uso e o horror que se tem por ele do ponto de vista artístico (Figura 4.7). Por isso, esse espaço se decompõe numa sucessão de câmaras escuras tão estreitas que não permitem a impressão de espacialidade, ou por meio de pátios abertos nos quais falta o significado interno, e onde se antepõem formas isoladas à parede perimetral para romper a impressão da superfície parietal que se encontra por trás.

4.7 Templos anexos à pirâmide de Quéfren, em Gizé, cujas plantas baixas mostram o horror egípcio ao espaço interno.

Apesar da considerável amplidão das salas, as dimensões do espaço interno parecem menores ou se tornam imprecisas e, por outro lado, a coluna se situa em primeiro plano, como forma absoluta singular. Além disso, nos planos inclinados das paredes perimetrais se suprime qualquer reflexo do interior. O espaço que se esconde atrás das paredes cegas não se traduz no exterior, enquanto o interior se subdivide em microcosmos.

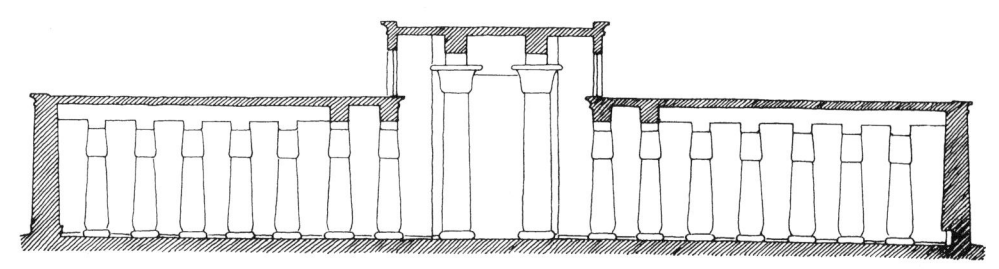

4.8 Templo de Amon em Carnac (Tebas), seção transversal do salão hipostilo.

As *salas* dos templos exemplificam o conjunto interior. São recintos fechados colossais, preenchidos com uma floresta de colunas tão cerrada que todas as superfícies que deviam produzir o efeito espacial se fragmentam. Inclusive o exemplo majestoso do salão hipostilo de Carnac em Tebas (XIX dinastia, cerca de 1500-1400 a.C.) – um quadrado duplo que mede 104 × 52 metros e tem 140 colunas – se ajusta a essa ideia, reforçando-a com sua iluminação difusa (Figura 4.8).

O traçado dos grandes templos do Império Novo se baseia nos complexos de pirâmides do Império Antigo e é determinado pela ideia de *sequência*: pela sucessão ordenada de peças relacionadas de modo que cada uma determina a seguinte, todas elas indicando o percurso entre a cidade dos vivos e a dos mortos (Figura 4.9).

Concebendo o espaço sagrado como uma longa sequência processional, o templo parece fechado num recinto próprio a cujo pórtico monumental ou *pilono* se chega através de uma avenida cerimonial. Por trás dele, o templo propriamente dito consta de três partes: um pátio aberto com colunas ou *peristilo*, uma sala com colunas coberta ou *salão hipostilo* e um terceiro recinto mais fechado, que é imagem do santuário. Todas elas são peças de tamanho decrescente à medida que se avança.

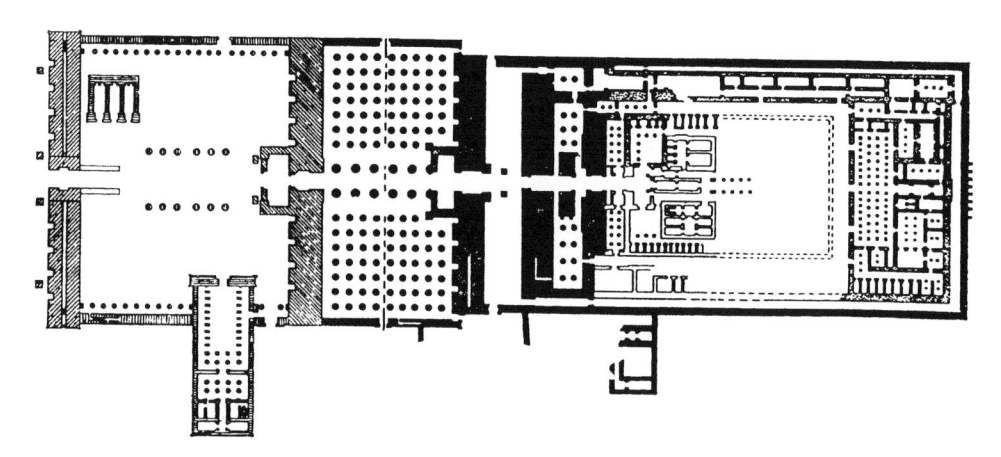

4.9 Templo de Amon em Carnac (Tebas), planta baixa.

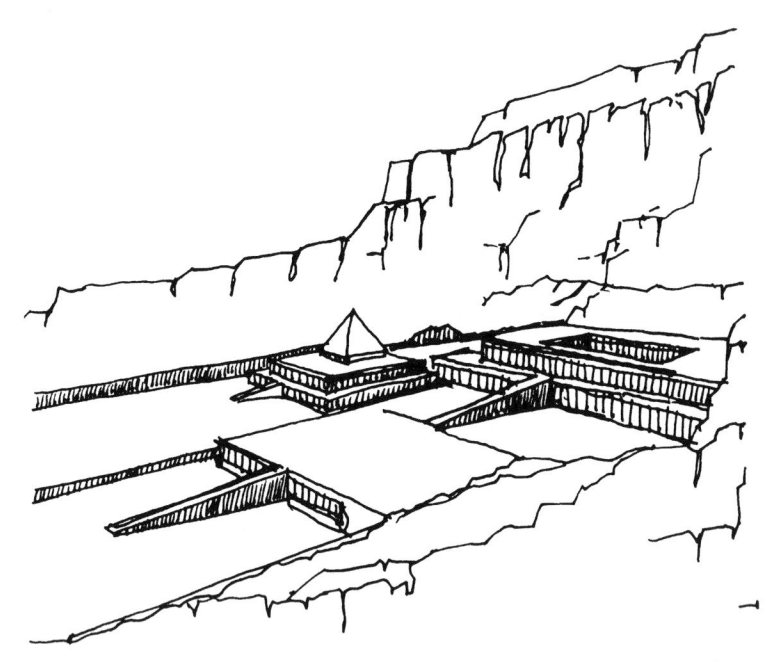

4.10 Senenmut, templo funerário de Hatshepsut, em Deir-el-Bahari (Tebas).

De maneira similar a uma série de caixas ou bonecas russas, cada recinto esconde em seu interior um recinto menor no qual se repete este esquema: um novo pilono que dá acesso a um pátio aberto, atrás do qual se encontra um salão hipostilo menor. E assim sucessivamente, até se chegar ao *santuário* no qual – como em um eterno retorno às origens – o templo tem seu núcleo gerador, que passa a crescer de acordo com a sequência exposta, seguindo indefinidamente um eixo longitudinal.

Ao lado desses dois elementos *estáticos*, o templo egípcio contém dois elementos *dinâmicos* que posteriormente seriam desenvolvidos na história da arquitetura. Nos seus pátios peristilos encontramos o núcleo gerador da basílica, em oposição à forma cristalina da pirâmide. E na sucessão livre de pátios e salas está a base das modernas composições de massas.

São exatamente esses elementos dinâmicos da arquitetura egípcia que se pode apreciar de modo paradigmático no mais importante recinto funerário do Império Novo: o templo funerário de Hatshepsut em Deir-el-Bahari (Tebas, cerca de 1500 a.C.), um hipogeu organizado por um eixo longitudinal que penetra na montanha, prolongando o eixo do grande templo de Amon em Carnac do outro lado do Nilo (Figura 4.10). Apesar da modernidade do seu conceito espacial, o refinamento do seu processo de articulação e detalhe, e o caráter quase antropomórfico de suas formas, seu arquiteto, Senenmut (ou Senmut), ainda incorporou os peristilos de seus terraços ao mundo cósmico, e não ao mundo estritamente arquitetônico.

II
O Mundo Clássico

CAPÍTULO 5

O Território da Arquitetura Clássica

As contribuições gregas

Imhotep, o arquiteto de Sakkara, era chanceler do rei, juiz supremo, superintendente dos arquivos reais, chefe das obras reais, supervisor das dádivas do Céu, da Terra e do Nilo e protetor do país. Mil e quinhentos anos depois, Senenmut ainda era o grande administrador das propriedades de Amon, gestor das posses reais, chefe do tesouro real e gerente de obras da corte.

No Egito e em toda a Antiguidade pré-clássica tanto o homem quanto as coisas que o cercavam eram considerados como seres naturais que formavam parte do cosmos e aos quais se aplicavam de modo genérico as concepções cósmicas, atendendo mais a critérios e tradições religiosas do que a estudos filosóficos ou científicos.

Já na Grécia clássica do século V a.C. a consideração filosófica muda de orientação: na passagem do *mythos* ao *logos* se deixam de lado os problemas divinos e se foca no homem e no humano. Por isso, apesar da filiação da cultura clássica à egípcia, o arquiteto grego já não será nenhuma daquelas coisas que era seu homólogo egípcio, mas centrará sua atenção na arquitetura, considerando-a como um território próprio separado dos demais. E desde a Grécia até nossos dias, a arquitetura será um problema específico, com um território e com um caráter que, entendidos como categorias permanentes, lhe permitem se autolimitar e estabelecer leis próprias.

A contribuição inicial da arquitetura grega é, portanto, a *delimitação de seu território* próprio, que permite compreender a arquitetura como ciência e estudá-la como campo separado das outras artes.

A segunda contribuição particular da cultura grega é o fato de considerar o homem como a medida de todas as coisas: isto é, o *antropomorfismo* ou, em termos arquitetônicos, a escala humana.

O antropomorfismo e a escala humana

O antropomorfismo não é nada mais do que a consideração do homem como o centro e a medida do Universo.

No início do século V a.C., Parmênides dirá: "o homem é a medida de todas as coisas; daquelas que são enquanto são e daquelas que não são enquanto não são". Com um claro relativismo axiológico, o homem grego decide que ele mesmo é o ponto de referência da realidade, o valor objetivo para a referência de todas e cada uma das coisas que o rodeiam, tanto na sua impressão sensorial quanto na sua valoração: a verdade, a justiça, a bondade, a beleza.

Levando esse conceito geral para a esfera arquitetônica, obtemos a *escala humana* como base da arquitetura grega e como uma de suas principais contribuições à arquitetura ocidental.

Se o homem é a medida de todas as coisas, a escala humana determinará a proporção ou cânone de beleza (Figura 5.1). Assim, um professor catalão gostava de perguntar aos seus alunos qual seria a cor mais bonita, para responder imediatamente: "a cor da minha pele"; da sua pele concreta, mais ou menos idealizada, porque é o eu concreto, o ego, que nos oferece a medida de todas as coisas, inclusive a cor, a altura, o tamanho, a textura, a temperatura, etc.

Assim, uma escala é um sistema de medida apropriado para nós e para aquilo que pretendemos medir. Por isso, tendo bem presente a frase de Delfos – "conhece-te a ti mesmo" –, a primeira coisa a se fazer será conhecer as medidas próprias do homem, ou seja, saber o que é e como se determina a polegada, o pé, o palmo, a braça, o passo ou a jarda, e entender que todos eles surgem como um método adequado de medição de comprimento no qual cada pessoa leva consigo sua própria unidade de medida.

Este sistema, esta escala humana é, a princípio, bastante adequado à arquitetura, porque não só se adapta às medidas do homem, como também se adequa aos objetos a medir: os detalhes podem ser convenientemente medidos em *polegadas* ou *palmos*; os espaços interiores, em *pés*; os espaços exteriores, em *passos* ou *jardas*. De forma análoga, unindo o espaço com o tempo, a tradicional *jornada* a que se referem os clássicos será a distância que um homem percorre em um dia, e o *acre* inglês ou o popular *dia de boi*, a quantidade de terreno que se pode arar em um dia.

Mas os edifícios e os espaços não só devem manter uma escala com relação ao homem, como também devem conservá-la entre si.

A escala é tanto um elemento de compatibilidade quanto de medida, uma vez que relaciona as edificações e os conjuntos urbanos com nossa capacidade de compreensão, agindo como parâmetro para aqueles elementos cujo tamanho familiar nos proporciona uma referência. Sem conhecer essas medidas e esses parâmetros, ou sem levá-los em conta, pode-se fazer arquitetura, mas não em escala humana.

De fato, existe outra possibilidade antitética de referenciar e medir a arquitetura. Se no esquema anterior a medida da arquitetura era o eu, o *ego*, em oposição dialética, pode haver outra arquitetura que tenha a si própria como medida. A arquitetura entendida como *monumento* é aquela que se autorrefere nas medidas.

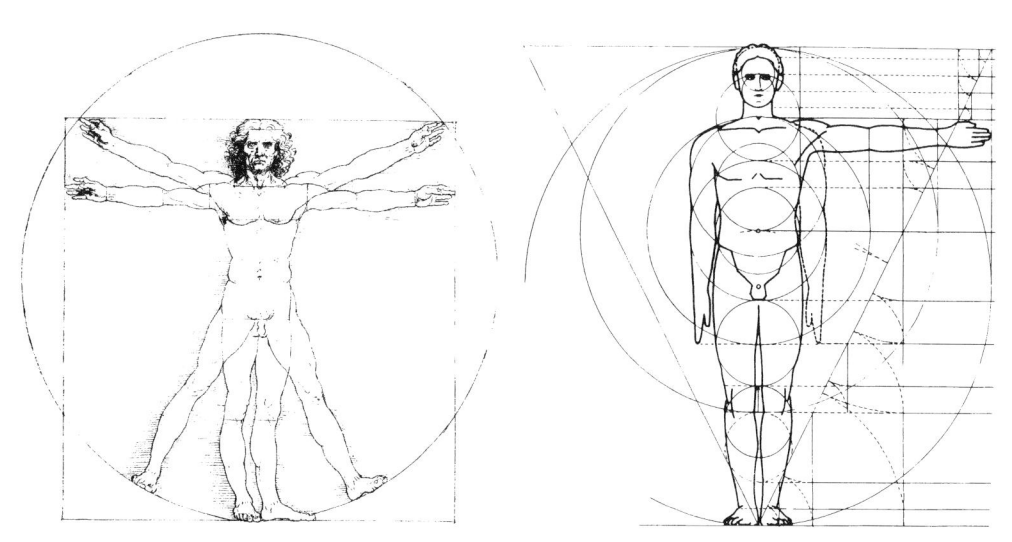

5.1 Esquema antropocêntrico renascentista, de Leonardo da Vinci (à esquerda), e moderno, de Ernst Neufert (à direita).

Isso é denominado *escala monumental*, em oposição à escala humana, e em relação a ela falamos de arquitetura monumental, mas isso não significa grande ou pequena, e sim que é dimensionada com parâmetros próprios, derivados de si própria e alheios à escala humana.

Boa parte da história da arquitetura ocidental vai se referir à relação alternativa entre escala humana e escala monumental.

Modulação e proporção

Esta escala humana (o homem como medida) acarreta uma concepção especial do mundo: uma ordem especial ou ideal de relação com uma correspondência arquitetônica entre as partes de um edifício e suas respectivas medidas. Se a natureza dispõe o corpo do homem de tal forma que cada membro se relaciona com o todo, os gregos querem que exista também essa mesma correspondência de medidas entre as partes e a obra inteira de arquitetura.

Isto leva a estabelecer os conceitos de *medida* e *módulo*. Como a medida é uma magnitude abstrata, e como medir significa comparar, necessitamos um termo de comparação ou módulo baseado na relação dimensional entre as partes do todo e sua redução à unidade. Esse módulo pode estar relacionado com as dimensões humanas ou não; assim, os gregos usavam módulos com base no homem, enquanto os renascentistas preferiam módulos com base em elementos abstratos, como o diâmetro da coluna.

Se a *modulação* é a relação das partes a partir de uma unidade, a *proporção* é a relação das partes entre si e com a totalidade. Assim como no corpo humano existe uma proporção entre o braço, o pé, a palma da mão, o dedo e as partes restantes, o mesmo se dá nas construções clássicas.

Todas elas podem ser proporções *estáticas* entendidas em si mesmas, como as ordens clássicas, ou proporções *dinâmicas*, relacionadas não com a medida, mas com as variáveis dessa medida: proporções harmônicas, seção áurea, etc., o que nos leva a falar dos *traçados reguladores*, uma forma de estabelecer proporções que é a base da beleza no mundo clássico.

Os arquitetos gregos partem desses princípios e neles fundamentam sua arquitetura. Vinte e cinco séculos mais tarde, Le Corbusier aborda na sua arquitetura a relação entre as medidas humanas e o sistema métrico decimal, tentando constituir um antropomorfismo moderno através do uso de um sistema harmônico que quer unir a escala e o módulo: o *modulor* (Figura 5.2).

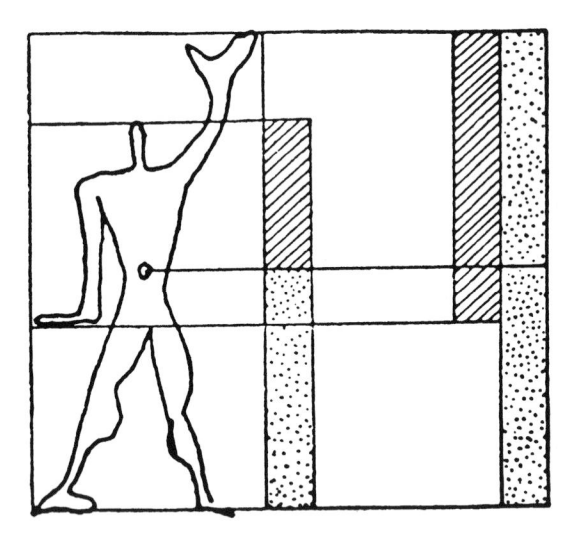

5.2 O Modulor, de Le Corbusier, estabelece a relação entre as medidas humanas e o sistema métrico decimal.

CAPÍTULO 6
Ordem e Linguagem

O conceito de ordem

A contribuição inicial da arquitetura grega – como já mencionamos – é a delimitação de seu território próprio. Pois bem, essa contribuição vai permitir compreender a arquitetura, como as outras artes, quase como se fosse uma ciência. Aqui se origina a distinção entre as artes (arquitetura, escultura, pintura, etc.) que se consideram categorias permanentes e absolutas da atividade humana.

Para qualquer uma delas se supõe que existam algumas regras objetivas, análogas às leis da natureza, e que o valor de cada obra particular consiste em se adequar a elas. Na pintura ou na escultura, essa lei é denominada *cânone*: cânone de Policleto, cânone de Lisipo, etc. Em arquitetura, essas regras são conhecidas pelo nome de *ordem*.

Cânone e ordem são categorias abstratas. A transferência da ordem (abstrata, ideal) às ordens (concretas, reais) se verifica – como veremos a seguir – através da construção arquitetônica, que dá lugar à ordem dórica, à ordem jônica, etc.

Já se escreveu que "ordem" é "a disposição regular e perfeita das partes, que concorrem para a composição de um conjunto belo". A ordem é a lei ideal da arquitetura concebida como categoria absoluta, que atua como sistema de controle indireto e, ao mesmo tempo, como a gramática da arquitetura, garantindo sua comunicabilidade e transmissibilidade e dando lugar ao que denominamos *linguagem clássica*.

A ordem como instrumento de controle

Dizemos que a *ordem* é um instrumento de controle da arquitetura porque pretende regular seu processo, agindo como uma regra estrutural que delimita um terreno comum sobre o qual concentrar as energias e selecionar pouco a pouco os resultados e as melhores soluções, mas sem que elas cheguem a produzir formas, proporções ou figuras precisas, e sempre com uma margem de liberdade para se adaptar a cada caso particular.

Em um sistema que tem parentesco com o pensamento idealista de Platão, e de maneira similar às ideias platônicas, *as ordens* não são formas materiais ou sensíveis, mas regras ideais que podem se traduzir concretamente de formas distintas (Figura 6.1). Entre elas e sua realização prática existe uma margem que pode ser preenchida de diferentes maneiras pelo projetista.

Esse sistema de controle pelo qual algumas decisões de caráter geral substituem um número muito maior de decisões particulares (*controle indireto*) produz uma economia de pensamento e uma distribuição de forças muito rentável, o que implica grandes vantagens práticas.

A ordem delimita um *terreno comum* sobre o qual concretizar as energias, selecionando pouco a pouco os resultados e as soluções melhores. Assegura, portanto, a *colaboração* de distintos profissionais sobre os mesmos objetos de estudo, permitindo um *aprofunda-*

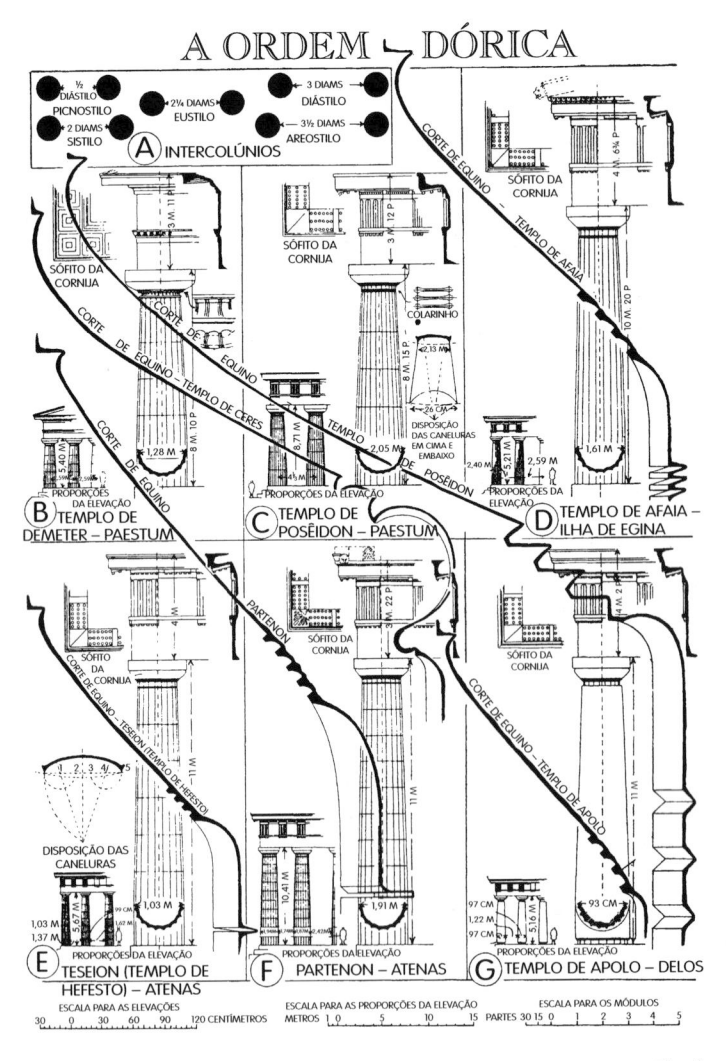

6.1 A ordem dórica em diferentes templos clássicos, segundo Banister Fletcher.

mento das soluções que se obteriam por separado. E garante um *alto nível médio* da produção geral.

Ademais, e por tudo isso, ela oferece aos profissionais e ao público um ponto de referência através do conhecimento de certas regras e proporções; ou seja, tem a tendência a se converter numa *linguagem*.

Seu inconveniente é, evidentemente, a *limitação de experiências*, porque se, por um lado, as regras garantem maior profundidade em campos determinados, é exatamente isso que impõe obstáculos à sua ampliação; de modo que, se as circunstâncias externas mudam, o sistema, que tem baixa capacidade de adaptação, entra em crise.

O conceito construtivo da ordem: as ordens clássicas

A transposição da ordem como instrumento de controle à ordem como instrumento de comunicação se verifica mediante um elemento fundamental e eminentemente arquitetônico que a faz viável: o sistema construtivo.

Entendida a ordem como regra geral, as *ordens* serão as regras particulares derivadas daquela: as respostas particulares ao conceito ideal de ordem. O enlace entre a ordem e as ordens se verifica mediante a construção arquitetônica, particularizada na arquitetura grega por uma maneira própria de entender o *sistema trilítico*.

As ordens clássicas derivam de uma interpretação particular desse sistema estrutural na qual se supõe que suas formas são o resultado da transposição à pedra de um processo construtivo anterior em madeira que harmoniza as exigências estáticas com as compositivas (Figura 6.2).

Se considerarmos o templo clássico como o resultado da evolução da *cabana sagrada*, na sua arquitetura aparece já definida a articulação de um conjunto racional de duas famílias construtivas: uma vertical e outra horizontal, sendo formada a primeira por uma série de paredes ou pilares lançados sobre uma plataforma, os quais sustentam um sistema horizontal formado pelo entablamento ou teto do recinto e pela cobertura.

Pois bem, as ordens determinam a sucessão das diversas partes da estrutura e da cobertura segundo modelos diferentes que desenvolvem a hipótese da transposição da madeira à pedra.

Assim, o fuste com caneluras, como for vezes se lavra a coluna, lembra o antigo entalhado em madeira.

Da mesma forma, o *entablamento* clássico lembrará as famílias construtivas das vigas de madeira, e estará composto de três elementos estruturais que, ordenados de baixo para cima, são: arquitrave, friso e imposta. A *arquitrave* é o elemento horizontal ou a viga principal que se apoia nas colunas, unindo-as e suportando a segunda família de vigas ou vigotas transversais, cuja face externa se denomina *tríglifo*, sendo a *métopa* o espaço entre as vigas, geralmente fechado por uma laje de pedra ou cerâmica. O plano

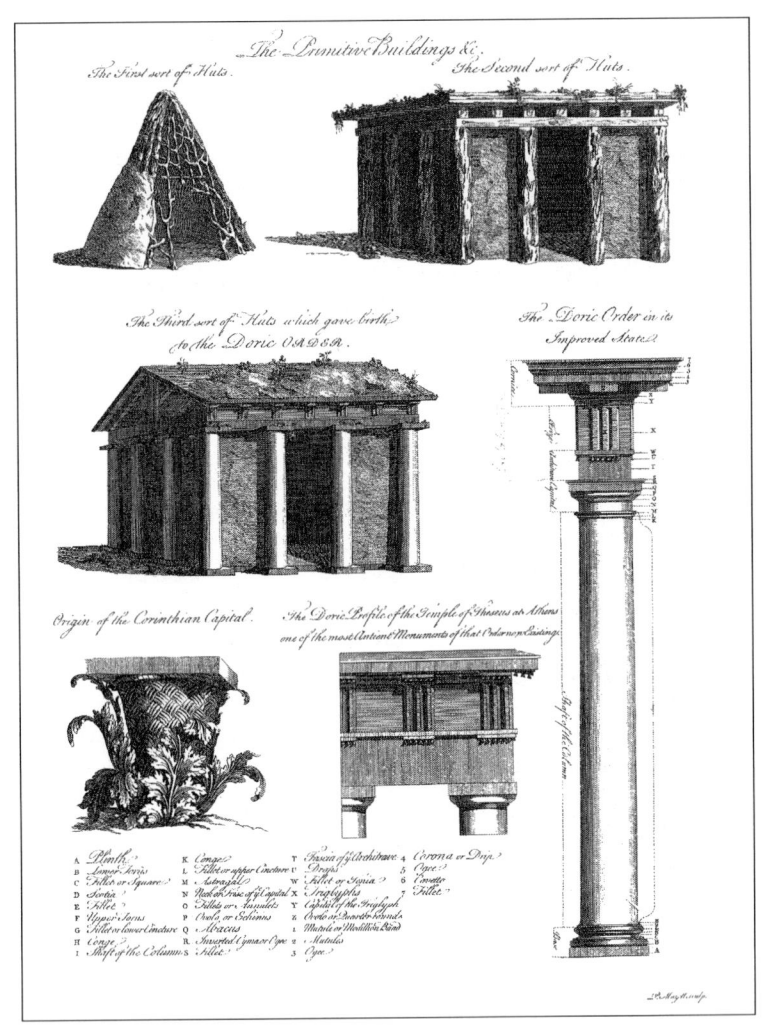

6.2 Evolução hipotética da ordem dórica a partir da cabana primitiva, segundo William Chambers.

formado por tríglifos e métopas, ou pela laje contínua comum a ambos, se chama *friso*, sendo a *imposta* a expressão material do teto do recinto. Quando a imposta é a última, ela se denomina *cornija* e se diferencia das demais porque avança um pouco para sustentar a cobertura e permitir o escoamento das águas pluviais.

Embora a arquitetura não parta do terreno, deve-se definir previamente um plano horizontal ou plataforma sobre o qual erguer o prédio; esse plano horizontal, base sobre a qual se assenta a arquitetura, é a *estilobata*, sendo a *estereobata* o corpo sólido ou embasamento que se encontra debaixo dele.

Como a união da parede externa ou da coluna com o teto ou com o solo costuma ser imperfeita, se colocam elementos de conexão ou juntas. Como apoio sobre a estilobata há a *base*. E entre a coluna e o entablamento se encontra o *capitel*, que aumenta a superfície de contato entre ambos. O capitel adquire tal importância formal que chega a caracterizar cada uma das ordens.

Ao se passar de uma peça cilíndrica para uma retangular é necessário aumentar o plano de apoio. Para isso se utiliza uma peça, constante em todas as ordens, que é o *ábaco*. Ao mesmo tempo, o *equino* aumenta a seção curva do fuste da coluna com uma espécie de almofada de seção parabólica. A união de ábaco e equino constitui o capitel dórico, com um interessante jogo plástico entre ambos por seus fortes contrastes de luz (Figura 6.3). No início, havia uma parede e não uma coluna, o equino não era necessário e só se usava o ábaco, ressaltando assim a lógica construtiva da *ordem dórica*.

Sobre esse capitel dórico, a singularidade da ordem jônica implica uma tentativa de imprimir à arquitetura uma determinada direcionalidade mediante a interposição de uma lâmina enrolada entre o ábaco e o equino (Figura 6.4). Isso, além dos aspectos decorativos, introduz um importante fator arquitetônico que rompe com a isotropia da ordem dórica, diferenciando os planos frontais dos laterais.

Porém, alguns problemas visuais fazem parecer que o capitel jônico é defeituoso e, às vezes, para evitar esse problema, o capitel se deforma, estando voltado, ao mesmo tempo, para as fachadas principal e lateral do edifício. Isso pode ser visto no Templo de Atena Niké em Atenas, onde há um exemplo de trucagem do jônico no capitel da esquina, onde se colocou um híbrido com voluta angular de faces múltiplas, dando lugar a uma nova *ordem pseudojônica*, também chamada jônico diagonal de quatro frentes, em contraposição ao jônico verdadeiro (Figura 6.5).

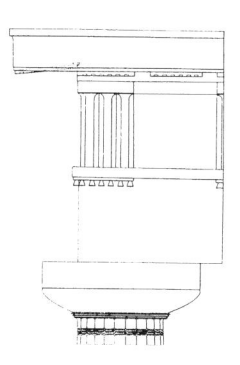

6.3 Capitel dórico do templo de Posêidon em Paestum.

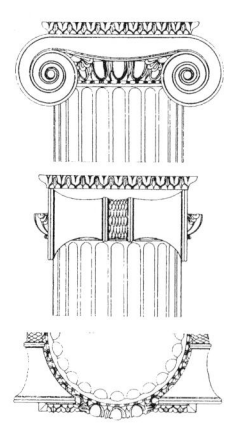

6.4 Capitel jônico do Templo de Atena em Priene, que introduz a voluta como fator de direcionalidade.

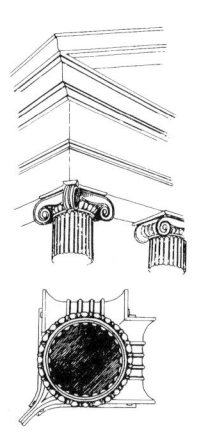

6.5 Capitel pseudojônico do Templo de Atena Niké na Acrópole ateniense, com a voluta angular com várias faces que contrapõe sua isotropia à ordem jônica direcional.

6.6 Capitel coríntio do Coliseu, em Roma.

Essa renúncia à *direcionalidade* em favor da visualidade sugere um passo atrás, pois vê a ordem como uma mera decoração escultórica. De fato, o pseudojônico é um meio-termo usado para resolver a anomalia que para muitos constituía o jônico, e antecipa no longo prazo a ordem coríntia e todos os seus derivados.

Efetivamente, se substituirmos o equino por um tronco de cone e o esculpirmos, obteremos um capitel que, de novo, é adirecional. Dentro desses cones esculpidos é importante a denominada ordem *coríntia*, cujo capitel em forma de cestinho é lavrado reproduzindo as folhas do acanto (Figura 6.6). As folhas que sobem se colocam estrategicamente nos cantos. Se as folhas se transformarem em voluta, obteremos um capitel ou *ordem compósita*, que é uma síntese do coríntio e do pseudojônico muito utilizada na arquitetura romana.

Por sua vez, a *ordem toscana* será uma síntese romana das ordens gregas, que mantém formas do dórico, mas sem seu rigor construtivo, mantendo dóricos suas proporções gerais e seu capitel, enquanto seu entablamento é jônico, ou seja, contínuo.

Nas origens da linguagem clássica, seus fundamentos estão sempre claros: quando um elemento não é necessário construtivamente, não se utiliza. Porém, em períodos posteriores, e como uma evolução da linguagem sem fundamento construtivo, aparecerão arquitraves falsas, pilastras com falso equino, e muitas outras interpretações das ordens meramente linguísticas.

Assim, se passa definitivamente de um sistema construtivo com aspectos linguísticos a um sistema linguístico com aspectos construtivos, no qual a brilhante resposta formal do capitel oculta muitas vezes suas origens arquitetônicas.

A partir daqui entramos numa corrente em que predomina a classificação formal das ordens: as *cinco ordens* da arquitetura clássica, corrente consagrada especialmente a partir do Renascimento, embora, se quisermos nos fundamentar em critérios arquitetônicos, só devemos reconhecer duas classes de ordens: a ordem *direcional* e a ordem *adirecional*.

O sintagma clássico

As ordens determinam os modelos formais para a sucessão das diversas partes do suporte e da cobertura. Esses modelos implicam o *sintagma canônico* de cada ordem e permitem diferenciar entre si os distintos elementos isolados do vocabulário clássico.

Dessa forma, o *sintagma dórico* será a maneira particular de se articular a plataforma na ordem dórica, o embasamento, a coluna, o capitel, o entablamento e o frontão, tanto no plano vertical quanto nas suas articulações volumétricas (Figura 6.7, à esquerda). Analogamente se estabelece o sintagma jônico (Figura 6.7, à direita) ou quaisquer outros, de modo tal que todas as peças componentes de cada sintagma estão relacionadas umas com as outras.

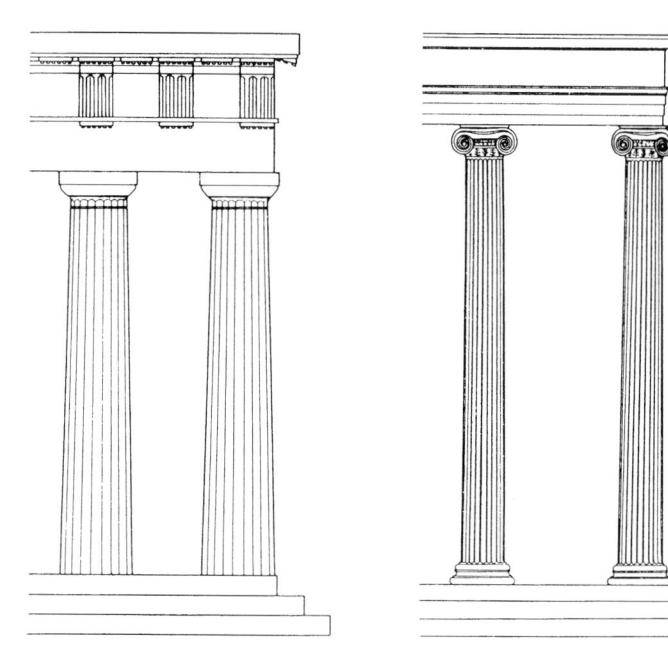

6.7 Os sintagmas dórico (à esquerda) e jônico (à direita).

Por tudo isso, e como redução do sintagma completo, se estabelece na prática uma relação simplificada entre *ordem* e *coluna*, que chega a ser a base prática do sintagma arquitetônico clássico.

Na coluna clássica, a altura está relacionada com o diâmetro; e ambos, com as medidas do homem ideal, de modo que, destacando este mesmo caráter e inclusive simbolizando o componente antropológico clássico, em certos casos se chega a se empregar suportes nos quais se substitui o fuste por uma figura humana: *atlante*, se é masculina, e *cariátide*, se é feminina, como as do excepcional pórtico do Erecteion na Acrópole de Atenas.

Em todo caso, existe sempre a possibilidade de se isolar mentalmente o sistema *coluna-entablamento* do edifício no qual ele é empregado. Essa possibilidade permite o controle indireto sobre a composição do conjunto.

Estabelece-se também um diálogo entre a coluna e o pórtico, em que aparece o *intercolúnio* como ritmo arquitetônico que vincula ambos e marca o *ritmo* ou o *tempo* do edifício. O intercolúnio ou entrecolúnio é a distância entre duas colunas contíguas geralmente medida em módulos ou diâmetros de coluna (d): picnostilo (1,5 d), sistilo (2 d), eustilo (2,5 d), diastilo (3 d) ou aerostilo (4 d), que marcam os diferentes ritmos arquitetônicos. Estabelecendo uma analogia entre os intercolúnios e a terminologia musical, John Summerson compara o diastilo com o *adágio*, o eustilo com o *andante* e o sistilo com o *allegro*, enquanto o picnostilo é como uma parada cerimonial.

Um terceiro elemento fundamental no sintagma clássico é representado pela cobertura, geralmente com duas águas e apoiada em vigas de madeira. O triângulo formado sobre a cornija é o *frontão*, e o fundo deste, o *tímpano*; sendo o *acrotério* os remates que coroam a cúspide e as extremidades do frontão, enquanto as *antefixas* são os elementos cerâmicos ou escultóricos que cobrem as bordas das telhas dos beirais da cobertura.

Uma vez definidos os sintagmas, podem-se abordar os problemas construtivos concretos, porque todas as peças componentes da obra estão ligadas entre si, se relacionando a ordem e o edifício inteiro. Assim, com base nesses sintagmas, a arquitetura grega estabelece a gramática clássica.

Do sintagma à linguagem

Com o passar do tempo, a estrutura inicial da ordem se transforma. Pouco a pouco, a ordem vai esquecendo sua origem como instrumento de controle e adquire uma importância maior como linguagem.

A ordem – dizíamos – proporciona aos projetistas e ao público um ponto de referência. É exatamente essa vantagem levada ao extremo que irá destituir aos poucos a ordem de sua capacidade de controle e a converter em mero instrumento de comunicação. Surge, assim, a *linguagem clássica* da arquitetura, uma das grandes linguagens da humanidade, na qual a arquitetura articula sua expressão em períodos históricos e lugares muito afastados entre si.

A arquitetura grega contém potencialmente todos os desenvolvimentos sucessivos do classicismo, embora quando a arquitetura complicou seus fundamentos tecnológicos e funcionais, as respostas linguísticas tiveram de ser ampliadas.

Isso acontece já a partir do século IV a.C., quando o desenvolvimento da arquitetura helenística já reúne uma variedade de elementos que resolvem qualquer problema arquitetônico funcional. Nessa arquitetura, consequentemente, colunas, antas, pilares, pilastras, socos, entablamentos e perfis começam a ser usados independentemente das limitações próprias da ordem original.

Além disso, se o paradigma clássico responde perfeitamente às razões construtivas da linguagem, a passagem da arquitetura do pilar e da viga para a arquitetura das abóbadas não impede os romanos de aceitar o repertório e os princípios linguísticos clássicos, mas os faz questionar seu uso como fonte de expressão.

Vamos supor – diz Summerson – que devemos projetar não um templo, mas uma construção grande e complexa como um teatro ou um palácio: uma estrutura abobadada de vários pavimentos. Parece que deveríamos descartar as ordens e buscar uma expressão linguística própria; porém, os romanos, longe de fazer isso ao construir seus anfiteatros, basílicas e arcos de triunfo, aplicam as ordens da forma mais explícita possível, buscando conferir o prestígio da arquitetura religiosa às suas obras civis.

Dessa forma, Roma adota um tipo de arquitetura muito estilizada, mas bastante primitiva estruturalmente, e a combina com edifícios abobadados complexos e de vários pavimentos. E, ao fazê-lo, leva a linguagem arquitetônica a um novo nível.

Roma cria procedimentos para utilizar as ordens não só para ornamentar melhor seus novos tipos de estruturas, mas para dominá-las, tornando-as expressivas e controlando visualmente as edificações nas quais as emprega.

Esse dualismo entre *estruturas* e *repertórios decorativos* leva a uma relativa independência entre ambos e abre uma nova série de relações entre colunas, pilastras e arquitraves e os ambientes abobadados.

As combinações que em Roma articulam o sistema de arcos e abóbadas com o de dintéis determinam distintas experiências tanto na República quanto no Império.

A expressão linguística mais típica da arquitetura romana é a *duplicação da ordem estrutural*, antepondo ou superpondo um segundo sistema adintelado ao sistema parietal com aberturas, compatibilizando assim dois sistemas construtivos suficientes por si só e esteticamente contraditórios, já que repouso e dinamismo são os significados opostos do dintel e do arco (Figura 6.8). Desse modo, os romanos incorporam de maneira completa o sistema linguístico trilítico próprio da ordem ao seu sistema construtivo de paredes portantes com aberturas, fazendo com que trabalhem juntos.

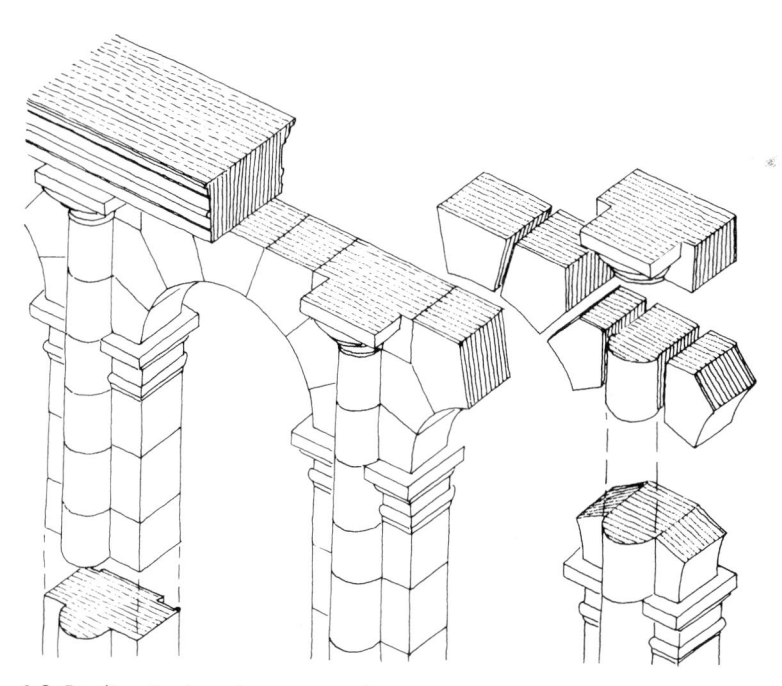

6.8 Duplicação da ordem estrutural no sistema construtivo dos edifícios romanos, o que gera um novo jogo linguístico.

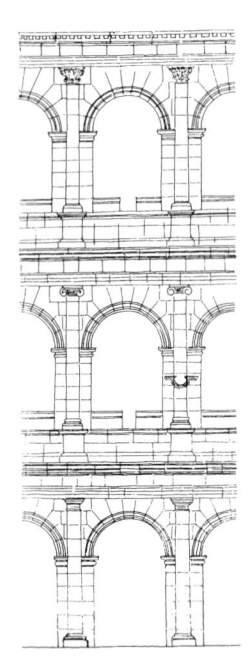

6.9 A sobreposição das ordens dórica, jônica e coríntia nos três primeiros pavimentos do Coliseu.

Os arcos de triunfo (os de Tito, Sétimo Severo ou Constantino, em Roma) são muito instrutivos do ponto de vista da gramática da arquitetura, pois mostram com simplicidade esta nova frase clássica, onde se agrega o tradicional sintagma coluna-entablamento ao paralelepípedo configurado pelas paredes e perfurado por uma ou três aberturas, gerando um novo *jogo linguístico arco-ordem*.

Esse novo jogo linguístico é utilizado pela primeira vez no *Tabularium* do Foro Romano (século I a.C.), sendo muito empregado desde então, como se pode observar num edifício tão característico como o Coliseu (80 d.C.), onde as paredes externas estão circundadas de várias séries de galerias abertas, cada uma emoldurada por uma colunata contínua de pouca finalidade estrutural, pois é somente a representação da arquitetura grega esculpida em relevo sobre o edifício romano.

Ao mesmo tempo, tendo-se diversos pavimentos, surge a variante de aplicar em cada um deles uma ordem arquitetônica diferente. Ainda que em certas ocasiões os gregos houvessem utilizado duas ordens diferentes no interior e no exterior de um mesmo edifício, os romanos não só têm a ousadia de sobrepô-las na mesma fachada, como chegam a converter essa *sobreposição de ordens* em um dos sistemas de expressão linguística mais frequente em seus monumentos (Figura 6.9).

Com o passar do tempo, surgem as mais variadas e férteis experiências.

Este uso não apenas construtivo das ordens de pilar e viga de origem grega transforma o entablamento em mais um elemento decorativo que os arquitetos romanos usam com toda liberdade, alternando-o com todo o relevo da coluna sobre a qual ele se apoia e colocando-o quase ao mesmo nível do paramento da parede nos intercolúnios. Por sua vez, os frontões se rompem, se curvam, se alternam entre curvos e triangulares, etc.

Todas essas *liberdades gramaticais* vão surgindo pouco a pouco na arquitetura romana e sua sofisticação se manifesta na Casa de Prazer construída pelo imperador Adriano em Tivoli (130 d.C. aproximadamente), onde também se observa a união alternada das colunas com peças retas e curvas, como se dobrássemos a arquitrave; ou se elimina o friso como expressão exterior de algumas vigas transversais inexistentes, resultando assim em um elemento estranho que parece mesclar a arquitrave com a cornija; ou tantos outros exemplos de fantasia e liberdade gramatical que fazem da Vila Adriana um exemplo excepcional das possibilidades de utilização da linguagem clássica e de sua transformação por razões tanto formais quanto construtivas.

Em todo caso, os sintagmas e as frases arquitetônicos que utilizam a linguagem clássica da arquitetura podem ser ainda mais complicados, como veremos ao estudar as formas e as maneiras em que se articula essa linguagem no Renascimento e no Barroco, quando os edifícios romanos forem medidos e estudados atentamente para extrair deles as fontes das próprias expressões gramaticais desses períodos.

CAPÍTULO 7

A Cabana Clássica

Da ordem à edificação

As primeiras manifestações conhecidas da arquitetura grega são pequenas cabanas construídas no campo ou em lugares sagrados relacionados aos deuses. Elas eram construções frágeis e, às vezes, desmontáveis, mas pertencem a uma tradição à qual a arquitetura clássica deve muito.

O templo grego que nasceu no século VII a.C. como evolução da *mégaron* micênica – uma simples sala retangular precedida de um pórtico de colunas – não tem as mesmas proporções do egípcio nem aquelas que terá o templo cristão. Construído para guardar uma imagem divina, ele apresenta, em geral, dimensões médias e exclui o altar de seu recinto, deixando-o no exterior.

Suas origens estão em uma plataforma horizontal ou *estilobata* – quase sempre de planta retangular – sobre a qual se elevava uma caixa de paredes e uma cobertura ou telhado com duas águas que projetava ao exterior um triângulo ou frontão, rematando o prédio e recebendo uma decoração de esculturas.

Seu núcleo principal é uma sala retangular, herança do mundo micênico, denominada *naos* ou *cela*, na qual se insere a estátua ou ícone da divindade. Essa sala é, às vezes, tão singela que se reduz a uma capela, mas outras vezes tem até três naves separadas por colunas. Seu acesso se dá por uma grande porta orientada para leste, a única entrada da construção. Na frente do *naos* costuma haver um pórtico: é o *pronaos*, ou vestíbulo aberto, ladeado pela prolongação das paredes laterais que terminam em simples pilastras ou *antas*.

Em harmonia com o *pronaos*, é frequente se construir do outro lado da cela outro recinto fechado, ou *opistodomos*, geralmente sem comunicação com a cela, mas sim com o exterior. Esse cômodo servia para abrigar o tesouro do santuário.

Esse templo muito simples podia ser rodeado total ou parcialmente por fileiras de colunas, cujo número e disposição confere aos templos clássicos seus diversos nomes.

O tipo mais elementar é o *distilo in antis*, simplesmente adornado com duas colunas entre as antas, mas eram mais frequentes os *prostilos*, *anfiprostilos* e *perípteros*, assim chamados por terem, respectivamente, colunas em apenas uma de suas fachadas menores, em duas, ou por estarem totalmente rodeados por elas. Já os pseudoperípteros eram os templos nos quais as colunas laterais estavam adossadas, ou seja, fundidas às paredes, como se fossem as pilastras dos tempos romanos (Figura 7.1). Além do tempo comum de planta baixa retangular, havia o templo de planta circular, que, se não estivesse rodeado de colunas, se denominava *tholos*.

Outra denominação frequente dos templos gregos se refere ao número de colunas de suas fachadas menores, que era sempre par. Assim, um templo podia ser *distilo, tetrastilo, hexastilo* ou *octastilo*, por ter duas, quatro, seis ou oito colunas na sua elevação principal. Os templos mais comuns da Grécia são os hexastilos, embora o Partenon seja octastilo.

O espaço entre as colunas e a parede é o *peristilo* ou deambulatório, um espaço relativamente amplo que compensa, em parte, a carência de espaço interno do templo grego.

A estilobata grega pode se assentar sobre degraus, configurando escadarias. Os romanos eliminam esses degraus e tornam a *estereobata* contínua, chamando-a de *pódio*, com uma única escada frontal de acesso.

As regras gerais se referem tanto aos elementos como ao edifício inteiro, permitindo o controle indireto de sua composição, pois todas as partes se relacionam entre si.

"Observe um templo dórico períptero", escreve Leonardo Benevolo. "As colunas estão distribuídas no alto, ao redor da *cela*, em intervalos razoáveis; por trás delas, a parede cega, a uma distância apropriada, serve de pano de fundo para receber as sombras projetadas e garante o relevo máximo dos elementos no primeiro plano. [...] Por sua vez, a sucessão dos elementos perimetrais envolve e, de certa maneira, diminui a ensambladura da edificação, de acordo com o princípio geral. O observador vê, simultaneamente, no máximo duas paredes, mas a repetição uniforme das colunas em torno da cela lhe garante que atrás, em frente às outras duas paredes externas, continua o mesmo tratamento; assim, contemplando-se o templo de um lado se vê, em apenas um vislumbre, tudo o que há para se ver e se tem uma ideia adequada de todo o conjunto. Além disso, como a planta é um retângulo, a regularidade dos intercolúnios proporciona um meio para se comparar rapidamente o comprimento com a largura e também – uma vez que o interior se relaciona com a altura através das relações das ordens – permite relacionar a largura e o comprimento com a altura real; assim, a ordem é um meio de avaliação imediata das proporções de toda a edificação."

Sobre essa base racional de regularidade se estabelece o problema das *deformações* existentes nos prédios gregos, fazendo com que, a partir de certa época, as linhas retas se submetam a certas curvaturas em relação aos eixos de simetria principais (Figura 7.2). As estilobatas passam a ser ligeiramente curvadas; os intercolúnios são diferentes; nas quinas as distâncias entre os eixos diminuem e

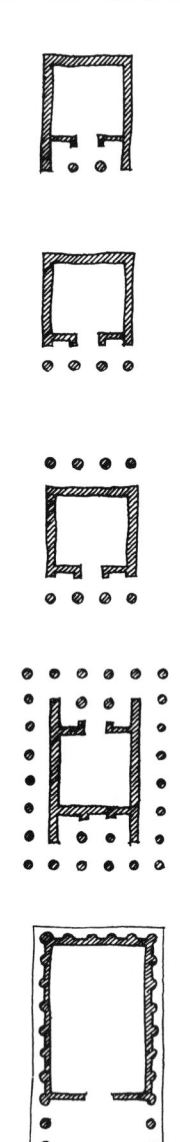

7.1 Evolução planimétrica do templo clássico: 1, distilo *in antis*; 2, prostilo; 3 anfiprostilo (templo de Atena Niké, na Acrópole de Atenas); 4, períptero; 5, pseudoperíptero (a Maison Carrée, o templo romano de Nimes, na França).

7.2 Correções óticas na arquitetura grega: as estilobatas são ligeiramente curvas, os intercolúnios variam, os eixos das colunas estão levemente inclinados para dentro do templo, os fustes são mais largos na meia-altura, etc.

as colunas se tornam mais grossas. Além disso, os eixos das colunas se inclinam levemente para o interior do edifício; as colunas das fachadas menores são mais grossas do que as colunas dos outros lados; os fustes das colunas engrossam na meia-altura, etc.

Todos esses detalhes são *correções óticas*, ou seja, soluções encontradas para compensar as diferenças das condições visuais dos diferentes elementos – as colunas de quina, mais expostas à luz do sol, pareceriam mais delgadas e, consequentemente, são alargadas; ou também para corrigir algumas ilusões de ótica – uma linha perfeitamente horizontal pareceria levemente afundada em sua parte central e é exatamente por isso que é erguida na metade; já uma linha vertical pareceria estar fora de prumo, assim ela é inclinada para trás; etc.

Essas deformações reforçam a *unidade do conjunto*, ao estabelecer e modificar a forma dos elementos de acordo com sua posição na obra.

O Partenon, paradigma da arquitetura grega

O melhor exemplo de *cabana clássica* é o Partenon, o modelo perfeito de edificação da arquitetura grega.

A arquitetura grega se desenvolveu no chamado período arcaico no século VI a.C., deixando seus principais exemplos nas cidades helênicas da Ásia Menor ou da Magna Grécia, na Sicília ou em Nápoles, onde se mantêm soberbos os grandes templos dóricos de Selinunte, Agrigento ou Paestum. Estes são exemplos esplêndidos de uma arquitetura de proporções ainda bastante pesadas, que chegaria a seu apogeu no templo de Posêidon, em Paestum (c. 500 a.C.), cuja austeridade, compacidade e formas robustas resultam em uma unidade incomparável, que resume as descobertas desse período (Figura 7.3).

Quando comparados a esses exemplos, os edifícios da Acrópole de Atenas (c. 450 a.C.) apresentam uma concepção clássica mais avançada. As colunas do Partenon são mais esbeltas, com uma altura cinco vezes superior a seus diâmetros; os capitéis são mais leves; e o comprimento das elevações, com seis ou oito colunas, dissipa a sensação de grande peso que temos no Templo de Posêidon. Nele, a cela revela um novo sentimento do espaço interno. Somente o peristilo não pode ser comparado, devido às conhecidas limitações espaciais da arquitetura grega quando comparada à italiana.

Sendo ao mesmo templo núcleo e coroamento da Acrópole ateniense, o Partenon é o templo dedicado a Atena Partenos, uma construção em mármore pentélico branco projetada pelos arquitetos Ictinos e Calícrates (447-438 a.C.), por iniciativa de Péricles.

Esquematicamente, podemos dizer que o Partenon é uma caixa dupla da ordem dórica: a caixa interna é hexastila e a externa octastila (Figura 7.4). Ou, em outras palavras, um hexastilo envolto por um peristilo dórico cuja estilobata ou recinto total ocupa um retângulo de 200 x 100 pés (60 x 30 m) – seu comprimento é aproximadamente o dobro da largura–, enquanto a segunda caixa tem exatamente esta medida de 100 pés em sua cela, ou seja, na parte do templo reservada diretamente à deusa.

O Partenon pode ser considerado um exemplo perfeito de templo grego, com peristilo com frontões octastilos, pronaos com duas fileiras de colunas e *naos* ou cela de três naves formadas por duas colunatas que se sobrepõem para alcançar a altura necessária e manter as proporções. No fundo da cela se encontrava a estátua da deusa Palas Atena esculpida por Fídias, em um recinto com teto sustentado por quatro colunas, um resquício do antigo mégaron. O

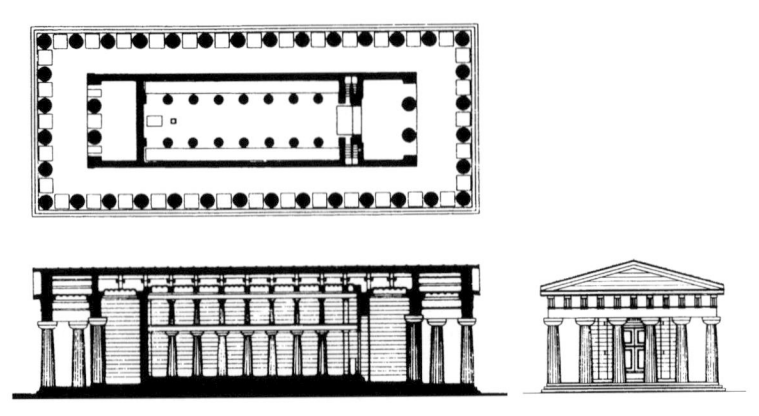

7.3 Templo de Posêidon em Paestum, planta baixa, corte e elevação.

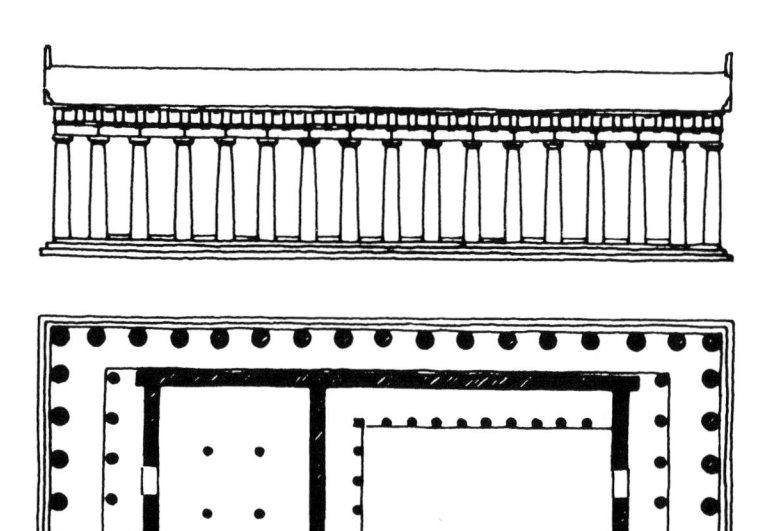

7.4 O Partenon da Acrópole de Atenas, elevação e planta baixa.

templo possuía um rico opistódomo posterior, destinado ao tesouro da deusa, onde também se guardava o tesouro público.

Como sua entrada principal estava voltada para o leste, ou seja, ficava no lado oposto ao acesso do recinto, era-se obrigado a fazer todo um percurso em torno do templo para entendê-lo, assim como ocorria na Atenas clássica.

O próprio friso com esculturas que corria no alto das paredes exteriores da caixa interna, protegido pelo pórtico externo – da mesma maneira que os edifícios jônicos da Ásia Menor –, representava esta procissão das Panatenas. Outros relevos ou estátuas feitos por Fídias e outros membros de sua escola preenchiam as métopas e os frontões da caixa externa do templo, fazendo do Partenon uma obra-prima também da escultura clássica.

Na verdade, essa obra-prima se conservou durante muitos séculos em perfeito estado, e, ainda no ano de 1300, Pedro III de Aragão ordenou que a protegessem como "a joia mais bela que existe no mundo". Utilizado pelos turcos como um paiol, em 1687, o Partenon foi explodido pelos venezianos, se tornando a ruína romântica que ainda hoje admiramos.

Ictino ou Ictinos foi o principal arquiteto da Atenas de Péricles, e também foi o arquiteto do templo de Apolo, em Bassae (430 a.C.), e do novo Telestérión ou sala dos mistérios de Eleuseis, cujo projeto foi modificado após a queda de Péricles. Já Calícrates construiu o templo de Atena Niké na Acrópole, trabalhando também nas muralhas que uniam Atenas a Pireus.

O Partenon se situa no cume da Acrópole ateniense, um promontório rochoso cuja plataforma superior é acessada por alguns pórticos dóricos, o propileu, obra do arquiteto Mnesicles (437-432 a.C.).

Ao lado desses pórticos, sobre um terraço murado se ergue um elegante edifício jônico projetado por Calícrates (448-420 a.C.): o templo de Atena Niké, ou Templo da Vitória, um anfiprostilo tetrastilo coroado por um friso de esculturas contínuo, onde aparece, pela primeira vez, a correção pseudojônica nos capitéis das quinas.

Outra importante construção da Acrópole é o Erecteion, uma obra de Fílocles (421-407 a.C.), erguida para o culto das imagens, as quais, após a substituição do velho templo pelo Partenon, ficaram sem santuário. Esse templo – o exemplo mais belo da ordem jônica – talvez seja o único onde a construção se adaptou ao terreno, em função de uma série de preocupações de natureza mitológica, que consideravam sagrados diferentes locais do terreno.

Do embasamento retangular do edifício nascem três pórticos, todos extraordinariamente esbeltos e formosos (Figura 7.5). Os pórticos norte e leste são comuns, enquanto o pórtico sul é uma tribuna original na qual as colunas foram substituídas por seis figuras femininas ou cariátides, que suportam a arquitrave com suas cabeças e seguram o peso em apenas uma de suas pernas, inclinando levemente a outra.

Do edifício ao conjunto

O templo grego não era apenas um edifício religioso, mas também político. Ele possuía as funções de arquivo público, continha o erário do Estado, era repleto de oferendas: era ao mesmo tempo o tesouro e o museu; nele se registravam os tratados firmados com os povos estrangeiros. No *peplum* ou cortinado do deus se bordavam

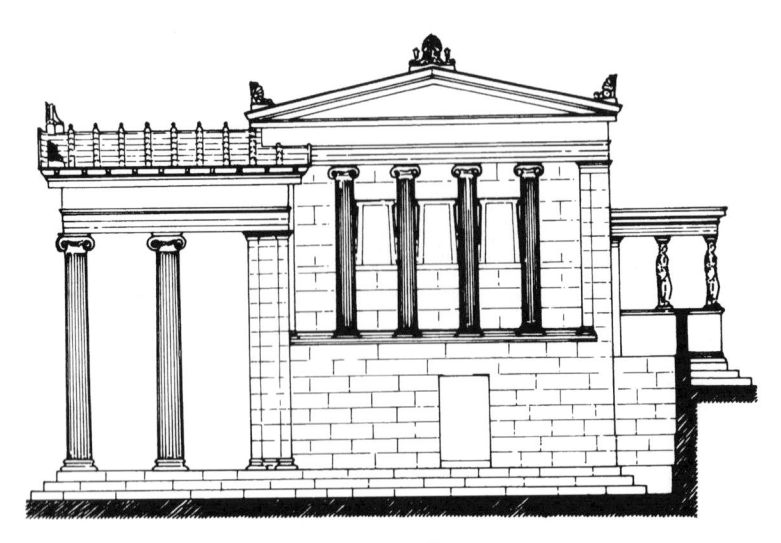

7.5 O Erectéion da Acrópole de Atenas, elevação oeste.

não apenas os mitos sagrados, mas também o nome dos ilustres da pátria: "dignos do *peplum*" era o epíteto que se usava desde Artistófanes aos grandes cidadãos atenienses.

Na Grécia, cada cidadão fazia suas preces e sacrifícios religiosos em seu próprio lar; quando se vinha ao templo era em grupo, para as procissões públicas. O templo era um edifício de cerimônias cujo destino essencial era servir de centro para as festas solenes da nação, e o significado político do templo era tão importante quanto o religioso.

O espaço que correspondia à igreja moderna é o *temenos*, o espaço circundante que se estendia a céu aberto, determinando, junto com o templo, o verdadeiro *recinto sagrado*, o qual se acessava de maneira mais ou menos processual se cruzando várias portas ou propileu, como os que se veem no templo de Sounion, no de Egina ou, com um caráter muito superior, no conjunto da Acrópole de Atenas.

Os principais desses recintos sagrados se encontravam nas partes mais altas, onde outrora haviam surgido as cidades fortificadas, que, com o tempo, se converteram em cidades velhas ou acrópole, à medida que as novas edificações se espalhavam pela planície. A *acrópole* é, portanto, o recinto murado de uma cidade grega, que se constituía na zona mais elevada e onde se encontravam os templos e edifícios públicos mais importantes. De todas as acrópoles, nenhuma é tão célebre como a de Atenas, reconstruída em meados do século V a.C. após sua destruição pelos persas, durante as guerras médias (Figuras 7.6 e 7.7).

Na Acrópole, cada templo tinha seu próprio recinto relativo, com um direcionamento espacial, ou seja, um percurso controlado que levava ao templo principal, partindo do propileu e constituindo um acesso monumental (Figuras 7.8 e 7.9).

Se a acrópole é cidade sagrada de um povoado, os grandes *santuários* são as cidades sagradas de todo o povo helênico, que os recebia periodicamente para o culto do deus ali venerado, e para celebrá-lo através de competições esportivas, apresentações teatrais e outros eventos, como acontecia nos grandes santuários nacionais de Olímpia e Delfos.

7.6 A Acrópole de Atenas, perspectiva.

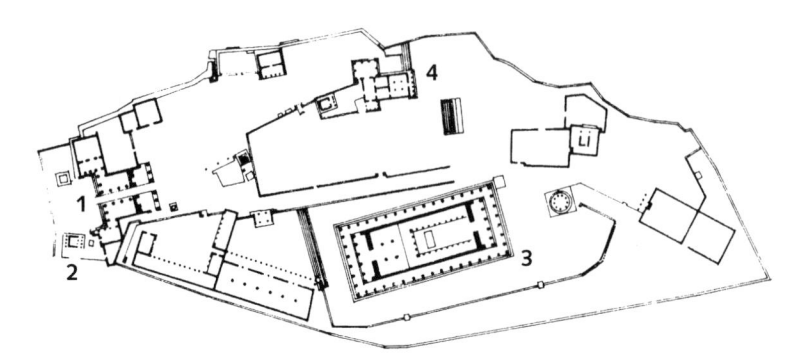

7.7 A Acrópole de Atenas, planta baixa:
1. Propileu. 2. Atena Niké. 3. Partenon. 4. Erecteion.

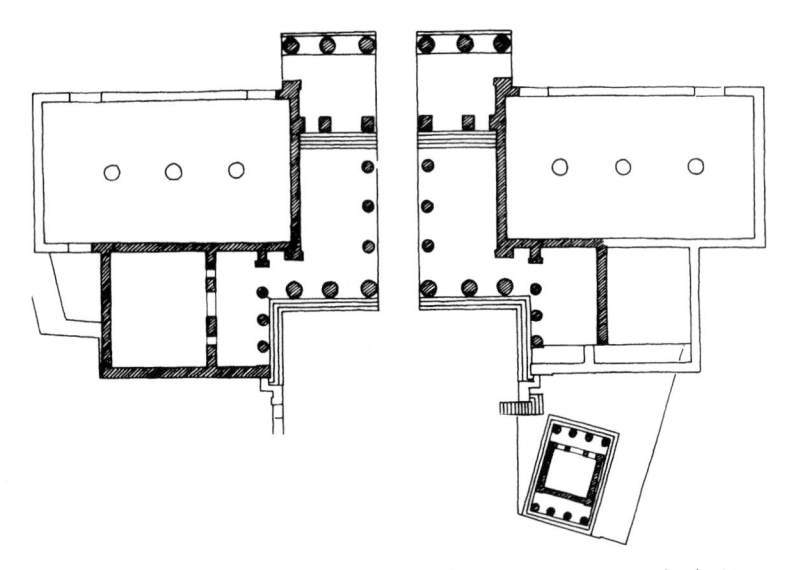

7.8 Planta baixa do Propileu da Acrópole de Atenas, com o templo de Atena Niké em primeiro plano.

7.9 Entrada da Acrópole de Atenas, com o Propileu à frente e o templo de Atena Niké à direita.

Do conjunto à cidade: a pólis grega

Todos os conceitos explicados até agora se referiam a obras isoladas. A composição por simetria, o emprego das leis da geometria e dos sistemas de correção ótica se restringiam ao edifício, pois os gregos definiam a composição arquitetônica nesses limites e evitavam aplicá-los a uma escala maior.

A partir dessa limitação surge o *conceito do edifício*, ou seja, o costume de se tomar fragmentos parciais do conjunto urbano e analisá-los como realidades individuais.

Se hoje se costuma estudar a história da arquitetura mediante a análise ou a descrição de certas edificações individuais, isso se dá exatamente em função do prestígio dessa tradição clássica, que nos

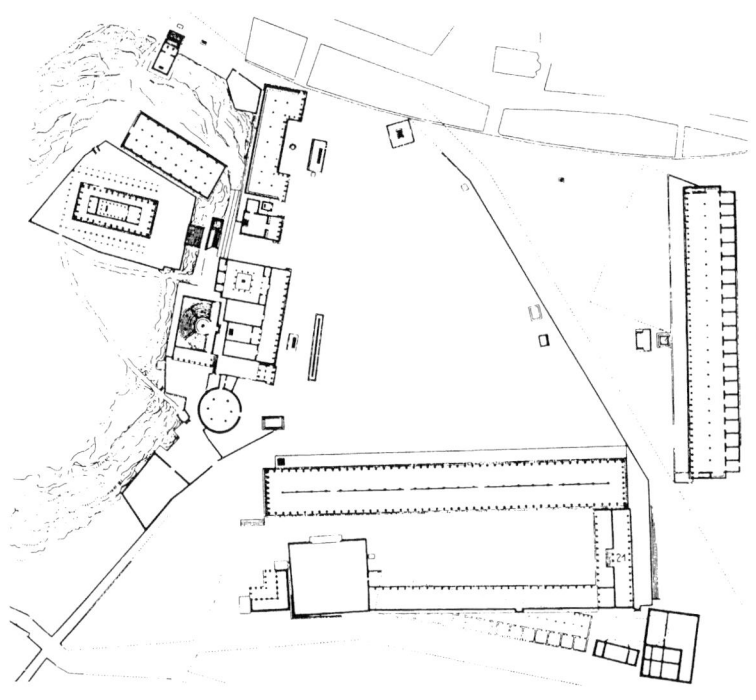

7.10 Ágora de Atenas, planta baixa.

acostumou a considerar a cidade como um agregado de elementos individualizados e autônomos.

Até mesmo quando fundavam novos assentamentos urbanos nas colônias, os gregos do período clássico nunca projetavam o traçado de suas cidades de maneira análoga ao de seus templos. O desenho regular de alguns elementos urbanos se contrapõe à irregularidade de muitos outros e faz com que os edifícios mais importantes sempre tenham seu esplendor individual. Essa distinção era muito arraigada na mentalidade grega, que jamais levava o controle racional além de certos limites.

A organização da política grega não ultrapassa a noção da *pólis*, uma vez que esta era, ao mesmo tempo, a cidade e o Estado – a *cidade-estado* –, resultado de um *sinoicismo*, ou seja, de uma decisão pessoal de se ter uma vida política, a qual se materializava em um espaço civil: a *ágora*. Para Aristóteles, a pólis "não deve passar de determinado tamanho, como todas as coisas deste mundo", e seu tamanho ideal era em torno de 10 mil cidadãos, ou seja, cerca de 40 ou 50 mil habitantes no total, "suficientemente pequena para que todos possam falar e ser ouvidos na ágora, e grande o bastante para poder entrar em guerra com a pólis vizinha".

Enquanto a acrópole era constituída por massas que articulavam o espaço, a *ágora* era, antes de tudo, um espaço aberto – um "cômodo externo", como dirá Le Corbusier – cujas edificações servem como fachada para fechá-la e configurá-la. O verdadeiro centro civil da pólis, a ágora como espaço urbano é um espaço flexível e irregular, cujos componentes podiam se modificar constantemente.

De qualquer maneira, a civilização grega se expressa sempre ao ar livre: nos recintos sagrados, nas acrópoles, nos teatros ao ar livre, fora dos espaços interiores, das habitações humanas e também dos templos sagrados, cujos ritos se desenvolviam no exterior. Portanto, pode-se dizer que a história da arquitetura grega foi essencialmente uma história do urbanismo.

CAPÍTULO 8

Arquitetura e Edificação Romanas

Contribuições romanas

Várias são as contribuições que, ausentes na edificação grega – embora apareçam parcialmente no helenismo –, constituem a colaboração de Roma à arquitetura ocidental. A mais importante, porém, será o fim da limitação tradicional das experiências, que traz consigo a ampliação e a pluralidade do *programa construtivo* romano e, consequentemente, a enorme ampliação e pluralidade do *território da arquitetura* romana.

Extraordinariamente complexas desde o fim das guerras púnicas e a expansão mediterrânea, a sociedade e a arquitetura romanas se confrontam com temas construtivos que não apenas revolucionam a forma de abordar a arquitetura doméstica (o palácio e a casa), mas também multiplicam os conteúdos de lazer e funcionais que a arquitetura pública deve enfrentar, englobando o território da edificação e dele se apropriando. Termas e basílicas; teatros, anfiteatros e circos; cisternas, aquedutos, pontes e construções utilitárias de todo tipo vão ser incorporados, aos poucos, ao campo da arquitetura.

Poucas vezes se deu na história uma revolução mais transcendental do que a ocasionada por essa ampliação do território da arquitetura romana dentro do mundo clássico.

Junto a ela, aparecem outras duas importantes contribuições romanas à história: a *extrema criatividade*, que faz da sua obra uma enciclopédia morfológica da arquitetura, com uma escala monumental, uma poderosa concepção espacial e uma clara definição dos grandes volumes; e as *novas técnicas construtivas* de arcos e abóbadas, que reduzem as colunas e arquitraves a motivos decorativos (Figura 8.1).

Esses três fatores alteram radicalmente o panorama arquitetônico, tornando evidentes as carências dos sistemas compositivos e de controle da arquitetura grega.

A magnitude dos problemas é tal que as vantagens da *ordem* como instrumento de controle são superadas pelo seu inconveniente: a limitação de experiências inerentes ao próprio conceito de ordem. É necessário, por isso, recorrer a um novo instrumento de controle da arquitetura que esteja ao nível dessa nova complexidade.

Esse novo instrumento – diferente da ordem, mas, como ela, com vocação para controlar o processo e o resultado arquitetônico

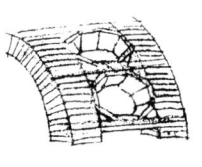

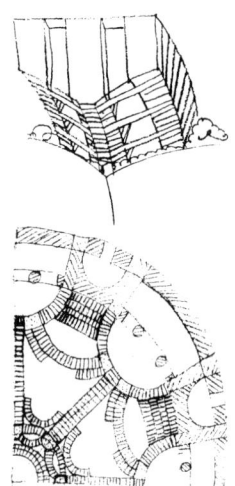

8.1 A construção romana: arcos, abóbadas e cúpulas.

– será exatamente o *tipo*, um conceito que não procede de textos romanos, mas que será aplicado quase 2 mil anos mais tarde, quando no início da Revolução Industrial as condições de complexidade técnica, científica e construtiva se equiparam às do período romano.

Vitrúvio e a tratadística romana

Antes de definir este conceito de tipo devemos considerar como, ao redefinir seu território, a arquitetura se vê obrigada a redefinir seus próprios instrumentos. O primeiro instrumento se refere à transmissão da cultura arquitetônica: sendo oral em um contexto limitado no tempo e no espaço, é preciso codificá-la para que possa ser transmitida quando o dito contexto espaço-temporal se expandir.

Surgem então, no final do período helenístico – e continuarão na etapa romana –, os textos, manuais ou tratados que tentam resumir e sistematizar o conhecimento arquitetônico comum para garantir sua correta transmissibilidade. Obviamente, ao ser escrito, o saber se limita, mas o que ele perde em sutilezas e nuances ganha em capacidade de comunicação à distância. Nasce então a teoria da arquitetura, e são escritos os primeiros *tratados* de arquitetura, quase todos desaparecidos, conservado somente um, com o nome de *Os dez livros de arquitetura*, escrito por Marco Vitrúvio Polião, um singelo arquiteto da época de Augusto, autor de um texto igualmente singelo, mas bem representativo do saber profissional de sua época.

São muitas as leituras que se pode fazer de Vitrúvio, tanto para contextualizá-lo na história como para entendermos a mesma. Seu caráter único e a venerabilidade atribuída aos textos clássicos durante a Idade do Humanismo – como logo veremos – farão de Vitrúvio uma espécie de bíblia laica da arquitetura para se consultar e fundamentar a autoridade de posturas culturais e formais muito diversas.

Ainda que essa veneração já esteja superada nos nossos dias, Vitrúvio continua nos interessando por diversos motivos, especialmente no contexto deste livro, por nos apresentar a primeira tentativa conhecida de decupagem da essência da arquitetura em seus distintos componentes. De fato, tentando definir e por isso delimitar essa essência, Vitrúvio alude a três fatores que devem representá-la. "Em toda arquitetura" – disse – "deve-se levar em conta sua solidez, sua utilidade e sua beleza". Ou, empregando os termos em latim original, sua *firmitas*, sua *utilitas* e sua *venustas*.

Esses são os componentes vitruvianos da arquitetura, e seu caráter prático facilita a definição atual do objeto arquitetônico.

Na realidade, a *firmitas* foi concebida por Vitrúvio em seu contexto histórico como um problema de estabilidade, mas hoje essa resposta técnica afeta não somente os problemas da força da gravidade, e sim todas as questões de ambiente e conforto, respondendo à ampla complexidade tecnológica que todo projeto de arquitetura enfrenta atualmente.

Por sua vez, a *utilitas*, razão de ser de toda arquitetura, hoje tem uma riqueza de matizes impensável no tempo de Vitrúvio, que responde aos conteúdos programáticos com uma ampla variedade de diferenças funcionais que estendem o conceito de função não somente à utilidade física ou mecânica, mas também às finalidades sociais, pessoais e inclusive psicológicas que uma obra de arquitetura deve satisfazer em busca do bem-estar humano.

Por último, a *venustas* é parte essencial da arquitetura. O problema da forma, de seu componente espacial e de sua volumetria, assim como o tratamento que certas edificações recebem em sua materialização e definição formal, está muito longe de ser algo agregado à obra arquitetônica, sendo inerente a ela mesma e transcendendo muito ao conceito superficial de beleza.

Firmitas, *utilitas* e *venustas* são os três componentes da arquitetura ainda em nossos dias. Os três devem estar presentes e integrar-se com equilíbrio no processo arquitetônico. A alteração desse equilíbrio produz graves erros arquitetônicos, por defeito e por excesso: funcionalismo, tecnicismo, formalismo, etc.

Uma obra carente de *venustas* poderá ser uma edificação, mas nunca arquitetura. Uma obra carente de *utilitas* será escultura ou macroescultura, mas não poderemos nos referir a ela como arquitetura propriamente dita. Uma obra que desdenhe a *firmitas* não passará de uma arquitetura de papel.

Ao contrário, uma obra que hipertrofie a *firmitas* arquitetônica se aproxima mais a uma obra de engenharia; uma hipertrofia da *utilitas* leva consigo um funcionalismo perigoso e talvez pouco arquitetônico; um excesso na *venustas* converte a arquitetura em um problema de formalismo, muitas vezes carente de sentido arquitetônico.

É o equilíbrio correto e a ponderação entre os três componentes da época de Vitrúvio e ainda hoje que garantem o caráter da obra de arquitetura. E do entendimento desses componentes e de sua integração arquitetônica se deriva indiretamente um conceito novo que serve para novamente abordarmos o problema do controle de projeto da arquitetura.

O conceito de tipo

Entendendo a obra arquitetônica como resultante de uma integração dos três componentes supracitados, de maneira empírica e muito elementar podemos definir o *tipo* arquitetônico como o conjunto combinado desses componentes vitruvianos. Isto é, será tipo arquitetônico toda combinação ou conjunção de uma determinada *utilitas* e uma determinada *firmitas*, expressada de acordo com uma *venustas* determinada. O tipo arquitetônico se opõe ao *modelo* arquitetônico, pois não representa exatamente uma imagem que se deve imitar, e sim uma ideia ou regra ideal. O modelo é um objeto que se deve imitar, repetir tal como ele é; o tipo é um objeto segundo o qual se podem conceber obras diferenciadas entre si.

"Tudo é preciso e está dado no modelo; tudo é mais ou menos vago no tipo": assim o definiu Quatremère de Quincy no século XIX. Levada ao limite, essa concepção relega o tipo a um mero instrumento abstrato e classificatório, enquanto destaca o caráter de singularidade e exemplificação do modelo (Figura 8.2).

Dessas duas definições – tanto a empírica quanto a científica –, agora as características estáticas do tipo – ou seja, o tipo considerado individualmente – não nos interessam tanto quanto suas características dinâmicas ou evolutivas, ou seja, a *evolução tipológica*, que em boa medida determina a arquitetura e sua história durante longos períodos da vida da humanidade, ao tempo em que obtemos um novo instrumento de controle: indireto como a ordem grega, porém mais aberto em suas possibilidades.

Por outro lado, a consideração dinâmica do conceito de tipo nos proporciona consequências ainda mais interessantes do ponto de vista do nosso estudo. Efetivamente, a dinâmica de um tipo nos assinala uma evolução, e essa evolução tipológica nos proporciona novas chaves de leitura arquitetônica que transpassam a *origem* tipológica para adquirir uma relevância histórica muito superior.

Assim, por exemplo, a variação na *utilitas* que o teatro grego experimenta, em sua passagem até o teatro helenístico e romano,

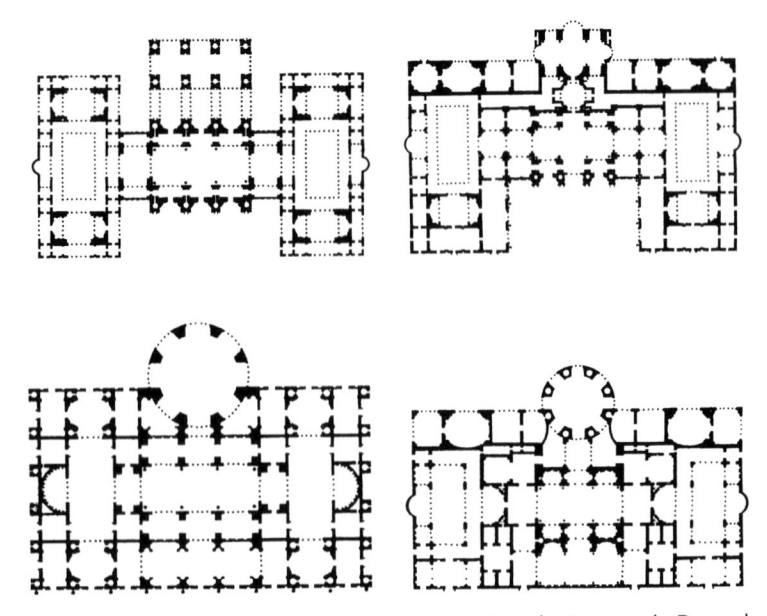

8.2 A tipologia das termas romanas; reconstruções ideais segundo Durand.

foi acompanhada de uma mudança paralela em sua *firmitas* (de estar simplesmente apoiado no terreno, a estar elevado sobre ele), e correlativamente de uma variação em sua expressão formal, em sua *venustas*. Pois bem, essa aproximação e sua evolução tipológica poderiam continuar atendendo do mesmo modo o teatro renascentista, barroco, burguês, europeu, americano, e, inclusive, chegar ao cinema atual, transcendendo sua origem histórica.

Por outro lado, a evolução da *stoa* à basílica, a passagem da basílica romana à basílica paleocristã, e a posterior evolução do tipo determinado por esta no século IV, nos facilitam o entendimento da arquitetura religiosa da Idade Média, como logo analisaremos.

A construção romana

Além da ampliação do território e de sua grande criatividade formal, a terceira grande contribuição romana à história da arquitetura é a *ampliação do repertório técnico* e as *novas técnicas de construção* de paredes, arcos e abóbadas, que em determinadas ocasiões são agregadas ao repertório e aos princípios da arquitetura helênica.

Assim, enquanto na arquitetura grega e helenística a coluna era o elemento mais importante, aqui ela é reduzida a motivo linguístico e se prefere a *parede* como elemento essencial da arquitetura romana. Parede, pano de muro, massa, volume e abertura alcançam na arquitetura romana seu melhor paradigma edificado.

A arquitetura romana não apenas incorpora o *arco* e a *abóbada* como elementos normais, como os faz desempenhar um papel primordial, empregando-os em concepções espaciais e com uma escala e significação novas.

A abóbada romana chega a apresentar um grande número de variedades. Não somente se generalizam as abóbadas de berço e de aresta, mas também se anulam seus empuxos laterais, com o emprego de outras abóbadas transversais que também giram entre si, para gerar cúpulas semiesféricas que se apoiam em paredes circulares.

Como é natural, esses sistemas abobadados, de dimensões gigantescas e pressões laterais igualmente consideráveis, exigem paredes extraordinariamente grossas, que contribuem ao efeito de grandiosidade e plasticidade típico dos monumentos romanos. A arquitetura romana é eminentemente plástica, com amplo uso de formas redondas, de modo que seus edifícios costumam ter o aspecto de que foram moldados à base de argamassa ou concreto.

O desenvolvimento desta argamassa ou espécie de concreto utilizado junto com o tijolo torna possível a construção das grandes abóbadas e cúpulas romanas. O uso do concreto se firma, por ser um material de trabalho econômico, uma vez que permite o aproveitamento de entulho, cobrindo posteriormente suas superfícies com mármore ou estuque.

Ainda que a abóbada seja utilizada em Roma com grande perfeição técnica desde data remota, as grandes edificações cobertas por complicadas abóbadas não aparecem até a época imperial.

A primeira cúpula de argamassa aparece em Pompeia no século II a.C., enquanto as primeiras abóbadas de berço em grande escala aparecem pela primeira vez na *Domus Aurea* e nos palácios de Palatino (50-90 d.C.). Edifícios abobadados posteriores importantes em Roma são as termas de Caracala (215 d.C.) e as de Diocleciano (306 d.C.), o centro cívico de Magêncio (310 d.C.) e, é claro, o Panteon, ao qual vamos nos referir constantemente.

O Panteon, paradigma da arquitetura romana

Da mesma forma como consideramos o Partenon como uma edificação exemplar da arquitetura grega, vamos considerar que a arquitetura romana chega a seu modelo ideal no Panteon de Roma. É exatamente a comparação entre o Partenon e o Panteon que nos revela o contraste entre a natureza tectônica e extrovertida da arquitetura grega e a natureza plástica e introvertida da arquitetura romana.

Em uma aproximação tipológica à arquitetura romana, pode parecer um contrassenso escolher como paradigma uma obra como o Panteon, que é um exemplar único de sua espécie, mas é exatamente nele que chegam à perfeição determinados elementos espaciais, simbólicos e construtivos que, transcendendo sua origem, convertem este prédio em protótipo das grandes obras com cúpulas clássicas.

Por outro lado, os componentes de menir e caverna – que havíamos deixado de lado para nos ocupar da história da cabana – reaparecem de forma esplêndida no Panteon, nesse edifício que, emergindo da mãe terra, chega a simbolizar a abóbada celeste, com a qual se comunica através de um óculo aberto em seu zênite.

Construído em 115 d.C. por um arquiteto sírio, Apolodoro de Damasco, sobre as ruínas de um antigo edifício de Augusto e Agripa, o Panteon é uma obra magistral tanto de arquitetura como de engenharia (Figura 8.3).

O Panteon é praticamente uma esfera gigantesca de cerca de 43 metros de diâmetro, resultando geometricamente como uma cúpula semiesférica sustentada por um cilindro cujas paredes têm uma altura equivalente ao raio da cúpula. É, então, uma enorme construção de planta centralizada, na qual o cilindro ou *tholos* mediterrâneo se combina com a estrutura de cúpula criada pelos construtores mesopotâmicos para seus edifícios de alvenaria de tijolos cozidos.

Devido à maneira como foi construído, o Panteon é como uma grande tigela de alvenaria de tijolos cozidos emborcada (um exemplo quase perfeito dos sistemas construtivos de massa ativa, no qual toda a massa trabalha por igual sem que seja possível determinar seus pontos ou linhas singulares de transferência de esforços). Este também é um exemplo do uso estrutural da parede que – prolon-

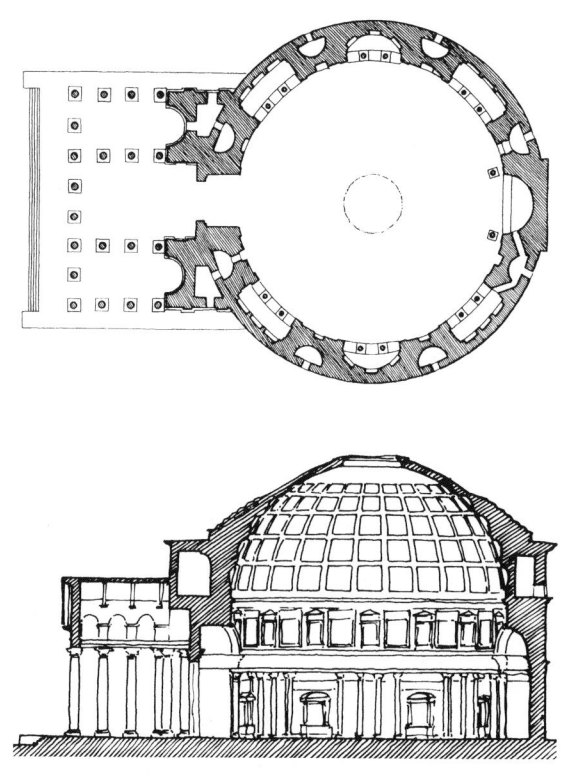

8.3 O Panteon de Roma, planta baixa e corte longitudinal.

gada na imensa cúpula que nasce dela – mostra de forma brilhante suas possibilidades como elemento da arquitetura.

A concepção clássica do templo como casa da divindade, olímpica e inacessível, foi radicalmente subvertida, tornando-se um espaço para alojar o povo e isolá-lo do mundo exterior. Ao contrário do que sempre havia acontecido no templo clássico, pela primeira vez se pensa mais no interior do que no exterior, dando origem à chamada "segunda concepção de espaço".

Dessa forma, o abrigo ou a caverna para o povo, próprio das religiões místicas, veio a se encarnar nesse edifício singular, ao qual se acoplou um pórtico de entrada com frontão, à maneira grega, situado ao norte (hemisfério norte) para que em nenhum momento a luz do acesso competisse com a luz zenital do óculo, a única que devia entrar em seu espaço interior, como símbolo perfeito do caráter estático dos espaços arquitetônicos romanos.

Os espaços para a vida pública

Apolodoro é o arquiteto oficial de Trajano (97-117), que o acompanhou em suas campanhas militares e para quem projetou quase todos os edifícios construídos sob seu comando. Assim, por sua ordem executou o mais grandioso dos Foros Imperiais de Roma, centro da vida pública romana e soberbo ornamento da cidade (Figura 8.4).

8.4 O foro imperial de Trajano: esquema de volumetria.

Se grande parte da história da arquitetura romana é a do crescente domínio das formas orientais sobre a tradição grega, esse domínio se acentua na época dos Antoninos, no século II d.C. Assim, o vasto Foro de Trajano, situado entre o Capitólio e o Quirinal, com sua imponente organização axial e seu sutil jogo de simetrias, ilustra bem essa brilhante fusão entre as tradições helênica e oriental e a arquitetura romana pura.

Este foro se organizava de maneira que um propileu arqueado dava entrada a uma praça quadrada de 126 metros de lado, rodeada de pórticos com colunatas e presidida pelo monumento ao imperador. Dois semicírculos prolongavam essa praça, e no fundo surgia a basílica Ulpia, com estrutura semelhante à basílica Julia, da época de César, porém maior e mais rica.

A basílica Ulpia – e, em geral, a *basílica* romana – é um edifício público com múltiplas funções, dedicado principalmente à justiça e ao comércio (Figura 8.5); costuma ser de planta retangular e ter uma nave central e duas laterais mais baixas, cujo desnível serve para iluminar o interior. Com suas colunatas interiores, é como um

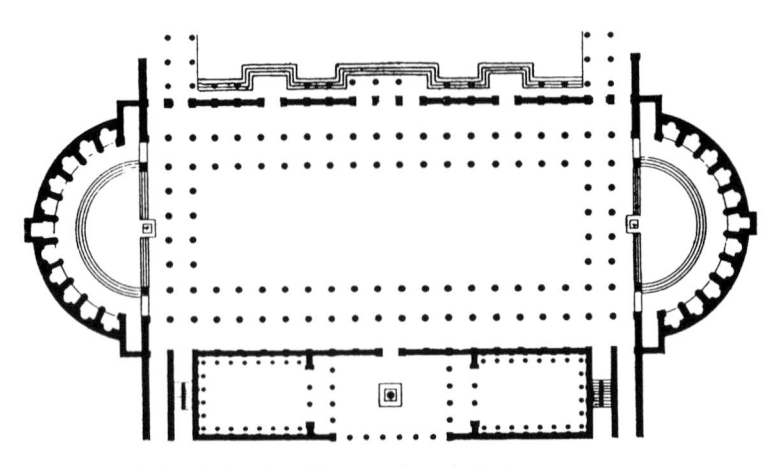

8.5 Planta baixa da basílica Ulpia, no foro de Trajano.

templo grego voltado para dentro. Transferir as colunatas para o interior significa caminhar pelo espaço fechado e fazer convergir toda decoração à potencialização desse espaço.

O caráter fundamental desse espaço, como em geral de todo *espaço romano*, é ter sido pensado estaticamente. Como escreveu Bruno Zevi: "Nos interiores de planta circular e retangular imperam a simetria, a autonomia absoluta sobre os interiores antigos, marcada pela pesada alvenaria de pedra que os separa, e uma grandiosidade duplamente axial, de escala não humana, e sim colossal, substancialmente satisfeita em si mesma e independente do observador. A edificação oficial romana expressa uma afirmação de autoridade, constitui o símbolo que domina a multidão de pessoas e que faz presente o Império, poder e razão de toda a vida. A escala da edificação romana é a escala desse mito, dessa realidade; não é nem quer ser a escala do homem".

Esse caráter espacial e arquitetônico do Panteon e dos foros é igualmente evidente em outras obras romanas, como no centro cívico de Magêncio (Figura 8.6) e nos edifícios mais característicos da arquitetura romana: as termas, os anfiteatros ou os monumentos comemorativos.

Talvez os edifícios para públicos romanos mais característicos sejam as *termas*, banhos públicos que desempenham um papel muito importante na vida social, pois complementam seus serviços de higiene com os desportivos e sociais. Fundadas por particulares e contando com fundos próprios, as termas são de caráter gratuito e, em consequência, era numeroso o público que as frequentava. Como seus serviços não se reduziam ao banho de água, nas termas romanas existiam também o *frigidarium* (ou piscina de água fria), o *tepidarium* (ou sala com calefação), o *caldarium* (dedicado a banhos de água quente e vapor) e as salas de massagem, além do estádio e do alojamento para atletas, inclusive salas de reunião e biblioteca. Seu tamanho, suas proporções, seu complicado jogo espacial e sua decoração profusa se tornam cada vez maiores (ver Figura 8.2), chegando a ser um dos edifícios mais complexos da Antiguidade, quase um tipo de cidade ideal especializada para o ócio como função. Assim, as termas de Caracalla (220 d.C.) e as de Diocleciano (300 d.C.) são as ruínas urbanas mais monumentais de Roma e de toda a arquitetura romana.

Por sua vez, os principais *edifícios para espetáculos* são os teatros, os anfiteatros e os circos.

O teatro, como forma de arte, é de criação grega, assim como o edifício destinado a sua representação, que consta de três partes essenciais: *cenário*, *orquestra circular* e *cávea* ou arquibancadas para o público, como se observa nos teatros de Delfos e Atenas, ou no excepcional teatro de Epidauro. No *teatro romano*, a principal novidade é o menor valor concedido ao coro na sua função dramática; devido a isso, a orquestra diminui de tamanho e se torna semicircular, com o reflexo natural na forma da arquibancada (Figura 8.7). Encontram-se exemplos de teatros romanos em todo o antigo terri-

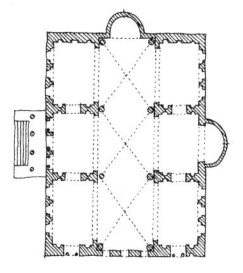

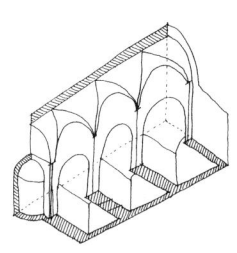

8.6 Centro cívico de Magêncio, planta baixa e sistema de abóbadas.

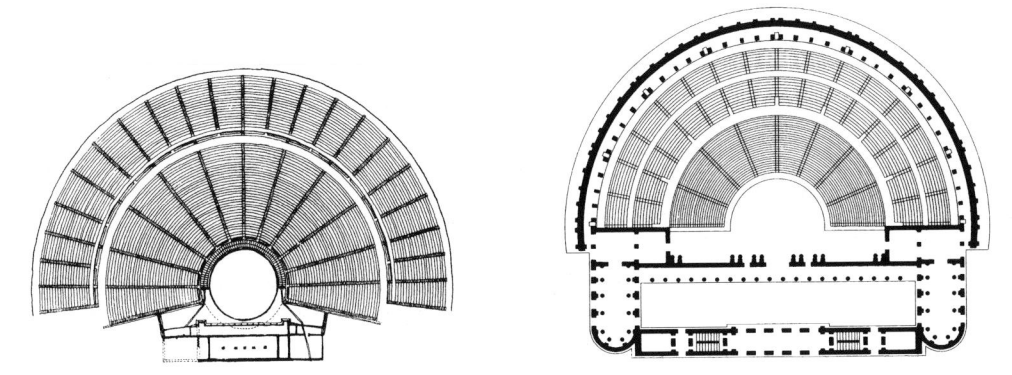

8.7 Teatro grego de Epidauro (à esquerda) e teatro romano de Marcelo, em Roma (à direita).

tório do Império, se destacando o teatro Marcelo, em Roma, o de Herodes Ático, em Atenas, e o de Mérida, na Espanha, um dos mais bonitos e mais bem conservados do mundo.

Mas o edifício de lazer mais característico da arquitetura romana não é o teatro, mas o *anfiteatro*, dedicado a combates, lutas e espetáculos análogos. Formalmente, o anfiteatro é um teatro duplo de planta elíptica, cercado por todos os lados de arquibancadas para os espectadores. O espetáculo acontece na parte central ou *arena*, embaixo da qual existem numerosos corredores, câmaras e escotilhas para a tramoia das apresentações e a saída de feras, gladiadores e atores. Ao lado do Coliseu de Roma (72-80 d.C.), com capacidade para 50 mil espectadores (Figura 8.8), temos na Espanha excelentes exemplos de anfiteatros, como os de Itálica e Mérida.

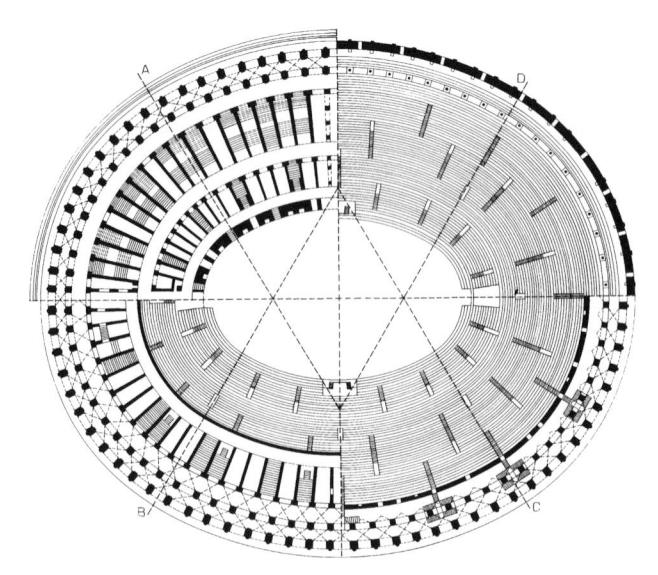

8.8 Anfiteatro Flaviano ou Coliseu, em Roma, plantas baixas dos níveis sucessivos.

Por outro lado, o *circo* romano, dedicado a corridas e competições de atletismo, corresponde ao estádio grego. De forma retangular muito comprida, com arquibancadas em seus lados maiores e fachadas menores semicirculares, o circo costuma apresentar ao longo de seu eixo longitudinal uma espécie de pedestal contínuo chamado espinha, em torno do qual se desenvolve a pista.

O *monumento comemorativo* tem uma grandiosidade em Roma que nunca teve na Grécia, onde se recorreu mais à escultura do que à arquitetura para conservar a memória. Contudo, os principais monumentos romanos são elementos estritamente arquitetônicos: o *arco* e a *coluna*, que se isolam de suas origens construtivas para adquirir significado e simbolismo próprios.

Assim, a *coluna comemorativa* se eleva de maneira independente, como um menir clássico, chegando a alcançar 30 metros de altura, como a erguida por Trajano no foro romano para conter sua capela funerária e eternizar em um relevo helicoidal contínuo suas façanhas bélicas.

Dessa forma, também o *arco de triunfo* é um fragmento de muro que, embora isolado do resto da muralha, tem a forma de uma porta de cidade. Sua implantação é bastante diversa: nos foros (como entrada monumental), nas entradas das pontes, nos cruzamentos dos passeios, sobre as fronteiras das províncias, etc. Os primeiros exemplos documentados são estruturas do século II a.C., mas os principais arcos de triunfo são os do Império, como os arcos de Tito, de Sétimo Severo ou de Constantino, todos no foro romano, e todos de grande beleza pela elegância de suas proporções (Figura 8.9).

Esses arcos cerimoniais exerceram uma poderosa atração sobre a imaginação dos pintores e arquitetos no século XV, encontrando-se com frequência características e combinações originadas deles em edifícios de tipos totalmente diferente, como foi a conversão do arco de triunfo em igreja cristã por parte de Leon Battista Alberti.

8.9 Arco de triunfo de Constantino, em Roma.

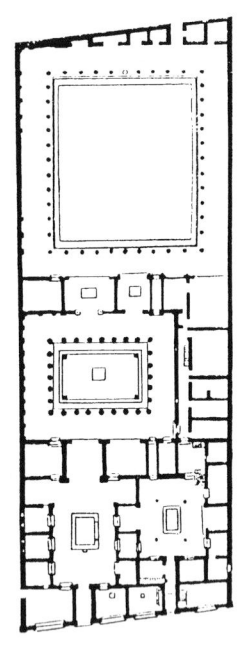

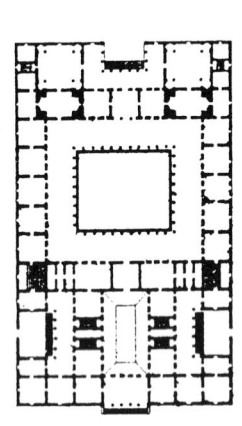

Os espaços para a vida privada

A edificação romana também prestou atenção especial à arquitetura doméstica, chegando a desenvolver até três tipos arquitetônicos diferentes: a *domus* ou habitação de cidadãos; a *insula* ou edifício de apartamentos e a *villa* ou casa no campo ou nos arredores da cidade.

A *domus* é a mais característica e bem conhecida das habitações romanas, muito vinculada tipologicamente com a moradia mediterrânea tradicional que chegou da Antiguidade aos nossos dias (Figura 8.10). A *domus* costumava ter um ou, às vezes, dois pavimentos praticamente fechados para o exterior e voltados para o interior, agrupando seus cômodos de forma axial e simétrica em torno de um átrio e um ou mais pátios com peristilos.

A parte mais típica da casa romana anterior à influência helênica é o *átrio*, recinto com claraboia zenital onde se encontra a lareira, cuja origem está na cabana dos romanos primitivos, que tinha uma abertura no centro de sua cobertura para a saída da fumaça; o átrio é, além disso, o santuário da casa, onde estão os armários com imagens dos antepassados. Dois cômodos se abrem para o átrio: a sala de estar e jantar – *tablinium*, de *tabula*, "mesa" – e a alcova com o leito conjugal.

No século II a.C., a influência grega transforma a casa romana, introduzindo nela o *pátio* como a área de maior importância arquitetônica, com frequência com um pórtico de colunas ou peristilo. Ao construir o peristilo no fundo do átrio, este se converte em lugar de trânsito e passa a agrupar ao seu redor as partes da moradia mais acessíveis ao público (a zona de uso diurno, na linguagem atual), enquanto ao fundo do pátio se encontram as salas menos acessíveis do *androceu* e o *gineceu* (ou seja, a zona noturna). As fachadas da rua eram planas e sem janelas, ou então eram reservadas para o comércio, como se pode ver hoje em Pompeia.

Por outro lado, a *insula* é uma tipologia doméstica especulativa eminentemente metropolitana, constituída por várias habitações idênticas sobrepostas, separadas entre si por pisos de madeira ou abóbadas leves. Sua altura era potencialmente indefinida, até que um decreto de Augusto limitou seu crescimento a aproximadamente 25 metros, buscando reduzir as altas densidades construtivas de Roma. Durante a reconstrução de Roma empreendida por Nero após o incêndio de 64 d.C., elevou-se o número de novas *insulas* traçadas de forma simétrica ao longo de ruas com colunatas e ao redor de praças públicas, o que veio a melhorar suas características urbanas sem alterar substancialmente sua formulação tipológica.

A terceira tipologia, a *villa*, procede da fazenda tradicional e tem, por isso, um traçado mais espontâneo e mais disperso do que a *domus*. Ao contrário da *domus*, de caráter centrípeto ou introspectivo, sua orientação é para o exterior e ela tem uma maior variedade de plantas baixas e formas de cômodos. Nos exemplos mais

8.10 Dois exemplos de domus romana, segundo Durand.

luxuosos, os exteriores costumam estar enriquecidos com pórticos e colunatas, e os recintos são projetados voltados para a paisagem, para receber o sol no inverno e a sombra no verão. A vila de Plínio, em Laurentum, e a vila de Adriano, em Tivoli (século II d.C.), são exemplos da sofisticação alcançada por essa tipologia na arquitetura imperial.

Por sua vez, o *palácio* é a própria monumentalização de alguma dessas tipologias domésticas. A monumentalização da vila tem seus melhores exemplos nas vilas de Adriano e de Plínio que acabamos de citar. A monumentalização da *insula* será reutilizada precisamente com o nome de *palazzo* ou *palazzina* (palácio ou palacete) pela edificação italiana contemporânea. A monumentalização da *domus* dá lugar aos palácios imperiais romanos: o palácio já demolido de Augusto, o de Nero ou a *Domus Aurea*, e o de Domiciano no Palatino, a *Domus Flavia*, que deve ter sido a residência imperial definitiva até os dias de Constantino.

Tem caráter especial o grande palácio imperial construído por Diocleciano em Split ou Spalato, na atual Croácia, em frente ao Adriático (300 d.C.) – último monumento residencial do Império Romano –, que manifesta mais uma vez o interesse de Roma pela experimentação arquitetônica, já que, mais do que uma *domus* monumental, o palácio de Diocleciano vem a ser concebido e construído como uma cidade ideal: é um acampamento romano monumentalizado (Figura 8.11). Isso nos leva ao tema da cidade romana.

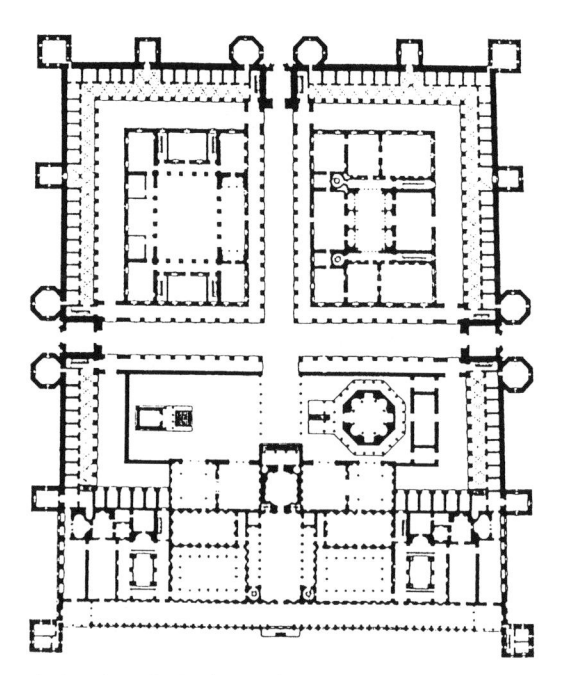

8.11 Planta baixa do palácio de Diocleciano em Spalato.

CAPÍTULO 9

A Cidade Romana

A cidade clássica como cidade política

Para José Ortega y Gasset, "a cidade é um ensaio de parcelamento do solo que o homem faz para viver no espaço externo e voltado para o cosmos, tomando dele porções seletas e reservadas", uma definição que se baseia na diferenciação radical entre cidade e natureza, considerando a primeira como uma criação abstrata e artificial do homem.

9.1 Pólis e cidades-estado na Grécia e o sul da Itália (Magna Grécia).

Por isso, a cidade por excelência é a cidade mediterrânea clássica (Figura 9.1), onde o elemento fundamental é a *praça*. "A urbe" – escreve Ortega – "é, antes de tudo, isto: praça, ágora, lugar para a conversa, a discussão, a eloquência, a política. A rigor, a urbe clássica não deveria ter casas, apenas as fachadas que são necessárias para fechar uma praça, cenário artificial que o animal político reserva do espaço agrícola. A cidade clássica nasce de um instinto oposto ao doméstico. Se constrói a casa para se estar nela; se funda a cidade para sair da casa e reunir-se com outros que também saíram de suas casas".

A cidade clássica é a cidade política: a cidade que vai da *pólis* grega à *civitas* romana e que chega até nossos dias com toda a exemplaridade e a especificidade de sua experiência urbanística.

Da *pólis* à *civitas*: a retícula hipodâmica

Os gregos concebem a cidade como uma área de dimensões finitas, abarcável ótica e politicamente. Entendidos sempre como lugares individuais mais ou menos sagrados, seus assentamentos urbanos são implantados sobre uma topografia irregular e construídos como uma série de blocos ou células cuja soma totaliza o conjunto urbano, limitado de forma natural pela ladeira íngreme de uma colina ou pelo litoral. Assim, com exceção das acrópoles e ágoras, as cidades da Grécia clássica eram um enxame de células irregulares.

Entretanto, ao longo do tempo os gregos desenvolveram um conceito urbano geral cujas ideias de desenho provinham de uma longa experiência, e cujos princípios foram afirmados por Hipódamo de Mileto, arquiteto e filósofo contemporâneo de Péricles que viveu em Atenas no século V a.C. Citado por Aristóteles como criador do urbanismo – e, graças a ele, com grande influência sobre os tratadistas do Renascimento –, Hipódamo foi o primeiro a se dar conta de que o plano da cidade deve representar e dar forma à ordem social.

Hipódamo cristaliza as ideias do momento em uma estrutura urbana característica que se repete nas cidades de colonização; propõe alguns traçados de ruas regulares ao longo de padrões reticulados cuja inspiração provavelmente deriva da remota Babilônia. Intercalando praças abertas na disposição em grelha, no centro da retícula se encontra a ágora, espaço vetado ao tráfego de veículos. Da mesma forma que na pólis clássica, na cidade hipodâmica faltam os eixos dominantes, e a posição dos edifícios principais ainda é determinada pelo espaço que a circunda. Um exemplo emblemático desse conceito hipodâmico é o projeto do porto de Atenas (Pireus), atribuído ao próprio Hipódamo, bem como as cidades de Mileto e Priene (Figura 9.2).

No século V a.C., a retícula ortogonal converte-se em norma para o planejamento da cidade. Mas não se pode outorgar a esse sistema a mesma importância simbólica que ao espaço ortogonal da arquitetura egípcia. A retícula hipodâmica é mais um instrumento prático para facilitar o planejamento e a construção de novas colônias, e, como tal, sua função simbólica não supera a definição de uma organização neutra comum a todos os cidadãos de uma cidade-estado.

A vitória de Filipe em Queronea (338 a.C.) marca o fim dessa cidade-estado. A morte quase simultânea de Alexandre Magno (356-323 a.C.) e de Aristóteles (384-322 a.C.) abre o mundo clás-

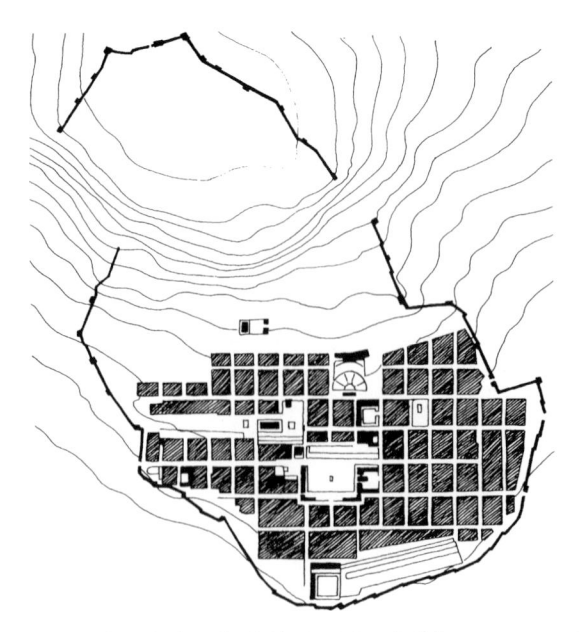

9.2 Planta baixa da cidade colonial helenística de Priene, com seu traçado em retícula hipodâmica.

sico à miscigenação cultural do período helenístico, que culmina urbanisticamente na cidade romana (Figura 9.3).

Apoiando-se na tradição clássica e helenística, os romanos adotam e propagam as ideias urbanísticas da Grécia. Mas enquanto os gregos se sentem motivados por uma sensação de finitude em suas cidades e edifícios, as motivações dos romanos são a organização e o poder político, e para suas cidades optam por módulos abstratos que relacionem as diferentes partes da cidade. Se o módulo urbano grego é a *habitação*, o módulo urbano romano é a rua: a *via urbana*, cujo traçado geral determina a trama e a forma da cidade.

9.3 O império de Alexandre Magno no ano de sua morte (323 a.C.); o terço ocidental se converterá em berço da cultura helenística até sua conquista por Roma.

Roma e a *forma urbis*

Para esta trama e forma urbana, os romanos buscam traçados regulares geométricos ou, se isso não é possível, incluem nas cidades composições arquitetônicas esplêndidas, cujo melhor exemplo é a cidade de Roma.

Roma se torna uma antiga cidade-estado que domina o mundo em uma ambígua relação dialética com ele: urbe e orbe. A essa relação está amarrado o governo do Império, que se vê obrigado a engrandecê-la para que se faça digna de seu papel principal: de *caput mundi* (Figura 9.4).

A epopeia romana começa com sua fundação no ano 753 a.C. De um pequeno centro comercial no Lácio, passa, em seguida, a ser a potência terrestre da Itália e a potência marítima do Mediterrâneo, adquirindo um valor simbólico quase mitológico que não cessou desde a Antiguidade até hoje (Figuras 9.5 e 9.6). Seu *continuum* espaço-temporal define sua forma urbana, que passa da *Roma quadrata* inicial, no Capitólio e no Palatino, à *Roma septimontium* republicana sobre as sete colinas, antes de ultrapassá-las e estender-se, sob o Império, até a muralha aureliana.

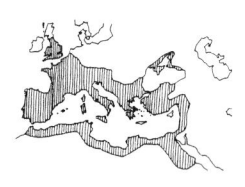

9.4 O Império Romano no ano da morte de Augusto (14 d.C.), que inclui os estados helenísticos e também a península ocidental da Gália e Hispânia; o Mar Mediterrâneo se configura, de fato, como mar interior romano.

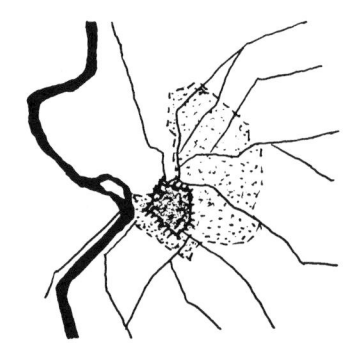

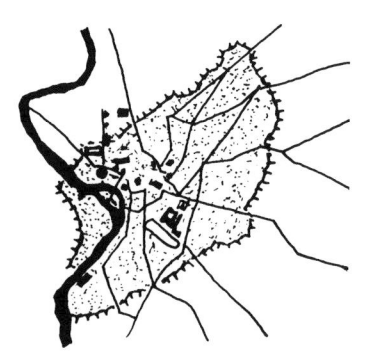

9.5 À esquerda, planta baixa da fundação de Roma e planta baixa de Roma no início do período republicano (século V a.C.); à direita, Roma no tempo de Julio César (século I a.C.).

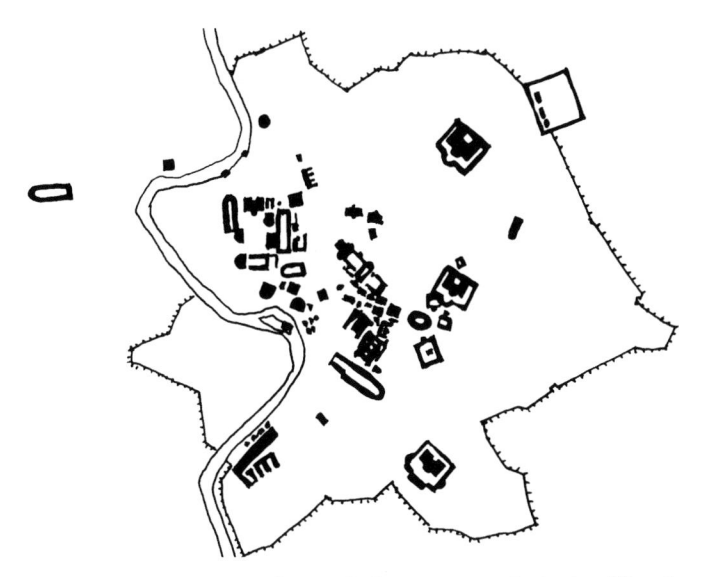

9.6 Roma imperial por volta do ano 313, com suas principais edificações e equipamentos para a vida pública.

O desenvolvimento dos conceitos monumentais de desenho urbano se dá na área central da Roma antiga, onde o velho mercado do Capitólio se transforma progressivamente no coração comercial e administrativo de Roma: o *Forum Magnum* ou Foro Republicano, a parte monumental da cidade, porque os templos e os principais edifícios públicos (Figura 9.7) estão incluídos nele.

Inicialmente, estes foram concebidos como objetos individuais sem relações formais mútuas. Gradualmente se viu que a solução para organizar grandes grupos de edificações não reside na grandiosidade dos volumes ou nos detalhes, mas na composição e integração urbana. Assim, a ampliação do Foro durante o Império subordina os edifícios aos espaços urbanos.

Contrastando com o Foro Republicano – uma mistura de edifícios lançados sem ordem ao longo de uma espinha irregular –, os

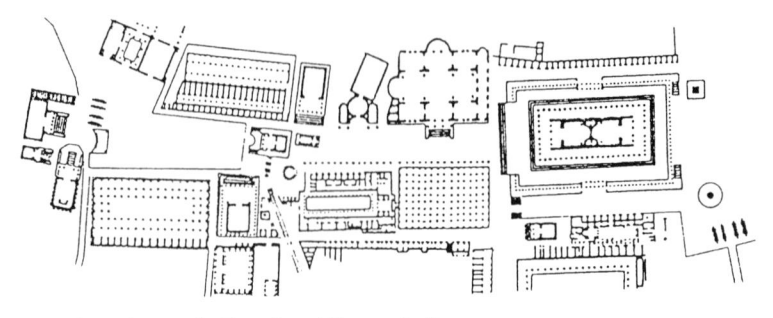

9.7 Planta baixa do Foro Republicano de Roma.

Foros Imperiais e, sobretudo, o de Trajano – novo centro da vida dos romanos e modelo para todos os exemplares posteriores – são uma realização de grande clareza, de imensos espaços regulares articulados por edifícios colossais (Figura 9.8).

Palácios, templos, termas, anfiteatros e circos são inserções monumentais rigorosamente geométricas dentro da estrutura irregular da cidade e constituem composições urbanas que, conectadas de forma caprichosa entre si, formam em seu conjunto a *forma urbis Romae*.

Junto a ela, a vila de Adriano, o palácio de Spalato ou as termas de Trajano, Caracalla ou Diocleciano podem ser entendidos, em função do refinamento de suas concepções de espaço e de volumetria, como cidades dentro da cidade, ou melhor, como as *alternativas urbanas* a ela.

Como se disse anteriormente, as termas – inicialmente simples banhos públicos urbanos – chegam a se converter nos edifícios mais complexos da Antiguidade, quase em cidades ideais especializadas para uma grande zona de ócio como função setorial, enquanto o grande palácio de Diocleciano em Spalato é concebido e construído como uma cidade ideal: um acampamento romano monumental.

Mas se Spalato ou as termas são composições regulares, a deliberada irregularidade compositiva da Vila de Adriano (Figura 9.9) manifesta outras intenções de projeto que, além de inspirar os arquitetos renascentistas, serão propostas como exemplo para a cidade contemporânea entendida como *cidade-colagem*.

Em todo caso, essas composições, entendidas em seu conjunto como a cidade dos homens, ajudarão a definir a cidade de Deus: a *civitas Dei* proposta por Santo Agostinho como alternativa urbana, na transição do Império Romano para o início da Idade Média.

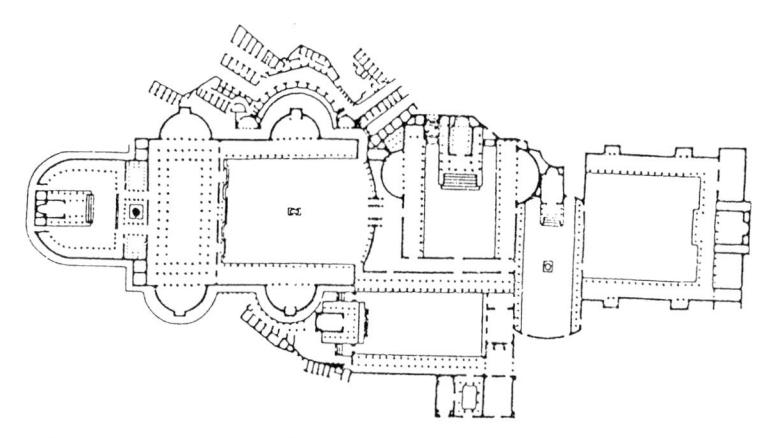

9.8 Planta baixa dos Foros Imperiais; na extrema esquerda, o de Trajano.

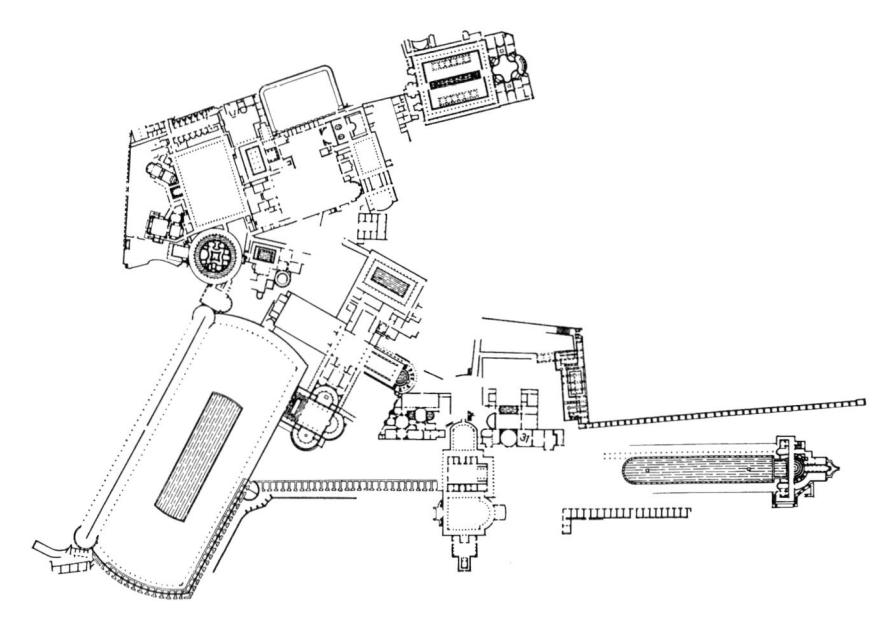

9.9 Planta baixa da vila de Adriano em Tivoli, concebida como *cidade-colagem*.

A cidade e a colonização romana

Ao caráter único, inimitável e exemplar da experiência urbana de Roma se contrapõem todas as demais entidades urbanas romanas, tanto as de origem etrusca ou helenística, como Pompeia ou Palestrina, quanto, especialmente, os *acampamentos* e as *colônias* romanas.

Do ponto de vista urbanístico, as cidades do Império Romano são herdeiras das helenísticas, das quais tomam todos os seus refinamentos técnicos: redes de esgoto, abastecimento de água, banhos, pavimentação, serviços de incêndios, mercados, etc. A esses fundamentos, os romanos acrescentam como *princípios urbanísticos* próprios o traçado regular, o limite ou delimitação da cidade, a proeminência do sistema viário e a regularidade das quadras. A aplicação desses princípios – impossível em Roma – se realiza uma vez e outra nas cidades de colonização.

Essas cidades se originam do desenvolvimento de antigas aldeias ou povoados indígenas, bem como da ampliação de grandes casas de campo ou como consolidação dos acampamentos militares, sendo esta última a contribuição mais original e regular de todas.

Como esses acampamentos, a cidade romana é de forma quadrada ou retangular, geralmente cercada de muralhas, e apresenta uma porta no centro de cada lado correspondente a suas duas ruas principais, o *cardo* longitudinal e o *decumanus* transversal, que se cruzam em ângulo reto e dividem a cidade em quatro quartos ou quartéis.

No seu cruzamento costumam situar-se os principais *elementos de exercício da cidadania*: o foro – esse cenário artificial que o animal político reserva sobre o espaço agrícola, como disse Ortega – e, em torno dele, os templos, a cúria e a basílica. Por sua vez, os quartéis se distribuem em um número regular de quadras ou *quadrae*, unidades urbanas ordenadas de acordo com a distribuição das ruas.

Enfatizando os *traçados viários* como estruturantes urbanos, se pode dizer que uma cidade colonial romana é um sistema reticular de ruas cercadas por um muro, pois primeiro se constrói o recinto e se traçam as ruas, e somente depois se constroem os edifícios públicos e privados, que são tratados como elementos subordinados à trama viária, ainda que possam ser concebidos arquitetonicamente como composições monumentais. Esse sistema configurador constitui uma estrutura simples para a cidade, porém bem organizada.

São numerosos os exemplos de antigas cidades romanas (Figura 9.10). As cidades em melhor estado de conservação geralmente se encontram no norte da África (como Timgad, na Argélia), onde não foram afetadas pelo desenvolvimento posterior do mundo ocidental. Na Espanha, casos notáveis de malha urbana regular são os de Barcelona ou León, onde ainda hoje se pode perceber sua linha de muralhas.

Ainda que de caráter puramente utilitário, no processo de colonização romana não podemos esquecer as *infraestruturas urbanas*, cujas gigantescas dimensões e belas proporções as convertem em monumentos artísticos que expressam a grandiosidade romana. Assim acontece com os *faróis* – dos quais é um exemplo emblemático a Torre de Hércules, construída em La Coruña, em frente ao Atlântico –, ou com os aquedutos, como o de Segóvia, elegante e grandioso. Por outro lado, a admirável rede de *estradas* – um dos mais

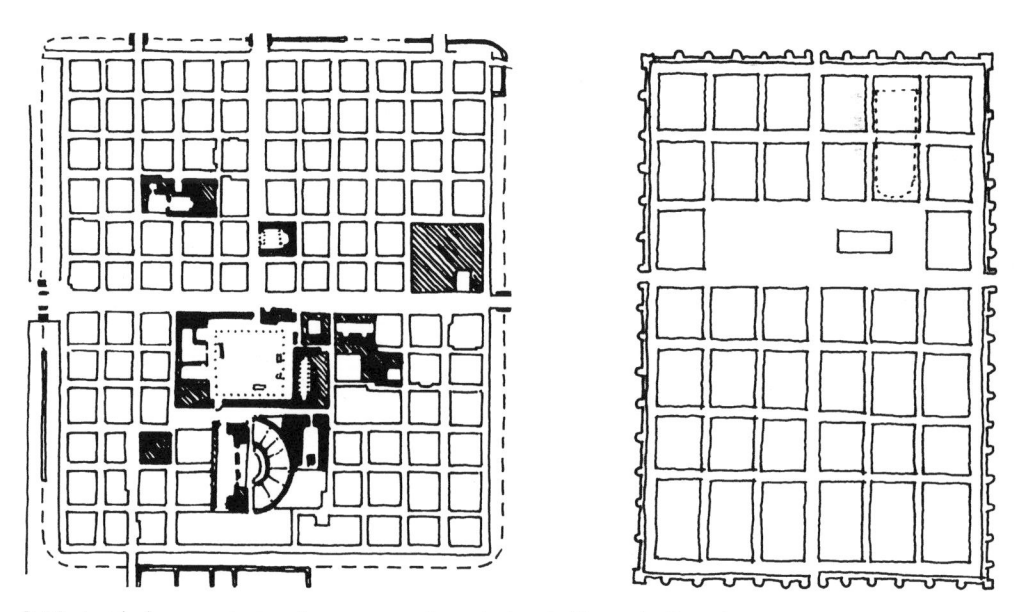

9.10 A cidade e a colonização romana: planta baixa de Timgad e Barcelona.

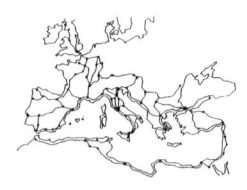

9.11 Rede viária principal do Império Romano.

sólidos fundamentos do Império (Figura 9.11) –, obriga a construir um elevado número de *pontes*, algumas com alturas ou vãos extraordinários, como a Ponte de Alcântara, sobre o Rio Tajo (Figura 9.12), ou a de Mérida, sobre o Rio Guadiana, ambas na Espanha.

9.12 Ponte romana sobre o Rio Tajo, em Alcântara.

Essa infraestrutura urbana vincula diretamente a *realidade urbana* à *realidade territorial* e contribui para a projeção do urbanismo romano na Idade Média.

III
A Idade Média

CAPÍTULO 10
A Civitas Dei Medieval

Realidade social e realidade urbana

Quando, em 410, Roma foi tomada e saqueada pelos bárbaros de Alarico, o Império foi profundamente abalado. Os cristãos foram responsabilizados por essa decadência, e Santo Agostinho, bispo de Hipona (354-430), saiu em defesa destes redigindo *De civitatis Dei*, obra grandiosa que define a redenção de Cristo e não a glória de Roma como centro e chave de toda a história da humanidade. Por isso, perante a queda do Império, a Roma pagã deveria ser substituída por um novo império espiritual. "Desde o princípio dos tempos" – escreveu Santo Agostinho – "estão em constante luta duas cidades: a Jerusalém celeste e a Babilônia terrena; ambas andam misturadas no mundo, mas no final dos séculos será feita a separação, com o triunfo definitivo da cidade de Deus."

Após a cidade dos homens, surge a cidade de Deus: a *civitas Dei*. Este conceito idealista e platônico terá influência decisiva no mundo ocidental ao longo de toda a Idade Média, e dele partiremos para a definição e o estudo da cidade medieval.

Mas a *civitas Dei* não está concentrada em um lugar concreto. Encontra-se dispersa em todo o mundo cristão. E a *hierarquia organizadora* tem importância singular na sua *realidade territorial*, na qual o Império, os reinos cristãos, as províncias distantes e o *finis terrae* vêm a fazer parte de sistemas feudais e urbanos complexos e inter-relacionados que fazem da Europa – ao menos da Europa da Igreja latina – uma vasta unidade: a *cristandade medieval*.

De forma análoga, a *realidade social* é determinada por uma hierarquia organizadora que tem sua primeira expressão no *feudalismo*, sistema de organização política, social e econômica que se estende por toda a Europa a partir do século VIII, alcançando seu maior desenvolvimento entre os séculos XI e XIII.

O efeito mais evidente da crise econômica e política que se seguiu à queda do Império Romano havia sido a ruína das cidades e a dispersão de seus habitantes. A vida urbana se interrompeu e somente posteriormente, no ano 1000, surge uma nova vida civil, as cidades voltam a se desenvolver e aumenta sua população, sua indústria e seu comércio. Tudo isso muda de maneira radical o sistema urbano.

No sistema feudal – dominado completamente pela organização agrária –, o *burgo* é pouco mais do que uma fortaleza construída pelos senhores feudais para vigiar seu território. Porém, a partir do século XI, o aumento da atividade comercial dá lugar à criação de novos bairros ou burgos novos, cuja composição populacional (artesãos e comerciantes) se diferencia do burgo antigo (nobreza e clero), com o qual não demora a se enfrentar, dando lugar ao surgimento da cidade medieval.

Constituída como uma área de liberdade no meio do mundo feudal circundante, a *cidade medieval* é uma cidade *fechada* – ainda que suas relações econômicas e políticas possam se estender à escala regional ou mundial – que se desenvolve fundamentalmente nos séculos XII e XIII, quando as lutas anteriormente citadas acabam por converter os burgos em lugares independentes com estatuto ou foro próprio, nos quais vive e predomina a *burguesia*, setor da sociedade feudal não relacionado com a terra.

No século XIII há uma rápida ascensão dessa burguesia e, ao mesmo tempo, uma estratificação de seus elementos, se contrapondo as *agremiações* e *corporações de ofício* aos poderes comunitários, como sistemas de produção e de gestão. Nesse sistema, a obra de arquitetura é uma soma de esforços na qual o fator coletivo predomina sobre a contribuição individual. Assim, no setor da construção, as corporações de ofício, os mestres de obras ou as maçonarias chegam a atuar como *sistemas diretos de controle* da arquitetura medieval.

O monastério, a primeira *civitas Dei* medieval

A inspiração para realizar a cidade de Deus sobre a Terra tem sua primeira expressão medieval no *monastério*. Na luta entre Jerusalém e Babilônia, são muitos os homens que negam a cidade dos homens e se retiram ao deserto para buscar sua *civitas Dei* particular. Estilitas, anacoretas ou ermitãos eram isolados ao princípio, mas logo surgiram as primeiras comunidades eremitas com um caráter alternativo em relação aos demais assentamentos da época.

Essas primeiras comunidades se agruparam pouco a pouco sob a fórmula do *ora et labora* (reza e trabalha) idealizada por São Bento (480-547) e se estenderam por todo o mundo ocidental, fazendo das redes monásticas um *continuum* geográfico e humano. Isso aconteceu sobretudo a partir do século X, quando as diferentes fundações monásticas anteriores transformaram seu caráter familiar e se incorporaram à regra beneditina e a seu mundo cultural, dando lugar a um tipo arquitetônico bem definido: o monastério cluniacense ou cisterciense, reflexo da idade de ouro monástica (Figura 10.1).

Os monges se dedicavam tanto à oração quanto ao estudo e ao trabalho. As *sociedades monásticas* multiplicaram suas funções sagradas e profanas, tornando os monastérios verdadeiros centros urbanos de colonização, possuidores de grandes propriedades de cuja exploração viva a comunidade. Tudo isso implica uma série de atividades que refletem a complexidade e a diferenciação da organização monástica na distribuição de seus edifícios.

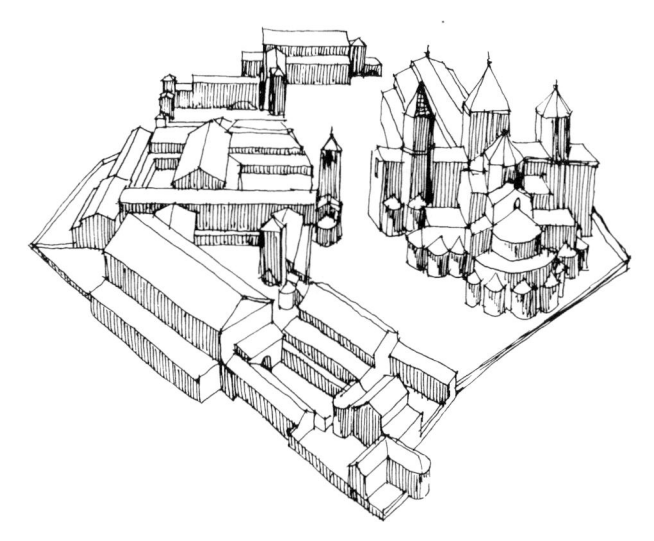

10.1 O monastério de Cluny por volta de 1150, segundo Conant.

Também se deve destacar a importância religiosa que adquirem nesta época as *peregrinações* – a Jerusalém ou a Meca, no Oriente, e a Roma ou Santiago de Compostela, no Ocidente – e a importância cultural de seus itinerários, que inclusive dá lugar a certo estilo de peregrinação como estilo internacional desenvolvido ao longo do caminho de Santiago, de extraordinária transcendência na Espanha cristã. Ao longo dos antigos caminhos de peregrinação, surgem mosteiros mais ou menos importantes que acolhem o peregrino ao final de cada dia de viagem.

Como próximos exemplos, citaremos os monastérios de Obona e Valdediós, em Astúrias, como manifestação dessa série de cenóbios e albergues (Figuras 10.2 e 10.3). Como correspondem ao tipo monástico de peregrinação, ambos são a soma de duas peças perfeitamente diferenciadas: a igreja ou *núcleo eclesiástico* e o *núcleo do convento*.

O conjunto monástico encontra-se assentado em um vale fértil e protegido, contando com fontes naturais próprias que, convenientemente canalizadas, chegam até o claustro. Da maneira tradicional no resto da Europa cristã, trata-se de agrupamentos de edifícios para moradia e outras atividades dos monges, presididas por uma igreja de três naves e três absides semicirculares que destaca a volumetria do conjunto.

Como centro do núcleo do convento, há um grande pátio ou claustro adossado ao corpo da igreja, o qual serve como elemento central ao monastério, o que não impede que este possa ter outros pátios menores. Nas galerias desse claustro ou pátio principal desembocam as principais dependências: a sala do Capítulo, a biblioteca e o refeitório ou sala de jantar; logo em seguida encontram-se a cozinha e a despensa. Em lugares mais afastados distribuem-se os diferentes espaços residenciais: celas para os monges, dormitório

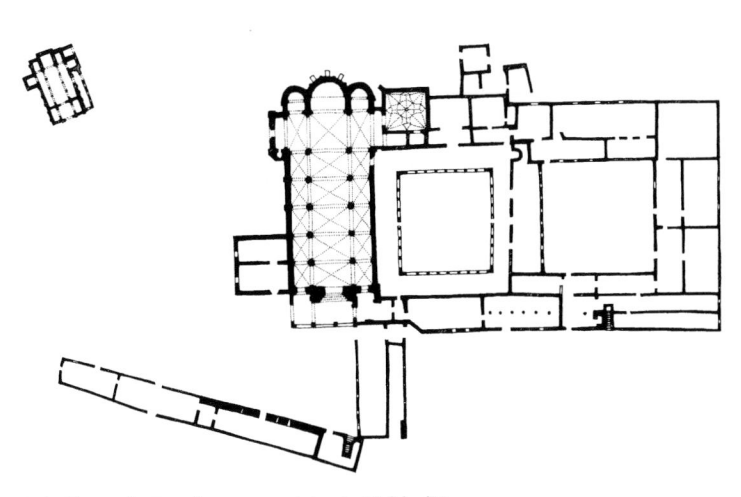

10.2 Planta baixa do monastério de Valdediós.

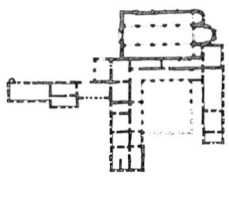

10.3 Monastério de Santa Maria de Obona, planta baixa e imagem geral.

comum para os noviços e hospedaria para os peregrinos. Em dependências auxiliares encontram-se os diversos armazéns, o celeiro e a adega, e também os estábulos e as oficinas.

Em seus momentos de maior esplendor, o monastério medieval chegou a contar com numerosas edificações anexas que o vinculavam ao meio rural imediato, onde – como expressão dessa *dominação territorial* – se definia uma sequência graduada de urbanidade decrescente entre o claustro, os pátios, as hortas e os campos cultivados, as matas, as áreas cercadas e os bosques.

A *civitas Dei* e a estrutura urbana medieval

Mas não somente o monastério será a imagem da *civitas Dei*. A partir do ano 1000 se estende progressivamente o conceito de cidade de Deus a todo o meio urbano medieval, sendo entendida a cidade medieval como *civitas Dei* dispersa sobre a Terra.

Quando, no século XIII, Alfonso X, o Sábio, define a cidade no código castelhano *Las partidas*, o faz da maneira mais breve e ao mesmo tempo mais expressiva possível: como "todo lugar que é fechado por uma muralha, com os arrabaldes e edifícios que há neles". É na simplicidade dessa definição que reside sua riqueza.

A cidade medieval é uma população e um lugar, ambos limitados por uma muralha. Mas a muralha não é senão uma separação geométrica entre dois espaços; ao atribuir a este limite um valor complementar ao do lugar, reconhecemos implicitamente o caráter equiparável de *dentro* (a parte mais urbana) e *fora*, sempre relacionando um ao outro.

Existem três palavras que definem este *fora* urbano: o *arrabal* espanhol, a *banlieue* francesa e o *hinterland* inglês; e, ainda que sejam semelhantes, cada uma delas nos mostra algumas relações distintas: mais de comércio diário no caso hispânico, mais jurídicas, no francês, e mais territoriais, no inglês. O conjunto das três oferece uma leitura mais rica desse fator que dialoga com o *dentro* para formar o todo urbano.

Por um lado, o *limite* tem alguns pontos de conexão entre o dentro e o fora que são as *portas*: pontos singulares onde se concentram as trocas entre ambos (os mercados ou feiras), cujo caráter obriga a modificar e retificar as tramas viárias, concentrando os caminhos de saída mediante desvios singularizados em *bivium* ou *trivium*, e dispersando a partir deles os percursos e as vias internas, que se bifurcam ao transpassar as portas, deixando sua marca bem reconhecível em nossas cidades.

Os caminhos externos e as vias internas são elementos caracterizadores da cidade medieval, uma vez que definem a rede viária. Esta é uma rede muitas vezes irregular, mas sempre organizada, formando um sistema unitário no qual as praças não são recintos independentes das ruas, mas extensões muito relacionadas com elas, e onde o público e o privado não formam zonas separadas, mas se unem em um espaço comum, complexo e unitário, no qual surgem os edifícios, constituindo, tudo junto, uma *trama orgânica*.

As cidades medievais apresentam uma variedade extraordinária. Mas ainda que cada uma possua fisionomia e caráter próprios, podem se agrupar conforme certos *tipos gerais*. Em primeiro lugar, e em função de sua origem, diferenciaremos as cidades de fundação nova das cidades de base histórica.

A maioria destas últimas se forma sobre assentamentos romanos, se apoiando na planta quadriculada antiga e rapidamente englobando os burgos periféricos, até formar organismos mistilíneos que deformam a regularidade da trama original. São as *cidades episcopais de base romana*: Florença (Figura 10.4), Barcelona (Figura 10.5), León (Figura 10.6), Colônia, Viena, entre outras. Outras se apoiam em mosteiros e abadias preexistentes: são as *cidades monásticas*. Em outras, a relação entre sistemas defensivos e núcleos populacionais determina os *bastiões* e as *acrópoles feudais* da Alta Idade Média, muito distintos, por sua vez, das *paliçadas* ou *cidades de fundação* da Baixa Idade Média. Nesses casos, a cidade nova cresce sobre os vestígios antigos, mas com um caráter social e arquitetônico diferente que destaca o caráter espontâneo da construção e da organização urbana.

Por outro lado, a origem de todas as cidades de fundação nova se vincula diretamente ao renascer comercial, assumindo as infraestruturas da nova economia de intercâmbio mercantil ou cultural como diretrizes para seu desenvolvimento urbano: as *cidades comerciais e universitárias*, das quais Paris é um exemplo paradigmático, conhecida como a cidade das três personalidades (Figura 10.7).

Essas cidades se multiplicam à medida que o comércio progride e aparecem portos e pontos estratégicos de controle fluvial ao longo das rotas naturais pelas quais ele se expande ou sobre os

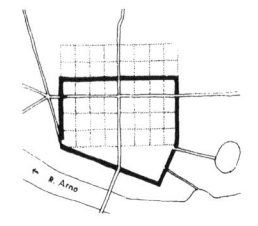

10.4 Praça de Florença: acima, esquema do traçado romano; à direita, desenvolvimento no século XII (riscado) e extensão posterior no século XVI.

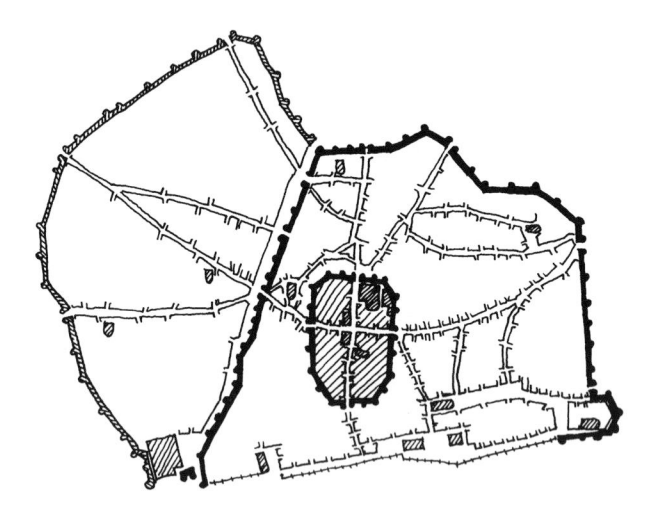

10.5 Planta da Barcelona medieval, com as muralhas defensivas dos séculos IV, XIII e XIV, e a rede viária fundamental.

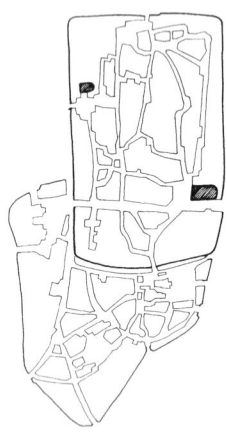

10.6 Planta de León no começo do século XIII.

caminhos que unem os centros de atividade, com uma grande variedade de esquemas planimétricos.

Qualquer que seja sua origem e função urbana, esses *burgos*, *vilas* ou *povoados com foro próprio* têm um papel na estruturação do território que excede muito a propriamente administrativa. Todos eles foram trabalhando e estruturando o território europeu ao longo de muitos séculos a partir de uma trama em grande parte vigente ainda em nossos dias. Em suma, a *estrutura urbana* europeia se cristalizou nos séculos medievais.

10.7 À esquerda, planta de Paris no século XV, com a *cité* na ilha de Sena, a *ville* ao norte e a *université* ao sul; à direita, o tecido urbano da *cité*, presidido pela catedral de Notre-Dame.

A alternativa islâmica

Mas se a *civitas Dei cristã* havia surgido da relação polêmica com a *civitas romana* ou romana tardia – a cidade sagrada contrapondo a cidade profana –, seu verdadeiro contraste contemporâneo é a *medina muçulmana*, na qual, paradoxalmente, o caráter sagrado chega a seu limite.

Entendida como *alternativa urbana*, a cidade islâmica é um tema de grande importância na história da arquitetura europeia e especialmente espanhola.

Trata-se de uma cidade que é imaginada e também descrita no *Alcorão* em sua totalidade, tamanho, extensão e forma, mas que na transposição do ideal para a realidade assimilará as estruturas urbanas anteriores (Jerusalém, Damasco, etc.), antes de promover e construir suas novas cidades (Cairo, Bagdá, Kairuan, Fez ou Marraquesh), assim como as cidades hispano-muçulmanas (Córdoba, Sevilha, Toledo, Valência, Zaragoza ou Granada; Figuras 10.8 e 10.9).

O Islã possui um desejo controlador de caráter quase totalitário que, unido a um desejo integrador ou sintetizador, encontra na medina seu modo de expressão próprio. Nesse sentido, as implantações urbanas do Egito são um paradigma, onde a fundação da cidade do Cairo (969) leva a um instrumento de coordenação urbana que sintetiza e mescla suas características próprias com as herdadas, ao mesmo tempo em que contrapõe a nova isotropia muçulmana à tradicional linearidade do vale do Rio Nilo.

Assim, na medina muçulmana a relação entre espaços públicos e privados se dá em função do caráter centrípeto e introvertido da moradia islâmica, que confere um caráter urbano secundário e isótropo aos traçados viários, em contraste claro com as cidades ocidentais. Ao mesmo tempo, tanto os bairros como os edifícios

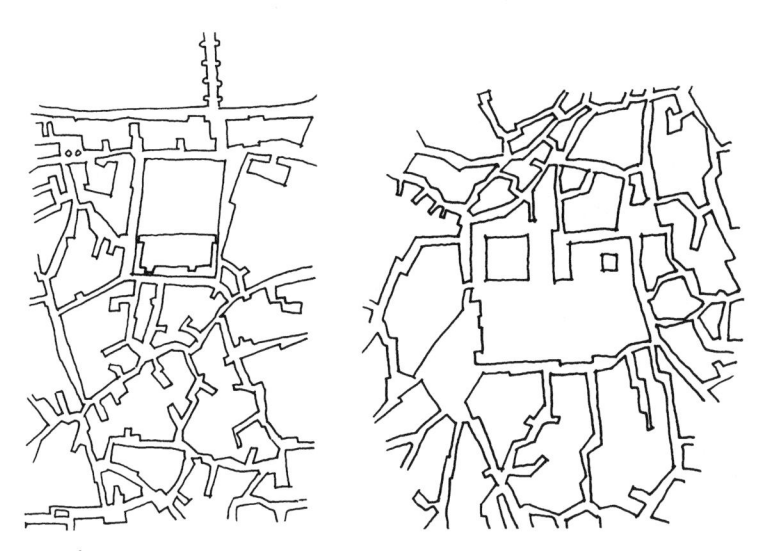

10.8 À esquerda, Córdoba, área central da medina muçulmana, ao redor da antiga mesquita maior; à direita, Toledo, área central ao redor da antiga mesquita (hoje catedral).

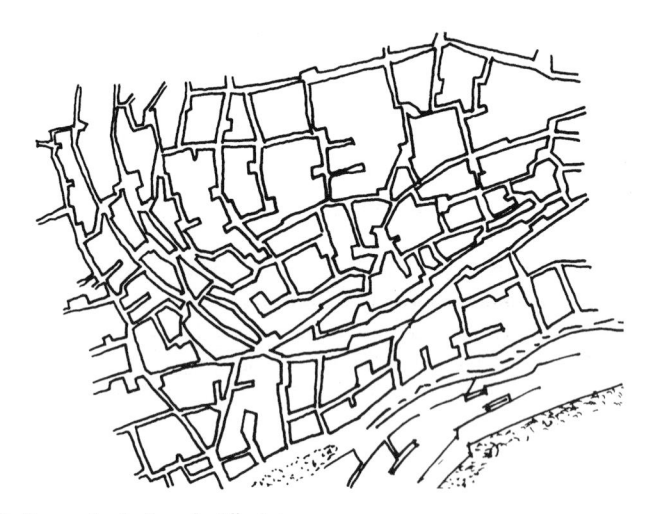

10.9 Granada, bairro de Albaicín.

públicos aparecem entendidos como organismos mistos e inter-relacionados de modo assimétrico e quebrado.

Por outro lado, a concentração urbana muçulmana se reforça constantemente, contrapondo a dispersão do mundo cristão medieval. A medina é em sua origem um *oásis edificado* no deserto, e, como tal, se cuida e valoriza com sensibilidade o equilíbrio da habitação humana construída com a água e com a vegetação, definindo a partir desse equilíbrio o caráter próprio da arquitetura muçulmana.

Capítulo 11

A Cabana Cristã

Relação entre igreja e cidade

Para definir um movimento arquitetônico, costuma-se considerar seus edifícios mais importantes. Porém, começar falando deles na Idade Média seria absolutamente artificial, porque na época cada obra arquitetônica era considerada como parte e uma continuidade que se estendia no espaço e no tempo, não como um objeto abstrato e imutável. Como afirma Leonardo Benevolo, o resultado mais importante da experiência medieval é "a continuidade das modificações impressas no entorno". O sistema unitário dessas modificações, ou seja, a cidade medieval, tem um significado preponderante sobre os edifícios concretos, ainda que estes sejam notáveis.

Enquanto a cabana clássica é uma construção isolada, a *cabana cristã* se combina com outras construções e se prolonga nelas, apresentando um caráter orgânico de expansão e articulação dos edifícios. Nas catedrais, nos monastérios, nos castelos e nas casas aparece o mesmo caráter, já que a importância do fator temporal se opõe ao sentido unívoco clássico.

Essa relação é apreciada ainda hoje nas permanências e nas transformações urbanas, no sentido da trama viária e nas tipologias de edificação; e de maneira especial na relação entre a igreja e a cidade, posto que os edifícios religiosos na Idade Média cumpriam uma função singular na organização urbana, manifestando a tendência geral do desenvolvimento urbano e ressaltando o perfil da cidade. Chartres, na França (Figura 11.1), Sena, na Itália, e León, Burgos ou Segovia, na Espanha, ainda hoje emergem por cima de seus respectivos casarios, anunciando ao longo do tempo a potência da cidade e a função urbana de sua catedral.

Nesse sentido, e de maneira análoga àquela como se definiu o templo grego como *cabana clássica*, a igreja medieval pode ser definida como a *cabana cristã*. Mas se a primeira cabana era um objeto plástico, um volume escultórico, a segunda é um objeto escavado, uma caverna onde o espaço interior é predominante e condiciona a expressão externa, por mais brilhante que esta seja.

11.1 A catedral de Chartres, dominando o perfil da cidade com sua silhueta.

A basílica paleocristã

Princípio tipológico de todas as igrejas cristãs, a *basílica paleocristã* tem sua origem na basílica romana. Ainda que possamos nos remontar arquitetonicamente mais além, pode-se estabelecer a evolução de ambas a partir da estoa grega, sendo o *espaço basilical* o resultante da cobertura do espaço definido por duas estoas opostas (Figura 11.2).

Como escreveu Bruno Zevi: "Se comparamos uma basílica romana com uma das novas igrejas cristãs, encontramos poucos elementos relativamente diferenciadores, além da escala; mas esses elementos significam uma palavra profundamente nova na ideia e no estabelecimento do problema espacial".

A basílica romana é simétrica em relação aos dois eixos: colunata frente a colunata, abside frente a abside; portanto, cria um espaço que tem um centro preciso e único, função do edifício, não do caminho do homem.

11.2 Basílica de Santa Sabina, em Roma: espaço basilical e nave lateral, com o sistema de cobertura.

O arquiteto cristão suprime uma abside e desloca a entrada para o lado menor. Assim se rompe a simetria dupla do retângulo, deixando apenas o eixo longitudinal e fazendo dele a diretriz do caminho humano. A concepção do plano e do espaço – e, portanto, a decoração – tem somente uma medida de caráter dinâmico: a trajetória do observador.

Aqui aparecem todos os elementos que, com maior ou menor desenvolvimento, determinam a arquitetura cristã na Idade Média: espaço basilical ou *nave central*, estoas ou *naves laterais*, a êxedra, que aos poucos passa de uma forma geométrica – semicilindro coberto por um quarto de esfera – à forma funcional que chamamos de *abside*, e que, quando assume uma forma mais complexa, chamamos de *cabeceira absidal* ou *presbitério*.

A separação entre o espaço basilical e a cabeceira se reduz no tipo mais simples (Santa Sabina, Santa Maria Maior) a um mero estreitamento da embocadura de uma união e à definição de um plano formalmente destacado: o chamado *arco de triunfo*, que encaixa ambas as peças e, as diferenciando, as faz dialogar entre si (Figura 11.3).

Essa solução simples se tornará mais complexa, porém, em outras basílicas paleocristãs contemporâneas (São João de Latrão, São Paulo Extramuros, a antigo São Pedro do Vaticano), nas quais esse arco de triunfo desdobra-se em dois: um arco que finaliza o espaço basilical e outro que inicia o espaço absidal (Figuras 11.4 e 11.5). Essa duplicação do arco de triunfo determina o aparecimento de um espaço novo que denominamos *transepto*, uma vez que torna transversal, ainda que de maneira incipiente, a direcionalidade contínua da basílica. Esse transepto pode estar circunscrito ao comprimento do espaço basilical, mas geralmente se prolonga, incluindo o comprimento das naves laterais e, além delas, constituindo nesse caso uma verdadeira *nave transversal* que dialoga arquitetonicamente em plano de igualdade com os elementos basilical e absidal.

A basílica paleocristã tem seu espaço caracterizado pela diretriz humana. Os gregos haviam alcançado a escala em uma relação estática; o mundo cristão apoia-se no caráter dinâmico do homem, orientando o edifício segundo seu caminho. Em alguns casos, a arquitetura paleocristã utiliza *estruturas de planta central* unitárias ou cruciformes,

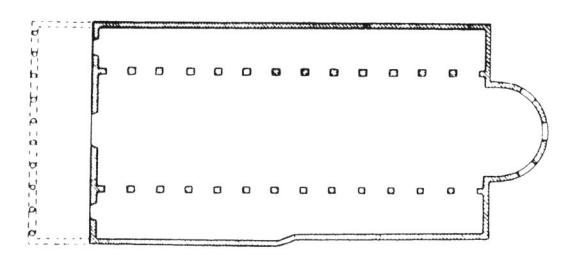

11.3 Basílica de Santa Sabina, planta baixa.

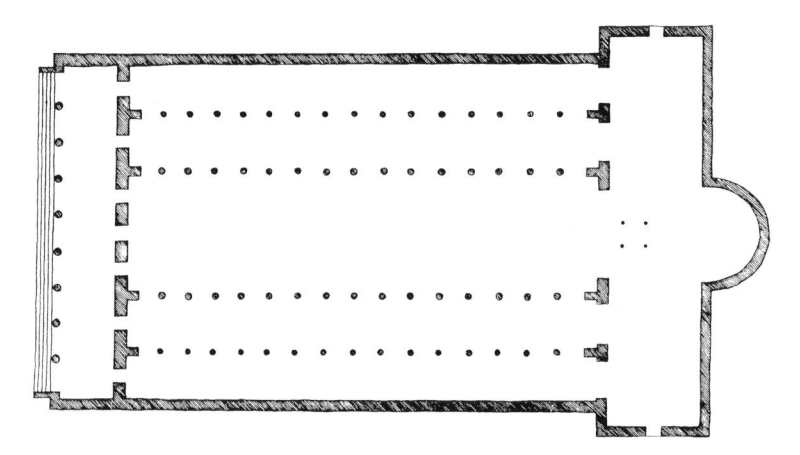

11.4 Basílica de São João de Latrão, em Roma, planta baixa.

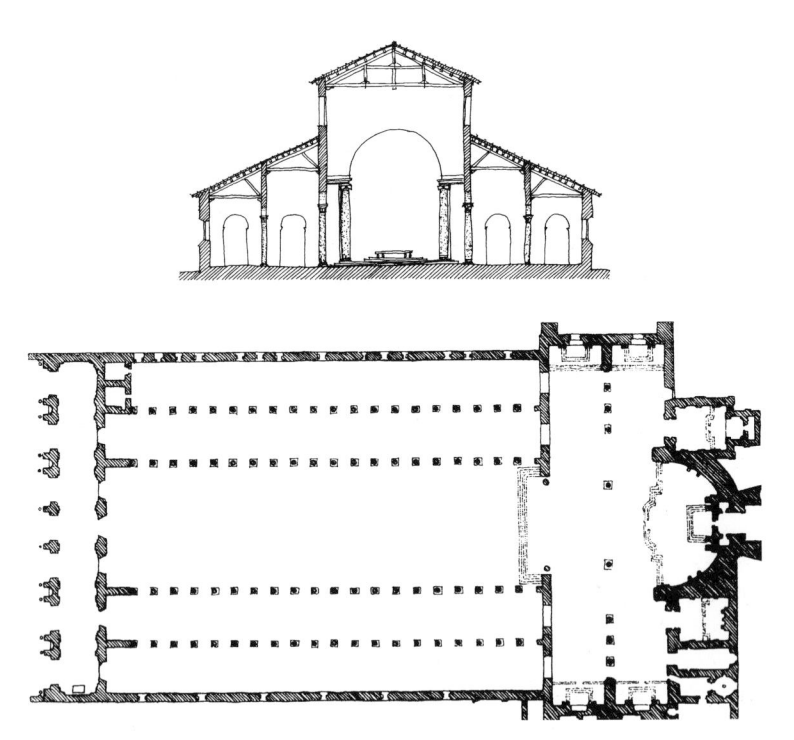

11.5 Basílica de São Paulo Extramuros, em Roma, corte transversal e planta baixa.

mas não para as igrejas de congregação, e sim para tumbas, batistérios e capelas ou oratórios em homenagem a algum mártir.

Lembrando conceitos antigos esquecidos no mundo clássico, a cabana cristã volta a ser uma cabana *orientada*, com sua entrada sempre a oeste e sua cabeceira sempre a leste (voltada para o pôr do sol), de onde se abrem focos de luz com maior e menor profusão que atraem a vista e orientam o percurso. A variabilidade do ponto cardeal nas latitudes da Europa ocidental implica certa variabilidade angular nessa orientação nas distintas igrejas construídas.

Construtivamente, a basílica paleocristã se constitui a partir de duas paredes com colunatas paralelas contraventadas por uma série de treliças de madeira que suportam uma simples cobertura de duas águas. Trata-se de uma construção um pouco descuidada que costuma aproveitar materiais e elementos de outros lugares (pilares e capitéis), sem muita preocupação com o aspecto unitário.

Quando os cristãos conquistaram a liberdade de construir seus templos, a arquitetura romana estava no auge de suas possibilidades técnicas: basta lembrar o centro cívico de Magêncio, edificado ao mesmo tempo em que as primeiras igrejas de Constantino. Os construtores dos edifícios cristãos partem dessa herança, mas reelaboram o repertório técnico da Antiguidade com um espírito livre de preconceitos, iniciando assim a arquitetura medieval.

Por isso, os edifícios paleocristãos têm um significado programático que vai muito além deles mesmos. Em seus elementos e em suas sucessivas evoluções de caráter às vezes funcional e às vezes simbólico – a maioria das vezes é uma soma de ambos –, foi definida a estrutura da igreja cristã, cuja evolução durará quase 15 séculos da história na arquitetura ocidental, e quatro ou cinco da arquitetura oriental ou bizantina.

A arquitetura cristã oriental

Em relação à arquitetura bizantina, o debate centra-se na maneira de integrar todos esses elementos em uma forma arquitetônica complexa, mas unitária, que reforce as analogias planimétricas, volumétricas e espaciais, além da complexidade funcional que sua utilização demanda.

Nesse sentido, podemos caracterizar a arquitetura bizantina e eslava pela evolução e articulação de três elementos: o *espaço centralizado*, o *iconostase* e o *trifório*, todos dentro de um sistema estrutural e construtivo relativamente constante.

Sem dúvida, o melhor exemplo é Santa Sofia de Constantinopla (532-537), obra encarregada a Artêmio de Trales e Isidoro de Mileto por Justiniano. Em Santa Sofia tenta-se centralizar a dualidade nave-abside, sempre longitudinal, e torná-la centrípeta, ao unir uma e outra em um único espaço de longitude dupla de seu comprimento (80 × 40 metros), centrado pela presença de uma enorme cúpula que se apoia em suas semicúpulas desenvolvidas no mesmo eixo longitudinal, uma das quais se prolonga em um desenvolvimento análogo e se reserva à cabeceira absidal, enquanto a outra pertence à nave (Figura 11.6).

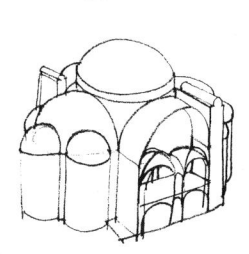

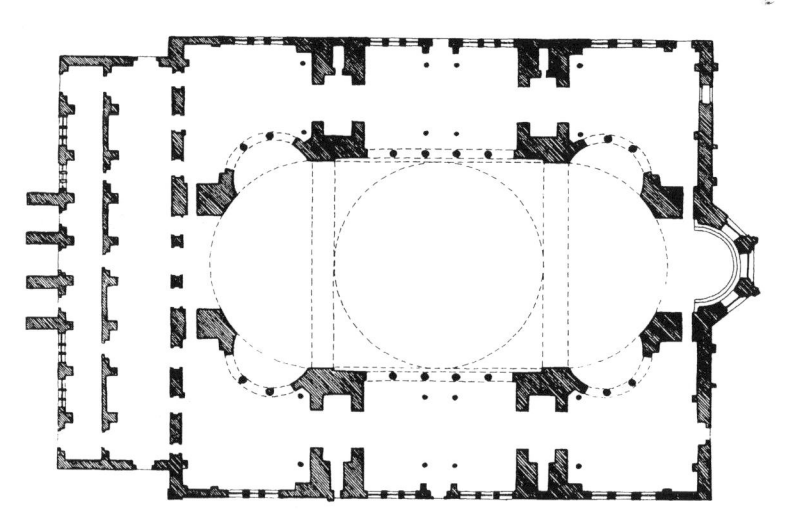

11.6 Santa Sofia de Constantinopla, volumetria dos espaços interiores e planta baixa.

A grande cúpula parece flutuar sobre o edifício, criando uma atmosfera de mistério acentuada pelo contraste entre o centro iluminado e as laterais em penumbra. Diminuem assim as diferenças e tende-se a fazer de Santa Sofia um espaço fluido e contínuo. Os elementos que distorcem essa pureza centralizadora ficam relegados ao segundo pavimento (desenvolvendo uma galeria ou trifório contínuo) ou aos interstícios que medeiam esse elemento longitudinal contínuo e o quadrado perfeito no qual se inscreve a planta baixa do edifício (Figura 11.7).

Na arquitetura religiosa bizantina, os dois tipos principais foram a *basílica* e a *igreja centralizada* (Figura 11.8). A primeira advém diretamente da arquitetura paleocristã, introduzindo uma aceleração direcional, como em Santo Apolinário de Ravena. A segunda adquire um desenvolvimento tipológico rico e variado que vai desde a igreja central de planta quadrada coberta por uma ou várias cúpulas (como a dos Santos Sérgio e Baco de Constantinopla) ou a igreja centralizada de quatro pilares e cinco cúpulas (como a dos Santos Apóstolos também em Constantinopla) até a de tipo basilical combinada com a de planta em cruz – o chamado tipo de Mistra –, que tanta influência terá na Idade do Humanismo.

Por outro lado, a diferença suave que a transição entre nave e êxedra parece asumir em planta e em volume muda quando a realidade

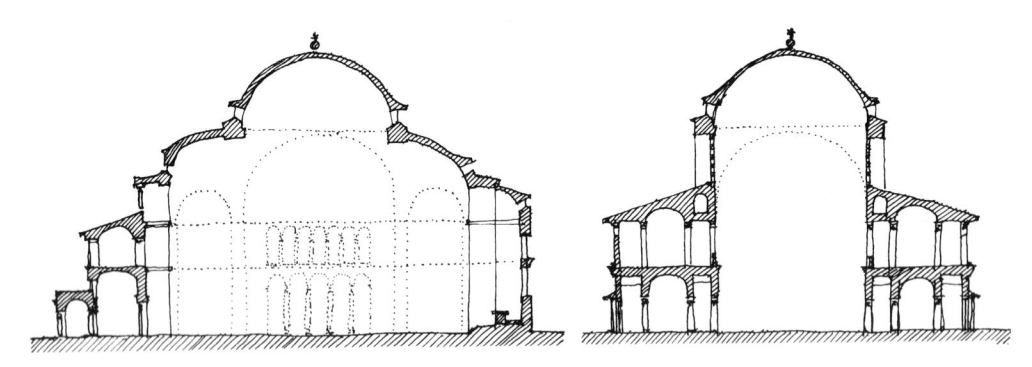

11.7 Santa Sofia de Constantinopla, cortes longitudinal e transversal.

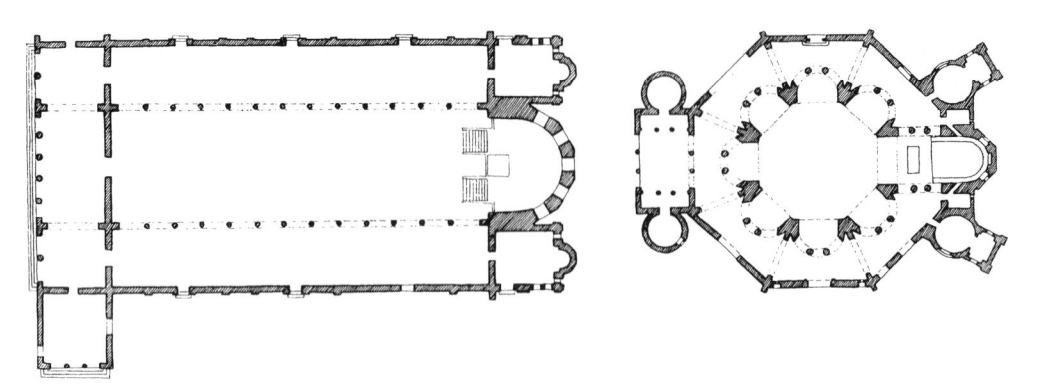

11.8 Plantas longitudinal e centralizada: Santo Apolinário e São Vital, ambas em Ravena.

litúrgica interpõe uma tela vertical contínua ou semicontínua que, como uma cortina, separa oticamente os dois elementos. Essa tela ou *iconostasis* – aquilo que separa ou cobre os ícones – será uma constante na arquitetura e na liturgia oriental tanto quanto na separação entre fiéis e sacerdotes durante a celebração litúrgica, e inclusive com caráter permanente, como nos templos da igreja ortodoxa russa, onde a tela ou cortina – carregada de novas imagens ou ícones – se interpõe de modo contínuo entre o espaço litúrgico e os fiéis, subdividindo-o.

Isso faz com que às vezes seja difícil entender a planimetria eclesiástica bizantina, pois ao mesmo tempo em que se tende a organismos cada vez mais simétricos, unitários e repetitivos, ela os rompe ou fragmenta continuamente em sua utilização do espaço interno, assemelhando-os muitas vezes a arquiteturas orientais.

Isso ocorre tanto nas igrejas bizantinas quanto nas suas derivações ocidentais (São Marcos de Veneza ou as igrejas francesas do Périgord), assim como nos monastérios e catedrais de Kiev ou do Kremlin de Moscou, onde seus jogos arquitetônicos são levados ao extremo.

A arquitetura cristã ocidental

Se a arquitetura cristã oriental centra seu desenvolvimento na evolução de três elementos dentro de um sistema estrutural constante, podemos, ao contrário, caracterizar o desenvolvimento da arquitetura cristã ocidental pela *constante mutação dos sistemas construtivos*; uma mutação que se produz dentro de uma articulação espacial e formal progressiva, baseada nessa ideia de progresso contínuo que está na essência do pensamento ocidental.

Resumidamente, podemos centrar essa evolução na *relação variável* que se estabelece entre o transepto e a cabeceira absidal, cuja articulação ressalta as diferenças espaciais e funcionais, e cuja interseção determina o *cruzeiro*, acentuando volumetricamente em certas ocasiões mediante flechas, zimbórios ou cúpulas.

Como já dissemos, esse transepto dá lugar a uma verdadeira nave transversal que dialoga com os elementos basilical e absidal. Essa capacidade de diálogo será anulada em muitas edificações cristãs medievais, especialmente nas de menor complexidade. Mas, nos templos de função mais complexa (como as grandes igrejas de peregrinação ou as catedrais), será a base de um importante sistema de articulação.

Nesses casos, o transepto tende a adquirir um espaço e uma complexidade em consonância com as características da basílica, de maneira que chega a duplicar e ainda triplicar seu desenvolvimento de acordo com o conjunto basilical, tendo uma, três ou cinco naves, semelhante àquele.

Este fato – junto com os espaços procissionais (de ambulatórios) que tantas vezes acompanham e envolvem a cabeceira absidal – faz com que a planimetria recorde muitas vezes a *forma de cruz*, ou seja, a correspondente ao símbolo do Cristianismo, chegando ao aparente paradoxo de uma arquitetura que, em sua formulação mais abstrata (a planta baixa), vem a ser um ideograma da função que representa. O elemento abstrato torna-se símbolo da arquitetura e permite o discurso sobre a relação entre a planta da edificação e a cabeça ou os membros de Cristo crucificado, discursos que – assim como nas referências à gênesis nos capitéis clássicos – revestem um interesse mais poético do que arquitetônico.

Por outro lado, transversalizando o desenvolvimento longitudinal definido pelo espaço basilical e absidal, o transepto posiciona-se de forma diferente conforme a relação entre ambos e, concretamente, segundo seja a funcionalidade simples ou complexa que deve cumprir a cabeceira.

Enquanto a cabeceira é somente o *espaço litúrgico* de celebração, a êxedra mais ou menos ampliada é uma forma suficiente para cumprir sua função; por consequência, a cabeceira se reduz a ela e o transepto aparece muito acima da planta, marcando claramente a desigualdade entre os dois extremos, como ocorre nas igrejas da Alta Idade Média e ainda nas igrejas italianas, catalãs ou provençais da Baixa Idade Média.

Quando, ao contrário, as *funções litúrgicas* exigem um espaço maior – tanto por sua eventual complexidade, como pelo número de pessoas intervenientes de contínuo nelas: coros monásticos ou de catedral, capítulos, etc. –, a cabeceira abandona a forma absidal originária e se prolonga longitudinalmente em uma forma que pode lembrar a forma da nave basilical.

Nesse caso, o transepto ocupa uma posição intermediária ou mediatriz entre ambas, mais pronunciada conforme se avança para o norte da Europa, de forma que na Espanha é quase um terço entre ambas, na França se aproxima da metade – ou, o que é o mesmo, iguala as distâncias entre a nave e a cabeceira – e na Inglaterra chega a predominar a cabeceira sobre a nave, chegando inclusive a dividir o transepto em dois, duplicando-o para melhor articular o desenvolvimento longitudinal da igreja de acordo com a celebração litúrgica inglesa (Figura 11.9).

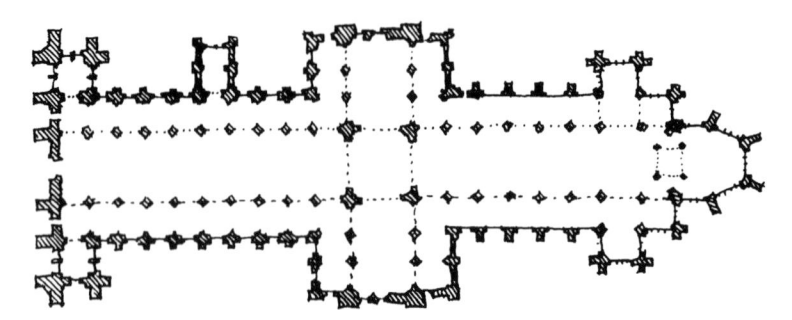

11.9 Planta baixa da catedral de Wells, com seu transepto duplo.

Assim, a multiplicação do número de sacerdotes nos monastérios e nas grandes igrejas obriga o aumento proporcional do número de elementos absidais, que se apoiam no transepto, mantendo a orientação inicial (Figura 11.10), ou giram ao redor do deambulatório, criando capelas menores que funcionam como satélites da capela maior ou cabeceira absidal.

A relação existente entre o transepto e o conjunto nave-abside determina as figuras planimétricas conhecidas com os nomes de planta "em cruz grega" e planta "em cruz latina", conforme se igualem ou não as dimensões longitudinal e transversal da igreja.

Por sua vez, a *altimetria* da igreja nos dá referências claras sobre a espacialidade arquitetônica buscada, tanto segundo a relação entre altura e comprimento da nave principal, como a relação que se estabelece entre a altura dessa nave principal e as naves laterais. Em ambos os casos, as relações se tornam maiores à medida que abandonamos o Mediterrâneo e vamos subindo em latitude geográfica.

Tudo isso faz com que, ainda que cada igreja medieval seja uma unidade arquitetônica única, seja perfeitamente possível caracterizá-la tipologicamente como parte de uma *cadeia evolutiva* bem conhecida. Essa evolução adquire caráter diferenciado, ainda que complementar, ao nos referirmos ao *processo espacial e estilístico*, onde, em todo caso, pesa a importância do fator temporal.

No Oriente, os estilos duraram milênios, e não parecia existir razão alguma para mudar. No Ocidente, ao contrário, jamais se conheceu essa imobilidade e sempre se tentaram novas soluções e ideias.

Assim se pode falar das permanências e mudanças do espaço cristão ao longo da Idade Média, em um longo processo que vai desde o paleocristão até o gótico tardio.

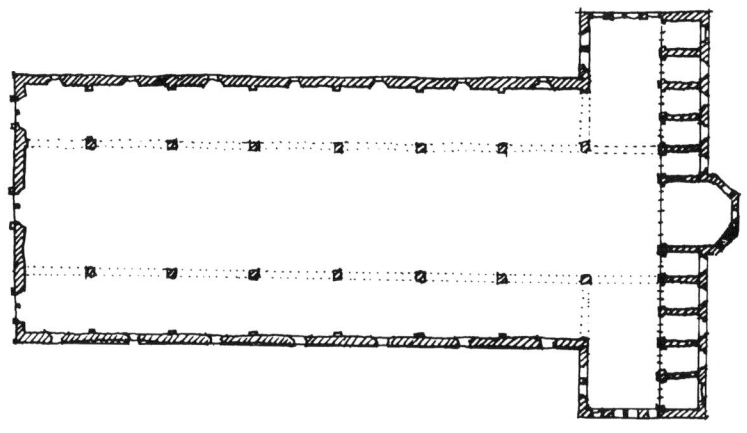

11.10 Igreja franciscana de Santa Croce, em Florença: multiplicação de absides por razões litúrgicas, por ser a igreja de uma ordem religiosa.

CAPÍTULO 12
O Românico, o Primeiro Estilo do Ocidente

A ideia de progresso no mundo ocidental

Os territórios ocidentais do antigo Império Romano são ocupados a partir dos séculos IV e V pelos reinos bárbaros do norte; a partir do século VIII precisam resistir à pressão dos árabes, que dominam a Espanha e passam para França e Itália; nos séculos IX e X são os *vikings* e os magiares que os perseguem no norte e no leste. Nas vésperas do ano 1000 parece que chega o fim da Europa, e um cronista do século X chega a exclamar desalentado: *mundus senescit...*

Porém, após a virada do milênio começa um movimento oposto de expansão. No final do século X há uma estabilização dos últimos povos invasores, que no século XIII entram em franca retirada em um processo geral de reconquista. No século XV, consolidam-se os primeiros estados modernos e começa a expansão rumo à América, seguida mais tarde do domínio de todo o planeta e pela conquista do espaço em um processo de expansão que não parou até hoje.

A ideia de progresso como processo de avanço contínuo e de desenvolvimento é fundamental para o Ocidente e explica a importância do fator temporal na arquitetura ocidental. A aplicação e a construção medieval dessas ideias têm seu reflexo no tratamento e na progressiva *articulação da superfície da parede externa* (da parede contínua à desmaterialização da parede) e no planejamento e resolução das *estruturas abobadadas*.

Progressos construtivos e estruturas abobadadas

Se toda a história da construção na Idade Média tivesse que ser explicada brevemente, diríamos que é a passagem progressiva de um sistema estrutural de massa ativa até um sistema estrutural de vetor ativo.

Efetivamente, vimos como podemos analisar o comportamento estrutural do Panteon de Roma como se ele fosse um grande recipiente de alvenaria de tijolos. Esse mesmo enfoque estrutural pode ser utilizado na arquitetura bizantina. Porém, nas arquiteturas ocidentais, tende-se a uma *progressiva articulação da construção*, especialmente quando as diversas manifestações arquitetônicas se unem para formar o novo *mundo românico*.

12.1 A construção medieval (i): sistemas abobadados.

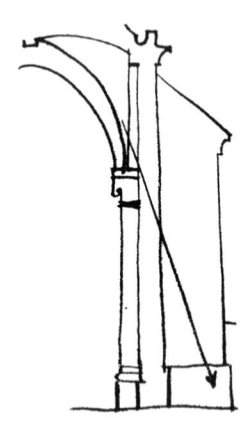

12.2 A construção medieval (ii): sistemas de contrafortes.

Considerações técnicas, somadas a exigências de estabilidade durante a execução, haviam induzido os romanos a articular suas estruturas, mas de um modo incompleto e assistemático. Na Idade Média, porém, os vazios e as estruturas são fatos coincidentes, e a maneira com que se resolve a articulação das estruturas qualifica arquitetonicamente os espaços arquitetônicos.

A parede externa como pano homogêneo e a cobertura contínua e indiferenciada – ambos exemplos de sistemas de massa ativa – passam pouco a pouco à modulação e à articulação estrutural do mundo românico. Nele, o problema mais importante concerne às *estruturas abobadadas* (Figura 12.1). No início da Idade Média, as abóbadas eram raramente usadas e apenas para pequenos vãos, mas vários motivos – sobretudo a frequência de incêndios e o entendimento das abóbadas como um luxo arquitetônico – levam à preferência das abóbadas, especialmente em edifícios religiosos e representativos como os construídos por Ramiro I no monte Naranco de Oviedo.

Formada pelo movimento de um arco, a abóbada tem a vantagem de vencer grandes vãos com peças pequenas que, contrapondo seus esforços internos, conduzem as cargas até os pontos de apoio ou *impostas* que, por isso, não recebem somente uma carga vertical, mas também pressões laterais, que devem ser absorvidas ou contrabalançadas por diversos sistemas de reforço estrutural.

Após o uso de tirantes na parte inferior de uma edificação ou a sequência de arcos que vão contrapondo seus esforços oblíquos, mais próprios do mundo clássico, o mundo medieval irá preferir os *contrafortes*, pedaços de parede adossados em ângulo a outras paredes, os quais transferem diretamente os empuxos para o solo (Figura 12.2). O grande peso das abóbadas e seus esforços laterais fazem com que sejam construídas pesadas paredes e contrafortes, interrompidos somente por pequenas aberturas ou seteiras.

Em todos esses casos, as paredes e as abóbadas atuam como estrutura e como fechamento ao mesmo tempo: são *sistemas de massa ativa*. Mas, se a construção fosse articulada, essas abóbadas primárias poderiam fragmentar-se em peças menores que se apoiariam nas distintas nervuras, atuando apenas como fechamento, enquanto a função estrutural ficaria confiada a essas nervuras, em um caminho que conduz aos *sistemas de vetor ativo*.

Para chegar a isso se produz, em primeiro lugar, uma melhor estruturação da composição modular, superando as fases de pura agregação de espaços individuais e diferenciados. A nave central já se apresenta como uma sucessão de módulos quadrados.

Em segundo lugar, aparece um avanço na construção: o arco de descarga ou *arco adintelado* que – no princípio ainda incorporado às paredes laterais – rompe a homogeneidade destas, conduzindo os esforços de forma direta aos pontos de sustentação. Com isso se consegue que o ritmo da planta afete a parede inclusive em sua espessura e substituindo sua espessura contínua por espessuras diversas que atuam com o mesmo ritmo com que se articula a planta.

O aparecimento dos arcos adintelados provoca a utilização de nervuras de abóbada, com nascentes nos próprios pilares e lançadas de um a outro lado da nave central – ou seja, perpendiculares às paredes – para amarrar, contraventar e estabilizar definitivamente a construção. Essas nervuras de abóbadas aparecem em igrejas com cobertura de madeira sustentando sua estrutura e são o ponto de partida para as abóbadas das naves.

Assim, a obra românica mostra um esqueleto resistente formado por pilares sustentadores e arcos adintelados e nervuras nas abóbadas (Figura 12.3). As paredes externas e as partes abobadadas entre um arco e outro se apoiam nesse esqueleto, de forma que a *articulação da construção* coincide com a ordem arquitetônica do vão, e as partes interiores e exteriores resultam ligadas de maneira orgânica.

12.3 A construção medieval (iii): sistemas de arcos adintelados e nervuras nas abóbadas.

A arquitetura românica

Entendendo o estilo não como soma de características, mas como um todo íntegro, o românico dos séculos X, XI e XII é o *primeiro estilo do Ocidente*, o primeiro período no qual a civilização de toda a Europa, superada a barreira do ano 1000, inicia seu progresso e sua expansão edificatória.

O românico inicia um conceito espacial que a Europa não abandona até a chegada da arquitetura moderna. Trata-se de uma época espacial que cria um novo organismo caracterizado pela concatenação estrutural e a métrica espacial.

A *concatenação dos elementos* do edifício faz com que a arquitetura deixe de atuar em termos de superfície ou *pele* e comece a se expressar em termos de estrutura e *esqueleto*. A concentração dos esforços estruturais faz com que o edifício se torne um organismo e tome consciência de sua unidade.

Em segundo lugar, a *métrica espacial* se manifesta não somente em termos bidimensionais, mas também em uma unidade tridimensional que circunscreve um espaço interno. Por essa razão, o espaço e a volumetria da caixa de paredes externas se unem de maneira cada vez mais íntima, dando lugar, por volta do século XI, a um estilo mais sábio e uniforme, que dá maior funcionalidade e relação aos elementos construtivos e decorativos anteriores: romanos, bizantinos, muçulmanos, carolíngios, ramirenses, etc.

Essa sabedoria e uniformidade estilística, e a conseguinte *internacionalização* do românico, se devem, em boa parte, a dois motivos principais. Por um lado, a reforma realizada na regra beneditina pelo monastério de Cluny no início do século X acaba se impondo a milhares de abadias dependentes dela disseminadas por todo o Ocidente, contribuindo assim de forma poderosa para a unificação

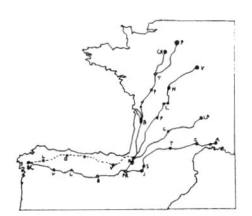

12.4 Os caminhos de peregrinação a Santiago de Compostela.

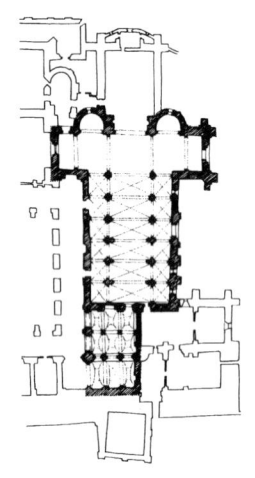

12.5 Santo Isidoro de León: planta baixa da igreja e relação com a muralha romana.

da vida religiosa e de sua arquitetura. Por outro lado, graças à maior segurança que começa a ser desfrutada, se generalizam as peregrinações que favorecem a expansão românica, difundindo o estilo e contribuindo para sua internacionalização (Figura 12.4).

Este românico *cosmopolita* cria um tipo de igreja bastante uniforme tanto na França quanto na Itália, Alemanha ou Inglaterra – onde recebe o nome de estilo normando –, arraigando-se profundamente na Espanha, onde deixa exemplos abundantes e valiosos como o monastério de Ripoll, na Catalunha (1020), a Catedral de Jaca, em Aragon (1063), São Martim de Frómista, em Palência (1066), ou Santo Isidoro, em León (1054; Figura 12.5), todos de grande influência no resto do país.

Dentre eles destaca-se Santiago de Compostela (1075-1128), meta da grande peregrinação do Ocidente, cuja catedral é um exemplo típico de igreja processional ou de peregrinação, muito relacionada com as igrejas de Tours, Limoges ou Toulouse. É uma igreja de três naves com transepto bastante longo e capelas tanto neste como no deambulatório; tem um trifório coberto por uma semicúpula, que equilibra o empuxo do meio da cúpula da nave central, enquanto as naves laterais sob esse trifório foram cobertas com abóbada de arestas (Figuras 12.6 e 12.7). Em sua construção trabalharam os mestres Bernardo, o Velho, Roberto e Bernardo, o Jovem, bem como o mestre Mateo, autor do antigo coro e do pórtico da Glória.

O mundo românico ainda faz parte da história medieval de várias partes da Europa, pois, enquanto este românico cosmopolita se desenvolvia por todo o continente, os vilarejos continuavam construindo suas igrejas seguindo as diretrizes do passado. É o romã-

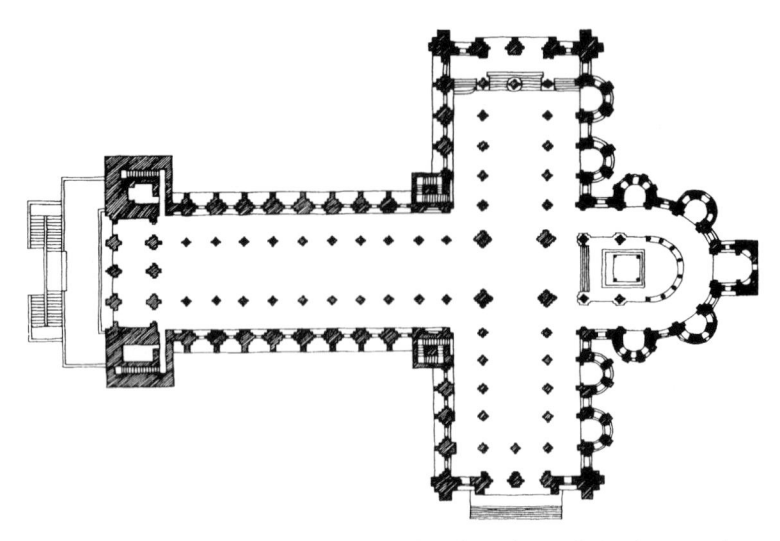

12.6 Catedral de Santiago de Compostela, planta baixa da igreja românica.

12.7 Catedral de Santiago de Compostela: à esquerda, a fachada principal no século XII, segundo Conant; à direita, corte transversal.

nico *rural*, caracterizado por suas pequenas dimensões, integrado perfeitamente no núcleo ao que serve e com uma pobreza construtiva e decorativa que de forma alguma melhorará com o passar do tempo. Essa arquitetura popular se prolonga até o início do século XIII – quando o estilo gótico já impera nas cidades – e deixa grande quantidade de exemplos, quase todos caracterizados por serem igrejas de apenas uma nave com cobertura de madeira, uma abside semicircular ou retangular, e uma decoração superficial em portas, capitéis e impostas.

Iconografia e iconologia cristãs

No mundo medieval, a igreja cristã é entendida como uma *obra de arte total*, como uma soma de esforços para a qual as diferentes manifestações artísticas confluem e se integram. Em consequência, pode-se estudar o programa iconográfico das catedrais não apenas em suas obras de arte independentes, mas também em sua coordenação, estabelecendo uma *iconografia arquitetônica* centrada nos elementos da arquitetura e seu significado.

Assim, a porta da igreja é pensada e estabelecida como uma metáfora da porta da cidade: como a *civitas Dei* e a cidade medieval real. O desaparecimento do átrio e, consequentemente, a atenção dedicada à fachada fazem com que seja frequente em portas e janelas a sucessão de arquivoltas ou arcos de tamanho decrescente, que definem na breve profundidade de seu desenvolvimento um possível itinerário entre o espaço viário exterior e o espaço interior, configurando-o com imagens escultóricas (Figura 12.8).

Mas o portal não é uma peça unívoca: a porta, o tímpano, o intradorso, o pórtico e a galilé estabelecem relações espaciais e

12.8 O Pórtico da Glória, exemplo da iconografia cristã.

icônicas variantes com o organismo arquitetônico e também com a cidade.

Da mesma maneira, a torre é um verdadeiro menir anunciador – tanto o campanário cristão quanto o minarete islâmico –, cujo caráter icônico e simbólico manifesta-se ao duplicar ou multiplicar as torres nas fachadas das principais igrejas. Esta mesma dualidade de caracteres, simbólica e icônica, se manifesta no tratamento exterior da cabeceira absidal, que passa da simplicidade volumétrica das igrejas pré-românicas e românicas à casca complexa das catedrais góticas.

Além disso, ao se recuperar o conceito antigo de orientação e se situar as cabeceiras para o poente, a *orientação* também se torna um problema icônico e se relaciona com o da *luz*. Um problema que não é enfrentado de modo unitário no mundo medieval, onde a passagem da seteira românica ao vitral característico gótico implica não somente um problema técnico-construtivo de fenestração da parede externa, mas toda uma nova maneira de entender e perceber os espaços interiores.

Uma transição análoga é percebida no final da Idade Média, se comparamos as rosáceas góticas (como fontes de luz) com os retábulos pós-góticos (como receptores de luz). A colocação de pinturas em madeira nas cabeceiras absidais – primeiro de tamanho reduzido, depois verdadeiros retábulos – altera radicalmente a espacialidade do tempo e sua percepção icônica, ao mesmo tempo em que dá voz de maneira distinta às luzes e às formas.

Ao contrário da abstração islâmica, a arte cristã e, em especial, a românica são uma *arte figurativa* que entende que as imagens e os ícones são úteis para transmitir a palavra sagrada. Esmaltes, mosaicos, pinturas e esculturas aparecem em profusão, mas sempre subordinados à estrutura arquitetônica, representando figuras humanas na porta (o cristo Pantocrator, o Juízo Final, hagiografias ou vidas de santos) e uma decoração vegetal, geométrica e profana nos capitéis.

CAPÍTULO 13
Lógica e Esplendor da Arquitetura Gótica

Álgebra, escolástica e arquitetura

A ideia de *progresso* é consubstancial ao mundo ocidental, mas nela tem singular importância o papel da contribuição islâmica durante a Idade Média, de maneira tanto geral quanto particular no campo da arquitetura.

O mundo islâmico é uma estrutura social e cultural que teve de responder a diversas exigências, homogeneizando problemáticas muito diferentes que obrigavam a um determinado grau de abstração, a qual teve sua aplicação prática na *álgebra* – do árabe *al-yabra*, "a redução" –, entendida como síntese abstrata de estruturas de conhecimento.

O mundo cristão conheceu o sistema algébrico como parte do trabalho realizado em Toledo nos séculos XII e XIII, onde sábios de diversos países traduziram numerosas obras conservadas no mundo muçulmano, colocando assim à disposição do Ocidente a cultura clássica e islâmica. Sem conhecer seu processo prévio nem sua importância, para o mundo cristão medieval a álgebra é uma ciência como a gramática, a retórica ou a dialética; mas extrai dela consequências importantes através de outro sistema análogo de pensamento: a *escolástica*, que, buscando conciliar filosofia e teologia, estabelece toda uma teoria da abstração relacionada com a analogia do ser e sua validade epistemológica.

No mundo ocidental, o pensamento algébrico, o silogismo escolástico e a catedral gótica andam juntos e associados à ideia de progresso, de forma que a transição do século XIII resulta, ao mesmo tempo, em um progresso construtivo e em uma alteração radical de processo do projeto através de novos sistemas de pensamento.

Álgebra e arquitetura islâmica

A arquitetura islâmica é o primeiro e principal reflexo dos novos sistemas algébricos de pensamento. Evidentemente, essa arquitetura apresenta características diferenciadas em relação à arquitetura cristã, de forma que a *medina* é uma alternativa urbana à *civitas Dei*. Porém, essas características, sem a necessidade de serem atenuadas, se tornam mais próximas quando – como na península Ibérica – a convivência de oito séculos permite e fomenta o intercâmbio no pensamento e na arquitetura.

O Islã é como uma cunha que penetra no mundo ocidental, afetando a história política, religiosa e cultural de uma das áreas mais civilizadas do Mediterrâneo. Mas, em sua própria evolução, ele foi se nutrindo de contribuições ocidentais que o configuram de acordo com aqueles lugares e aquelas civilizações em que se implantou. Pois o Islã é como um corpo plástico que se molda ao recipiente que o contém no momento; por isso o Islã de Al Andalus não é o mesmo que o da Pérsia ou o da Mesopotâmia.

Aqui prescindiremos das respostas orientais para nos centrar no Islã mediterrâneo e, especialmente, na arquitetura hispano-muçulmana, na qual se assimilam e desenvolvem as soluções preexistentes a partir de um novo critério lógico e religioso, que opõe e integra ao mesmo tempo a casa e o edifício público.

Em sua maneira de gerar e desenvolver o problema algébrico, assim como o tempo não é para o muçulmano um contínuo, mas uma sucessão de instantes ou *momentos temporais*, o espaço é composto por uma sucessão de *momentos espaciais*. Assim, o espaço hispano-muçulmano é um espaço descontínuo e compartimentado em relação ao espaço articulado e integrado do mundo gótico.

Por um lado, se a catedral gótica é construtivamente leve, estereomorfa e abobadada, a mesquita com salão hipostilo é leve, planimorfa e adintelada: é uma estrutura leve própria da organização em basílica, soma de *estoas* ou pórticos unidos uns aos outros, pois o Islã ocidental usa muito pouco o sistema abobadado e raramente a cúpula de alvenaria.

Seu melhor exemplo é a mesquita de Córdoba (785-990), na qual a compartimentação espacial manifesta-se no efeito de telas que o salão hipostilo cria e na sensação de diafragmas dos arcobotantes, que chegam a ocultar seu suporte tectônico, tornando realidade a metáfora do bosque construído e produzindo uma sensação espacial de infinitas direções, com filas de colunas que criam unidades idênticas repetidas (Figura 13.1). Córdoba mostra como a simplicidade básica da planta árabe permite uma extensão indefinida em qualquer direção. A agregação espacial culmina na *maqsura* e

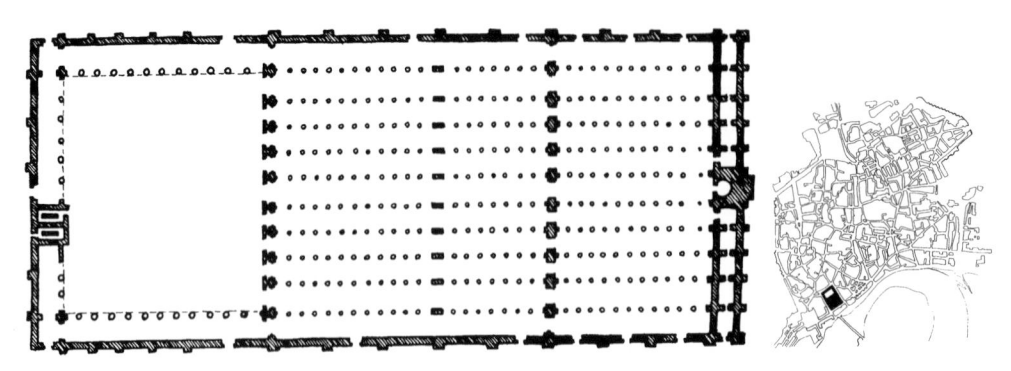

13.1 A mesquita de Córdoba: planta baixa e implantação urbana.

no *mihrab*, espaços com coberturas independentes à base de arcos cruzados, possíveis precedentes das abóbadas sobre arestas cristãs.

Nesse *oásis edificado* que é a medina muçulmana desaparecem as fronteiras entre o espaço interno e o externo, de uma forma quase neoplástica. Todos os elementos naturais (o céu, o jardim, a água) penetram no interior da arquitetura. No *Alcorão*, o jardim doméstico e o paraíso têm o mesmo nome: *djemna*. A medina Azahara e os Alcázares de Sevilha, a Aljafería de Zaragoza ou a Alhambra de Granada são expressão desse simbolismo, onde a edificação se torna mínima para valorizar e exaltar o jardim: o oásis. E dos palácios islâmicos se passa igualmente aos palácios mudejares: integração da arquitetura cristã e muçulmana e síntese castiça do Islã e do Ocidente.

A Alhambra de Granada, no século XIV, exalta de maneira exemplar o desejo de privacidade da moradia islâmica, na qual o exterior não revela nada do luxo dos interiores. Aqui o bosque, o pátio ou a sequência de pátios, as torres e os muros vermelhos se conectam por meio de composições articuladas e assimétricas com eixo deslocado (Figura 13.2).

Pois, em contraste com a tendência figurativa ocidental, o Islã é uma cultura que prefere abstrair a essência do mundo em vez de representar sua realidade. E, ao se refugiar na abstração, os seres reais se estilizam até se converterem em elementos geométricos, e até a caligrafia se converte em uma forma de arte abstrata.

Álgebra e arquitetura gótica

Após o *planejamento intra-histórico* e mais universal do mundo românico, surge o *planejamento científico* ou racional do espírito gótico, que se origina em um pequeno laboratório no norte da França.

O escândalo causado pelo luxo decorativo da arquitetura românica dos últimos tempos faz com que os reformistas da ordem beneditina por volta de 1100 (cistercienses, cartuchos e trapenses) não se limitem ao aspecto espiritual e ditem normas concretas so-

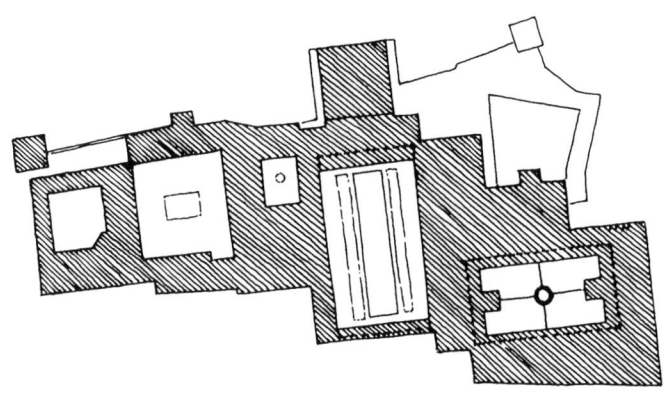

13.2 A Alhambra de Granada e a sucessão de pátios em uma composição articulada e assimétrica com eixo deslocado.

bre as novas igrejas. Essas reformas se estendem com uma rapidez assombrosa, supondo uma mudança transcendental, de notável importância arquitetônica. Em pouco tempo se pode falar de um estilo novo que toma seu nome do monastério de Cister (1098), matriz de toda a reforma. Esse movimento reformista se desenvolve em paralelo ao movimento *almohade* puritano – quase fundamentalista – na Espanha e em Magreb, em um momento histórico no qual também aparecem as primeiras universidades medievais em Bolonha e Paris.

Este *estilo cisterciense* – que precede o estilo gótico propriamente dito – se ajusta a um padrão bastante uniforme, baseado nas igrejas beneditinas de cabeceira quadrada ou abside com absidíolas, mas emprega apenas colunas com fuste e capitel lisos em suas obras e os portais não recebem mais decoração do que a produzida pela repetição das colunas e das arquivoltas. O arco apontado já é frequente e se aceita a abóbada de ogiva.

Protegidos pelos monarcas – como já ocorrera com os cluniacenses –, os cistercienses levantam na Espanha importantes monastérios, como o das Huelgas, em Burgos, o de Poblet, em Catalunha, e o de Alcobaça, em Portugal, todos eles construídos pelos reis e para sua glória.

Na França, tem caráter análogo Saint-Denis, próximo a Paris, onde o abade Suger transforma a igreja da abadia, efetuando a passagem do cisterciense ao gótico (1140) ao combinar arcos apontados e abóbadas sobre arestas dentro de um novo sistema estrutural, lógico e simples como um silogismo.

Essa arquitetura gótica se caracteriza pela *altura* de suas construções, pela *leveza* de suas paredes externas – nas quais se configuram grandes vidraças – e, consequentemente, pela sua *luminosidade* interior.

Essas características-chave se conseguem mediante o emprego dos três elementos típicos da construção gótica: o *arco apontado* e, em especial, o *arco ogival*, que oferece a vantagem de produzir empuxos laterais menores e, portanto, exige uma menor reação do pilar e da parede externa; a *abóbada sobre arestas*, constituída sobre duas ogivas que se cruzam conduzindo os empuxos da abóbada para apenas quatro pontos, os quais devem ser reforçados (Figura 13.3); e o *arcobotante*, segmento de arco situado no exterior do edifício, que nasce do arranque da abóbada e transmite o empuxo deste até o *contraforte*, permitindo assim os vãos compridos e altos típicos do novo estilo (Figura 13.4).

Com uma notável unidade entre as técnicas de construção e o sentido espacial, no período gótico a diferença entre o esqueleto portante e os elementos de fechamento das elevações se estabelece de forma radical e paradigmática. As duas funções do elemento vertical (sustentar a cobertura e isolar o interior do exterior) são nitidamente separadas, confiando a primeira a um sistema de pilares, contrafortes e arcobotantes e a segunda a um sistema de elementos de fechamento leves: murais ou vitrais.

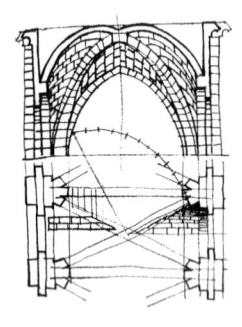

13.3 Sistema estrutural da arquitetura gótica (i): arcos ogivais a abóbadas sobre arestas.

A abóbada sobre arestas permite substituir as grossas paredes laterais e as pequenas janelas românicas por grandes vitrais historiados que proporcionam luz ao interior, enquanto os contrafortes e arcobotantes rematados por pináculos conferem a característica silhueta de navio aos volumes das catedrais.

O *sistema de esqueleto* ou *de vetor ativo* se aperfeiçoa quando a técnica dos arcos de ogivas reduz os empuxos laterais e quando os arcobotantes e os contrafortes conseguem se contrapor aos empuxos, anulando-os. O organismo se agiliza e se tensiona, chegando a se tornar um esqueleto construtivo recoberto de uma cartilagem quase imaterial, na qual o perímetro do edifício perde o caráter de envoltura bidimensional e realiza o sonho de criar espaço, ritmá-lo, elevá-lo e dar-lhe forma, sem interromper sua continuidade.

Assim, quando o suporte se transforma e passa da coluna simples à coluna fasciculada, esta deixa de ser uma forma autônoma como a coluna clássica e se torna inseparável do organismo conjunto, pois, ao ser formado pelo prolongamento das nervuras das abóbadas, contém as indicações de todos os arcos que partem dele.

Por outro lado, o uso do arco apontado, a *ogiva*, não apenas diminui os empuxos e reforça a verticalidade, mas, ao desvincular a luz da flecha do arco, aumenta o grau de liberdade do projeto. Assim, a partir do arco ogival se generaliza a abóbada sobre arestas e o sistema subsequente de abóbadas gótico, de progressiva complexidade formal.

Por sua vez, o *sistema de nervuras e linhas de força* do movimento gótico aprofunda a investigação românica, cujos meios técnicos e resultados formais são então retomados em um sistema geral, no qual culmina a evolução construtiva da Idade Média.

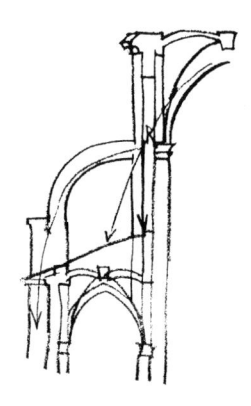

13.4 Sistema estrutural da arquitetura gótica (ii): arcobotantes e contrafortes.

Existe um tema espacial relevante que distingue a cultura gótica da cultura românica: o *contraste das forças dimensionais* e a *continuidade espacial*. "Pela primeira vez na história" – escreve Bruno Zevi – "concebem-se espaços que estão em antítese polêmica com a escala humana e que engendram um estado de ânimo de desequilíbrio, de sensações e solicitações contraditórias."

Há um significado na escala que já não corresponde à relação entre edifício e homem, mas às proporções do edifício entre si. Quase sempre a arquitetura expressa essas proporções por meio do equilíbrio das diretrizes visuais, ou pelo predomínio de uma diretriz. No gótico, ao contrário, coexistem e contrastam duas diretrizes opostas: a vertical e a longitudinal.

A história espacial das catedrais góticas em toda a Europa, as diferenças entre as escolas regionais e a fisionomia individual dos distintos monumentos se baseiam na força distinta desse contraste dimensional. Trata-se da relação entre o retângulo do corte e o retângulo da planta baixa e, somente em segundo lugar, da relação entre esses dois retângulos e o homem. E se comparamos o gótico italiano, o hispânico, o francês e o inglês, comprovamos que o contraste se acentua conforme nos deslocamos em direção ao norte.

As catedrais góticas

Como se trata de uma perfeita equação algébrica ou de um silogismo claro e brilhante, a catedral gótica do século XIII é o paradigma do estilo de toda a Idade Média, chegando a ser não apenas uma criação arquitetônica, mas uma *obra total* à qual confluem todas as artes do momento.

No século XIII, *quando as catedrais eram brancas* – segundo escreveu Le Corbusier –, "em todas as cidades e burgos o arranha-céu de Deus dominava a paisagem. Ele havia sido feito o mais alto possível, extraordinariamente alto. Era uma desproporção no conjunto; um ato de otimismo, um gesto de atrevimento, uma prova de maestria. O novo mundo começava. Branco, límpido, alegre, belo, nítido e sem retorno, o novo mundo abria-se como uma flor entre as ruínas. Havia se deixado para trás todos os usos reconhecidos, se havia dado as costas ao passado. Em cem anos o prodígio havia sido levado a cabo e a Europa foi transformada".

"Construíam-se de todos os tamanhos, organizadas, regulares, geométricas, segundo um plano..." E no conjunto formado por essas importantes catedrais brancas do século XIII se pode considerar que surgiu a tipologia da grande catedral gótica, de três ou cinco naves, cabeceira com deambulatório, com duas torres altas na fachada, geralmente rematadas por flechas respectivas que, junto com as coberturas muito inclinadas, vêm a acentuar a leveza de suas estruturas.

Surgidas no coração da França, a primeira de todas é Notre-Dame de Paris (1163, Figura 13.5, à esquerda), uma obra clara,

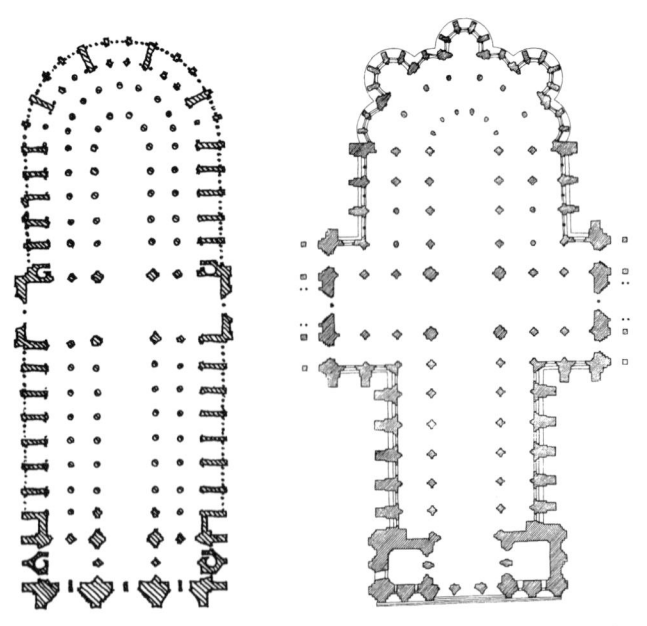

13.5 Plantas das catedrais de Notre-Dame de Paris (à esquerda) e de Chartres (à direita).

sóbria e exata na qual os suportes são colunas unitárias e cilíndricas ainda grossas, o que, junto com a sobreposição de vãos para a nave central, contribui de forma poderosa para produzir o efeito de um interior leve e diáfano. Ela possui naves laterais duplas e um deambulatório igualmente duplo. A fachada apresenta um pórtico triplo, e aparece centrada por uma grande rosácea circular, com um friso de estátuas sob ela e uma galeria em cima. As torres são de corte uniforme e carecem de flechas.

As catedrais de Chartres (1194), Reims (1210) e Amiens (1220) são os exemplares mais representativos do gótico francês. Com três naves em seu espaço basilical e em seu transepto, contam com deambulatório simples ou duplo e capelas absidais. Sem a sobriedade de Paris, a composição de suas fachadas corresponde, entretanto, ao mesmo esquema, evidenciando um desejo de profundidade em nichos e pináculos, e principalmente no avanço do pórtico, destacado na elevação principal e coroado por gabletes ponteagudos. Mesmo assim, em todas elas a parede externa se reduz à expressão mínima e os vitrais ocupam amplas superfícies, especialmente em Chartres, que pela unidade de sua construção é o melhor exemplo da obra de arte total (Figura 13.5, à direita).

Mas, ainda que muito menor, a obra emblemática do gótico francês, devido à sua extraordinária leveza e luminosidade, é a capela do antigo palácio real em Paris, a Sainte-Chapelle (1243), construída por Pierre Montreuil para o rei São Luís (Figura 13.6).

Com seu salão alto e esbelto de 17 metros de altura, dá a impressão de uma catedral cujo piso foi colocado à altura dos trifórios e sobre ele os vitrais policromáticos substituíram quase totalmente a parede externa, resultando em uma arquitetura feita unicamente de luz e cor. Dessa forma, e como síntese de experiências adquiridas, a Sainte-Chapelle é uma das joias da arquitetura de todos os tempos.

13.6 A Sainte-Chapelle: à direita acima, corte transversal, com a sobreposição da capela inferior no embasamento e a igreja principal; à direita abaixo, planta baixa do pavimento superior da igreja; acima, perspectiva.

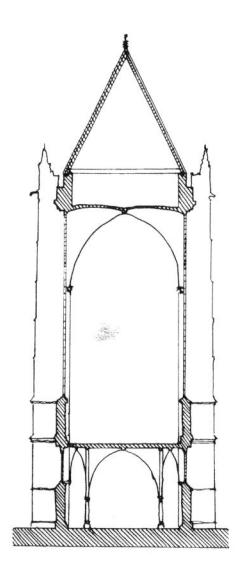

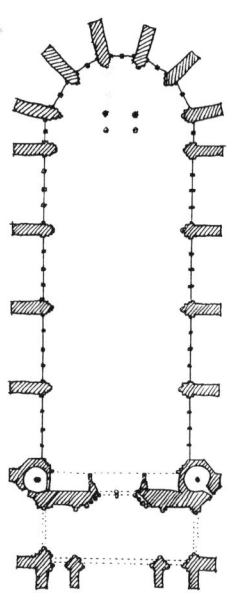

Também no resto da Europa a arquitetura gótica do século XIII é a arquitetura das grandes catedrais. Colônia, Praga ou Viena (1248), na Europa central; Burgos (1222), León (1225) e Toledo (1226), em Castela (Figura 13.7); Salisbury (1220), Wells (ver Figura 11.10) e Westminster (1245), na Inglaterra, etc.; todas elas são excelentes exemplos desse estilo internacional comum a toda a Europa ocidental, onde somente se destaca, frente à miscelânea geral ou à inclusão urbana das catedrais da Europa continental, o esplêndido isolamento que as catedrais inglesas exibem em seu *precint* ou *close* próprio, lembrando os antigos *temenos* do mundo clássico.

Esplendor e crise do pós-gótico

Quando Dante escreve *A divina comédia* em 1300, abre um período obscuro de crise que prepara o final da Idade Média e a passagem para a nova Idade Moderna. É o período do final das Cruzadas, da paralisação da Reconquista hispânica e da Guerra dos Cem Anos (1337-1453); o período de decadência do Sacro Império e do Pontificado: do desterro dos papas em Avignon (1309) e do cisma do Ocidente (1377-1418). A tomada de Constantinopla pelos turcos em 1453, o desaparecimento do feudalismo e o nascimento das monarquias nacionais na Inglaterra, França, Espanha e em Portugal darão por finalizado este obscuro período e abrirão caminho para o Renascimento e a nova Idade do Humanismo.

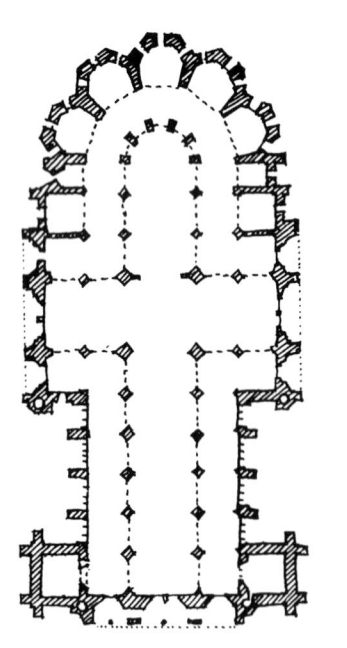

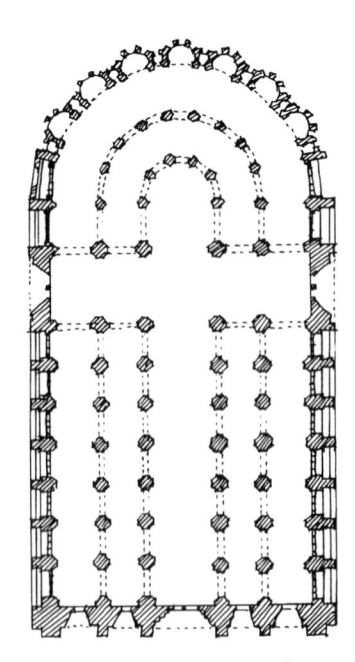

13.7 Catedrais espanholas: à esquerda, planta baixa de León; à direita, planta baixa e corte transversal de Toledo.

Assim, se podemos considerar a igreja gótica do século XIII como uma equação algébrica perfeita, como um silogismo puro e agudo, no século XIV e, sobretudo, no XV esse silogismo se cobre de retórica e a equação complica sua fórmula para se tornar mais rica, porém menos clara.

Como é natural, por se tratar de um estilo que dura mais de três séculos, a evolução das formas góticas é grande e se realiza no sentido de sua complexidade progressiva e sua riqueza decorativa crescente, dentro de uma divergência de experiências arquitetônicas que permite passar do gótico racionalista ao gótico radiante, ao pós-gótico e ao gótico flamejante. Assim, no século XV, o arco apontado e ogival se transforma em arco ogiva, arco abaulado ou arco abatido, e as abóbadas perdem sua simplicidade e multiplicam suas nervuras com uma rica ornamentação decorativa.

Na decadência da Idade Média, a arquitetura gótica não é apenas de caráter religioso. A intensa vida pessoal e corporativa – especialmente nos estados da Itália, Borgonha e Flandres – produz uma secularização progressiva da *civitas Dei*, se estabelecendo certo equilíbrio entre o centro religioso e o centro profano, que dá lugar ao auge das construções pessoais: os *palácios comunais* de Bruges ou Bruxelas, Florença ou Siena (Figura 13.8); o *mercado* e suas distintas variantes, como o *mercado municipal* do antigo reino de Aragão em Barcelona, Valência ou Zaragoza; a *praça* e o *Graben* como espaços cívicos em Siena, Cracóvia ou Bruxelas; etc.

Na arquitetura religiosa, o espaço basilical ainda presente nas catedrais do século XIII cede passagem, ao longo do século XIV, à

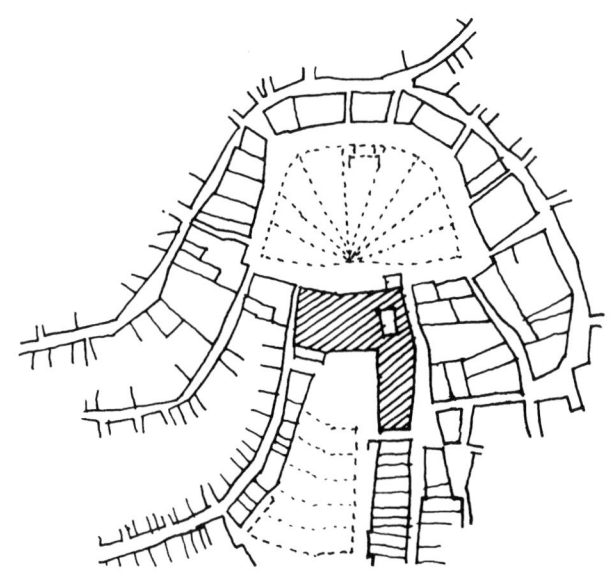

13.8 O palácio comunal de Siena, entre as Praças do Campo e do Mercado.

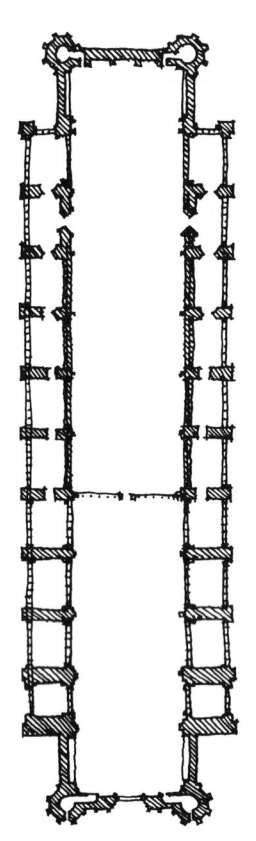

13.9 Capela do King's College, em Cambridge.

isotropia de plantas e elevações das *igrejas-salão* ou *Hallenkirchen* centro-europeias, das *capelas perpendiculares* inglesas, ou das catedrais mediterrâneas (occitanas e catalãs em particular), todas traduções evidentes da nova religiosidade urbana e da expressão de suas referências arquitetônicas.

Um dos melhores exemplos desse pós-gótico é a capela do King's College em Cambridge (1446), criação cristalina e harmônica, cuja unidade espacial substitui os grandes espaços subdivididos de séculos anteriores (Figura 13.9). Nos planos, se destaca sua insistência nas verticais e horizontais retas, subdivididas verticalmente por suportes esbeltos e grandes vidraças que desenvolvem motivos de painel; quanto às abóbadas, sua cobertura tardia permite a assimilação das abóbadas de geometria complexa e favorece o desenvolvimento de uma excepcional abóbada em leque, cujo traçado tem um forte componente matemático.

Por sua vez, o gótico catalão se distingue pelo espaço unitário, o uso de volumes puros, o predomínio da horizontal e a escassa importância dada aos contrafortes e arcobotantes, o que – junto com a ausência de grandes coberturas inclinadas para o exterior, substituídas por terraços – torna os exteriores maciços e sem essa leveza característica do gótico setentrional, criando volumes exteriores compactos e espaços internos com fortes contrastes de luz.

Essas características são encontradas em Santa Maria do Mar, em Barcelona (1328), obra paradigmática, à qual acompanham as catedrais occitanas de Albi ou Narbona, e as catalãs de Barcelona, Palma de Maiorca ou Gerona. Esta última foi construída com três naves até o transepto, mas em 1417 decidiu-se continuar com apenas uma nave de enormes proporções.

Este alarde técnico tardio pode ser estabelecido em oposição dialética com a técnica da cobertura com o uso de uma cúpula sem cimbramento (escoras) do cruzeiro de Santa Maria de Fiore em Florença (1420-1436, igreja iniciada em 1296), onde – passando rapidamente da Idade Média ao Renascimento – Filippo Brunelleschi consegue a superação da estrutura das corporações de ofício e da obra de arte coletiva em favor da genialidade individual.

O contraste entre algumas obras da época manifesta de maneira exemplar a crise do pós-gótico e abre o caminho para a Idade do Humanismo.

IV
A Idade do Humanismo

Capítulo 14

O Renascimento

O conceito de renascimento

Com o enfraquecimento dos controles racionais do sistema escolástico e algébrico, o repertório estilístico da arquitetura gótica se amplia extraordinariamente, mas a falta de disciplina prejudica, no longo prazo, o processo compositivo.

Como na escolástica tardia, o ponto de partida fica oculto pela excessiva carga de deduções acumuladas. Pois, como afirma Leonardo Benevolo: "Se os últimos desenvolvimentos do pós-gótico são interrompidos pela difusão do classicismo italiano, é porque o classicismo traz justamente o que falta à cultura do pós-gótico: um *novo método de controle geral* capaz de satisfazer as necessidades da sociedade na Idade Moderna".

Este novo método de controle é sustentado não tanto no pensamento algébrico – que tanto no mundo islâmico quanto no mundo cristão medieval pressupora uma avançada estrutura mental –, mas no retorno a uma *estrutura mais simples de conhecimento*, ao conhecimento próprio da Antiguidade clássica (geométrico e aritmético), ainda que tal retrocesso deva ser entendido como um meio de retomada para um novo impulso progressista, como se demonstrará nos séculos XVII e XVIII.

Diferente do gótico, a nova arquitetura se baseará em duas premissas fundamentais. A primeira é o *uso de figuras geométricas elementares e de relações matemáticas simples*; a segunda é a *reutilização das ordens clássicas* da tradição grega e romana (Figura 14.1).

Em sua concepção de mundo, o Renascimento estabelece uma oposição entre o velho e o antigo: entre as arquiteturas medievais entendidas como variáveis e a arquitetura clássica entendida como categórica, como um valor absoluto. Este aval quase sagrado concedido à arquitetura clássica na Antiguidade pode ser representado pelo descobrimento do texto de Vitrúvio, cujas descrições e propostas virtuais permitem fundamentar as novas ideias renascentistas da cidade e sua imagem do mundo e suas formas urbanas: sua *imago mundi*, bem como sua *forma urbis*.

Nesse processo de renascimento ou reafirmação, a beleza é entendida como expressão da verdade, e se concede à invenção humana uma importância próxima ao poder criador, em uma

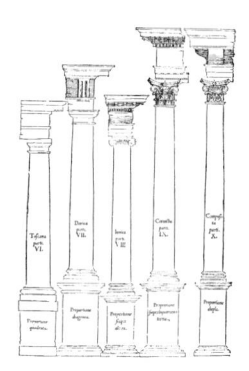

14.1 As cinco ordens da arquitetura propostas por Serlio.

apoteose que chega a seu apogeu no início do século XVI com Leonardo, Rafael e Michelangelo.

Os tratados e as regras da arquitetura

Quando, em 1414, se descobre na abadia de Montecassino o tratado *De architectura* de Vitrúvio, se abre um período histórico apaixonante e transcendental no Ocidente.

Em vez de análises filológicas do texto vitruviano, os homens do *quattrocento* e do *cinquecento* tentam um colóquio com aquele arquiteto romano através de comentários e de novos tratados de arquitetura. Assim, entre o texto de Leon Battista Alberti (1452) e o manual de Giácomo Barozzi da Vignola (1562), encontramos cem anos de vasta produção teórica, sobre cujas bases se apoia a arquitetura humanística.

Em uma história relacionada com a prática de arquitetura, o tratadismo dialoga com a Antiguidade e assegura a transmissão da experiência clássica na Idade do Humanismo.

Dessa forma, Alberti, em *De re aedificatoria*, tenta alcançar um sistema linguístico e metodológico total – desde a cidade até as ordens –, fundindo as teorias abstratas com as normas práticas de projeto e construção.

Com relação ao universalismo de Alberti, os escritos e códigos de Filarete, Colonna ou Di Giorgio no final do século XV utilizam o antigo como mero instrumento para evocações míticas, com um caráter empírico que tende a substituir o código universal pelo manifesto pessoal. Ao contrário, os novos estudos vitruvianos do século XVI tentam resgatar o rigor da Antiguidade, como se observa nos comentários e nas pinturas de Fra Giocondo, Caporali, Barbaro, etc.

Muito mais importância têm tratadistas como Sebastiano Serlio, que mediante os seis volumes de *L'architettura* (1537-1551) difunde o Renascimento romano por toda a Europa; ou como Giorgio Vasari, que em *Le vite dei più eccellenti pittori, scultori ed architettori* (1550) faz uma primeira interpretação épica e progressiva da história; ou, finalmente, Vignola, que encerra este período oferecendo uma síntese prática e eficaz do mesmo em sua *Regola dei cinque ordini di architettura* (1562), na qual – como em um catecismo arquitetônico – codifica os princípios e as soluções formais do classicismo.

Utopia e cidade ideal

O tratadismo está diretamente ligado ao tema da cidade ideal. Alberti já havia definido a cidade como uma grande casa e a casa como uma pequena cidade. Como uma mostra das diferentes possibilidades de aplicação de Vitrúvio na arquitetura e no urbanismo, para sustentar sua obra, os arquitetos renascentistas tinham os monumentos da Antiguidade romana a seu alcance; podiam medi-los, desenhar e reconstruir com base em modelos ideais, já que suas ruínas estimulavam a imaginação. Os exemplos urbanos, ao contrário, praticamente haviam desaparecido ou agonizavam em cidades longínquas. Não havia em que se apoiar, pois apenas restavam algumas passagens pouco expressivas do texto vitruviano.

Mas desses exemplos urbanos nascerá a *cidade ideal* do Renascimento, criação intelectual que vem a ser consequência do pensamento utópico renascentista.

Uma utopia é uma visão unificada que integra uma teoria a uma estrutura política e social, situando-as em uma esfera independente de tempo, lugar, história ou acontecimento. A utopia pode ser entendida de forma estática ou dinâmica. A primeira se refere a uma sociedade tão perfeita que qualquer mudança ou melhora é inconcebível; a segunda é um estado a que se aspira, mas que nunca se alcança: é um futuro infinito.

A *utopia clássica* propõe uma cidade ao mesmo tempo cristã e platônica: uma referência ideal, mais do que um instrumento diretamente aplicável. E assim se mantém até o Iluminismo, quando se unem os mitos da *utopia* e da *arcádia*, que ao mesmo tempo se corroboram e se contradizem, pois o primeiro se relaciona com o final da história e o segundo com o seu começo.

A *cidade ideal renascentista* é o corolário arquitetônico da utopia, e como tal é uma cidade mental: uma referência platônica que se antecipa a sua expressão literária, já que o famoso livro de Thomas Morus, *Utopia*, não aparece até 1516, quando a utopia já estava firmemente assentada na arquitetura há meio século.

A cidade ideal, como a própria utopia, não pode ser julgada somente por dados físicos ou critérios práticos. Porém, como espelho de uma ordem cósmica harmoniosa, a cidade ideal renascentista é geralmente de forma circular, persistindo essa forma na maioria das utopias arquitetônicas, desde o Renascimento até hoje, inclusive em Claude-Nicolas Ledoux ou nas ideias de Ebenezer Howard para a *cidade-jardim* e de Arturo Soria para a *cidade linear* ao redor de Madri.

Diferente da forma retangular ou quadrada dos bastiões medievais, a cidade regular do Renascimento tende à forma circular; sua planta é um círculo ou um octógono murado e, portanto, possui um centro (Figuras 14.2, 14.3 e 14.4). Quanto à disposição das ruas no interior de seu perímetro, o texto romano não é claro, e isso dá lugar a diferentes soluções. Enquanto algumas interpretações lançam a cidade em um tabuleiro de damas com uma planta poligonal, outras seguem a lógica geométrica e propõem uma disposição radial, dando lugar a uma cidade radioconcêntrica.

Todo esse movimento teórico tem poucas consequências práticas. As cidades da Europa haviam sido configuradas na Idade Média e são poucos os centros urbanos que se fundam *ex novo*. Por isso, adquirem especial prestígio cidades como Palmanova (1539), na fronteira oriental da República de Veneza, nascida de

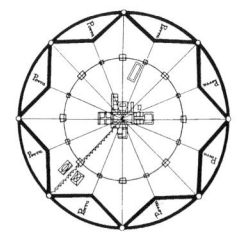

14.2 A cidade ideal de Sforzinda, imaginada por Filarete.

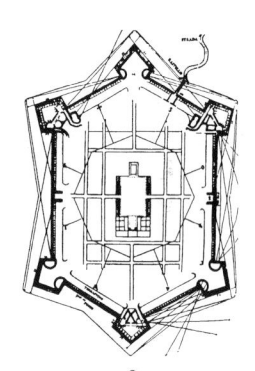

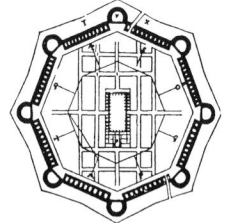

14.3 A cidade ideal de Vitrúvio, segundo Barbaro.

necessidades militares. Mas o verdadeiro reflexo da cidade ideal será encontrado na América.

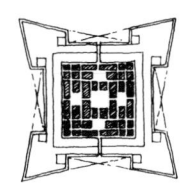

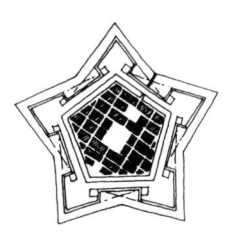

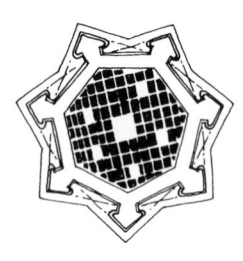

Cidade ideal e cidade real

Apesar de sua tendência idealista, o Renascimento não é um produto de laboratório; ele parte das cidades italianas concretas e nelas trabalha com uma atitude não de negar, mas de aperfeiçoar: há um conceito de realidade muito próximo ao antropomorfismo grego.

Por isso, a oposição entre a cidade ideal e a cidade real não é senão uma oposição dialética, para cuja síntese Alberti propõe a inserção de fragmentos novos nos contextos antigos, que atuem como metástases benignas seletivas – da forma como alguns hoje propõem a cidade contemporânea –, evitando que o ideal abstrato atuasse contra a realidade histórica.

Assim, enquanto escritos, desenhos e pinturas elaboram cidades ideais geométricas e propõem qualidades revolucionárias aos novos espaços, como na célebre perspectiva de praça em Urbino (1470), a vida segue se desenvolvendo nos velhos ambientes medievais.

A utopia se infiltra na realidade mediante alguns edifícios singulares, mediante a abertura de novas ruas e, sobretudo, mediante a criação de novas praças regulares para as representações e festejos públicos. Dessa forma, mais do que propostas de reestruturação global, a *cidade perspectiva* de Filippo Brunelleschi e de Alberti é ao mesmo tempo a cidade real de Florença ou de Roma e a cidade ideal na qual os novos *objetos perspectivados* introduzem novos comportamentos racionais.

A atividade urbana dos séculos XV e XVI será, portanto, uma atividade baseada em grande parte nas reformas internas das velhas cidades, que alteram pouco sua estrutura geral. As regras de urbanismo dos tratadistas se transferem a operações concretas em Florença, Ferrara, Urbino, Pienza, Roma, etc. Dentre elas, podemos destacar, devido a sua individualidade, três praças paradigmáticas: a Annunziata, em Florença, a Piccolomini, em Pienza, e a Praça do Capitólio, em Roma.

A primeira delas é um belíssimo exemplo de espaço peristilo cujas edificações perimetrais – o pórtico da igreja, o do Hospital dos Inocentes e o de seu gêmeo na frente – levam ao máximo a regularidade e a harmonia arquitetônica, apesar de terem sido concebidas e executadas por autores diversos ao longo de quase cem anos (Figura 14.5). Por sua vez, a Praça de Pienza é um conjunto harmônico promovido e realizado unitariamente até 1460, cuja planta em forma de trapézio é dominada pela catedral, junto à qual se alçam o mercado municipal e dois palácios laterais que, refletindo a curvatura das ruas existentes, divergem em relação à igreja, em uma solução talvez casual, mas que servirá de inspiração à do Capitólio romano

14.4 Cidades ideais de função militar, propostas por Cattaneo.

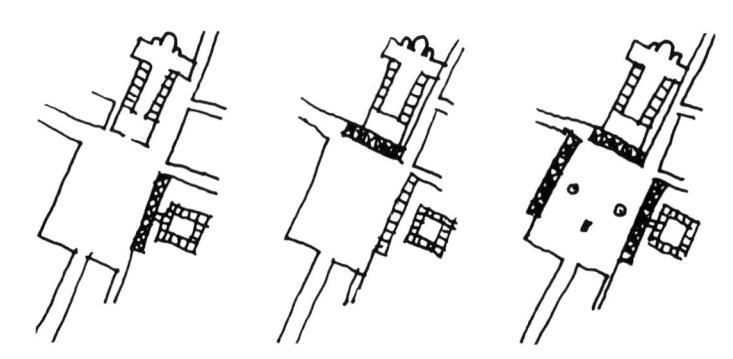

14.5 Praça da Annunziata em Florença, esquema cronológico de sua configuração ao longo de um século: 1, Brunelleschi, 1425; 2, Michelozzo, 1475; 3, Sangallo, 1525.

(Figura 14.6). Esta última – preparada por Michelangelo em 1536 para a entrada do imperador Carlos V em Roma – é uma obra-prima na qual está presente o sentido de unidade e da correspondência orgânica entre as partes (Figura 14.7). Nela culmina toda a série de experiências renascentistas e já se antecipa o Barroco; assim, seus elementos e formas arquitetônicas serão retomados mais adiante.

Junto à singularidade dessas propostas, surgem também as propostas de alternativas ou alterações funcionais, que, frente à complexidade da cidade real, pretendem reduzir esta a um suporte estrutural, tanto nas antigas cidades comerciais (Lisboa, Gênova, Amsterdã ou Antuérpia) como nas novas cidades hispano-americanas.

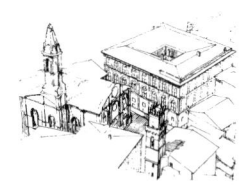

14.6 Praça Piccolomini, em Pienza.

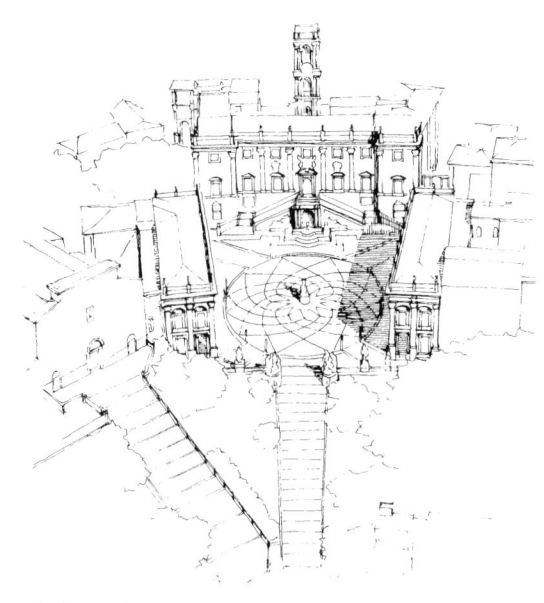

14.7 Praça do Capitólio, em Roma.

Relacionada, de certa forma, com essas ideias de alternância, pode-se destacar a forma representada pela *cidade* e a *cidadela* enquanto a função de defesa militar afeta a cidade humanista com suas fortificações e propostas. A estrutura das novas cidadelas é um instrumento de domínio no qual se utiliza a arquitetura – a arquitetura militar do Renascimento e do Barroco – como meio para esse domínio. Um bom exemplo disso durante os séculos XV e XVI será o Vaticano, entendido como sede do governo e como cidadela papal em permanente relação dialética com a cidade de Roma.

Imago mundi e forma urbis

Esta exata relação dialética tem sua maior expressão no contraste que o descobrimento da América por Cristóvão Colombo em 1492 e sua percepção na Europa renascentista trarão à imagem da cidade e do mundo.

Em 1477, se publica a Cosmografia de Tolomeo, primeiro livro de mapas impresso na nova era dos descobrimentos. Trinta anos depois, em 1507 – apenas 15 anos após o descobrimento da América –, foi publicado o primeiro mapa que mostra a América separada da Ásia, iniciando assim uma nova visão do globo, que terá sua confirmação em 1529, depois da volta ao mundo de Magalhães e Elcano. Em 1569, com a denominada "Projeção de Mercator", o globo terrestre será concebido como um cilindro, a primeira nova visão do mundo – a nova *imago mundi* renascentista derivada do descobrimento da América – que o conceberá como dois discos: o novo e o velho mundo, definindo e desenvolvendo uma contraposição dialética entre os dois termos (Figura 14.8) que tem seu reflexo na concepção da forma urbana, na *forma urbis* dos séculos XVI e XVII (Figura 14.9).

A analogia que existe entre as duas representações faz com que se possa passar sem dificuldade da visão tanto do mundo como da cidade em apenas um disco do *quattrocento* – as representações *rotondas* ou redondas da Florença de Brunelleschi, ou da Roma de Alberti –, à nova visão em dois discos complementares própria da

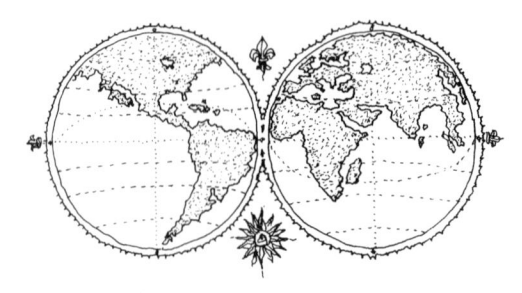

14.8 *Imago mundi* renascentista, com o novo mundo e o velho mundo concebidos em contraposição dialética.

nova dialética dos séculos seguintes. Isso aparece na contraposição entre a Roma aureliana e a Roma vaticana, refletindo a dialética entre a cidade e a cidadela; ou na contraposição entre o Bom Retiro e a Corte de Felipe IV em Madri (cidade natural em relação à cidade edificada); ou na dialética entre a *cité*, a *ville* e a *université* em Paris, refletindo esta como a cidade das três personalidades; ou em tantas outras, que levam a escala urbana à nova *imago mundi* e apresentam as novas e emblemáticas *cidades-símbolo* do momento.

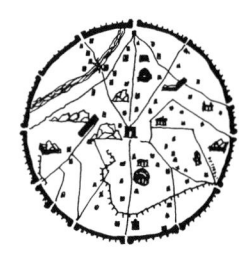

14.9 *Forma urbis*: representação redonda de Roma no século XV.

A cidade hispano-americana

Na passagem da *imago mundi* e da *forma urbis* à construção da cidade, o empreendimento de maior transcendência será representado pela cidade americana e as Leis das Índias, a mais importante contribuição espanhola à história do urbanismo.

A América é a terra virgem onde a utopia é uma possibilidade real. Desse modo, muitas das ideias de urbanismo do Renascimento – que não passam de utopia na Europa – têm seu campo de realização real na colonização espanhola na América, onde o esquema urbano idealizado pelos reis católicos e por Carlos V nas primeiras décadas do século XVI é o único modelo de cidade renascentista planejado, executado e controlado em todas as suas consequências práticas durante vários séculos.

No ano 1573, quando as experiências americanas já haviam sido feitas, em grande parte, Felipe II promulga as famosas *Leis das Índias*, primeira legislação urbanística do mundo, nas quais o peso da experiência prática se une às ideias teóricas do Renascimento. Desse modo, consolidando uma realidade, essas leis ordenam "que sempre se leve pronta a planta do lugar que se vai fundar". E a planta da cidade americana que consagram essas leis é o traçado urbano em tabuleiro de xadrez.

Hipódamo, no século V a.C., já havia se dado conta de que a planta de uma cidade deve dar corpo e refletir formalmente a ordem social. A retícula hipodâmica agora adotada pelas Leis das Índias é um instrumento prático para facilitar o planejamento e a construção do Novo Mundo, e, como tal, define uma estrutura neutra comum a todas as cidades americanas, onde se conjugam as ideias humanistas com as tradições medievais adotadas para a fundação de novos assentamentos urbanos (Figura 14.10).

Nos traçados das cidades hispano-americanas não se encontra a variedade dos esquemas especulativos dos tratadistas do Renascimento, nem seu desejo de beleza arquetípica; somente o desejo expresso e prático de facilitar o projeto, a circulação e a defesa.

Dessa forma, ao contrário da individualidade das praças italianas do século XV ou das praças barrocas do XVII, a praça da cidade hispano-americana é um marco neutro para o diálogo, e inclusive praças esplêndidas como o Zócalo na cidade do México (Figura 14.11)

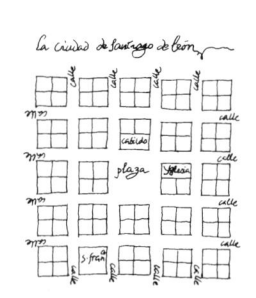

14.10 Planta baixa da fundação da cidade de Santiago de León, hoje Caracas.

14.11 Praça Maior ou Praça do Zócalo, Cidade do México

ou em Guadalajara, as praças maiores de Puebla ou de Oaxaca, as de Lima ou de Cuzco, e tantas outras surgidas na América colonial, não passam de soberbos pretextos urbanos para o jogo correto e magnífico dos volumes edificados da catedral, da audiência e do palácio municipal ou do vice-reinado.

Durante os séculos XVII e XVIII, a cidade hispano-americana não evolui seguindo as novidades europeias do Barroco, e parece ancorada ao seu momento de fundação, de modo atemporal e a-histórico. Mas a verdade é que o impacto da colonização repercute rapidamente no Velho Continente e serve de base e de diretriz para muitos de seus empreendimentos interiores e exteriores: tanto para as cidadelas e cidades defensivas do Barroco, como – depois de suas propostas serem generalizadas no quadro da cultura neoclássica – para a colonização e a urbanização dos Estados Unidos – um bom exemplo é a cidade da Filadélfia, traçada por William Penn no século XVII (Figura 14.12) – e as propostas urbanísticas do século XIX. Assim, a cidade americana chega a ser uma verdadeira *utopia dinâmica*: uma utopia em ação.

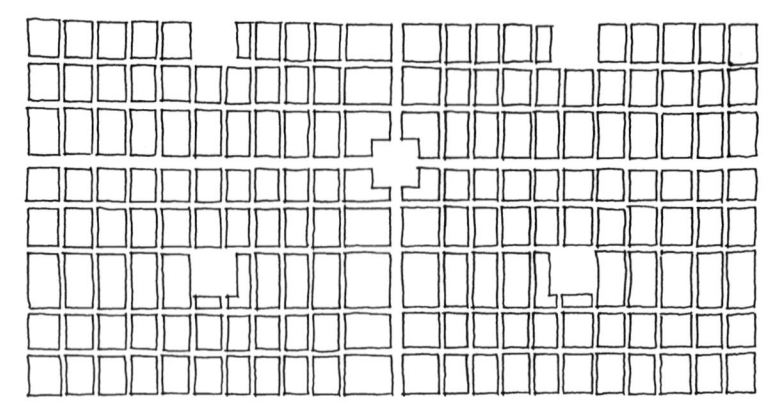

14.12 Planta da Cidade da Filadélfia (Pensilvânia), por William Penn, 1682.

CAPÍTULO 15

O Projeto e a Perspectiva Renascentista

A figura moderna do arquiteto

A *forma urbis* se torna realidade mediante a arquitetura, mediante a construção da cidade. Mas o tradicional conceito desta como obra coletiva entra em crise no Renascimento, iniciando o princípio da criação artística como a obra de um autor. Assim nasce a figura do arquiteto como artista.

Se o fator temporal tão ligado ao Ocidente nos faz questionar, estando em frente de uma obra arquitetônica, "De *quando é?*", a partir deste momento nos perguntaremos também "De quem é?", e a importância do fator pessoal que atribuímos à resposta nos fará valorizar a obra em questão.

A arquitetura se insere no movimento humanista de revisão da herança recebida da Idade Média. Nela, o mestre de obras era, em geral, um artesão que estava em estreito contato com suas obras. Somente pouco a pouco ele começou a se distanciar delas, assumindo sua posição de artesão-arquiteto e deixando as questões práticas da estrutura, de custo e o processo construtivo ao engenheiro, ao pedreiro e ao empreiteiro. A este mestre de obras, pertencente a um grupo ou corporação de ofício, sucede o arquiteto, figura individual que se encarrega de projetar e desenhar a imagem do edifício, enquanto ao construtor somente cabe a execução das obras definidas em seu projeto. O primeiro possui a ciência e se apropria da teoria, diferenciando-a da prática.

Assim aparece nas cortes italianas a figura moderna do arquiteto (Brunelleschi, Alberti, Bramante), que assume um papel intelectual e reivindica uma nova dignidade pessoal.

O surgimento das biografias – desde a biografia anônima de Brunelleschi às *Vidas* de Vasari – assinala claramente o reconhecimento oficial da nova condição do arquiteto como intelectual e como artista. Por sua vez, a nova divisão social do trabalho revoluciona a execução, os ritmos e a extensão da atividade edificatória e obriga a racionalizar os métodos do projeto.

O conceito e o processo de projeto

Junto à moderna figura do arquiteto, também surge, nas cortes italianas do século XV, um novo conceito arquitetônico: o conceito de *projeto* como um sistema entre vários.

No curso natural da produção artística conhecemos pouquíssimos casos de pintores que pintam sozinhos, sem planejar uma pintura que outros realizarão; e, na mitificação do artista, a obra pictórica se vê desvalorizada automaticamente quando a sua figura individual se torna sinônimo da obra de seu ateliê, como ocorre na escultura.

Porém, na arquitetura – como na música –, a partir do Renascimento se faz uma distinção entre *concepção, composição* e *execução*. Assim, a execução brilhante de uma partitura musical ou de um projeto de arquitetura por outras pessoas em nada desvaloriza a autoria de uma obra reivindicada por um projetista ou compositor.

Nesse sentido, e nos referindo a uma mesma figura artística, Michelangelo, podemos apreciar o contraste entre sua obra eminentemente pessoal na pintura da capela Sistina, ou exclusivamente projetual na arquitetura urbana do Capitólio romano, uma obra que seria terminada 100 anos depois sem perder o valor de sua autoria.

Separar a *arquitetura in nuce* da *arquitetura construída*, e considerar que mandar fazer é diferente de fazer, é uma mudança conceitual muito forte em relação ao mundo clássico e ao medieval. E se a execução e a direção de obras não se integram ao processo de projeto como última fase do mesmo, esta mudança poderia chegar a supor a renúncia à construção como base da arquitetura que, dessa forma, deveria ser explicada por outras causas, em uma clara atitude utópica.

O *projeto de arquitetura* será o instrumento que tenta unir idealização e realização, ao mesmo tempo em que as separa claramente em duas fases diferenciadas. O mestre de obras-artesão toma decisões sobre a estrutura que realiza à medida que vai trabalhando; o arquiteto-artista primeiro realiza uma abstração completa: uma planta. E nessa planta – nesse *projeto* entendido como conjunto de anotações, cálculos e, sobretudo, desenhos feitos para dar ideia de como deve ser uma obra – já se encontra embrionariamente a arquitetura que será em breve desenvolvida nas distintas fases do *processo de projeto*: a idealização, a composição ou o desenho e a execução ou construção, com um importante papel do arquiteto em cada uma delas.

Mas, para tudo isso, é preciso dispor de um instrumento confiável e científico que garanta a passagem entre a figuração e a realidade.

A perspectiva arquitetônica

A tridimensionalidade arquitetônica encontra sua primeira representação na *maquete*, um fascinante meio técnico de representação. As maquetes de madeira – com sua ornamentação com detalhes talhados, pintados ou estucados – são a melhor representação do projeto e o principal instrumento do arquiteto desde o século XV até o século XIX, quando caem em desuso na *École des Beaux-Arts* de Paris. A maquete é a representação escultórica, figurativa e tátil da realidade projetada, em contraste com as representações abstratas, científicas e geométricas posteriores.

Porém, essas representações abstratas é que serão encarregadas de verificar a passagem entre o projeto e a arquitetura. Para isso é necessário dispor de um código confiável de valor universal, baseado no desenho.

Pela primeira vez na história, os artistas do século XV acreditam que existe uma unidade entre as artes, e falam de um *ato ideal de desenhar*, do qual dependem as operações concretas da pintura, da escultura e da arquitetura, todas que podem ser exercidas com uma mesma *capacidade geral*, diferente da *capacidade específica*. Assim acontece com os maiores talentos desta época: Brunelleschi, Rafael, Michelangelo, etc.

Este ato ideal de desenhar se baseia no desenho, mas não em um desenho livre ou casual, e sim no desenho científico que é representado pela *perspectiva arquitetônica* (Figura 15.1).

A forma de projetar do Renascimento se baseia na perspectiva. Assim, uma das acepções da palavra *projeto* será precisamente a de *representação em perspectiva*.

Na sua origem, a palavra *perspectiva* tem um significado limitado: designa uma operação gráfica para representar em uma superfície plana os objetos de três dimensões da mesma maneira que os vemos. "Nem o escorço grego, nem a ilusão de profundidade da pintura helenística e romana" – explica Leonardo Benevolo – "che-

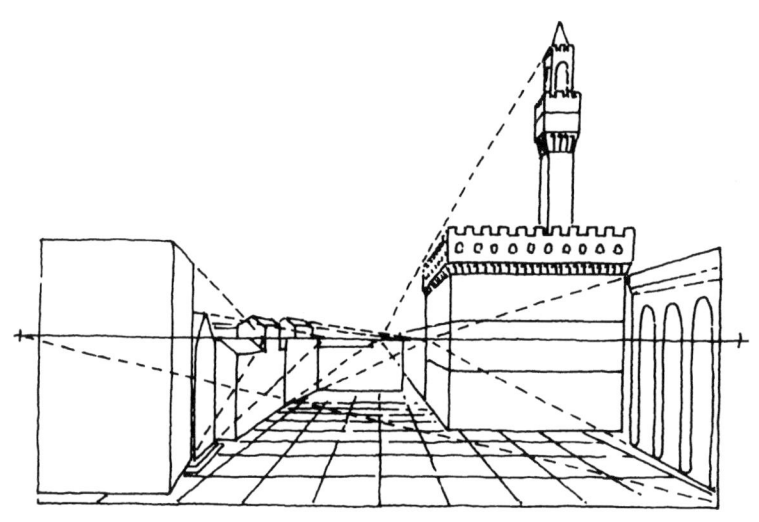

15.1 Brunelleschi, Praça da Signoria em Florença, traçada de acordo com os novos princípios da perspectiva científica.

15.2 Masaccio, afresco da Santíssima Trindade, exemplo de composição perspectiva na pintura do *quattrocento* florentino.

garam a conhecer as leis pelas quais os objetos diminuem de tamanho à medida que retrocedem até o fundo. É Brunelleschi quem, por volta de 1410, proporciona os meios matemáticos para resolver este problema. Os pintores aderem a ela de maneira apaixonada (Figura 15.2). Aplicando esse procedimento, a pintura chega a ser uma espécie de ciência – assim a considera Leonardo –, porque permite representar de modo universal e unívoco todos os objetos."

A *perspectiva científica* reduz a realidade a uma ordem matemática na qual a arquitetura depende rigorosamente de um esquema geométrico prévio, e se pode deduzir a forma de cada elemento da posição que ocupa nesse esquema (Figura 15.3). DesSa forma, por mais complexos que sejam a obra ou o espaço projetado, o arquiteto e o observador dispõem de um sistema comum que lhes permite controlar o mecanismo geral e conhecer todos os detalhes. Assim, a representação perspectiva é um método de organização do espaço no qual se verifica a transferência exata da verdade visual à sua representação geométrica. Isso permite separar a fase de projeto da fase de construção, alterando profundamente os métodos de construção tradicionais.

Axialidade e centralidade renascentista

Assim, como foi mencionado anteriormente, as regras de proporções e perspectivas condicionam os esquemas urbanísticos e arquitetônicos dos séculos XV e XVI antecipados pelas arquiteturas desenhadas pelos pintores italianos do *quattrocento*.

A cidade ideal representada na célebre perspectiva da cidade de Urbino de cerca de 1470, nas pinturas da Capela Sistina em torno de 1480, no *Casamento da Virgem*, em 1500, e em tantas outras obras pictóricas da época, explicam e antecipam, com sua pintura, a espacialidade, axialidade e centralidade renascentista e buscam um espaço ideal que crie em torno de sua arquitetura um espaço sereno, equilibrado, simétrico e ritmado, no qual o monumento aparece

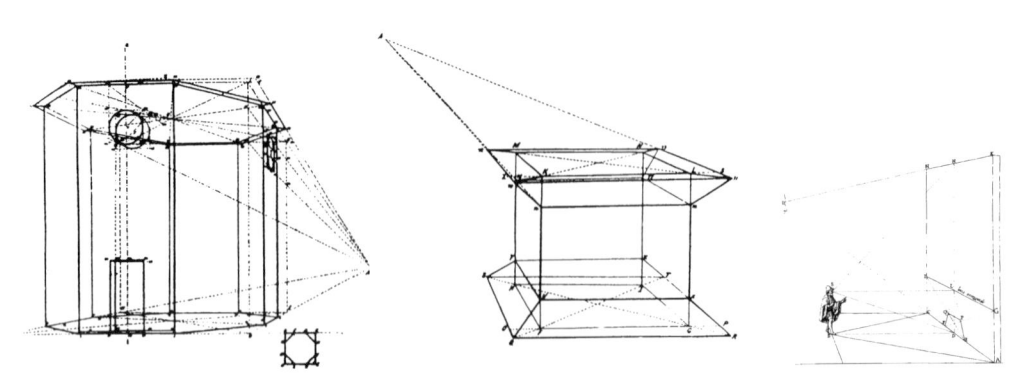

15.3 Piero della Francesca, esquemas de perspectiva no *quattrocento*.

rodeado de seu *temenos*, como um espaço circundante fundamental para a concepção do próprio monumento.

A demonstração das possibilidades arquitetônicas da perspectiva linear e a axialidade têm seu melhor exemplo nas basílicas florentinas de São Lourenço (Figura 15.4) e do Espírito Santo (Santo Spirito), nas quais Brunelleschi renova completamente o modelo de organização espacial tradicional, criando organismos inteiramente novos que possuem sua própria justificação racional fora de todo costume tradicional.

A antiga basílica paleocristã é reformulada por meio de alguns módulos simples e elementares que se mantêm constantes em sua planta baixa, seu volume e suas elevações, e que vêm relacionados em seu conjunto por essas novas leis perspectivas próprias da nova Idade do Humanismo.

Ao mesmo tempo, na Capela Pazzi (Figura 15.5) e na sacristia de São Lourenço, Brunelleschi faz a mudança da axialidade à centralidade, pois a perspectiva central se relaciona de maneira particular com os espaços de planta centralizada próprios dos séculos XV e XVI, que têm seu paradigma no *Tempietto*, o pequeno templo de São Pedro de Montorio, de Bramante, em Roma (ver Figura 16.6), que busca não somente centralizar o espaço arquitetônico, mas também o edifício em seu entorno, como as representações pictóricas da época.

O templo de planta centralizada – que no século XV era considerado como a expressão apropriada do divino e da harmonia uni-

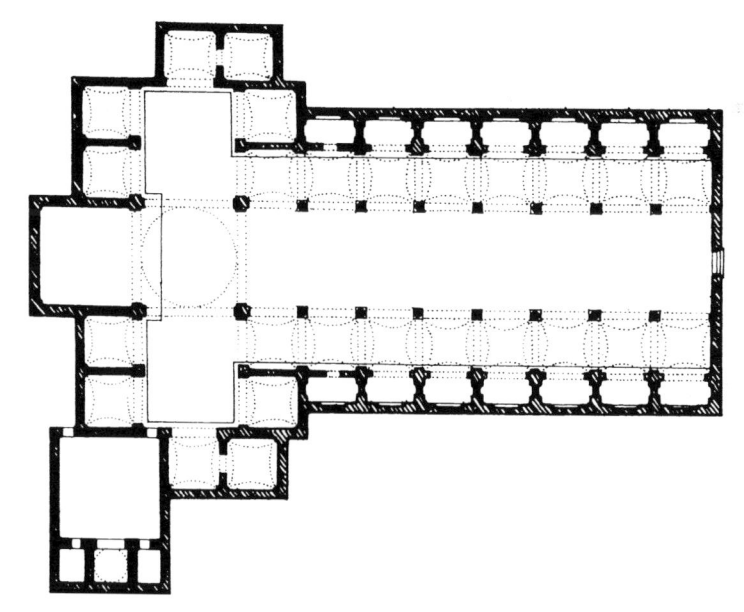

15.4 Brunelleschi, Basílica de São Lourenço, planta baixa; na parte inferior esquerda, a sacristia velha, também de Brunelleschi.

15.5 Brunelleschi, Capela Pazzi na igreja de Santa Croce de Florença, planta baixa e corte longitudinal.

versal entre microcosmo e macrocosmo – entra em conflito com as disposições do Concílio de Trento (1563), segundo as quais se recomenda a cruz latina para as edificações religiosas. Porém, as engenhosas soluções adotadas por Herrera no Escorial (ver Figura 16.9), por Vignola na Igreja de Jesus, ou por Maderna na terminação de São Pedro no Vaticano – que prolongam axialmente a igreja centralizada humanista acrescentando uma cabeceira e uma nave basilical maior –, conciliam a concepção humanista com as disposições de Trento e permitem a continuidade da centralidade nos períodos da Contrarreforma e do Barroco.

Em alguns exemplos, a *perspectiva científica* é usada como instrumento para representar e conceber a arquitetura, enquanto as *ordens clássicas* articulam esses mecanismos perspectivos, assegurando o controle métrico dos espaços mediante o uso de formas dotadas de proporções pré-fixadas e significado linguístico próprio.

CAPÍTULO 16

A Linguagem Clássica nos Séculos XV e XVI

O classicismo e a interpretação vasariana da história

A memória do mundo clássico não chegou a se extinguir durante a Idade Média. Na aurora da Idade Moderna, essa memória já é um amor que não demora em se converter em culto. Os deuses pagãos penetram no interior dos palácios e alternam a decoração das catedrais com os santos. No fervor desse entusiasmo, a arte europeia se esforça para imitar os modelos clássicos. Arquitetos, escultores e pintores acreditam que em suas obras renasce a arte daquelas ruínas romanas tão admiradas. Mas, na realidade, eles produzem uma arte nova e original.

A Idade do Humanismo volta a empregar os elementos construtivos e decorativos clássicos, mas com uma liberdade e certas preferências que levam à reformulação da gramática da Antiguidade como disciplina universal. Afinal, nunca será intenção do Renascimento copiar abertamente os edifícios antigos; o que se propõe é conseguir um novo método de construção no qual as formas da arquitetura clássica sejam empregadas livremente para criar novos modelos de beleza e harmonia.

Como já foi mostrado, entre os diferentes tratados e regras de arquitetura dos séculos XV e XVI se destaca, pela singularidade de seu enfoque, a obra *Vidas dos grandes artistas*, publicada em 1550 por Giorgio Vasari (1511-1574). A partir de uma aparente sequência biográfica, Vasari realiza uma verdadeira interpretação linear da história, cuja conclusão tem grande importância na compreensão global do fenômeno humanista, e, inclusive, na compreensão e na historiografia da arquitetura moderna.

De acordo com a estruturação de Vasari, o ciclo humanista apresenta uma evolução progressiva, na qual se distinguem várias etapas, que – segundo seus termos – são: uma *prima maniera* (primeira maneira), que inclui os precursores; uma *seconda maniera* (segunda maneira), na qual se colocam os problemas, mas sem desenvolver todas as suas consequências; e uma *terza maniera* (terceira maneira), na qual se chega a superar o exemplo dos antigos. Depois delas apareceria o *maneirismo*, ou seja, a decadência ou corrupção linguística da arquitetura.

Apoiando-se em Vasari, podemos agora articular a *sequência Renascimento-Maneirismo-Barroco* e desenvolver, como consequência, o estudo da linguagem clássica na Idade do Humanismo, se bem que devemos antes fazer a distinção entre linguagem, estilo e *maneira*. A *linguagem* é a expressão linguística comum a espaços e tempos muito diferentes; o *estilo* concretiza essa expressão em um tempo mais preciso e a reserva em um espaço mais definido; enquanto a *maneira* é uma forma particular de expressão de um artista ou grupo de artistas em um lugar e momento preciso e determinado. Assim, podemos distinguir, dentro da mesma *linguagem* clássica da arquitetura, entre o *estilo* helenístico ou o barroco, e entre a *maneira* de Palladio ou de Herrera.

O *quattrocento* florentino

Nessa sequência clássica encontramos em primeiro lugar o *quattrocento*, e, em particular, o estilo florentino, pois o renascer arquitetônico do século XV inicialmente se centra em um artista, Brunelleschi, e em uma cidade, Florença, considerada, com justiça, como o berço da cultura humanista (Figura 16.1).

16.1 Florença no século XV, com a contraposição do centro cívico da Praça da Signoria e o centro religioso, coroado pela cúpula do Duomo.

Verdadeiro *uomo universalis* (arquiteto e escultor, técnico e organizador de obras), Filippo Brunelleschi (1377-1446) volta sua atenção à recuperação de ideias e técnicas do mundo romano. Sua personalidade e sua obra preenchem a primeira metade do século XV, fechando a Idade Média e iniciando o Renascimento com a cúpula do Duomo, ou catedral Santa Maria del Fiore, de Florença, obra de indiscutível importância arquitetônica tanto por si própria como por sua escala urbana, que simboliza o começo da arquitetura renascentista (Figura 16.2).

Mas, apesar do alarde técnico e da importância urbana que a construção da cúpula representou, onde Brunelleschi realmente mostra as novas ideias e a nova linguagem humanista é nas igrejas de São Lourenço (ver Figura 15.4) e do Espírito Santo. Nelas desaparece qualquer reminiscência formal gótica e surgem as formas clássicas em toda a sua plenitude: a coluna e a pilastra romanas coroadas por capitéis clássicos, o entablamento emoldurado, o arco de meio ponto, a cúpula sobre pendentes, etc. Mas nelas se destaca sobretudo a clássica concepção da basílica. Por um lado, a centralidade tem seus melhores exemplos na chamada "sacristia velha" de São Lourenço e na Capela Pazzi, anexa à igreja gótica de Santa Croce, ambas analisadas anteriormente.

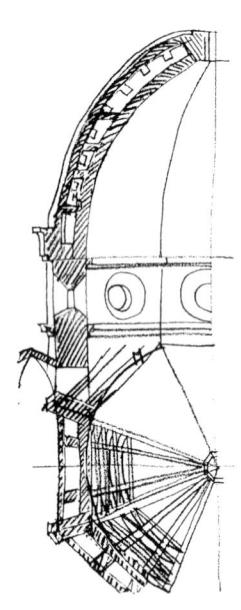

16.2 A cúpula do Duomo de Florença como emblema da arquitetura do *quattrocento*.

Em relação aos edifícios civis, se destacam o Hospital dos Inocentes, tão poderoso que gera um espaço urbano novo e magistral, e o Palácio Pitti, onde Brunelleschi cria o novo tipo de palácio renascentista, de indiscutível transcendência ulterior tanto em sua organização como em seus elementos e texturas.

Junto a Brunelleschi, no *quattrocento* italiano deve ser ressaltada a personalidade de Leon Battista Alberti (1402-1472) por sua tripla faceta de erudito, teórico e arquiteto; bem como por sua influência na nova Roma de Nicolau V.

Em sua obra se destaca especialmente a utilização do arco de triunfo romano como fonte de inspiração para criar o novo tipo de igreja renascentista. Alfonso V de Aragão já havia decorado o velho castelo gótico de Nápoles com um grande portal concebido como arco de triunfo, e essa sugestão é reutilizada por Alberti no Templo Malatestiano de Rímini, para o qual projeta uma fachada baseada no arco romano que se eleva justo às portas da cidade. Em Santo André de Mântua, Alberti leva esta mesma ideia da fachada ao interior e a toma como modelo para as arcadas das naves, como se toda a igreja fosse um arco de triunfo levado às três dimensões, criando assim uma estrutura lógica que serve de modelo eclesiástico durante os séculos seguintes (Figura 16.3).

A obra artística mais significativa do *quattrocento* romano será a fachada da capela Sistina do Vaticano (Figura 16.4), traçada talvez pelo próprio Alberti e construída por Giovanni Dolci, assim como sua primeira decoração pictórica executada por volta de 1480 por Botticelli, Ghirlandaio e Perugino.

Na Itália da segunda metade do século XV persiste a enorme influência de Alberti e Brunelleschi, se destacando a continuidade florentina representada por Michelozzo, bem como os centros regionais de Bolonha e Pienza, ou das cortes de Urbino, Ferrara e Mântua, e – fora da Itália central – as de Napoles, Veneza e, sobretudo, Milão, onde, ao redor da corte dos Sforza, se forma uma escola de forte projeção e influência na Europa, à qual pertenceram, entre outros, Bramante e Leonardo.

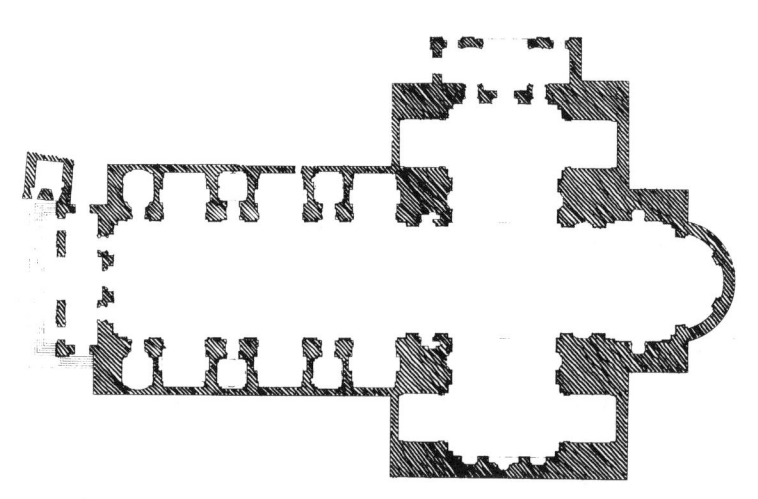

16.3 Alberti, igreja de Santo André em Mântua, planta baixa e fachada.

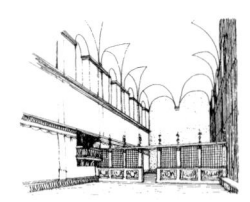

16.4 Alberti e Dolci, a capela Sistina no Vaticano, cuja fachada cegaria Michelangelo ao pintar seu Juízo Final.

16.5 A cúpula de São Pedro do Vaticano, como emblema da arquitetura do *cinquecento*.

O *cinquecento* romano

Assim como o *quattrocento*, também o espírito do *cinquecento* pode ser representado por uma cidade (Roma), um artista (Bramante) e o projeto de um edifício (São Pedro do Vaticano; Figura 16.5).

Após a reorganização dos Estados Pontifícios pelo papa Nicolau V e seus sucessores, Roma começou a recuperar todo o esplendor monumental perdido durante a Idade Média, de forma que, na aurora do século XVI, a Cidade Eterna pôde passar ao primeiro plano como capital artística da Itália. Roma não é mais apenas o lugar de peregrinação dos artistas que vão estudar as ruínas da Antiguidade, mas a cidade onde são construídas as obras mais importantes da época.

O *cinquecento* romano tem seu epicentro no primeiro terço do século XVI sob os pontificados de Julio II e dos papas Médici, que definem e constroem a nova Roma renascentista através tanto das obras do Vaticano (a Basílica de São Pedro, os palácios papais, Santo Ângelo) como de intervenções na cidade (o tridente paulino ou a Via Giulia). Bramante, Sangallo, Peruzzi, Rafael ou Michelangelo são os principais artistas da corte papal, e com eles chega a apoteose do artista renascentista: a *terza maniera*, entendida como a *perfetta maniera*.

Mais do que qualquer outro, foi Donato di Angelis, ou Bramante (1444-1514), quem reformulou a gramática clássica e ressuscitou a enterrada arquitetura da Antiguidade, segundo afirma Sebastiano Serlio, que chega a incluir suas obras na parte de seu livro dedicado à Roma antiga.

Antes de chegar a Roma em 1499, Bramante havia trabalhado na corte de Milão, próximo a Leonardo da Vinci (1452-1519), a quem a arquitetura interessava desde uma ótica tanto construtiva quanto filosófica. A Bramante interessavam ambas, mas sobretudo a primeira, como se pode comprovar na sua igreja de São Sátiro, ou na cabeceira ou cruzeiro de Santa Maria das Graças, onde Leonardo estava pintando sua célebre *Última Ceia*.

Ao mudar-se para Roma e estar a serviço do Papa, Bramante fixa sua atenção na grandiosidade da arquitetura romana, na simplicidade e harmonia de suas massas e nas questões puramente construtivas, sem se interessar muito pelos temas ornamentais.

Em 1499, Bramante constrói uma capela, manifesto da nova etapa: o "pequeno templo" ou *Tempietto* de São Pedro de Montorio, financiado pela Espanha dos Reis Católicos (Figura 16.6). Este edifício – paradigma da nova arquitetura – é uma releitura de um templo romano circular, que Bramante coloca sobre três degraus e ao qual acrescenta um plinto de moldura contínua sob as colunas. No *Tempietto*, cada coluna dórica tem sua pilastra correspondente na parede do edifício, cuja cela, mais alta do que a colunata, é coberta com uma cúpula semiesférica.

A Catedral de São Pedro não é uma reconstrução literal de um templo romano, mas a ampliação de uma ideia tomada dele, onde o plinto e a colunata ao redor de um núcleo cilíndrico e coroado

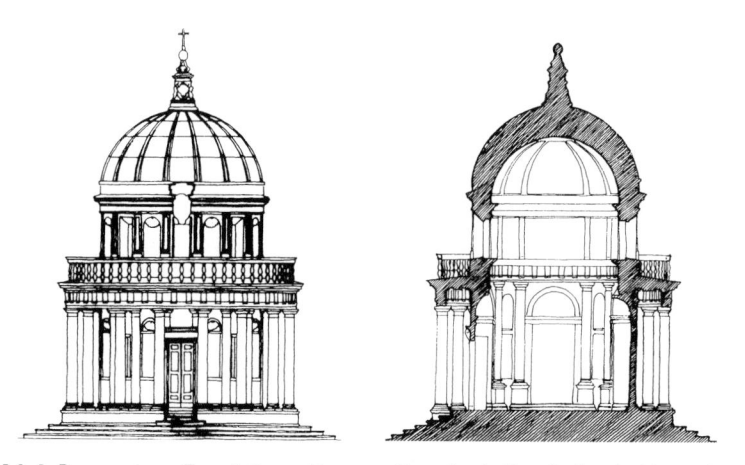

16.6 Bramante, o *Tempietto* ou Pequeno Templo de São Pedro de Montorio, elevação e corte.

por uma cúpula são belas invenções de Bramante que aparecerão posteriormente.

Seu primeiro eco se faz quase imediatamente na mesma Roma, no projeto do próprio Bramante para São Pedro do Vaticano, cuja antiga basílica paleocristã é demolida em 1503 por estar sob risco de iminente desabamento. Encarregado do novo projeto por Julio II, Bramante faz de São Pedro uma ampliação em escala gigantesca do tema desenvolvido em escala humana em São Pedro de Montorio, multiplicando sete ou oito vezes as dimensões deste, cujo centro coroado por uma cúpula é o tema de partida da nova igreja (Figura 16.7, esquerda).

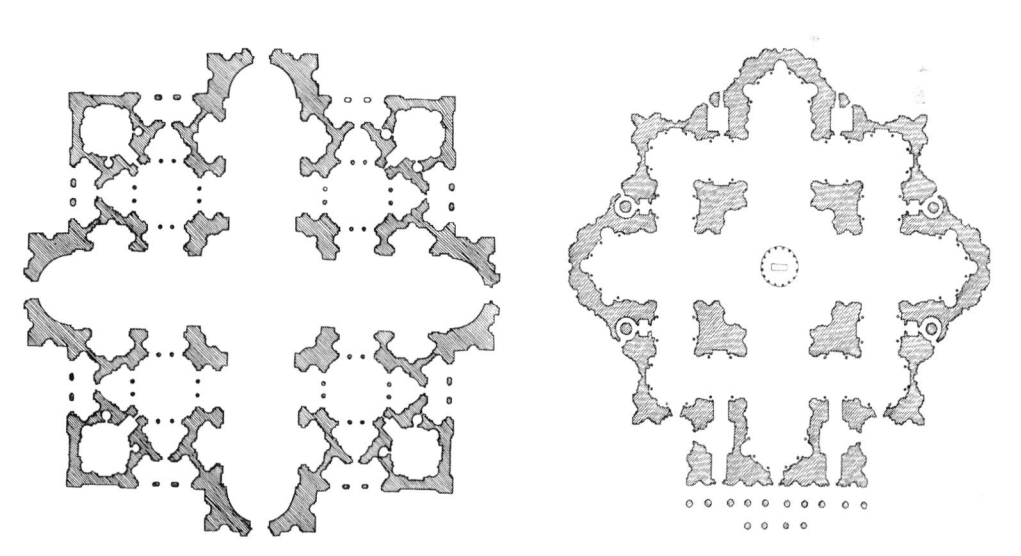

16.7 Plantas da Catedral de São Pedro do Vaticano: à esquerda, a proposta por Bramante; à direita, a planta retificada por Michelangelo.

Desenvolvendo o tema do arco de triunfo retomado por Alberti e igualando as dimensões da nova cúpula às do Panteon, Bramante sobrepõe a cúpula deste sobre duas naves clássicas abobadadas para as quais adota uma planimetria de cruz grega – em consonância com a isotropia da cúpula –, terminando seus braços em absides semicirculares e com vários outros pórticos ao exterior. Nos ângulos formados pelas naves, junto à cúpula central, dispõe outras quatro cúpulas menores e, mais externas, outras tantas torres de grande altura.

Empreendimento gigantesco, depois da morte de Julio II e de Bramante, a construção avança lentamente com correções em seu projeto. Pouco antes da metade do século, Paulo III encarrega Michelangelo de continuar as obras, e ele reforma o projeto de Bramante (Figura 16.7, direita), fazendo desaparecer as três entradas laterais, dispensando as sacristias alojadas nas torres e transformando a cúpula: ele torna suas proporções muito mais elegantes e eleva a catedral até alcançar os 131 metros, com o que ela se converte – assim como em Florença – na característica mais saliente do perfil da cidade. Seu tambor a ressalta com colunas aos pares e frontões triangulares e curvilíneos alternados; e a este tema, junto com os nichos de Bramante, Michelangelo limita a ornamentação das fachadas exteriores da catedral, feitas por gigantescas pilastras lisas. Com Michelangelo, a cruz grega de Bramante apenas sofre um prolongamento na base, para realçar a importância da fachada principal.

Bramante leva a arquitetura a essa conquista completa do antigo e de confiança absoluta que recebe o nome de *terza maniera* ou *perfetta maniera*. Na geração que o segue e aceita sua obra se destacam os nomes de Rafael Sanzio, Baldassare Peruzzi e Antonio da Sangallo, assim como os de Jacopo Sansovino e Michele Sanmicheli, que passam para Veneza e Verona as ideias de Bramante, desenvolvendo-as no segundo quarto do século XVI após a diáspora artística derivada do saque de Roma em 1527, na qual os arquitetos do núcleo romano buscam novos centros de trabalho na Itália.

O Maneirismo: revisão e difusão da arquitetura humanista

Dentro do processo de expansão da arquitetura renascentista, no segundo terço do século XVI tem lugar a passagem entre a *terza maniera* e o *maneirismo*, entendendo este como resultado ao mesmo tempo da *revisão interna* e da *difusão externa* da arquitetura humanista do *cinquecento*.

O Maneirismo representa o gosto de uma época que colore a linguagem clássica e enriquece seu vocabulário, invertendo deliberadamente as normas clássicas com um desejo revisionista de romper modelos e menosprezar a perfeição clássica uma vez alcançada.

Assim mesmo, o Maneirismo restabelece o problema da escala como elemento arquitetônico, tanto em sua concepção geral como em seu sistema de controle tridimensional.

Com efeito, uma artimanha particular da arquitetura maneirista é a discordância entre elementos de escala diferente colocados em justaposição imediata. Assim, nas absides da Catedral de São Pedro, de Michelangelo, não somente se alternam as saliências grandes e pequenas para tirar melhor proveito do movimento de massas e da dramática definição do plano, mas nelas se produz um jogo deliberado entre a escala gigantesca do conjunto principal de pilastras e a escala mais próxima à humana com a qual se expressam os nichos e as janelas intercaladas nela. O resultado desse jogo tem consequências longas e fecundas na revisão maneirista e inclusive na arquitetura posterior.

Na formação desse revisionismo tem singular importância Sebastiano Serlio (1475-1554), cujo tratado *L'architettura* – publicado entre 1537 e 1551 com uma finalidade muito mais prática do que teórica – difunde o estilo do Renascimento romano por toda a Europa e proporciona a arquitetos e construtores um repertório amplo de motivos linguísticos e de soluções formais ricas e diversas.

As formas e as maneiras que o Maneirismo adota são ricas e diversas, em função da *maneira particular* dos diferentes arquitetos ou grupos de arquitetos.

16.8 Ligorio, vila Giulia, nos arredores de Roma, pormenor da elevação.

Nesse sentido, se pode falar do Maneirismo de Roma como essa continuidade e revisão da escola romana realizada por Pirro Ligorio na vila Giulia de Roma (Figura 16.8) ou por Giulio Romano no Palácio do Té de Mântua, ou na Vila Farnese em Caprarola (1559), de Giacomo Barozzi da Vignola (1507-1573), discípulo de Michelangelo que verifica a passagem entre o Maneirismo e a Contrarreforma.

Vignola também é autor da Igreja de Jesus de Roma (1568), protótipo da igreja da Contrarreforma que será generalizado no período seguinte em toda a Europa (Figura 16.9). A Igreja de Jesus é como uma igreja humanista gigantesca de planta centralizada, à qual se adossou uma nave longitudinal e uma êxedra terminal para configurar em conjunto a nova basílica à qual aspirava a Contrarreforma.

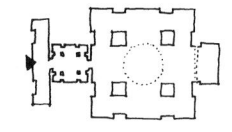

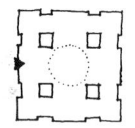

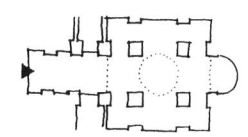

Assim, na Igreja de Jesus, em vez de colocar a cúpula sobre um templo de cruz grega, ela é disposta sobre uma planta de cruz latina onde os braços do cruzeiro são muito pouco profundos e a nave central se estende por causa das laterais, que se reduzem a uma fila de capelas baixas e escuras, enquanto a luz inunda a capela maior e o cruzeiro (Figura 16.10). Por sua vez, sua fachada de ritmo complexo e modulação sutil leva a uma transposição externa das fachadas da rua interna definida pela nave, abrindo o caminho para o que será uma posterior aproximação escultórica às fachadas no barroco.

16.9 Tipo de templo humanista de planta centralizada e as soluções contrarreformistas de Herrera no Escorial (cripta e átrio, acima) e de Vignola na Igreja de Jesus (nave basilical, abaixo).

No resto da Itália, o Maneirismo apresenta facetas distintas: desde a versão de Florença, personificada na obra de Vasari e de Bartolomeu Ammannati, até a da Lombardia espanhola e do Vêneto, em cuja especial personalidade artística destaca de modo singular a obra de Andrea Palladio (1508-1580), que revisita a Antiguidade para jogar com a geometria e a composição, tanto nos monumentos

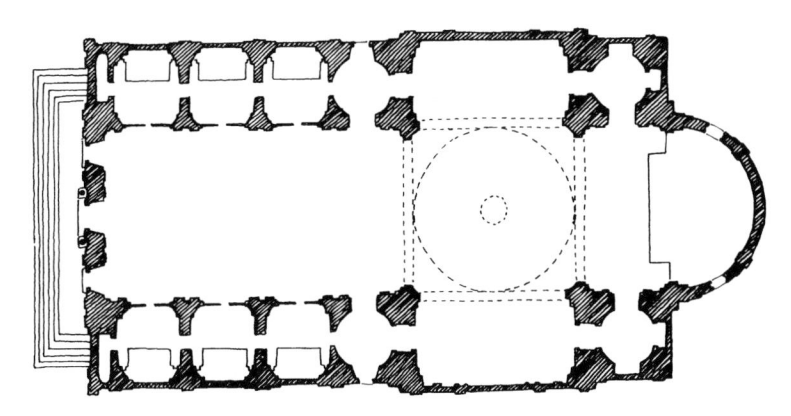

16.10 Vignola, Igreja de Jesus, em Roma, planta baixa e, na margem, perspectiva interna.

urbanos, igrejas e edifícios públicos de Veneza, Vicenza ou Verona, como nos palácios e vilas suburbanas.

Palladio chega a criar uma *maniera* simples, monumental e representativa a partir do emprego de grandes colunas e pórticos com frontões à maneira dos templos helênicos, que emprestam um aspecto clássico tanto a suas obras residenciais como às religiosas, como o Redentor ou São Jorge Maior de Veneza (Figura 16.11). Nas vilas, Palladio cria e desenvolve um esquema ideal baseado em um bloco central de planta rigorosamente simétrica, mostrado ao exterior com um pórtico prolongado pelas largas alas dos edifícios rurais que enlaçam a vila com a paisagem circundante, como na Vila Capra, também chamada "A Rotonda" (1550) – sua obra mais representativa; a vila se eleva isolada na paisagem e apresenta os quatro pórticos externos (Figura 16.12).

16.11 Palladio, Igreja de São Jorge Maior, Veneza.

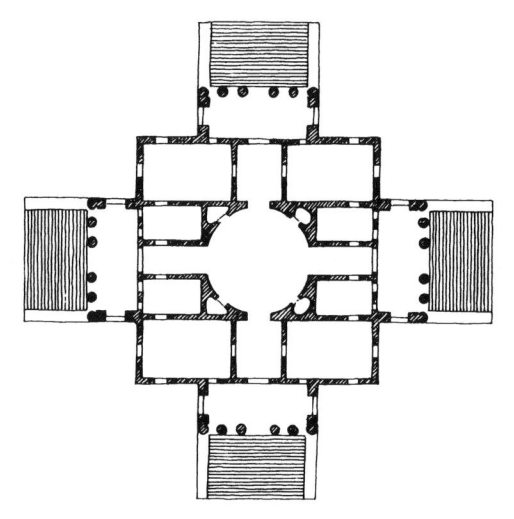

16.12 Palladio, Vila Capra, "A Rotonda".

A arquitetura paladiana teve uma grande projeção posterior, principalmente na Inglaterra do século XVII e nos momentos classicistas e neoclássicos dos séculos XVIII e XIX na Europa e na América, onde chegou a ser considerada o cânone clássico para a arquitetura civil.

Tanto Palladio como Vignola publicaram seus respectivos tratados de arquitetura: o primeiro, *I quattro libri dell'architettura*, em 1570; e o segundo, *Regola dei cinque ordini*, em 1562, uma sensível interpretação modular da linguagem clássica que gozou de grande popularidade.

A síntese contrarreformista do Escorial ou de Herrera

A finalização do Concílio de Trento em 1563 e a aplicação de seus decretos ao mundo católico acarretam a aparição de um novo e último período maneirista: o da Contrarreforma, diferente dos anteriores e prelúdio de um novo estilo que surge na Itália por volta de 1600. Muito influentes na arte e na arquitetura do último período do século XVI, as normas dos concílios e o *estilo trentino* seguinte se constituem na síntese final da experiência maneirista e conduzem ao Barroco.

Na Espanha, a Contrarreforma, no final do período humanista, implica um segundo Renascimento, e tem sua melhor expressão no Escorial (1561-1584), realização de Felipe II. Em seu conceito ideal e em sua arquitetura, o *modelo escorialense* propõe uma cidade alternativa que é, ao mesmo tempo, cidade ideal humanista e atualização contrarreformista da *civitas Dei* cristã.

Isso é manifestado nitidamente em sua simbologia e em suas formas, como se fosse um novo templo de Salomão. Como este, as partes do edifício, não obstante sua diversidade, se integram deliberadamente em uma composição unitária que une o palácio público e o palácio privado sem misturá-los: a igreja e o convento; o colégio e a biblioteca, respeitando o sentido próprio de cada um.

O desenvolvimento do monastério do Escorial destaca ao mesmo tempo a permanência do traço universal de Juan Bautista de Toledo (falecido em 1567) e seu crescimento ordenado até a finalização da obra por Juan de Herrera (1530-1597). Pode-se dizer que o traçado universal permanece na planta, as mudanças na organização geral introduzem fortes variações volumétricas e expressivas, como as relativas às torres ou ao corpo ocidental que determina o fechamento do Patio de Los Reyes e a complexa composição da fachada oeste (Figura 16.13). Por outro lado, sua linguagem evolui da clareza romana do pátio dos Evangelistas à sutileza maneirista da Galeria de Convalecientes e à potência contrarreformista da fachada sul.

Paralelamente ao projeto da igreja, Herrera desenha o grande retábulo da capela maior, no qual se destaca um magnífico tabernáculo, o qual se apresenta como um eco da cúpula da basílica e que logo se repete com significados diferentes na custódia do sacrário, no facistol do coro e na fonte do pátio dos Evangelistas, todos eles refletindo de forma exemplar o problema da escala na segunda metade do século XVI.

Também se deve destacar o projeto urbano escorialense, cujo mercado, dependências e jardins saem do esplêndido isolamento de seu conceito geral e dominam o território.

A influência do Escorial na arquitetura europeia dos séculos XVII e XVIII é muito grande e fica evidente não somente nos exemplos emblemáticos de Versalhes e de Mafra, mas também na racionalidade e alternativa urbana de sua arquitetura.

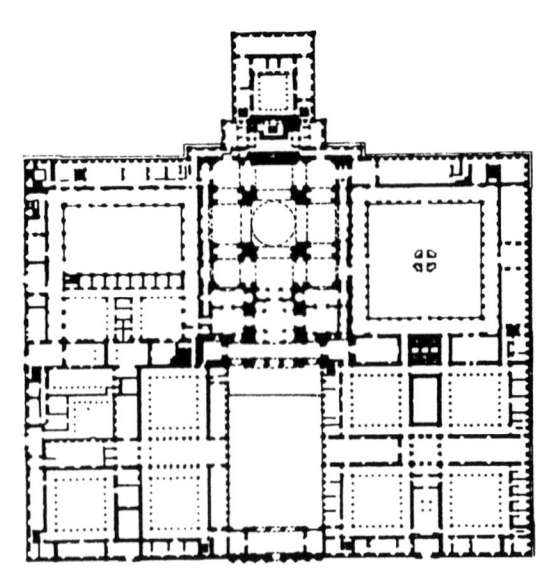

16.13 Felipe II, Toledo e Herrera, o Escorial, planta baixa e, na margem perspectiva geral dos edifícios e do mercado.

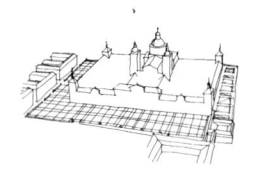

CAPÍTULO 17
Escalas e Cenografias Barrocas

Michelangelo e o problema da escala

A escala dos deuses e a escala da casa do homem, a escala do móvel e a escala da cidade permitem estabelecer arquétipos de significação muito diferentes, onde a *escala* entra como dado para definir a qualidade e identidade do modelo imaginado e caracterizar sua arquitetura, através da correspondência entre as partes que o compõem e suas métricas respectivas.

De qualquer maneira, a *escala humana* envolve uma concepção especial do mundo; e analogamente o faz a *escala monumental*. Por isso, no passado, algumas épocas e suas respectivas arquiteturas eram antropomórficas ou humanas, e outras eram hierárquicas e monumentais. Eram dois termos opostos de uma dialética sem conexão possível.

Porém, na Idade do Humanismo, as coisas começam a mudar, de forma que em certas ocasiões podem ser reconhecidas diferentes escalas em um mesmo edifício, como nas partes do Escorial, ou na comparação anterior entre São Pedro de Montorio e São Pedro do Vaticano.

A conjunção da escala humana e da escala monumental em uma mesma obra arquitetônica acarreta e determina o aparecimento de um conceito de origem teatral: o conceito de *cenografia*, cujos primeiros sinais surgem pelas mãos de Michelangelo, mas que irá adquirir seu desenvolvimento pleno durante o período seguinte, caracterizando-o e definindo-o como o tempo da cenografia barroca.

Michelangelo Buonarrotti (1475-1554) é o paradigma do ideal renascentista de integração das artes, tanto em suas obras pictóricas e esculturais como em seus trabalhos arquitetônicos e urbanos. Quanto à sua geração, Michelangelo pertence à *perfetta maniera* própria do *cinquecento* romano; porém, não se dedicaria à arquitetura até quase os 60 anos, o que lhe permite ser ainda mais *jovem* do que a maioria dos arquitetos maneiristas. Pode assim ser muito mais revolucionário do que qualquer maneirista em sua reorientação da arquitetura clássica, rompendo – como escreve Vasari – "as amarras e os grilhões de uma forma de trabalhar que se havia convertido em habitual devido ao uso".

Quando se voltou para a arquitetura, Michelangelo já era um escultor que dominava a forma e os materiais melhor do que os antigos; por isso podia voltar as costas a toda ideia de autoridade e transcender a gramática vitruviana: assim, as distorções linguísticas que emprega em sua arquitetura são similares às distorções do corpo humano de muitas de suas esculturas.

Como arquiteto, sua principal tarefa foi ajudar a conceber e executar todo o programa urbanístico de Paulo III Farnese (1534-1545), para quem trabalha tanto na renovação das fortificações, construindo a nova Porta Pia, como na sistematização arquitetônica e urbanística do Capitólio e na obra do Vaticano. Suas várias inovações teriam continuidade e efeitos positivos nas décadas posteriores, apresentando desafios e estímulos.

Já nos referimos à obra de São Pedro em sua coerência e suas mudanças. Nela, exceto pela dimensão urbana da cúpula, a força da obra de Michelangelo se concentra na intensa coerência dos espaços, volumes e superfícies; nas reentrâncias, saliências e elementos moldurados, que raramente apresentam ornamentação (Figura 17.1). Em São Pedro, o revestimento das paredes é contínuo. A pele da edificação se baseia em apenas uma ordem colossal de 28 metros de altura que quer responder a um único espaço interior abarcando vários pisos, como uma *ordem gigante* onde se insere a escala quase humana dos acidentes representados pelas janelas, óculos e nichos, gerando um diálogo singular entre as duas escalas da arquitetura.

De maneira análoga, nos palácios do Capitólio, Michelangelo utiliza uma ordem convencional de grandes pilastras coríntias que percorrem as duas plantas do edifício, como um templo romano

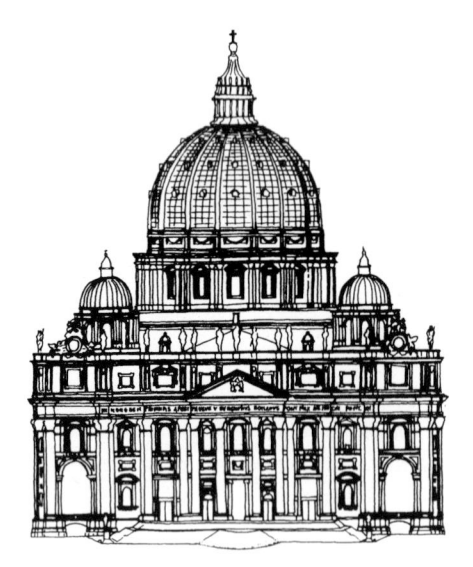

17.1 São Pedro do Vaticano: à esquerda, elevação frontal com a cúpula de Michelangelo; à direita, o conjunto mostrando o revestimento contínuo das paredes.

cujos lados tivessem sido enriquecidos com paredes externas e pórticos (Figura 17.2). A gigantesca ordem coríntia abarca dois pavimentos, enquanto o jônico expressa e suporta o nível intermediário.

Essa maneira de combinar duas ordens em diferente escala é uma ideia valiosa e um legado fecundo, cujo artifício será usado frequentemente nos edifícios barrocos.

Já não existe justificativa intrínseca na própria arquitetura, mas a justificação é exterior a ela, derivada da posição dos palácios como configuradores da praça do Capitólio, e da diferente visão dos mesmos, seja da praça, onde se apreciam seus detalhes, seja debaixo da colina, onde o efeito de perspectiva unifica as diferenças dos palácios laterais e do frontão, e leva a percebê-los como um conjunto uniforme (Figura 17.3). Isto é, a justificativa do jogo das duas escalas aqui se faz por motivos urbanos, dinâmicos e essencialmente cenográficos, análogos aos usados no teatro para envolver e confundir o espectador.

Estamos, então, frente a uma nova concepção barroca da arquitetura, na qual – como na revolução de Copérnico que ocorreu na mesma época – a peça autônoma renascentista deixa de ser o centro da arquitetura e passa a se configurar como um elemento de um conjunto: do sistema solar ou do sistema urbano.

A ideia de mundo no Barroco

Com o nome de Barroco nos referimos ao mesmo tempo a três coisas diferentes, mas complementares: em primeiro lugar, a um *mundo cósmico*, cuja ideia de universo implica a mecanização e ato-

17.2 Michelangelo, palácios do Capitólio como exemplos da combinação de duas ordens em diferentes escalas.

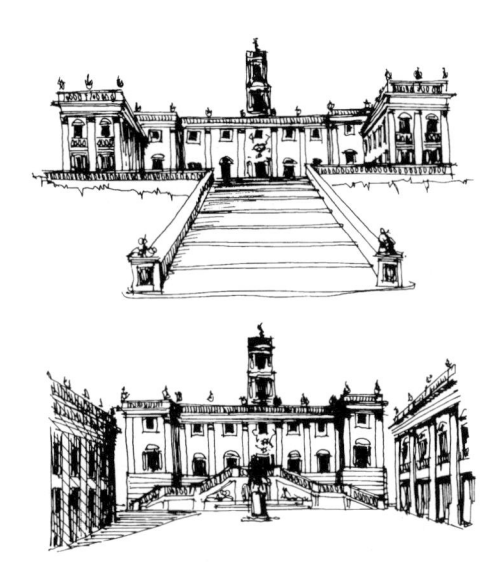

17.3 Michelangelo, a praça do Capitólio como cenografia proto-barroca: 1, vistas por baixo, as três fachadas ficam unificadas pela ordem colossal comum, e a linha de cornija é contínua; 2, vistos por baixo, os três palácios de Capitólio recuperam sua individualidade, ressaltando a cenografia de Michelangelo.

mização; em segundo lugar, a um *mundo artístico*, no qual a luz e a modelagem das formas, junto com o jogo de escalas, conduzem ao cenário; e em terceiro lugar, a um *mundo de formas arquitetônicas*, a um *estilo* propriamente dito, denominado "barroco".

Em primeiro lugar, a revolução de Copérnico muda a ideia e, consequentemente, a percepção do mundo, o que acarreta certa atomização da realidade como forma científica para compreendê-la melhor. De Descartes a Leibniz se verifica uma primeira revolução científica que traz consigo novas formas de estrutura e percepção, e, em definitivo, novas estruturas metodológicas e de pensamento.

Produz-se uma *mecanização ou atomização do tempo*. Uma magnitude física cuja primeira percepção era o dia e a noite – o nascente e o poente, o meio-dia e a meia-noite –, e que somente posteriormente seria dividida em horas (terça, sexta, nona) de difícil percepção pelo homem, agora se vê atomizada em espaços temporais diminutos, que posteriormente se voltam a dividir em segundos diminutos, fazendo do tempo uma magnitude abstrata, mensurável em intervalos diferenciais.

Surge também uma *mecanização ou atomização do espaço*, que passa a ser quantificado e medido como mero fenômeno físico – em 1593, o primeiro termômetro de Galileu; em 1643, o primeiro barômetro de Torricelli –, ou decomposto e utilizado como fenômeno mecânico, com a roldana e o cadernal ou polipasto como novos elementos simbólicos, fazendo do equilíbrio mecânico a base das relações políticas internacionais, inclusive.

Assim, se cria uma *mecanização ou atomização das formas*, e em especial das formas arquitetônicas clássicas, cujo melhor exemplo encontramos no tratamento diferenciado com o qual Borromini maneja e utiliza as formas clássicas em sua arquitetura, pois se não conhece os fundamentos do cálculo diferencial – como ocorrerá já a Guarino Guarini ou a Bernardo Vittone –, está imerso na problemática cultural correspondente.

E é precisamente esse componente cultural e suas consequentes estruturas de pensamento que caracterizam de modo essencial o Barroco e o diferenciam do Renascimento na Idade do Humanismo. Se no primeiro Renascimento se havia dado um retrocesso da *álgebra medieval* à *geometria clássica*, o Barroco, avançando notavelmente em suas estruturas de pensamento, estabelece a *estrutura diferencial*: o cálculo diferencial e, no limite, a integração de diferenciais, ou seja, o cálculo integral, como base de seu próprio conhecimento e sua própria estrutura arquitetônica.

Esta é, sem dúvida, a principal diferença do Barroco, e a que nos permite definir e distinguir a obra de Bernini daquela de Borromini: o barroco classicista demonstrativo ou retórico, contraposto ao barroco mecânico questionador ou experimental.

Os grandes temas em torno dos quais se fixa a atenção do mundo artístico do Barroco durante mais de um século são três: o *movimento*, a *luz* e o *ilusionismo cenográfico*.

O movimento barroco deriva da interpretação da natureza como vicissitude dinâmica e vem representado pelo infinito e pela relatividade da percepção; pela força comunicativa da arte; pelo sentido da história como trajetória contínua; ou pelo papel da técnica e da mecânica como fatores de autonomia.

A luz é o centro do debate barroco desde Caravaggio. Assim, Bernini ilumina suas obras com fontes ocultas, ainda que em detrimento da organicidade arquitetônica. Analogamente, para Borromini, a modelagem dos elementos arquitetônicos se faz em função das condições da luz, para a qual já não existem regras de valor universal.

Esse ilusionismo ótico derivado dos binômios forma-luz e forma-cor tem sua tradução particular no caráter cenográfico da arquitetura barroca ao qual nos referimos anteriormente.

Em terceiro lugar, o novo estilo se manifesta tanto nos elementos como no conjunto do edifício. Nos elementos arquitetônicos, a nota essencial é a liberdade com que são tratados, discordando das normas renascentistas pelo desejo obsessivo de movimento: os entablamentos se curvam e os frontões se partem e descrevem curvas, contracurvas e espirais. Esse amor desenfreado pelo curvilíneo triunfa na coluna salomônica, exemplo emblemático desse estilo.

Mas o novo estilo não apenas altera os elementos como transforma a concepção geral de um edifício. Com o novo gosto pelo curvilíneo e pelo híbrido nos projetos de arquitetura, as paredes externas deixam de ser retas e se cruzam ortogonalmente, e seus espaços deixam de ser retangulares ou quadrados. Ao oferecer abundantes planos oblíquos para o olhar ao mesmo tempo em que produzem a sensação de movimento, essas novas plantas criam belos efeitos de luz. E esses jogos de luz – com o conseguinte enriquecimento dos jogos de perspectiva derivados da obliquidade de paredes externas e suportes – serão uma das preocupações do arquiteto ao conceber os edifícios e os espaços urbanos.

Retórica e cenografia barroca

Analogamente ao *cinquecento*, podemos centrar o espírito do Barroco na cidade de Roma, e em dois artistas (Bernini e Borromini) que articulam a arquitetura barroca em sua dialética; porém, agora, a arquitetura não poderá ser representada por apenas um edifício, pois o objeto de projeto neste humanismo eminentemente urbano é a totalidade da cidade na qual todos e cada um dos elementos da Antiguidade adaptam-se ao cristianismo e ambientam-se magistralmente na Roma dos papas.

Esta representação teatral da dialética barroca tem como protagonista singular Gian Lorenzo Bernini (1598-1680), ao lado de quem se destaca como alternativa experimental ou antagonista Francesco Borromini (1599-1667). Junto aos dois, Pietro da Cortona, Carlo Rainaldi e Carlo Fontana representam como coadjuvantes a chamada *escola romana* que – em seu equilíbrio entre classicismo e experimentalismo – acaba de definir e construir a Roma barroca como modelo arquitetônico e urbano.

Novo *uomo universalis* do século XVII (escultor, arquiteto, cenógrafo, pintor), Bernini é um napolitano de origem florentina que em 1625 eleva como manifesto do novo estilo o *baldaquim* que no

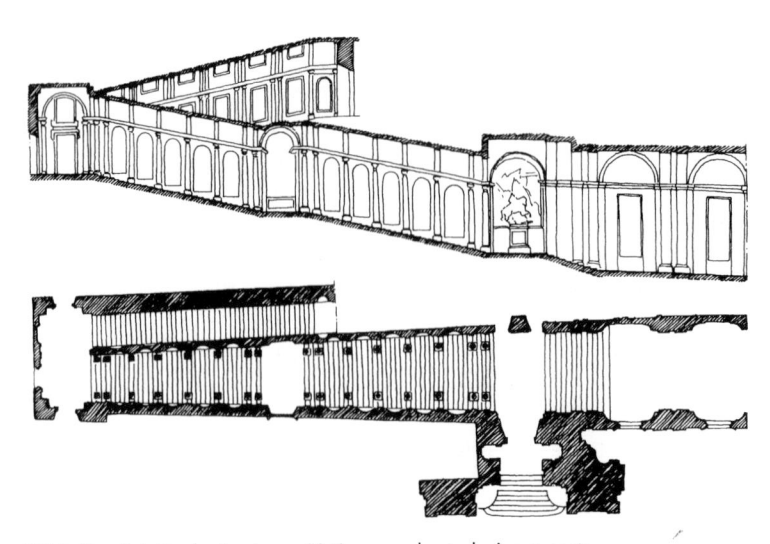

17.4 Bernini, Scala Regia no Vaticano, planta baixa e corte.

cruzeiro de São Pedro do Vaticano cobre o altar situado sobre a tumba do apóstolo, difícil problema arquitetônico resolvido mediante um sutil diálogo de escalas e algumas formas retóricas e brilhantes.

O baldaquim inicia uma constante relação de obras no Vaticano que culminam na *Scala Regia* (Escada do Rei), escada teatral projetada em 1663 para dar acesso à Capela Sistina e às dependências papais a quem vem do átrio da basílica ou da praça, com cuidadosos efeitos cenográficos de luz e perspectiva para aproveitar o escasso espaço disponível.

Autor de numerosas obras civis e religiosas de notável projeção posterior, a melhor obra da maturidade de Bernini é o pequeno oratório de Santo André no Quirinale (1659) para o noviciado dos jesuítas em Roma (Figura 17.5). Trata-se de uma igreja centralizada cuja planta elíptica é orientada transversalmente em relação à entrada e cujo volume se dilata e se acentua pelas capelas menores, unidas em conjunto unitário. Assim, como uma obra de arte total, à sua rica arquitetura se integram a escultura, o luxo e a textura dos materiais e as artes menores, dentro do princípio barroco de subordinação das partes ao todo.

Depois de Bernini, Borromini manifesta uma alternativa experimental ao barroco classicista, que o leva à atomização ou diferenciação dos diferentes elementos e partes arquitetônicas rapidamente integradas em um recinto ou *salão* adirecional ou isótropo, pronto para o sermão, o culto e a liturgia, no qual – e unido a uma busca espacial, plástica e simbólica – se resuma sua experimentação e possa levar o anseio barroco de dinamismo à concepção geral da arquitetura.

Essa busca tem seu exemplo paradigmático em Santo Ivo alla Sapienza (1650), cuja planta é híbrida, alternando superfícies retas

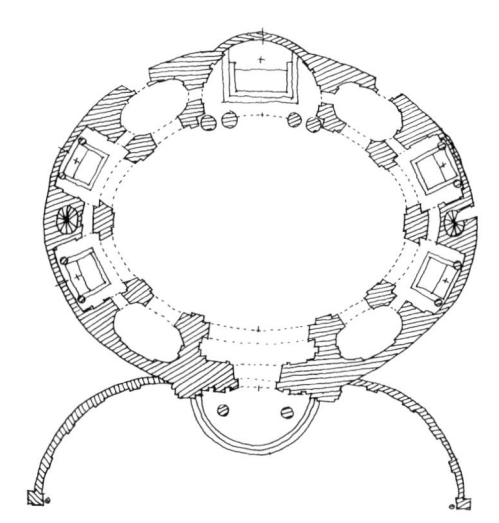

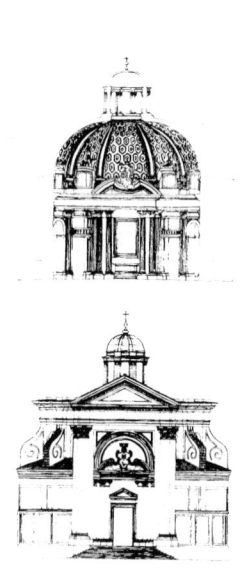

17.5 Bernini, Santo André no Quirinale, planta baixa, corte transversal e elevação.

e curvas, côncavas e convexas, em um movimento contínuo que se segue no interior da cúpula, de cujo exterior são representativos o desenvolvimento em espiral do intradorso da lanterna e a chama de remate, emblema da ondulação ascendente do Barroco (Figura 17.6).

Um exemplo que manifesta a oposição dialética entre Bernini e Borromini é a interpretação que ambos fazem do tema do palácio do Capitólio nas fachadas de Santo André no Quirinale (1659) e São Carlos das Quatro Fontes (San Carlino alle Quattro Fontane – 1665). Na fachada de Santo André, parece que um dos vazios do palácio do Capitólio pôs em movimento sua ordem jônica para circundar a planta oval da igreja e depois abrir uma passagem através das pilastras coríntias, para formar o átrio. Em San Carlino (Figura 17.7), a fachada se converte em uma superfície ondulada, onde a parte central avança de forma convexa, enquanto as laterais se retraem descrevendo contracurvas; se organiza, por sua vez, em dois níveis mediante duas ordens gigantescas sobrepostas, jônico e coríntio, porém nas duas plantas há uma ordem auxiliar relacionada com a principal segundo o princípio do Capitólio. A fluidez de Bernini e os ritmos interrompidos e complexos de Borromini contrastam nesses dois tratamentos do mesmo tema do Capitólio, mostrando assim a oposição entre as duas *manieras*.

Por outro lado, quando pela primeira vez aparece a inflexão da fachada – entendida como pano de fundo da cidade – em São Lucas, obra de Pietro da Cortona, a curvatura nasce do problema de

17.6 Borromini, Santo Ivo alla Sapienza, corte axonométrico e planta.

se conectar organicamente interior e exterior; mais tarde, em Santo André e San Carlino a fachada se converte em um fragmento aberto com oscilação contínua, revelando a natureza do espaço barroco como mobilidade e devir.

Por sua vez, a nova espacialidade da urbanística barroca tem seu melhor exemplo na Praça de São Pedro (1657-1665), que o Papa Alexandre VII encomendou de Bernini como um átrio gigantesco que deveria acomodar grandes multidões (Figura 17.8). A praça é um imenso espaço longitudinal com foco na fachada da igreja, mas que busca ter uma centralidade própria. Por isso, repetindo parcialmente a ideia de Michelangelo no Capitólio, Bernini projeta dois corredores retos que partem obliquamente da fachada da igreja e aproximam esta do espectador (a *piazza retta*); depois deles um imenso espaço ovalado (a *piazza obliqua*) se abre subitamente, parcialmente delimitado por dois pórticos formados por uma imensa *colunata* composta por um total de 280 colunas de 15 metros de altura, agrupadas em quatro camadas, onde Bernini funde a dignidade da ordem dórica com a elegância do jônico em seu entablamento de friso contínuo.

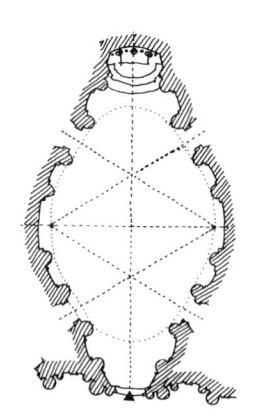

17.7 Borromini, São Carlos das Quatro Fontes (San Carlino), planta.

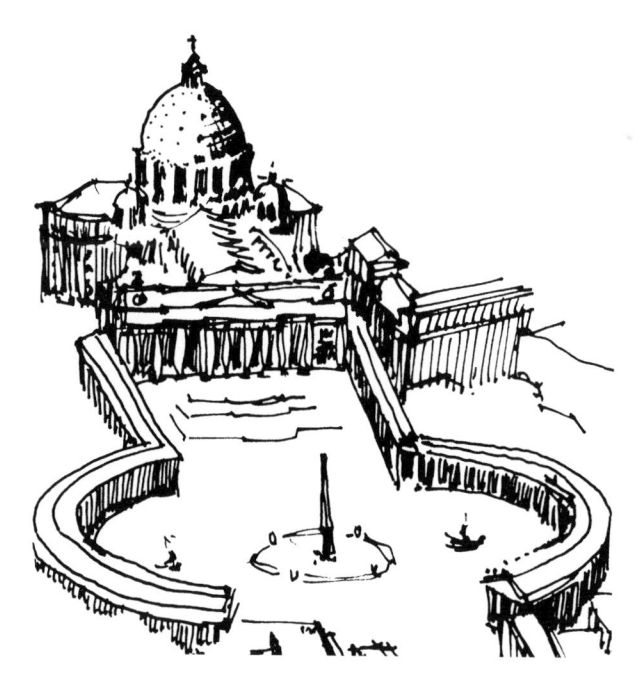

Este *bosque cerimonial* produz uma profunda impressão e uma nova forma de relação inteligível, beirando a esfera do teatro e do espetáculo; já Fontana, poucos anos depois, descreve a praça como uma máquina teatral e elogia a colunata como uma introdução ao *grande teatro do barroco*.

17.8 Bernini, Praça de São Pedro, Roma.

Cenografia e *rifacimento*

Um campo particular onde os conceitos cenográficos barrocos têm ocasião de manifestar um desenvolvimento especial é o chamado *rifacimento*: a manipulação de arquiteturas preexistentes para lhe proporcionar uma nova espacialidade, uma nova figuração e uma nova percepção arquitetônica.

A arquitetura religiosa barroca não apenas se orienta para a criação de novas construções, mas também desenvolve um importantíssimo trabalho de remodelação de igrejas já construídas, com a intenção de modificar sua linguagem formal, adaptando-a ao novo gosto que impera na época e, o que é mais importante, com a finalidade de modificar por completo sua configuração espacial, ainda que se trate somente de intervenções de pequena magnitude.

Assim, os edifícios primitivos de Santa Maria Maior ou de São João de Latrão (Figura 17.9) eram suas respectivas basílicas paleocristãs, cuja condição de igrejas de peregrinação faz com que os papas dos séculos XVI, XVII e XVIII tentem dignificá-los, elevando-os a uma posição preponderante no plano da cidade, com as consecutivas mudanças exteriores resultantes desta nova concepção da situação urbana. Por sua vez, diversas transformações internas chegam a convertê-las em suas respectivas igrejas barrocas, nas quais o edifício paleocristão permanece materialmente, mas sua forma, espacialidade e significado mudam por completo.

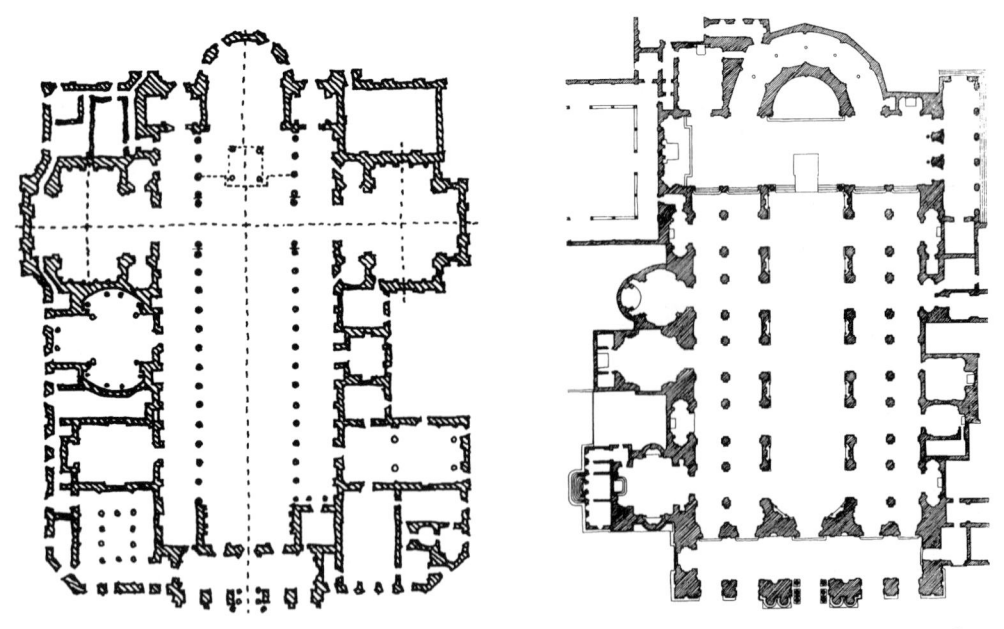

17.9 Santa Maria Maior (à esquerda) e São João de Latrão (à direita), em Roma, depois das transformações realizadas nos séculos XVI, XVII e XVIII (compare a segunda com a Figura 11.4).

Os grandes retábulos dos séculos XV e XVI já haviam alterado a espacialidade de muitas igrejas medievais, que viram suas cabeceiras como fontes de luz serem substituídas por uma tela plana, receptora da luz. Essa mudança no uso da luz tem seu melhor exemplo na Capela Sistina do Vaticano, onde Michelangelo exemplifica a passagem do Renascimento ao Maneirismo, e ainda chega a prefigurar o Barroco.

Esta é uma enorme sala retangular abobadada que, devido à sua função de capela pontifícia oficial, é dividida em duas zonas por uma iconóstase ou divisão de meia altura, cuja posição dentro da capela veio a determinar a composição pictórica do *Juízo final* de Michelangelo, análoga em todos os seus efeitos perspectivos e perceptivos à composição urbana que se estabelece no Capitólio romano na mesma época. Essa analogia é imprescindível para entender plasticamente a obra do *Juízo final*, onde a majestade julgadora de Cristo se alça diretamente sobre quem entra na capela, enquanto o corpo inferior do afresco somente é perceptível quando se passa à iconóstase. Esse exemplo simples e perfeito ao mesmo tempo – que nossa cultura atual parece desconhecer – não era ignorado por seus contemporâneos, e adquire nova vigência na época barroca, quando a posição relativa das partes em relação ao todo se configura como argumento essencial da composição artística.

A composição com esse caráter é assimilada por José Vega Verdugo, que leva em conta a experiência romana ao conceber o tabernáculo de Santiago de Compostela (1655) como núcleo matriz para abordar o conjunto das transformações barrocas na catedral de Santiago e seu entorno.

Apesar de a ideia inicial parecer ter sido a construção de um tabernáculo como o de São Pedro, a pequena largura da igreja obriga a uma nova concepção como soma integral de peças arquitetônicas independentes (altar, retábulo, camarim e baldaquim ou zimbório), que transforma a catedral em um cenário sagrado (Figura 17.10).

A visão de espaço aqui também não era unitária, uma vez que a nave central se encontrava fragmentada por um coro que interrompia a continuidade, obrigando a uma dupla leitura do tabernáculo: distante dos pés da nave e próximo quando se atravessa a partição do coro.

Essa dualidade provoca uma multiplicidade de respostas apoiadas em considerações cenográficas, onde perdem sentido as proporções reais entre os elementos arquitetônicos e escultóricos dos diversos estratos do tabernáculo, já que fazem parte de níveis perceptivos diversos. Esse conceito barroco permite centrar a caverna com a figura sentada do apóstolo, presidi-la com a figura peregrina, e coroá-la com Santiago a Cavalo, dentro de uma articulação atemporal e de grande efeito cenográfico.

O plano de transformações na catedral se estende à pele externa – onde chega à sua apoteose o barroco galego, especialmente

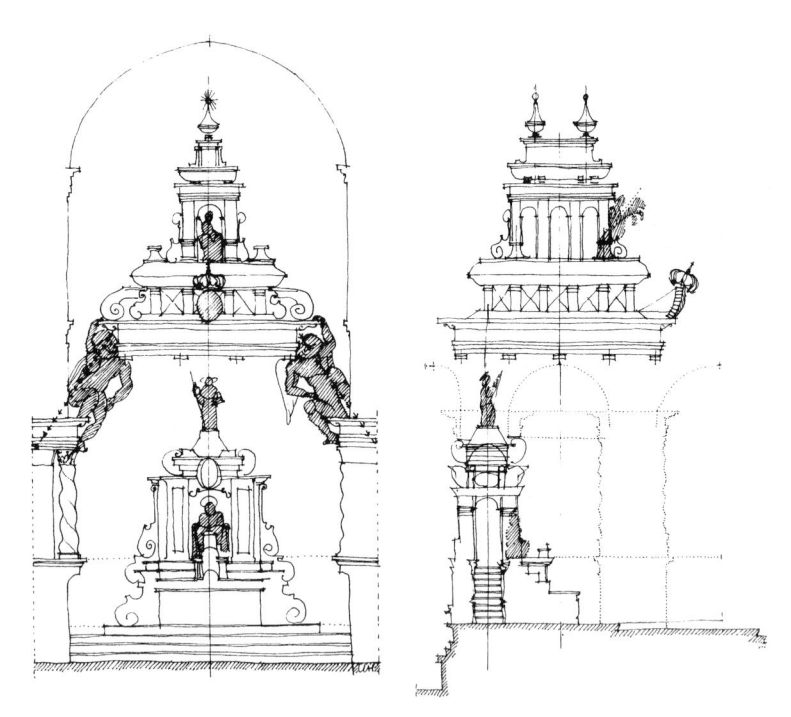

17.10 Vega Verdugo e outros, tabernáculo da catedral de Santiago de Compostela, fachada frontal e corte longitudinal.

simbolizado na fachada do Obradoiro –, assim como ao entorno da Catedral, cujo conjunto de praças (a Azabachería, a Quintana, Platerías e o Obradoiro) e as ruas e os espaços urbanos anexos conformam o *esplendor urbanístico de Compostela* que abarca a arquitetura com a cidade (Figura 17.11).

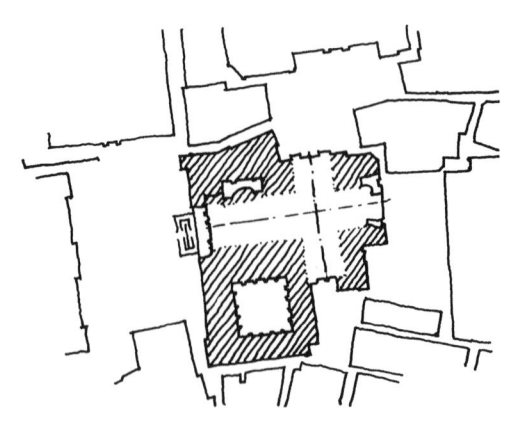

17.11 Transformações barrocas na catedral de Santiago de Compostela (compare com a Figura 12.6).

CAPÍTULO 18
A Cidade Barroca

Arquitetura e cidade

A arquitetura barroca é um *grande cenário urbano* que faz dialogar entre si todas as edificações e transfere as experiências das obras maiores às obras menores, em uma passagem gradual da arquitetura da cidade à arquitetura das edificações.

Se o século XIII havia estruturado a realidade urbana e territorial europeia, os séculos barrocos irão edificá-la: vão construir e dar forma a suas cidades, até nos legar, ao final do período, a imagem definitiva e consolidada da cidade histórica. Mantendo, na maioria das vezes, a estrutura territorial, o traçado urbano e os lotes preexistentes como *permanências*, pode-se dizer que toda a Europa renova sua edificação nos séculos XVII e XVIII de uma forma mais ou menos ligada ao barroco.

O barroco difunde e generaliza os princípios ideais do urbanismo renascentista, com *certo caráter cenográfico*, sacro e profano. A arquitetura, entendida como uma *obra total*, como um grande projeto que se torna realidade no tempo, antes concentrada nas igrejas e palácios, agora amplia seu domínio. A extensa lista de construções religiosas mantém um forte componente eclesial nas cidades; contudo, ao longo do período barroco começa um importante desenvolvimento da arquitetura secular, promotora tanto de novos edifícios de utilidade pública como de uma arquitetura residencial que estende capilarmente os conceitos e as formas barrocas.

O *mundo cenográfico* barroco tem seu exemplo emblemático no *teatro*. Diferente dos escassos espetáculos dramáticos anteriores, desenvolvidos nos pórticos e interiores das igrejas, ou nas praças e campos de feira, o teatro novo se especializa, tanto literária como urbanisticamente, exigindo espaços e formas arquitetônicas próprias. Definem-se neste momento dois tipos distintos: o teatro à italiana e o teatro à espanhola.

Este último tipo – o pátio ou a *casa de comédias*, tão própria da arquitetura inglesa e espanhola do Século de Ouro – se origina a partir de locais efêmeros, onde a cenografia bastava para transformar o lugar no âmbito para a representação. O Swan (1595, Figura 18.1) e o Globe Theatre de Londres, recentemente reconstruído, o Pátio de Comédias de Almagro e tantos outros são bons exemplos dessa tipologia.

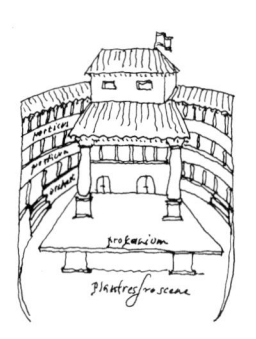

18.1 Londres, Swan Theatre.

Por sua vez, o *teatro à italiana* se relaciona como o desenvolvimento da ópera. Por razões óticas e acústicas, sua planta adota uma forma oval ou de elipse longitudinal truncada. Sua plateia central é rodeada por um anel de múltiplos pisos, cujas galerias corridas são logo substituídas por palcos adicionais de caráter estável. Deixando de lado os teatros de corte como os de Turim, Berlim ou Versalhes, o esplendor dessa tipologia tem lugar nos grandes teatros urbanos da França e da Itália, em uma longa série de obras que culmina em exemplos emblemáticos como o Teatro de Bordeaux (Victor Louis, 1789), La Fenice de Veneza ou La Scala de Milão (Giuseppe Piermarini, 1778; Figura 18.2).

Equipamentos da cidade são também outros edifícios públicos como colégios e seminários, hospitais e hospícios, prisões e casas de correios, ou edifícios civis como as casas de governo, as audiências e os edifícios comuns. Todos eles são edifícios de organização celular ou multicelular e pequena diferenciação funcional, com exemplos singulares tão distintos como as Prefeituras de Amsterdã (1655) ou Salamanca (1755), a Escola Militar de Paris (1768), os novos hospitais do século XVIII em Londres e Madri, o Albergo dei Poveri de Nápoles (1768), etc.

A arquitetura residencial desenvolve grande variedade de programas, que vão desde os grandes palácios até os edifícios modestos da população fidalga ou burguesa, próximos à moradia popular.

Os palácios do século XVII se destacam pela sobriedade e uso de poucos, porém expressivos, elementos formais. Paredes de alvenaria de pedra com mais ou menos pilastras, janelas e balcões emoldurados e com elementos de ferro elaborados, etc., formam um alfabeto simples que dialoga programas funcionais muito singelos, onde a escada adquire especial relevância. No século XVIII, as obras manifestam maior expressividade exterior, abrindo suas fachadas com balcões e portais, que apresentam um enorme desenvolvimento simbólico e arquitetônico. Junto a essa arquitetura palaciana, se desenvolve toda uma arquitetura urbana de desenho e organização

18.2 Piermarini, teatro de La Scala, Milão.

modestos, na qual se destaca a simplicidade dos sistemas construtivos: paredes executadas com tijolos, taipa ou alvenaria de pedra, às vezes rebocadas e pintadas, salas artesonadas ou abobadadas revestidas com estuques de grande efeito e baixo custo, etc.

Os espaços urbanos

As transformações barrocas se estendem tanto à pele externa de seus edifícios como ao seu entorno, muitas vezes com resultados urbanísticos excepcionais.

A construção da cidade é tanto uma *prática edificatória* que cria salões fechados, como uma *prática de urbanismo* que cria espaços públicos ou salões abertos. Se o sistema viário for visto como o sistema circulatório da cidade, as praças são seu coração; e os parques, seus pulmões urbanos. Assim, a vegetação se torna imprescindível não somente como acompanhante da edificação, mas também como delimitador dos próprios espaços arquitetônicos.

O barroco se estende, pois, à *rua*, à *escadaria* ou ao *passeio*; mas, sobretudo, ao novo conceito de *praça barroca*. Trata-se de uma praça concebida nos séculos barrocos como um salão aberto da cidade, e que conta com modelos singulares tão excepcionais como as praças Navona, de Espanha (Figura 18.3) ou do Povo, em Roma, ou com tipos genéricos tão definidos e tão difundidos como a *praça real* francesa, a *praça maior* espanhola e sua derivada, a *praça hispano-americana*; com similar origem tipológica. Os três tipos propõem espaços regulares com edifícios de igual altura e volume elevados sobre suportes e com aspecto arquitetônico unitário.

O barroco também se estende a espaços que fazem parte do que se pode chamar *arquitetura vegetal*, em contraposição à *arquitetura pétrea*; ou, melhor, a uma arquitetura que tem a árvore e a vegetação como elementos primários na definição e construção de seu espaço: como *passeio*, como *jardim*, ou como *parque*.

Ambos regulares e geométricos, opondo-se no artifício de seu traçado à natureza, os *jardins renascentistas* italiano e francês eram inicialmente jardins de corte, limitados em seu uso ao âmbito palaciano. Pouco a pouco, o jardim francês do barroco vai se abrindo ao âmbito urbano, como exemplifica a contraposição entre os jardins das Tulherias e os Campos Elísios em Paris. Por outro lado, o entendimento do *jardim barroco* como crítica à cidade revela o que esta deseja ser e acarreta demonstrações polêmicas fora dela, cuja afirmação extrema aparece em Versalhes, concebida como alternativa a Paris. Mas a grande revolução na arquitetura vegetal será representada pelo *jardim inglês*, irregular em seu traçado e composição, de vontade perspectivista e romântica, que vai se desenvolver nos parques, praças e *squares* de Londres e de outras cidades britânicas, e que acabará se convertendo em um modelo a ser imitado nas praças e parques da Europa e da América ao longo do século XIX.

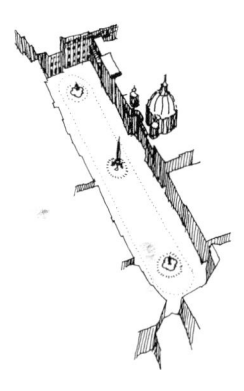

18.3 As Praças Navona (acima) e de Espanha (abaixo), em Roma.

Na Espanha, a incorporação da vegetação à cidade é uma conquista da monarquia iluminista de Carlos III, que faz de Madri, com suas intervenções, uma cidade cheia de jardins e passeios.

Entre elas, se destaca o Passeio do Prado (1768), um novo espaço arquitetônico configurado praticamente só com o uso da vegetação (Figura 18.4). Esta ideia é original, mas não única. Quase na mesma época, Jacques-Ange Gabriel, em sua proposta para a criação em Paris de uma nova *praça real*, a Praça da Concórdia (1755), projeta um espaço urbano que leva ao limite o conceito de praça, recorrendo à edificação somente em um de seus quatro lados, enquanto o oposto tem caráter paisagístico e os outros dois confiam sua definição à vegetação das Tulherias e dos Campos Elíseos (Figura 18.5).

No Prado se apresenta um problema essencialmente barroco: reduzir um grande conjunto a uma unidade, um espaço longitudinal esticado. Esse caráter unitário vai diferenciar a *tipologia do salão* espanhol – do qual logo derivam as alamedas decimonômicas – do

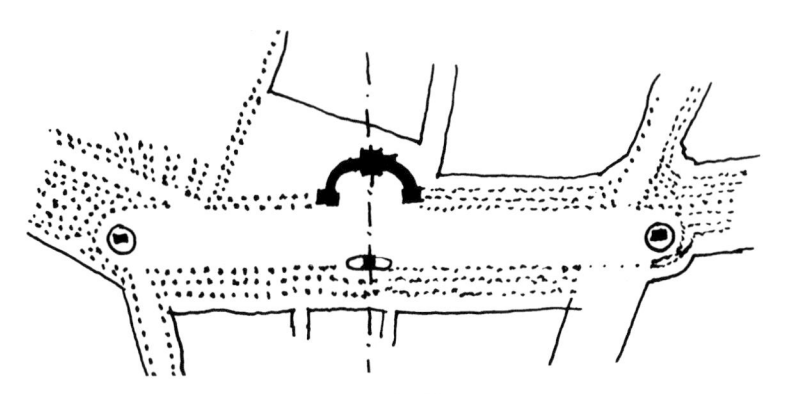

18.4 Passeio do Prado, Madri, segundo Chueca.

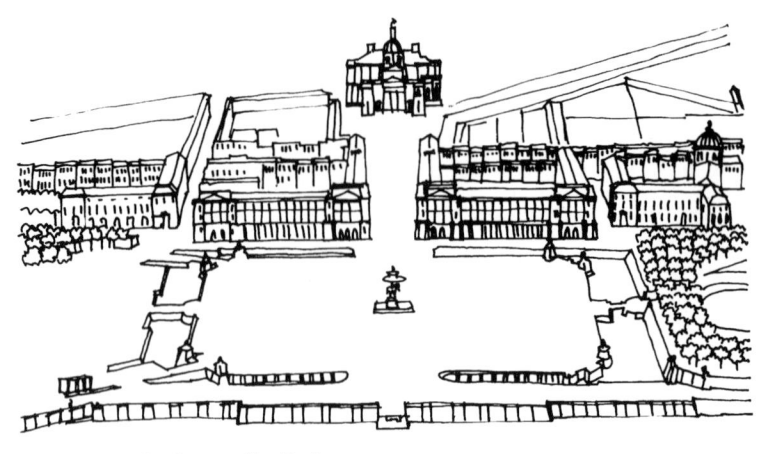

18.5 Praça da Concórdia, Paris.

tipo bulevar francês, no qual a ideia dos percursos ressalta o comprimento, em detrimento de qualquer outra dimensão. O salão e a alameda tentam compatibilizar o espaço dinâmico do passeio com o grande espaço da praça, centralizando seu espaço longitudinal e dando a ele caráter unitário. Assim, o Salão do Prado se dispõe em *forma de circo romano*, terminando, em suas extremidades, com duas êxedras vegetais, em cujo centro se colocam duas fontes opostas (Cibele e Netuno, a terra e o mar), simétricas com relação a uma terceira fonte (Apolo, o sol), ponto central da composição.

As capitais europeias no Barroco

Entre as *capitais* do Barroco podem se distinguir dois tipos de cidades: em primeiro lugar, a que é basicamente governamental, como Roma, Madri, Paris ou Viena; e em segundo lugar, aquela essencialmente econômica e comercial, como Londres, Amsterdã ou Lisboa.

Entre todas elas se destaca, sem dúvida, a Roma dos Papas, centro do mundo católico e modelo arquitetônico e urbano para toda a Europa a partir dos planos urbanísticos do Papa Sisto V, levados a cabo por Domenico Fontana no final do século XVI (Figura 18.6).

Esses planos são herdeiros dos programas renascentistas do Papa Paulo III e de Michelangelo, cujas intenções de celebração se encontram equilibradas pela realidade histórica, que obriga a atuar

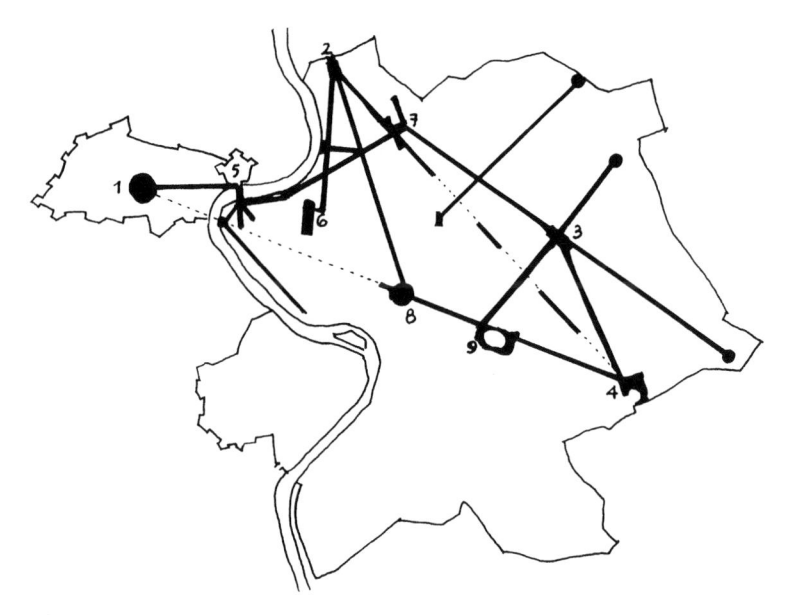

18.6 Esquema de ruas e nós da Roma de Sisto V:
1, São Pedro, Vaticano. 2, Praça do Povo (Piazza del Popolo). 3, Santa Maria Maior. 4, São João de Latrão. 5, Castelo de Santo Ângelo. 6, Praça Navona. 7, Praça da Espanha (Piazza di Spagna). 8, Capitólio. 9, Coliseu.
Compare com a Roma imperial (Figura 9.6).

tanto por meio de equipamentos urbanos e obras públicas como mediante reformas e novas vias, cujas axialidades perspectivas se encontram definidas por antigos obeliscos erguidos como menires cristãos que ajudam a definir *in sideris forma* a configuração urbana de uma cidade mitificada como símbolo do catolicismo.

Depois dele, Urbano VIII, Inocêncio X e Alexandre VII (os grandes papas do barroco) personificam uma vontade barroca na qual Roma se mostra como representação da *Ecclesia triumphans*.

Mas, a partir de Sisto V, esta Roma barroca dos séculos XVII e XVIII renuncia aos projetos e programas urbanísticos globais e imprime sua marca na cidade mediante a formalização de pontos singulares, isto é, de marcos arquitetônicos e de espaços urbanos capazes de acionar os mecanismos urbanísticos, com certo caráter de metástase benigna ou seletiva.

O espírito barroco se dissemina por toda a Roma, pois é toda a cidade o objeto de projeto dessa arquitetura eminentemente urbana que exemplifica Bernini na Praça de São Pedro, autêntico teatro sacro pensado não somente como pórtico da igreja, mas como expansão desta na cidade (Figura 18.7). A seu lado, Borromini, Cortona, Rainaldi, Fontana ou os autores da Fontana de Trevi, do porto de Ripetta e da escadaria da Praça da Espanha (Piazza di Spagna) acabam de definir, no século XVIII, o caráter urbano exemplar da Roma barroca, que terá sua demonstração arquitetônica e cenográfica nas representações de Giambattista Piranesi, ao mesmo tempo paradigma barroco e utopia iluminista.

Junto a Roma, podemos destacar Madri, corte espanhola dos Austrias e símbolo urbano do barroco no Século de Ouro, cuja formidável potência cultural não se vê refletida em sua arquitetura. Em sua difícil conformação urbana, no século XVII continuam as premissas herrerianas de Francisco de Mora, Francisco Bautista e

18.7 Bernini, praça da Catedral de São Pedro, Roma.

Juan Gómez de Mora (1586-1648), que trabalham na Praça Maior (Figura 18.8), no Presídio de Corte, no novo Alcázar ou no palácio do Bom Retiro, mescla de corpos inter-relacionados e modelo para muitos outros palácios que se constroem reunindo novos rumos formais a partir de 1640. A verdadeira transformação urbana não terá lugar até o século XVIII, sob o impulso dos Bourbon.

Diferente da experiência madrilenha, a corte francesa no *Grand Siécle* barroco tem sua origem no programa de Henrique IV para a renovação urbana de Paris, do qual surgem as distintas praças reais projetadas ao longo do século XVII – Vosges e Dauphine (Figura 18.9), Victoires e Vendôme – e que culminam, no século

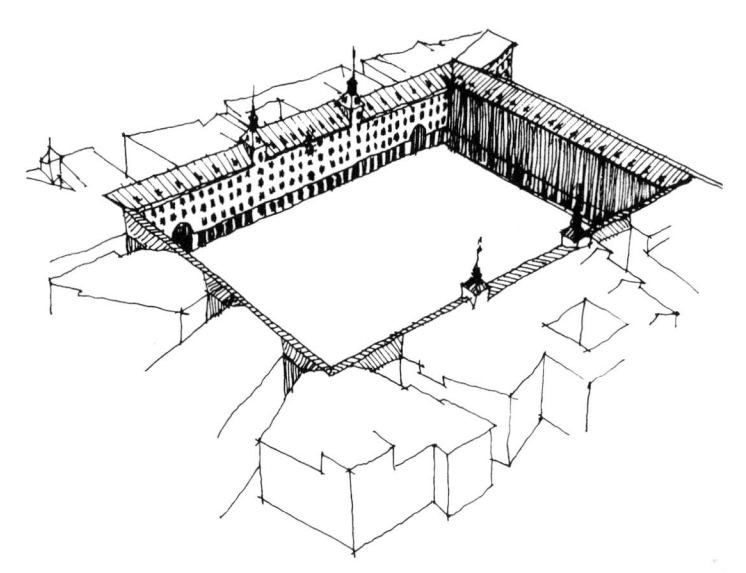

18.8 Praça Maior, Madri.

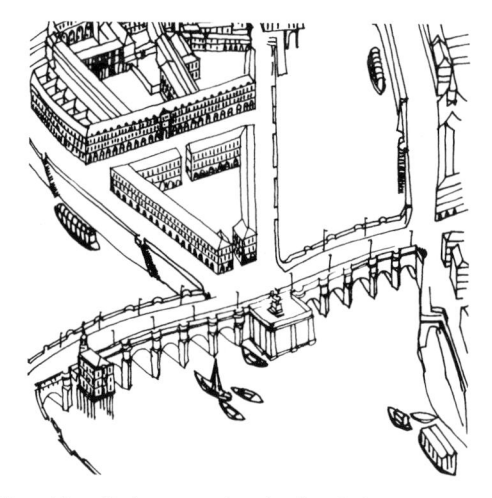

18.9 Praça Dauphine, Paris, no vértice da Ilha de la Cité.

XVIII, na Concórdia. Por outro lado, as atuações reais no Val-de-Grâce e no Inválidos – cujas influências escurialenses se unem ao caráter autônomo do barroco francês – têm como melhor exemplo o palácio do Louvre, entendido ao mesmo tempo como símbolo de Paris e como corte oficial de um rei que, contudo, reside já oficialmente em Versalhes.

Também é digna de nota a corte imperial de Viena, reconstituída quase por completo no final do século XVII por Johann Bernhard Fischer von Erlach (1656-1723), cujo conceito de *Staatkunst* ou "arte do Estado" se modela em uma sequência que vai da biblioteca imperial ao novo palácio de Schönbrunn, e que encontra na Karlskirche sua obra paradigmática (Figura 18.10). A seu lado, o barroco cortesão de Johann Lukas von Hildebrandt se projeta com força nas capitais centro-europeias, cujo esplendor se manifesta nas riquíssimas arquiteturas barrocas e rococó de Cracóvia, Munique, Praga ou Dresden, através da obra de Asam, Poppelmann ou Dientzenhofer, encontrando na cidade de Würzburg e em Balthasar Neumann (1687-1753) a apoteose do barroco europeu no século XVIII.

18.10 Fischer von Erlach, Karlskirche, Viena.

Além dessas capitais-sede das cortes reais, surgem, nos séculos XVII e XVIII, outras capitais de base especialmente econômica e comercial. No sul da Europa, Sevilha e Lisboa são as duas grandes urbes vinculadas ao comércio ultramarino. Próximas, mas diferentes entre si, Sevilha manterá um caráter urbano pitoresco e antigo, enquanto Lisboa, após o terremoto de 1755, terá seu núcleo central reconstruído com traçados racionais e formas classicistas, emblematicamente representadas pela Praça do Comércio, balcão aberto ao Novo Mundo. No norte da Europa, Amsterdã assume o papel de líder do comércio, o qual, no século XVI, havia sido de Antuérpia, e sabe aproveitar a oportunidade histórica com uma ordenação urbana simples de grande qualidade em seu traçado e em sua formalização arquitetônica.

A distinção entre os dois tipos diferentes de capitalidade encontra seu paradigma na cidade de Londres e na reconstrução da *City* (o centro histórico) após o incêndio de 1666. Isso mostra o caráter especial do barroco inglês, tanto pela ordenação urbana projetada por Christopher Wren (1632-1723) – autor também da catedral de São Paulo e de outras igrejas da cidade – como pelas arquiteturas de Gibbs ou Hawksmoor que, unidas mais tarde às de Adam e Nash, assinalam os novos limites do classicismo britânico (Figura 18.11). Por outro lado, as novas propostas residenciais para Londres na segunda metade do século XVIII – ao lado das de Bath e de Edimburgo – constituem, sem dúvida, o ponto mais avançado do urbanismo europeu de então.

No chamado *século das luzes*, as demais capitais europeias desenvolvem a passagem entre a monarquia absoluta e o despotismo iluminista, e assistem ao debate entre classicismo e barroco. Este debate terá dois bons exemplos complementares em Turim e Nápo-

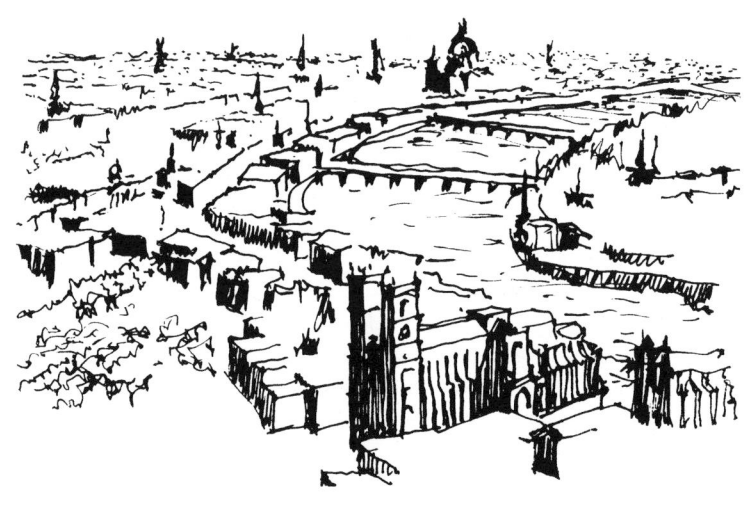

18.11 Dialética entre a Catedral de Westminster (no primeiro plano) e a *City* (ao fundo) de Londres no final do século XVIII.

les, com seus respectivos contrastes entre suas cortes reais e as cidades residenciais surgidas em suas proximidades no século XVIII.

Em Turim, uma cidade ordenada e de crescimento bem planificado, esse contraste é apreciado facilmente comparando-se o palácio Real e o palacete de Stupinigi (Figura 18.12), duas obras de Filippo Juvarra (1678-1736). Na segunda, a Reggia de Caserta contrasta com o histórico caos napolitano, onde, por ordem de Carlos III, se tenta colocar um pouco de ordem ao barroco classicista de Fuga e Vanvitelli, que o próprio Carlos III levará à Espanha quando ascender à corte Bourbon de Madri em 1759.

Por outro lado, na América colonial o barroco mostra-se tanto nas obras singulares como no agrupamento de palácios e casarões fidalgos concentrados nas ruas e praças emblemáticas, cujo conjunto harmônico faz de Lima e Cidade do México, no século XVII, ou

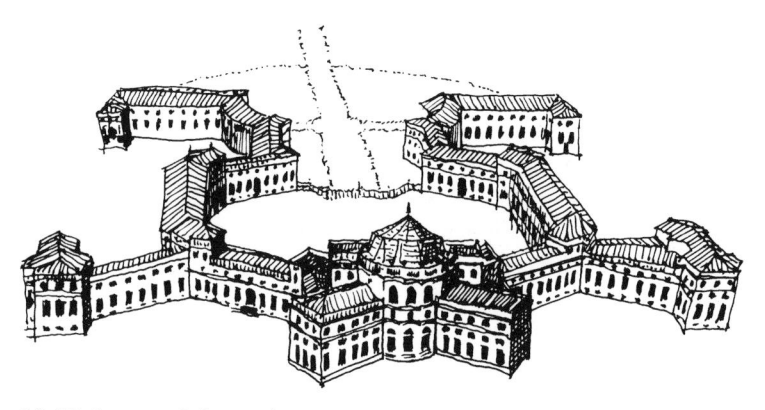

18.12 Juvarrra, Palacete de Stupinigi, nas proximidades de Turim.

de Buenos Aires e Havana, no século XVIII, paradigmas da cidade barroca no Novo Mundo.

Sua arquitetura se vincula aos estilos predominantes na cultura hispânica. Assim, o período protobarroco está bastante relacionado com a obra de Herrera, cuja arquitetura séria e rigorosa, promovida desde os focos coloniais, teve um importante influxo através das *escolas locais* que chegaram a fazer dela uma realidade intra-histórica; escolas que produzem obras pragmáticas e efetivas, utilizando os recursos a seu alcance e adaptando-os às novas necessidades e exigências do mundo americano. A mutação de seus postulados irá se efetuando lentamente, até chegar, no último terço do século XVII, à definitiva consagração de um barroco exuberante que estende seus conceitos e suas formas por todo o território americano no século XVIII.

Em sua ampla diversidade, todos esses exemplos europeus e americanos nos mostram a cidade em seu momento de maior amadurecimento, com um tecido completo, homogêneo e maduro. Pois, em seu conjunto, o barroco define a imagem formal da *cidade histórica*, antes que a *revolução cultural* do Iluminismo e a *revolução social* da industrialização nos façam sair definitivamente dela e nos levem à Idade Contemporânea.

Cidade capital e *Residenz-Stadt*

"Quando um príncipe fixar sua residência em um lugar e outros senhores forem até lá e se estabelecerem para se encontrar e se relacionar em uma sociedade agradável" – escreve Cantillón no século XVII – "este lugar se converterá em uma cidade." Esta definição marca nitidamente a oposição entre *cidade capital* e *Residenz-Stadt* como projetos urbanos diferenciados que tem seu melhor exemplo em Versalhes e na relação dialética que estabelece com a corte de Paris.

Diferente do *antecedente escurialense* do século XVI, no qual se propõe um esplêndido isolamento quase cristalográfico, o *modelo versalhesco* caracteriza-se por certa dispersão das edificações e pela conseguinte oposição e complementaridade entre cidade edificada e cidade vegetal, onde a residência real adquire uma deliberada posição diametral.

Ao longo do reinado de Luís XIV (1643-1715), o antigo pavilhão de caça de Luís XIII em Versalhes vai se transformando em um novo projeto urbano. A intervenção de François Mansart (1598-1666) já propora a dialética entre o palácio e o núcleo urbano surgido em torno dele. Mais tarde, as cocheiras e as arquiteturas singulares atuam como elementos de transição urbana. Finalmente, a transformação de Jules Hardouin-Mansart (1646-1708) na estrutura do edifício, ampliando a frente sobre o parque com alas muito prolongadas, estabelece de forma definitiva a *estrutura diametral* de Versalhes, onde o palácio vem a atuar como árbitro entre a cidade e a natureza – ou, melhor, entre a arquitetura edificada e a arquitetura vegetal –, com uma focalidade e convergência absolutas de todos os elementos de ambas na pessoa e no quarto do rei, centro absoluto da cidade e de toda a sua arquitetura (Figura 18.13).

Pois, como complemento do palácio, André Le Nôtre (1613-1700) – se apoiando na experiência prévia de Vaux-le-Vicomte – concebe um jardim de tipo arquitetônico, com um grande eixo central de vários quilômetros, terraços e espelhos d'água em diversos níveis, fontes e estátuas, que é o modelo definitivo de jardim francês a ser imitado nas cortes europeias.

As repercussões europeias do modelo de Versalhes são enormes, principalmente nos países germânicos (Haia seguindo Amsterdã, Potsdam seguindo Berlim, Bonn seguindo Colônia, Ludwigsburg seguindo Stuttgart) e no leste da Europa, onde surge o caso paradigmático de São Petersburgo, que, rivalizando inicialmente com a Moscou de Pedro, o Grande, chega a ser a capital oficial do Império Russo nos séculos XVIII e XIX.

Por outro lado, na Itália a *Residenz-Stadt* conta com exemplos tão notáveis como os de Stupinigi e Caserta, contrapostos pelos de Savoye e de Bourbon às capitais Turim e Nápoles, respectivamente.

A Espanha dos Bourbon de Felipe V e Carlos III tem La Granja como *Residenz-Stadt* emblemática (Figura 18.14), se bem que na segunda metade do século XVIII – com a reforma dos antigos Sítios Reais do Pardo, de Aranjuez e do Escorial, e a transformação de ou-

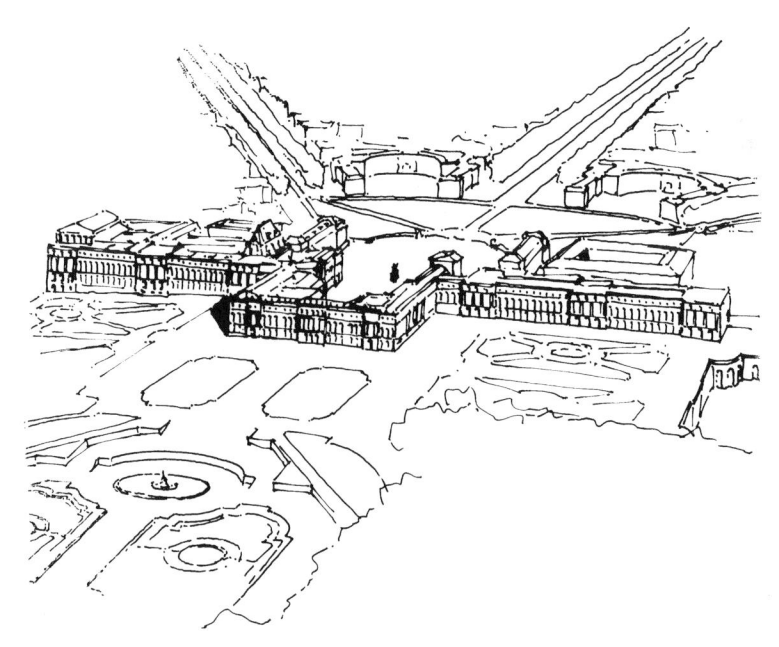

18.13 Palácio de Versalhes, o paradigma da *Residenz-Stadt* europeia nos séculos XVII e XVIII.

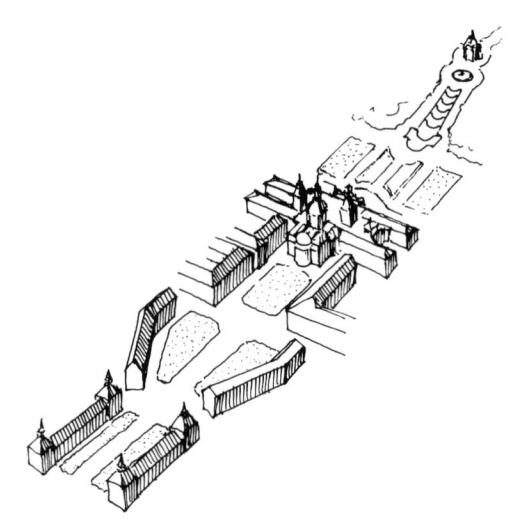

18.14 Esquema da composição axial de La Granja, *Residenz-Stadt* emblemática da Espanha do século XVIII.

tras tantas cidades residenciais – ocorrerá uma das transferências de corte real mais interessantes da época.

Em uma situação limite – um limite já quase iluminista – surgirá Karlsruhe, uma *Residenz-Stadt* onde a contraposição diametral insinuada em Versalhes chegará ao seu desenvolvimento máximo, como projeto representativo das condições utópicas e revolucionárias propostas pelo Iluminismo (Figura 18.15).

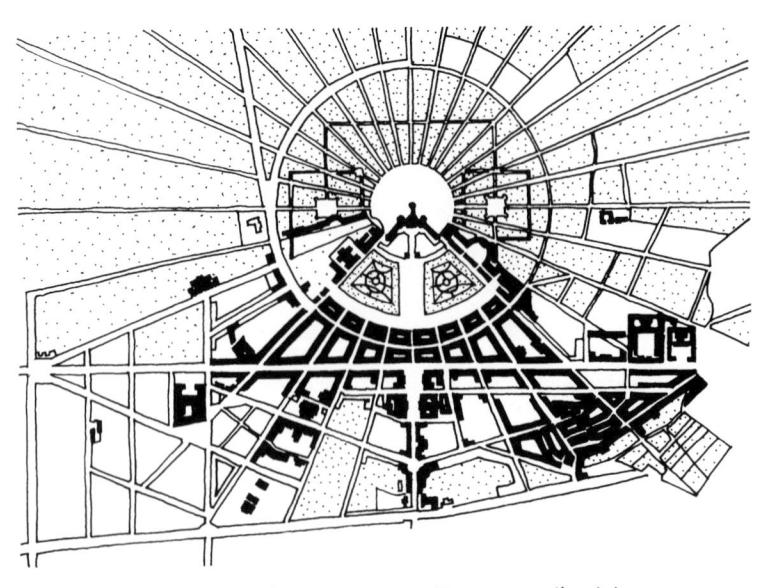

18.15 Karlsruhe, limite urbanístico entre o Barroco e o Iluminismo.

V
A Revolução Industrial

CAPÍTULO 19
Revisão e Ruptura com o Classicismo

Revolução social e revolução científica

O início da Revolução Francesa em 1789 normalmente separa a Idade do Humanismo da Idade Contemporânea. Essa revolução de caráter político tem como antecedentes a revolução social e cultural representada pela ideologia do Iluminismo, difundida pelos pensadores do século XVIII e pela *Enciclopédia* (1751-1772).

Influenciada por ideais enciclopedistas, a burguesia desejava uma reforma econômica e política que se via freada pelas rígidas estruturas sociais do *ancien régime*. Seus anseios renovadores tiveram como marco ideal a *revolução industrial* surgida na segunda metade do século XVIII quando, ao se reduzirem as transações com as colônias – base do enriquecimento burguês desde o século XVI –, os empresários se sentiram impelidos a investir em novas atividades industriais e capitalistas.

A independência norte-americana (1775-1783), a Revolução Francesa de 1789, as revoluções espanholas a partir de 1812 e a emancipação ibero-americana (1810-1824) são todas partes de um mesmo fenômeno geral: de uma mesma *revolução social* que acarreta o fim dos antigos regimes e põe em manifesto uma aceleração social que será incrementada ao longo do século XIX.

A impulsora e beneficiária de todo esse processo será uma burguesia liberal progressista e empreendedora no princípio – conservadora e financeira mais tarde – que consegue destruir os redutos da ordem estamental e feudal sem ainda ver ameaçada sua preponderância pelo ritmo ascendente da classe trabalhadora, que em seguida se manifestará claramente.

Por sua vez, a revolução demográfica e urbana, o amadurecimento dos temas sociais, a diversificação dos programas de edificações, os novos sistemas técnicos e construtivos, entre outros, são problemas novos – quase revolucionários – e o correlato social das *revoluções científica e industrial* que se viam forjadas em toda a segunda metade do século XVIII, em consonância com os projetos do Iluminismo.

Essa revolução científica leva a uma série de profundas mudanças relativas aos pressupostos, métodos e conteúdos dos conhecimentos. Com precedentes imediatos na filosofia racionalista e empirista do século XVII, o Iluminismo se propôs a revisar toda a ordem política, social e econômica existente, com uma confiança exagerada na razão e na experimentação como métodos de investigação, por meio dos quais se pretendeu criar um novo estado, uma nova sociedade e uma nova ciência.

A ruptura com o classicismo

O conhecimento científico no século XVIII leva à renovação dos fundamentos de todas e cada uma das ciências, questionando tudo o que se tinha como certo. Na arquitetura, esse espírito científico leva a uma interrupção na tradição clássica, uma revisão conceitual da arquitetura do barroco e uma busca da natureza própria da obra de arquitetura.

O Iluminismo explica o alcance e o valor do classicismo, analisando os componentes da linguagem clássica e explorando suas origens históricas, isto é, as arquiteturas antigas: a Vila de Adriano (1734), Pompeia (1748), ou os monumentos gregos e helenísticos. Assim, em 1755, Johann Joachim Winckelmann (1717-1768) consegue sistematizar racionalmente esses resultados e fundar a história da arte sobre bases científicas.

Situando-se o classicismo em sua perspectiva histórica, diminui-se sua universalidade e se descobre o caráter precário da convenção que há três séculos dominava a arquitetura. A consideração das regras clássicas como modelos variáveis implica uma *revisão e ruptura com o classicismo*. Porém, e paradoxalmente, essa perda de valor absoluto dá lugar ao fenômeno do *neoclassicismo* através de uma tripla manifestação neoclássica: revolucionária, acadêmica e romântica.

Dessa forma, as regras clássicas entram em vigência como modelos particulares que são bem aceitos por motivos ideológicos ou éticos – para abrigar as instituições republicanas na América ou na França – ou simplesmente por convenção; sempre, em todo caso, por causa de uma escolha variável e revogável. Assim, na aparência não muda nada, porque se seguem usando as mesmas formas, mas, no fundo, há uma mudança radical: uma crise nos fundamentos da linguagem como expressão biunívoca da arquitetura de um lugar e de um tempo. A linguagem deixa de ser um valor absoluto e passa a ser um mero instrumento de comunicação.

O caráter instrumental da linguagem e sua dissociação do resto do corpo arquitetônico dificultam o estudo da arquitetura do século XIX por este parâmetro, mas, ao mesmo tempo, fixando a atenção nele, permitem se trabalhar mais livremente no resto dos componentes da arquitetura, como um prestidigitador que dirige a atenção do público a um objeto marginal para trabalhar com maior liberdade.

Logicamente, cabe se perguntar por que não se utilizavam outras linguagens. E, ainda que neste momento não se formule esta questão, no futuro ela abrirá caminho para os historicismos e ecletismos do século XIX.

A tripla manifestação neoclássica

Nas origens do pensamento racionalista se encontra a busca da natureza própria da obra de arquitetura. Junto com Jean-Jacques Rousseau e sua ideia do *homem primitivo*, se considera a natureza como ponto de partida da arquitetura, levando aos estudos de Laugier sobre a cabana primitiva (1755) analisados no Capítulo 2 (Figura 19.1).

Do mito da cabana se passa, nas décadas seguintes, ao culto pela geometria como essência da arquitetura e configuradora de suas formas. Igualmente a Le Corbusier no século XX, os arquitetos iluministas franceses, como Étienne-Louis Boullée (1738-1799) ou Claude-Nicolas Ledoux (1736-1806), defendem e propõem diversas propostas de cidades ideais e de formas ideais. As formas puras e os volumes puros (o cubo, a esfera, o cone ou o cilindro) vêm a ser bases e essência da arquitetura, como evidenciam os projetos ideais de Boullée (Figura 19.2). Essa arquitetura das luzes e sombras assinala a passagem entre a Academia e a Revolução, a primeira própria do *ancien régime* e a segunda, da nova ordem revolucionária que persegue a nova categorização da arquitetura: buscam o *neoclassicismo revolucionário*.

19.1 O mito iluminista da cabana primitiva, segundo Laugier.

Alheia às experiências revolucionárias francesas, a revisão e nova articulação do classicismo na arquitetura espanhola desenvolve-se no marco do neoclassicismo acadêmico – organizado em torno da Academia de Belas Artes de São Fernando, fundada em Madri em 1744 –, o qual terá sua melhor expressão na obra de Juan de Villanueva (1739-1811), assim como no método aditivo de composição arquitetônica. Exemplo paradigmático desse processo será o Museu do Prado, em Madri (1785), edifício concebido como síntese enciclopédica das formas arquitetônicas, no qual se conjugam harmonicamente o *tipo palaciano*, o *tipo basilical* e o *tipo rotunda*, unidos por galerias de conexão e exposição que proporcionam um feitio unitário ao conjunto (Figura 19.3).

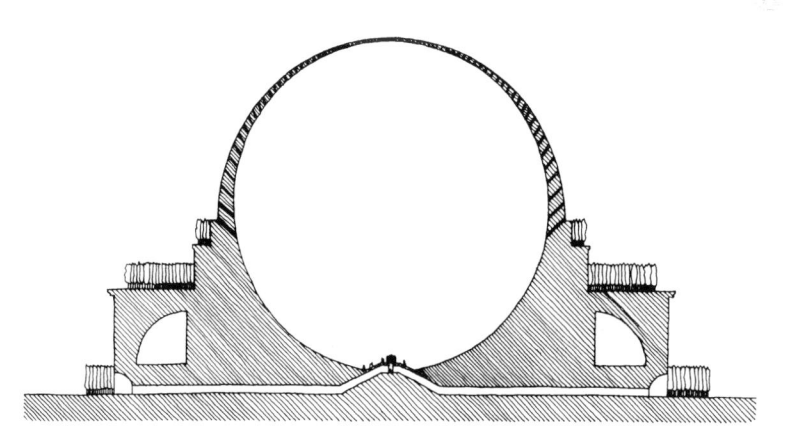

19.2 Boullée, proposta de monumento à ciência iluminista em forma de cenotáfio para Newton.

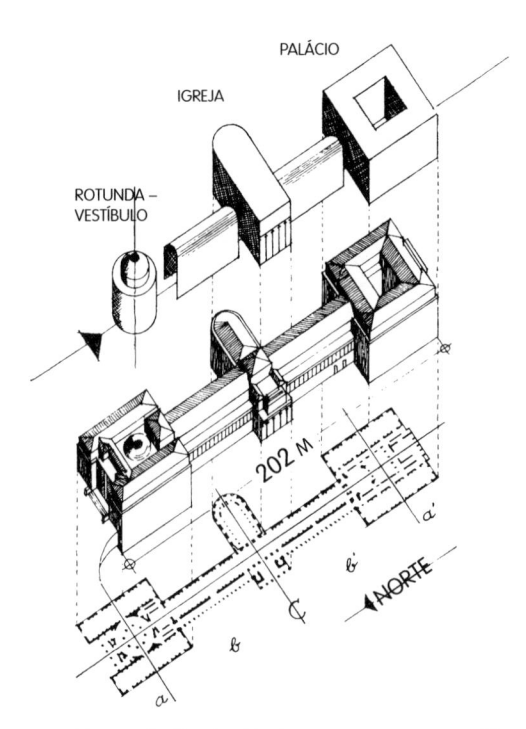

19.3 Villanueva, Museu do Prado, Madri, esquema compositivo segundo Chueca.

19.4 Vignon, a Madeleine de Paris, igreja clássica em seu exterior, concebida em seu interior como uma grandiosa terma romana.

Analogamente, a Madeleine de Paris (1790-1816) de Pierre Vignon (1763-1828) – considerada durante algum tempo como o templo civil do exército de Napoleão –, é uma obra que amplifica o templo clássico períptero em seu exterior, enquanto seu interior se concebe como uma terma romana (Figura 19.4). O edifício paradigmático e o maior espaço interno se conjugam nesta obra como revisão neoclássica da herança greco-romana, na qual o neoclassicismo revolucionário se converte em *neoclassicismo romântico*, retórico ou flexível.

Esse *classicismo romântico* goza em toda a Europa de plena autonomia para a formulação e codificação dos preceitos clássicos, e para sua simplificação e adaptação às particularidades locais. Seu significado e sua dimensão urbana continuam sendo fundamentais na definição arquitetônica tanto das grandes capitais como das cidades provincianas na primeira metade do século XIX: Paris, Londres (Figura 19.5), Edimburgo, Berlim, Munique e Washington, ou São Petersburgo, Moscou e Helsinque no Império Russo.

Com seu exemplo emblemático na Berlim de Schinkel, essas edificações românticas apresentam invariantes claros e deliberadamente perseguidos, na busca da codificação racional e da simplificação das formas que possibilita a divulgação do classicismo como estilo a todos os níveis edilícios. Após o fim da experiência revolucionária, e uma vez esgotadas as experiências acadêmicas unitárias,

19.5 Nash, o classicismo romântico na Regent's Street de Londres.

a dissolução dos vínculos clássicos potencializa a descentralização cultural e o aparecimento de figuras periféricas que puderam exercer a função acadêmica de controle. E assim a arquitetura da Academia, reelaborada e depurada, pôde configurar durante muitos anos a obra construída em todos os lugares da Europa e da América pelos mestres locais e, por extensão, pelo próprio povo.

Esse *sistema clássico reelaborado* – do qual é exemplar a proposta de igreja de Silvestre Pérez para Mugardos, em La Coruña (Figura 19.6) – se baseia especialmente na estruturação plástica de formas analíticas claras e racionalmente construtivas. É, por consequência, um classicismo robusto, contundente e pouco delicado; estruturado, mais do que em volumes, em planos retos e recortados; com paramentos simples no exterior que encobrem espaços arquitetônicos mais complexos. Por sua vez, a simplicidade seriada e rigorosa e o fechamento independente dos espaços interiores são elementos que se adaptam muito bem ao tipo de edificação tanto burguesa quanto popular que se requer na primeira metade do século XIX.

A busca da concretização e da definição tipológica dos programas edificatórios adquire valor exemplar no edifício residencial, onde o bloco cúbico de superfícies lisas de dois ou três pavimentos com três intercolúnios iguais por andar e coroado por uma cobertura de duas águas com pequeno caimento chega a constituir um invariante autêntico que se prolonga durante quase todo o século, de forma tal que podemos afirmar que, graças a essas codificações e simplificações edificatórias, o classicismo chega a fazer parte da intra-história.

Se o românico foi chamado de o primeiro estilo do Ocidente, analogamente se denominou a este neoclassicismo como o *último estilo unitário do Ocidente*.

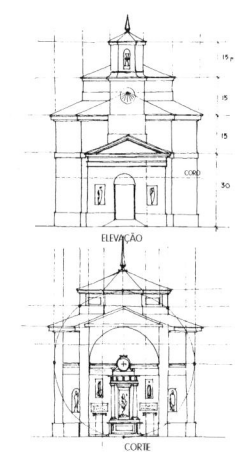

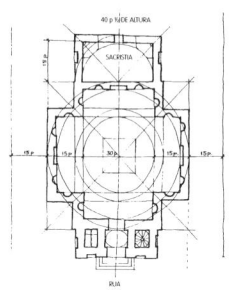

19.6 Pérez, igreja paroquial para Mugardos (La Coruña), esquemas compostivos segundo Chueca.

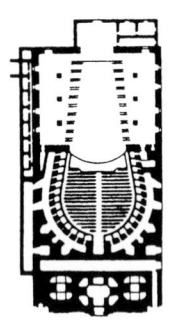

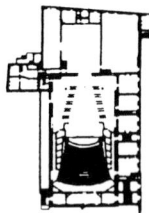

Recuperação e revisão do conceito de tipo

Em paralelo a esses *projetos intra-históricos* se desenvolvem nos centros culturais europeus importantes *projetos científicos* que têm sua origem em disciplinas diversas, mas que afetam diretamente a arquitetura.

A *revolução científica* leva a uma revolução nos sistemas de pensamento e conhecimento em todos os âmbitos e também na arquitetura que, em analogia com outras ciências, elabora diversos modelos teóricos, catalogando a realidade ou decompondo-a. O primeiro deles dá lugar à *tipologia*, o último gera a *metodologia*.

Nas ciências biológicas, Lineu conseguiu uma classificação e descrição do reino vegetal que divide em classes, ordens, gêneros e espécies, de modo análogo ao que fez Buffon com o reino animal, porém, este último admite a possibilidade de variabilidade das espécies, abrindo as portas ao conceito de evolução no sentido moderno da palavra.

A química, ao contrário, ao deixar de ser alquimia medieval e constituir-se como ciência, busca nas moléculas alguns elementos constantes que estejam em todos os corpos. Demonstra-se que nenhum dos quatro elementos clássicos (terra, ar, água e fogo) são verdadeiros elementos e, em troca, se descobre o oxigênio, o nitrogênio e o hidrogênio, que realmente o são. Além disso, com Lavoisier se estabelecem as leis da combinação química, se conseguem quantificar as relações entre pesos e equivalências e se fixa a nomenclatura química.

Entre a biologia de Lineu e Buffon e a química de Lavoisier surge o problema da decomposição elementar.

Analogamente, na arquitetura, a necessidade de explicar e sistematizar uma realidade programática conhecida faz com que apareça uma classificação em gêneros de arquitetura: religiosa, civil ou militar; ou de arquitetura pública ou privada. Aparecem, pois, conjuntos de projetos agrupados segundo determinados conteúdos em uma apresentação que não é neutra e que leva à descrição e à análise. Assim, por exemplo, as lâminas de Pierre Patte com as propostas para a praça da Concórdia em Paris permitem projetar e revisar o conceito de praça. E as lâminas com as propostas do Teatro de Bordeaux que acompanham o projeto de Victor Louis obrigam a levar ao limite o conceito de teatro, revisá-lo e restabelecê-lo.

Por outro lado, a complexidade dos fenômenos arquitetônicos se assemelha à estudada na arquitetura romana. Portanto, como se trata de períodos paralelos, se busca uma fórmula análoga que nos permita entender os problemas desse passado análogo. Surge então o conceito de *tipo*, que projetado sobre a arquitetura romana permite entendê-la, enquanto sua recuperação e revisão nos permitem entender e projetar a arquitetura do presente no século XIX.

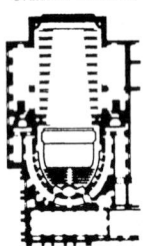

19.7 Tabelas comparativas de diferentes teatros europeus, segundo Durand (I).

Isso acarreta a possibilidade de um *controle tipológico* da arquitetura através das relações entre *tipo* e *programa*. A variedade e a classificação dos edifícios segundo seu programa, e os novos programas derivados da Revolução Industrial (mercados, teatros, bibliotecas, hospitais, prisões, etc.), levam Antoine-Chrysostôme Quatremère de Quincy (1755-1849) a enunciar as ideias diferenciais sobre *tipo* e *modelo*, sobre imitação e invenção, e, em definitivo, a estabelecer o sistema tipológico. Por sua vez, relegando o conceito de *venustas*, pode-se falar do tipo como de uma correspondência biunívoca entre forma e função, e assim proceder ao estabelecimento de tipologias e a seu estudo posterior.

A catalogação funcional ou classificação dos tipos evidencia como eles são escassos e limitados e sua insuficiência para abordar a complexidade da Revolução Industrial.

A complexidade das funções urbanas se acentua de tal forma à medida que avança o século, que não é possível estudar a arquitetura sem fazer referência às soluções tipológicas que, com melhor ou pior sorte, vão tentando responder a ela. No princípio, essa complexidade é abordada desde os mesmos tipos – escassos e limitados – que constituíam o repositório histórico da arquitetura. Pouco a pouco, sua mesma limitação e a diferenciação de necessidades novas que reclamam respostas originais vão gerar o aparecimento de novas soluções tipológicas.

Mas, como um silogismo, a validez da conclusão depende do conhecimento da premissa maior; assim, alguns também pensam que o sistema tipológico por si só é estéril, pois exige um conhecimento prévio do qual se carece: a tipologia é válida quando a arquitetura é conhecida; ela refina e aperfeiçoa o conhecimento do passado, mas não avança. Tudo isso provoca a reação de Jean-Nicolas-Louis Durand, que abandona os *projetos tipológicos* e aborda novos *projetos metodológicos* que liberem a arquitetura das restrições intrínsecas ao conceito de tipo, decompondo-a e analisando-a para que seja válida em qualquer tempo, lugar e circunstância (Figuras 19.7 e 19.8).

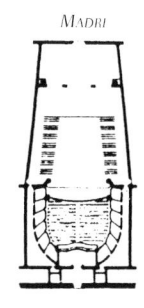

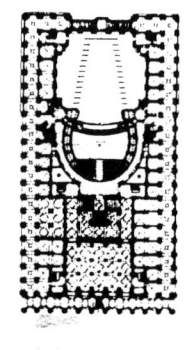

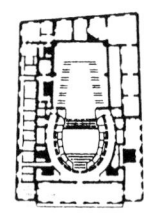

19.8 Tabelas comparativas de diferentes teatros europeus segundo Durand (II).

CAPÍTULO 20
A Composição Arquitetônica

**A composição básica:
Durand e suas lições de arquitetura**

Reagindo às insuficiências da tipologia como estrutura platônica ou idealista para a arquitetura, Durand recorre a ideais aristotélicos como a busca das causas e a redução dos fenômenos a um pequeno número de princípios explicativos.

Discípulo de Boullée, Jean-Nicolas-Louis Durand (1760-1834) pertence à geração napoleônica que institucionaliza o processo revolucionário. Dirigindo até 1800 a nova École Polytechnique, Durand enfrenta o problema do ensino arquitetônico como um problema social novo, cuja resposta pedagógica, suas *leçons d'architecture*, deve proporcionar ao estudante um método de projeto e construção para qualquer circunstância (Figura 20.1).

Trata-se de um método e não de um tipo, pois a arquitetura deixa de querer refletir tipos ideais para passar a aplicar o rigor do método científico aos programas edificatórios; um método baseado na composição como momento-chave no qual a razão age sem in-

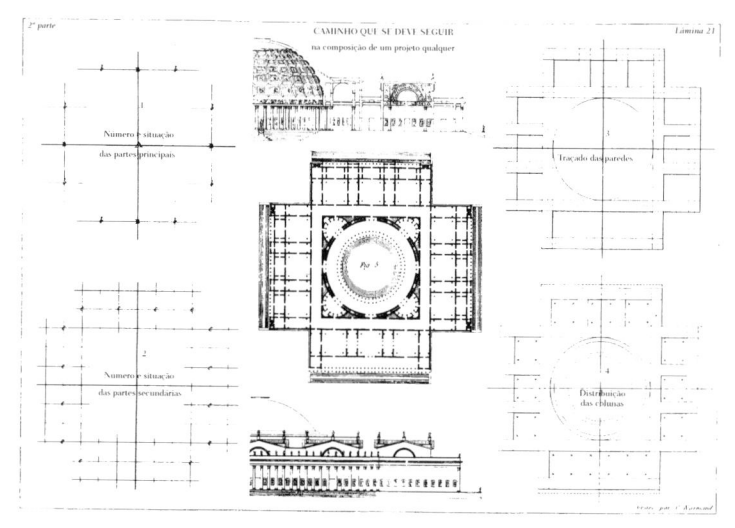

20.1 Durand, método compositivo; de *Précis de leçons d'architecture*, 1802-1805.

terferências nem limitações construtivas. Da composição aditiva da Academia se passa ao novo conceito de composição arquitetônica mediante um processo metodológico.

De maneira pragmática e utilitária, Durand reconsidera a *utilitas* vitruviana e faz dela o *fim* da arquitetura, e de seus meios, os quais chama de "conveniência" e "economia", entendendo por conveniência a solidez, o saudável e a comodidade – a antiga *firmitas* –, enquanto a simplicidade, a regularidade e a simetria são os atributos da economia. E é a composição que resolve as duas ao mesmo tempo. Assim, em uma releitura da tríade vitruviana, a *firmitas* é um meio para conseguir a *utilitas*, enquanto a *venustas* é simplesmente o resultado da composição.

Esse processo de composição exige uma decomposição prévia para se determinar e conhecer os *elementos da arquitetura*.

Entendendo o *volume arquitetônico* como fundamento e base da arquitetura, esses elementos serão seus limites físicos (o piso, o telhado ou cobertura, as paredes ou elementos de fechamento, as colunas ou elementos de sustentação) assim como as comunicações com outros volumes (as portas, as janelas e as escadas). Com esses elementos, conhecendo-os e dominando-os, aborda-se a composição arquitetônica. Os elementos da arquitetura passam a ser os *elementos da composição*.

Como um naturalista, Durand classifica unitariamente os elementos (todas as escadas, todas as coberturas, etc.), disponibilizando-os e convertendo-os em elementos indiferentes que somente adquirem seu sentido próprio na composição.

Combinando entre si os diferentes elementos, deles se obtêm as primeiras *partes ou recintos primários* (cômodos, pórticos, pátios, etc.), que podem, por sua vez, se integrar em um conjunto mais amplo (o edifício como grande caixa ou como soma de caixas). Assim, a caixa, fundamento da arquitetura, se converte na primeira arquitetura (Figura 20.2).

Durand faz da composição uma teoria combinatória que associa entre si os elementos de arquitetura dados: primeiro de maneira abstrata; logo segundo diferentes temas. O método é um processo dual: para a aprendizagem e para a prática. Assim – diz Durand –, no processo de composição ou projeto, "é preciso começar pelo conjunto, continuar por suas partes e, então, examinar quais são os cômodos principais e os que lhe estão subordinados; quais são os cômodos que devem se aproximar ou se distanciar entre si e determinar, em consequência, seu terreno e seu tamanho".

A *composição por elementos* defende uma maneira de compor por adição mecânica, por meio de uma retícula com hierarquia na qual os eixos são responsáveis pela organização do projeto, fixando as relações entre as partes, a posição das diversas áreas, o traçado das paredes e das colunas, e estabelecendo hierarquias organizativas e espaciais que permitem o travamento das partes e do edifício

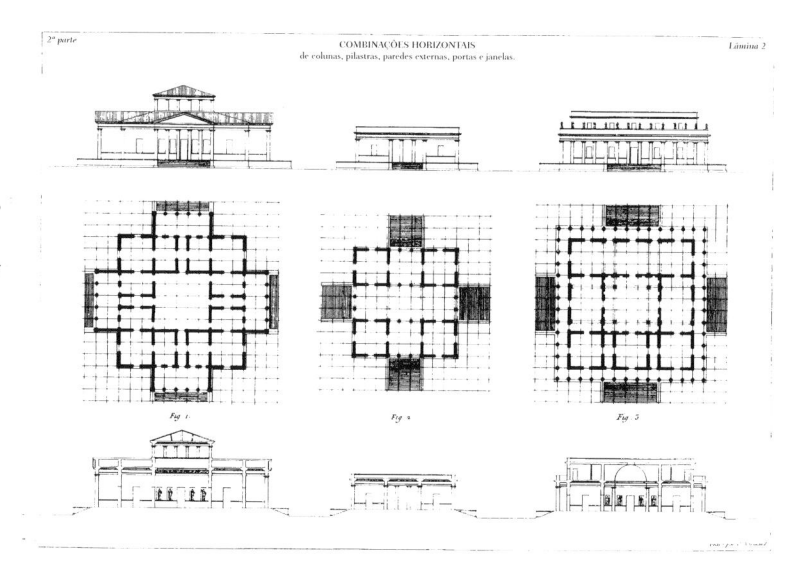

20.2 Durand, combinações de elementos; de *Précis de leçons d'architecture*, 1802-1805.

com formas elementares e proporções padronizadas que limitem o arbítrio do projetista.

Fiel à tradição revolucionária, Durand fundamenta a forma na geometria e baseia esta nas figuras simples (o círculo e o quadrado, a esfera e o paralelepípedo, ou o cubo), justificando-as pela economia e simplicidade. A forma não é determinada inequivocamente, e um programa de necessidades único admite soluções compositivas e formais múltiplas, o que possibilita o ecletismo e a independência entre o conjunto estrutural e a linguagem dos elementos.

As ideias de Durand tiveram grande aceitação durante todo o século XIX, quando muitos de seus exemplos de combinação se fizeram modelos de traçados arquitetônicos (Figura 20.3).

Metodologia e tipologia: a síntese *beaux-arts*

Apesar da dualidade École des Beaux-Arts e École Polytechnique, a fecundidade da doutrina de Durand se manifesta especialmente através da evolução e interpretação que faz da primeira, reconstituída também por Napoleão em 1806. A *síntese beaux-arts*, com suas variantes e sistematizações, determina a composição arquitetônica durante um século.

Com efeito, após a recuperação e revisão do conceito de *tipo*, a arquitetura do século XIX busca estabelecer uma relação entre tipo e programa como categorias da arquitetura, se baseando na relação entre *tipologia* e *metodologia* da oposição inicial à posterior síntese dialética. A ênfase tipológica está na origem do sistema, mas suas insuficiências aceleram a síntese com a proposta de Durand.

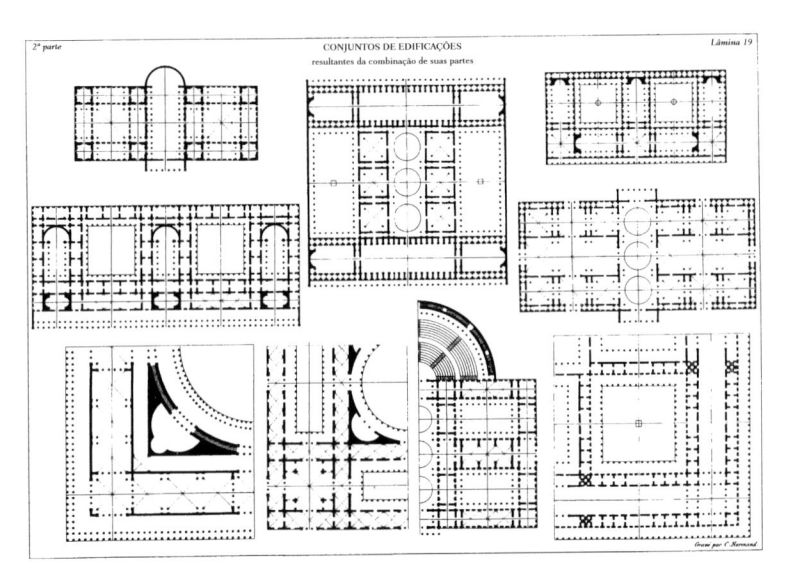

20.3 Durand, uma de suas diferentes propostas compositivas; de *Partie graphique des cours d'architecture*, 1821.

Produz-se uma progressiva desvinculação da totalidade implícita no conceito de tipo até a versatilidade e flexibilidade das partes ou recintos, com as possibilidades de combinações abertas e composições abstratas que isso implica. A técnica de definição das partes também substitui a mímese própria do tipo por uma ideia mais abstrata e produtiva, totalmente carente de memória histórica. Dessa forma, os principais conceitos nos manuais de composição se reduzem às ideias de *eixo, massa, parte* e *projeto*. O eixo e suas diversas combinações definem a ordem planimétrica do edifício, enquanto a massa e sua combinação hierárquica definem a ordem volumétrica. Por outro lado, o conceito de recinto ou de parte abre um amplo repertório de possibilidades.

Para que o projeto não fique reduzido – após o aparente abandono do tipo – a um simples problema de organização que converte a *venustas* em uma mera resultante, Quatremère definirá os conceitos de *decoro*, da *linguagem* e do chamado *caráter próprio* da obra de arquitetura como elementos prévios ao processo de projeto, e os incorporará à metodologia de Durand, dando assim lugar a um sistema novo: o *sistema beaux-arts*.

Na busca da forma – tanto dos elementos arquitetônicos como dos tipos construtivos e dos lugares urbanos –, se recorre ao conceito de *decoro* ou *conveniência*, como vontade de encontrar uma correspondência entre a linguagem e a identidade reconhecível dos edifícios e de seus elementos. O decoro rege a passagem entre as formas técnicas e arquitetônicas.

Por outro lado, convertido em um dos principais pontos de debate no século XIX, o *caráter próprio* é abordado sob vários aspectos: um deles, a *forma*; o outro, a *história*. De um lado, a exigência do caráter exerce funções de garantia contra a anarquia formal. De outro, se entende a história como material de projeto capaz de outorgar caráter à arquitetura. Assim, no *sistema beaux-arts* o desenvolvimento de um tema arquitetônico consiste na *atribuição de caráter à composição*, possibilitando certo controle tipológico da arquitetura, mas permitindo uma enorme variedade estilística.

O composicionalismo: da École des Beaux-Arts à Wagnerschule

O *sistema beaux-arts* influi de maneira decisiva na docência europeia e americana. Sua síntese didática ou seu *composicionalismo* se baseia em um ensino de *atelier*, mais prático do que teórico, e toma como princípios a *simetria* e o *caráter monumental*. Sua arquitetura não é nem quer ser antropomórfica, mas se estabelece a escala monumental implícita ou explicitamente. Tudo isso será censurado pelo Movimento Moderno.

Ao longo do século vão surgir diversas sistematizações com a intenção de explicar sua ordem compositiva, muito influente no sistema docente europeu e americano. Os principais textos são o *Traité théorique et pratique de l'art de bâtir* de Jean Rondelet (1838), o *Traité d'architecture* de Françóis Léonce Reynaud (1850), a *Grammaire des arts du dessin* de Charles Blanc (1860) e, em especial, os *Entretiens sur l'architecture* (1863) de Eugène-Emmanuel Viollet-le-Duc (1814-1879), cuja escola racionalista aborda de modo particular o problema da construção ou o caráter físico da arquitetura como base do projeto. Essa escola de Viollet teve grande influência na arquitetura espanhola, em razão do papel desempenhado pelas Escolas de Madri e Barcelona desde sua criação.

Em relação à forma de abordar compositivamente o projeto de arquitetura, existem duas maneiras principais. O projeto tradicional ou *paladiano* produz edifícios construídos por volumes unitários, claros e compactos. Na metade do século se difunde um novo modo de perspectiva, chamado *inglês* por sua procedência, que agrega as peças diferentes umas às outras e dispõe assimetricamente os diferentes corpos do edifício, os quais se projetam expressivamente ao exterior. Na prática, o arquiteto costuma tomar o sistema compacto e simétrico como trama básica da composição, definindo uma caixa regular elementar sobre a qual agrega todo tipo de elementos volumétricos que ressaltem os pontos importantes do edifício para o exterior, de uma forma timidamente assimétrica.

No final do século se destaca a recapitulação realizada por Julien Guadet (1834-1908) em seus *Éléments et théorie de l'architecture* (1902), quatro grossos volumes de revisão enciclopédica que unificam todos os processos anteriores com a intenção de integrá-los como um todo. De ampla influência na Europa e na

América, "o Guadet" foi o livro de ouro da escola *beaux-arts* na primeira metade do século XX, que apoiava uma arquitetura racional e funcional ao mesmo tempo em que defendia a liberdade individual e a primazia da fantasia.

Como contraponto à visão sintética, tranquila e possibilista de Guadet, a escola austríaca de Otto Wagner (1841-1918) ou Wagnerschule é intervencionista, sistemática e polêmica na sua revisão do sistema *beaux-arts*. Em seu trabalho de ampliação e renovação da tradição empreendido a partir de 1894, Wagner volta a Durand, mas trabalhando com peças que já não são geometria e sim arquitetura (embasamentos, coroamentos, quinas, etc.), estabelecendo uma clara *hierarquia* e *articulação* dentro do corpo principal da edificação e reconhecendo de forma explícita o caráter monumental da arquitetura.

Para isso, aplica uma sistemática projetual de caráter hierárquico baseada na definição de diferentes escalas dentro do processo de projeto que vai da cidade ao detalhamento de edificações.

Ainda assim, em sua sistemática docente, parte de uma análise da forma, da qual se passa à composição elementar para, a partir dela, empreender o projeto em suas diferentes escalas: o projeto de detalhes, o projeto de edificações, o projeto de conjuntos. Wagner entende a hierarquia como um conceito fundamental do projeto, de um projeto apoiado em outras partes que lhe dão caráter. Isso o leva a propor os conceitos de anterior e posterior no processo de projeto, conceitos em clara relação com o *composicionalismo* defendido nas sistematizações anglo-saxãs do início do século, tanto norte-americanas quanto britânicas, de grande influência pedagógica nas escolas espanholas, que tem seu reflexo em textos como *Civic Art* ou *American Vitruvius,* de Werner Hegemann e Elbert Peets (1922), *The principles of architectural composition*, de Howard Robertson (1925), ou *Theory and Elements of Architecture*, de Robert Atkinson (1926), e assinalam a passagem a um sistema de elementos intercambiáveis entre si que de alguma forma vem a ser antecipador do Movimento Moderno.

Capítulo 21
Ecletismo e Industrialização

O problema do estilo no século XIX

Ao se propor o estudo da composição em arquitetura a partir de uma ótica hegeliana – onde o passado explica os problemas do presente –, o *problema do caráter* na arquitetura encontra um de seus fundamentos na história. O recurso romântico de se recorrer à história como material de projeto leva a propor o *problema do estilo*, o estilo próprio do século XIX, e acarreta uma sequência que sai do *classicismo romântico* e conduz a diversos *historicismos* ou *revivescimentos*, chegando até o *ecletismo* e *modernismo* ou até a arquitetura internacional do *cosmopolitismo* do fim do século.

Por isso, apesar de a ruptura com o classicismo parecer não mudar nada porque se continuam usando as mesmas formas, na verdade se produz uma mudança radical, substituindo a confiança natural nesse repertório por uma simples convenção. Assim, do classicismo se passa ao neoclassicismo, o que mostra em seguida que o mesmo procedimento é aplicável aos repertórios extraídos de outros períodos do passado. Isso produzirá os sucessivos *revivals*: neogótico, neorromânico, neobizantino, etc.

Se o estilo é a adaptação de uma linguagem a um sistema espaço-temporal concreto, no século XIX a separação entre arquitetura e linguagem faz desta uma roupagem de algo que permanece embaixo. O conceito de estilo – antes algo quase universal – se limita de forma implícita até ser considerado como uma mera forma decorativa que se aplica a um esqueleto portante genérico. Isso leva a uma dissociação entre a linguagem e a composição arquitetônica.

Nesse sentido, é exemplar o projeto do edifício do Parlamento de Londres (1837-1843), um dos melhores e mais acadêmicos edifícios britânicos do século XIX concebido em linguagem clássica por Charles Barry (1796-1860), e que, por exigências simbólicas impostas pelo governo, se vê revestido de formas neogóticas, sem variar em absoluto a organização compositiva dos espaços internos nem dos volumes e massas de edificação (Figura 21.1). Temos, pois, um dos mais típicos exemplos de historicismo medieval no século XIX envolvendo um dos melhores exemplos da composição clássica romântica, o que evidencia sem rodeios o divórcio entre composição e estilo no qual se encontra a arquitetura do século XIX.

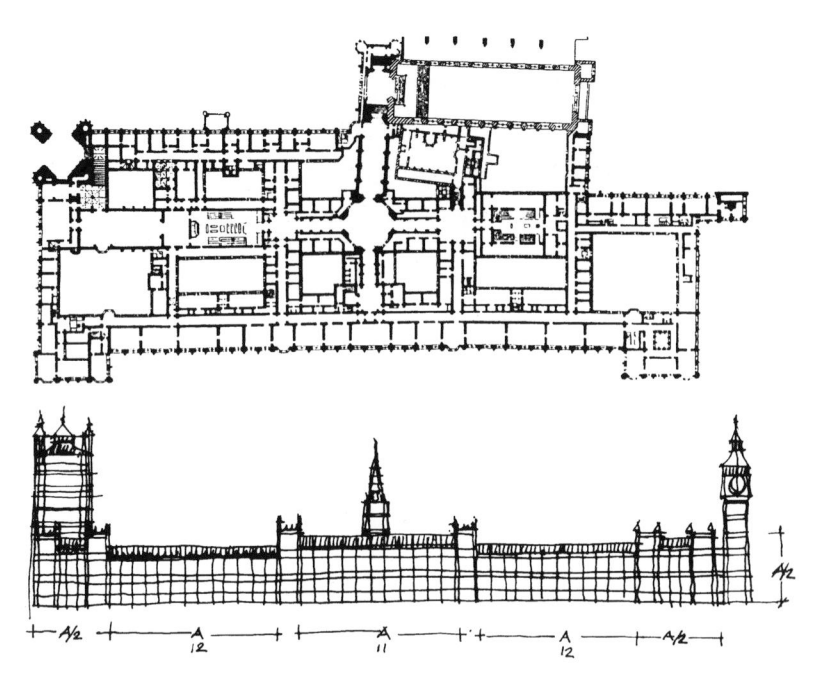

21.1 Barry, Parlamento de Londres, planta baixa e corte.

Por outro lado, a rejeição da cultura burguesa acarreta uma crítica à produção industrial expressa nos projetos historicistas de Augustus Pugin e John Ruskin, expostos em seus respectivos livros: *Contrasts* e *The Seven Lamps of Architecture*. Essas obras levam à busca de um desenho alternativo e ao movimento Arts and Crafts (Artes e Ofícios) para a reforma das artes aplicadas, constituído por William Morris a partir de 1888, que, além de suas obras concretas de arquitetura e de desenho, terá uma forte influência teórica e urbanística.

Os historicismos do século XIX

Talvez a característica mais representativa da arquitetura do século XIX seja o aparecimento de uma cultura historicista produzida pela apropriação de arquiteturas muito diferentes, geográfica e historicamente dispersas.

A incorporação do conhecimento histórico aos projetos leva a uma concepção de certa forma ideológica da arquitetura, embora permita acrescentar, com certo descritivismo, uma filiação estilística a cada ideologia e a cada programa arquitetônico. Assim, cada uma das diferentes linguagens se vê sustentada por ideias diferentes cujo significado varia conforme o país e o momento.

De maneira análoga à forma como o neoclassicismo se identificou com o período revolucionário da República e com o Império na França, o neogótico – considerado por Chateaubriand como o "gênio do cristianismo" – será identificado com a arquitetura pós-revolucionária da Restauração.

Isso não impede a continuidade da opção classicista, que evolui da racionalidade formal de Karl Friedrich Schinkel ao monumentalismo de Gottfried Semper, e que tem seu melhor exemplo na formalização historicista de uma Atenas neo-helênica como capital do novo reino da Grécia, construída por reis e arquitetos alemães, entre estes últimos Leo von Klenze (Figura 21.2). O meio-termo classicista também se manifesta na forma de integrar o ferro à arquitetura urbana com exemplos destacados como os de Gare du Nord (1861), de Jacques-Ignace Hittorf, e a Biblioteca de Sainte-Geneviève (1850; Figura 21.3), de Henri Labrouste, ambas em Paris.

21.2 Klenze e outros, área central da nova Atenas concebida como exemplo de historicismo neo-helênico.

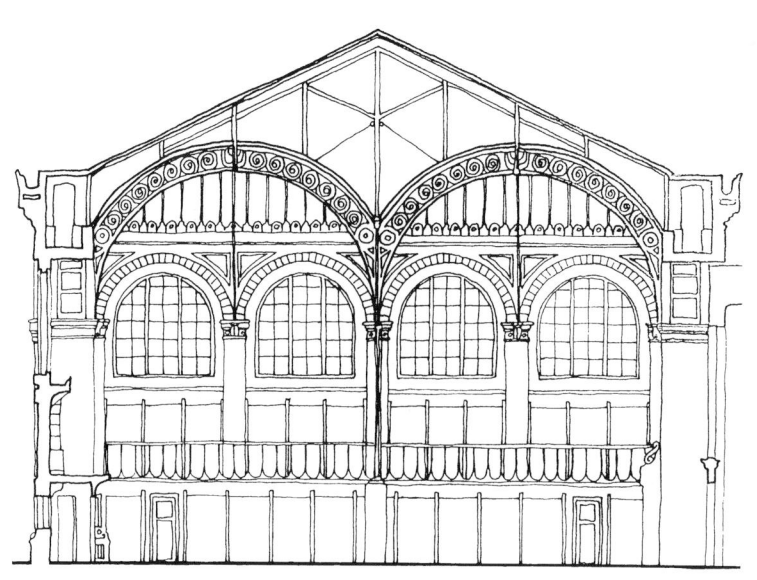

21.3 Labrouste, Biblioteca de Sainte-Geneviève, Paris.

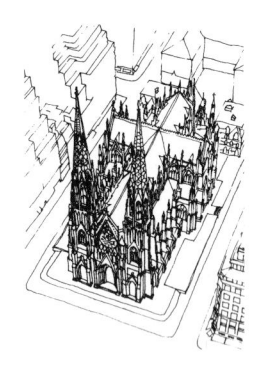

21.4 Catedral neogótica de São Patrício, Nova York.

21.5 Covadonga, primeira das catedrais burguesas espanholas.

Por outro lado, a aparente oposição radical aos ideais acadêmicos e seu significado religioso – com independência de outros ideais conjunturais – difunde o *historicismo medieval*, e em especial o representado pela igreja gótica, cujas altas naves se identificam romanticamente com a espiritualidade religiosa, de forma que em meados do século XIX o gótico – com alguma derivação românica ou bizantina – é aceito em todo o mundo como a modalidade natural da arquitetura eclesiástica.

Ainda que as primeiras edificações neogóticas se restrinjam a um desejo arqueológico minoritário, aos poucos o medievalismo adquire caráter próprio dentro da cultura do século XIX, dando sentido a um historicismo distanciado de evocações românticas e literárias que tem como melhores exemplos as *catedrais burguesas* construídas nos diferentes bairros da Paris de Haussmann ou da Londres vitoriana; ou as de São Patrício (Figura 21.4) e Votiva, em Nova York e Viena, respectivamente; ou as quatro grandes catedrais espanholas da Restauração: a Almudena, em Madri; a Sagrada Família, de Barcelona; a do País Basco, em Vitória; e Covadonga, em Astúrias (Figura 21.5) – cujas implantações evidenciam seus significados simbólicos. Sua onda de expansão dá um auge inusitado à construção de edifícios religiosos neogóticos na Europa e na América, a qual deseja identificar com seus novos templos a nova espiritualidade religiosa do século XIX.

Por outro lado, a multiplicidade de significados do historicismo faz com que, já em meados do século, Viollet-le-Duc possa entender a arquitetura gótica como o paradigma do *racionalismo construtivo*, e enfoque assim tanto seus trabalhos de restauração como suas teorias e seus projetos ideais, com sua conseguinte influência prática.

À margem do historicismo gótico, são raros os medievalismos de outra origem formal, sendo, em geral, de tipo arabizante e correspondente a obras efêmeras. Seu melhor exemplo foi a antiga Praça de Touros de Madri (1873), projetada por Capra e Ayuso em um *neomudéjar* que originou uma escola.

Síntese castiça do Islã e do Ocidente, o valor simbólico que o neomudéjar representa na Espanha é, por sua vez, estímulo para a revisão e a expressão construtiva da arquitetura, o que se evidencia de modo particular na Catalunha, cujo *sistema de abóbadas catalãs*, desenvolvido pelos homens da Renascença local, torna realidade o racionalismo construtivo de Viollet e vem a ser normalizado e tipicizado por Guastavino, que o estende para outras regiões.

De qualquer maneira, podemos dizer que toda esta gama historicista, urbana e burguesa encontra seu melhor exemplo no Ring de Viena (a partir de 1859), cujo conjunto de edifícios gregos, góticos, renascentistas e barrocos (como o Parlamento, a Prefeitura, a Ópera, os Museus de Belas Artes e História Natural, ou a ampliação do Palácio Imperial, obras estas de Semper) passa quase diretamente pelo ecletismo (Figura 21.6).

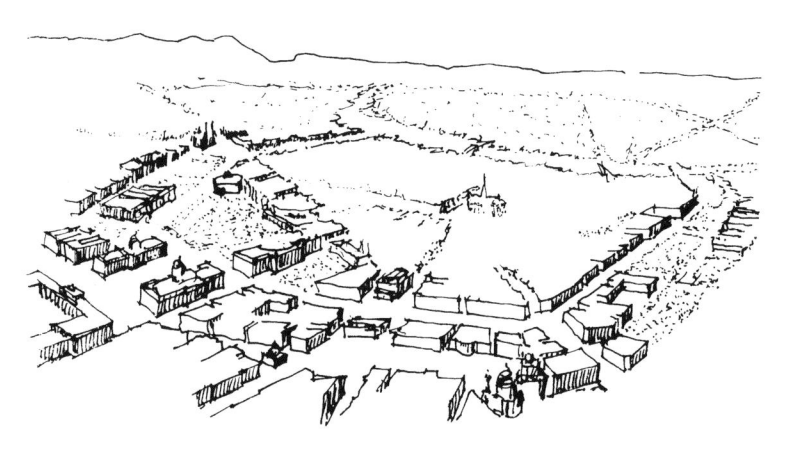

21.6 O Ring de Viena, um anel urbano concebido como assento das principais amenidades e equipamentos da capital da Áustria e paradigma da arquitetura historicista europeia.

O ecletismo do século XIX

O uso da história da arquitetura como instrumento de projeto não fica limitado à recuperação de estilos passados, e ao historicismo assincrônico ou *revival* se une, no último terço do século, um historicismo sincrônico e heterodoxo: o *ecletismo* (do grego *eceklein*, "escolher"), que mostra as possibilidades infinitas do manejo livre de linguagens e formas históricas diversas.

A história permitia fazer comparações e, portanto, revalorizar. Em consequência, desaparece a unidade do gosto, dando lugar à possibilidade de que várias linguagens convirjam em uma mesma arquitetura, o que, definitivamente, transforma essa mesma variedade em uma nova linguagem, diferente de seus componentes e com autonomia molecular própria. O problema do estilo aceita a sobreposição de estilos; porém, dado que o ponto de partida não é constante, o ecletismo do século XIX dificilmente pode ser classificado por estilos.

Assim, ao lado do ecletismo de base medieval conviverá outro de inspiração clássica – ou melhor, renascentista –, cheio de elementos de origem italiana e francesa, que – com os nomes de *estilo segundo império* ou, mais tarde, *estilo beaux-arts* – dominará em todo o mundo ocidental nas últimas décadas do século XIX.

A obra emblemática desse ecletismo do século XIX é a Ópera de Paris (1861-1875), arquitetura-espetáculo de Charles Garnier (1825-1898) e corporificação esplêndida do Segundo Império francês (Figura 21.7). O edifício combina um marco para a ópera com um marco para a exibição social, de forma que a sala ocupa somente dez por cento da superfície do edifício, enquanto os espaços de convívio e exibição (os salões e *foyers*, e, sobretudo, a escada principal) predominam física e simbolicamente sobre o conjunto, alcançando níveis de teatralidade verdadeiramente barrocos, expressos

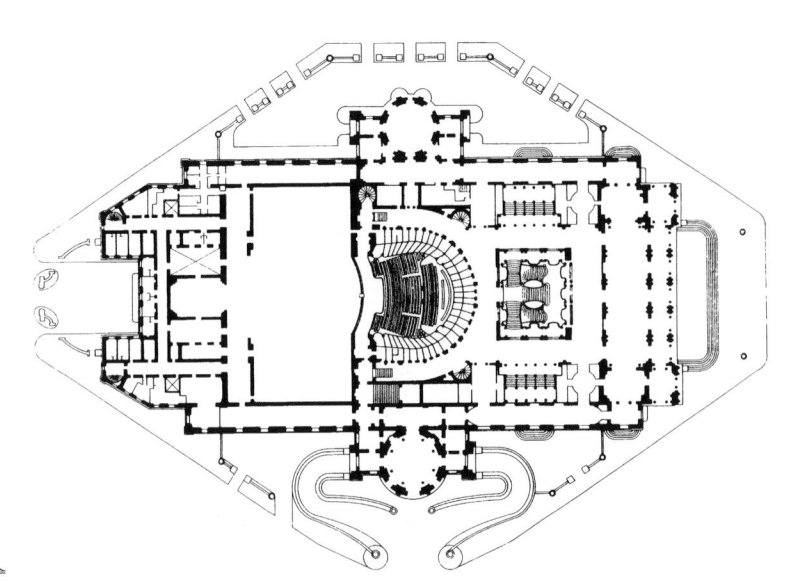

21.7 Charles Garnier, teatro da Ópera de Paris, paradigma do ecletismo do século XIX: corte longitudinal esquemático e planta baixa do pavimento principal.

formalmente em uma linguagem que, em palavras do próprio arquiteto, "não corresponde a nenhum dos estilos antigos conhecidos: é um estilo novo, o *estilo Napoleão III*".

Por outro lado, sua implantação – foco perspectivo de uma grande avenida especialmente aberta que rasgou o tecido histórico de Paris – mostra uma atitude orgulhosa de dignidade urbana que não vai se reduzir à Ópera parisiense, mas que faz com que cada edifício público ou privado seja concebido como um objeto monumental, perceptível e contemplável.

Nesse processo, os arquitetos costumam tentar manter em suas composições um equilíbrio racional inspirado em Durand, não obstante a diversidade linguística que cada uma de suas obras pode manifestar, adaptando as tradições arquitetônicas ao desafio dos novos materiais e tipologias.

Por outro lado, as forças sociais encontrarão sua melhor expressão nas formas ecléticas dos anos finais do século XIX – inclusive até o início do século XX – como estilo oficial dos edifícios públicos e de todos aqueles que pretendem ter uma representatividade na cidade, usando esse ecletismo orgulhoso e chamativo para consolidar a imagem das capitais europeias e americanas.

A Exposição Universal sediada em Paris em 1889 marca o apogeu desse ecletismo e, de certa forma, o apogeu do próprio século XIX, cujos fundamentos em seguida serão postos em crise.

O esforço para manter unidas as experiências dentro do marco historicista ou eclético se esgota, e isso traz consigo a importação e difusão de modelos e formas exóticas, cosmopolitas e modernistas.

Apesar de todas as suas conquistas arquitetônicas – ou talvez exatamente por elas –, nos anos imediatos à virada do século em toda a Europa se manifesta uma sensação de esgotamento cultural por parte do ecletismo, apesar de que ele ainda sobreviverá no início do século XX. Mas para isso será necessário redefinir e depurar seus elementos formais, incorporando-os à esfera dos ideais cosmopolitas.

Os fenômenos modernistas e cosmopolitas

Chamamos de Modernismo a expressão alegre e esteticista que a Europa cosmopolita do século XIX tenta assumir. Ainda que em alguns países haja um movimento renovador, em geral ele não passa de um formalismo vistoso, mas superficial, que, na maioria das vezes, oferece pouco mais do que algumas formas epidérmicas, uma ornamentação retórica ou um vocabulário misto de elementos fantásticos, naturalistas e românticos, que somente resultam em uma nova maneira de decorar as formas construtivas habituais, mascaradas sob uma profusão de elementos *modernos*.

O Modernismo não é um estilo unitário, e as diferenças de denominação (Art Nouveau na França e na Bélgica, Modern Style na Inglaterra, Jugendstil na Alemanha, Sezession na Áustria, e Liberty na Itália) afetam o fenômeno e o conceito que dele se tem em cada país. Assim, conforme a situação social e cultural de cada nação, o Modernismo, em geral, é uma síntese cosmopolita com muitas variantes.

Em todo caso, seu ponto de referência é o *art nouveau* franco-belga, com seu estilo orgânico ou floreado, exemplificado pela Casa do Povo de Bruxelas (1894; já demolida), de Victor Horta, ou pelas estações do metrô parisiense (1900), de Hector Guimard (Figura 21.8).

21.8 Guimard, estação da Bastilha no metrô de Paris, paradigma do *art nouveau* (demolida).

Diferente do Art Nouveau, o Modern Style anglo-saxão que Charles Rennie Mackintosh protagoniza revela a influência de William Morris e o Artes e Ofícios, projetando-se ao mesmo tempo sobre a América do Norte, onde abarca um amplo território que vai do desenho de Tiffany à arquitetura de Louis Sullivan, com exemplos singulares tanto em edifícios comerciais como o Auditorium Building (1889; Figura 21.9), passando pelo *shingle style* e pelo *craftsman movement*, todos muito relacionados com as primeiras arquiteturas de Frank Lloyd Wright.

Como uma síntese inteligente das duas posições se destaca a Sezession, que agrega à importância compositiva e metodológica da escola de Viena (a Wagnerschule) a personalidade e a obra de Otto Wagner e de seus discípulos: Olbrich, Plecnik, Hoffmann, entre outros. A transcendência de sua contribuição à arquitetura moderna pode ser exemplificada no edifício da Caixa Econômica dos Correios de Viena (1904), obra de Wagner, um trabalho assombrosamente moderno, realizado com extrema clareza compositiva e formal, e com uma economia de meios dificilmente igualada por qualquer outra obra de sua época (Figura 21.10).

O Modernismo catalão* também se destaca como uma síntese original do racionalismo, naturalismo e medievalismo, que teve seu início na Exposição Universal de Barcelona de 1888.

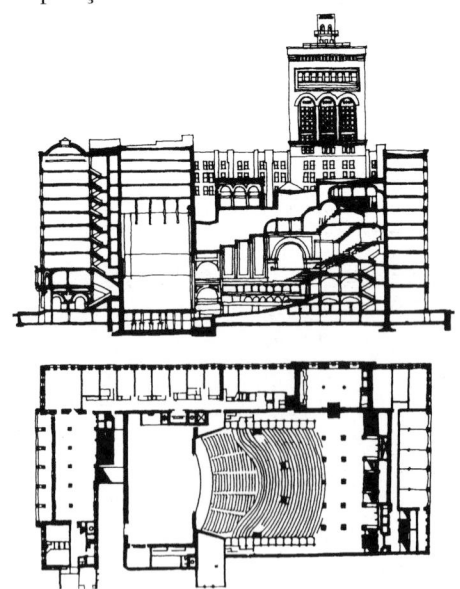

21.9 Adler e Sullivan, Edifício Auditorioum, Chicago, corte longitudinal e planta baixa.

*N. do T.: Na Catalunha, especialmente em Barcelona, o chamado "Modernismo" é uma variedade local do estilo *Art Nouveau* que se desenvolveu entre as décadas de 1880 e 1930; seus principais expoentes foram Antoni Gaudí, Lluís Domènech i Montaner e Josep Puig i Cadafalch.

No Modernismo, a maior transcedência se encontra, sem dúvida, na oposição dialética entre as atuações de Lluís Domènech Montaner (1850-1923) e de Antoni Gaudí (1852-1926) como exemplos emblemáticos da *Kunstwerkbund* ("obra de arte integradora") e da *Gesamtkunstwerk* ("obra de arte total"), respectivamente, e de sua preocupação pela *integração das artes*. Assim, enquanto as obras de Gaudí – o palácio Güell, as casas Milá e Batlló (Figura 21.11), o Parque Güell, ou a Catedral da Sagrada Família – realizam essa integração artística a partir da pessoa do autor, o Castelo dos Três Dragões, o hospital de São Paulo ou o Palácio da Música Catalã (Figura 21.12), de Domènech, a demonstram até mesmo no caráter intrínseco da própria obra.

A última é uma obra totalmente modernista, tanto por sua transparência espacial como pela decoração curvilínea, naturalista e policromática, onde artes maiores e artes aplicadas se integram na totalidade artística da obra, fazendo um importante esforço no campo das artes decorativas, que aumenta a repercussão do Modernismo e sua contribuição à arquitetura moderna. Ao lado da obra *artística* ou *de autor*, não se pode esquecer a presença anônima de um modernismo discreto e difuso – que em muitas ocasiões se reduz a pouco mais do que um detalhe floral, um elemento de metal ondulado ou um azulejo colorido – que vai se estender e difundir capilarmente, fazendo a arquitetura cosmopolita chegar até os rincões mais distantes.

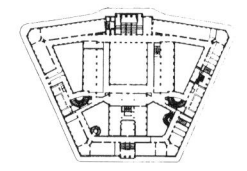

21.10 Wagner, Caixa Econômica dos Correios de Viena, planta baixa.

21.11 Gaudí, Casa Batlló, no Paseo de Gracia, Barcelona.

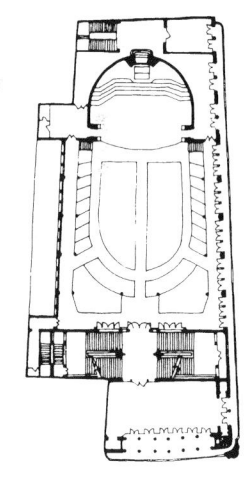

Revolução Industrial e arquitetura

O forte impacto da Revolução Industrial se faz sentir de maneira especial na arquitetura, onde não somente mudam os procedimentos construtivos e técnicos, como se alteram decisivamente as exigências arquitetônicas, ampliando os problemas urbanos e as transformações da paisagem.

No chamado *século da indústria e do progresso*, a aplicação técnica dos avanços científicos leva a novas aplicações e a novas invenções revolucionárias: a máquina a vapor, motor das indústrias e força dos barcos e locomotivas; o alto-forno de coque, que permite abastecer o mundo na era do ferro e do cimento; ou o dínamo, que gera eletricidade e torna possível a rede pública de eletricidade, o telégrafo e o telefone.

A Europa ingressa na segunda metade do século XIX acordando para a vida moderna. Os arrebatamentos líricos e os ideais do espírito progressista e liberal do começo do século são sucedidos por gostos mais materialistas. O progresso deixa de se vincular aos direitos e às liberdades, e se materializa e mede em canais, locomotivas, projetos urbanísticos, bondes, rede pública de eletricidade, entre outros.

É esse novo espírito progressista que, com suas nuances ecléticas e contradições internas, se fixa no panorama europeu em

21.12 Domènech, Palácio da Música Catalã, Barcelona.

meados do século, quando os fundamentos socioeconômicos e arquitetônicos fixados anteriormente alcançam seu adequado desenvolvimento e manifestação.

Singularmente, o mesmo ocorre no campo do urbanismo ou dos ideais urbanos.

Nesta ordem, a locomotiva e a rodovia revolucionam os sistemas de comunicações urbanos e interurbanos, permitem níveis de intercâmbio antes impossíveis de se imaginar, definem as novas *portas da cidade* e obrigam a reordenar o tráfego desta; e, como consequência, alteram direta ou indiretamente as necessidades e as formas de vida urbana e de sua arquitetura.

Nesta mesma ordem de coisas, as redes públicas urbanas – primeiro de gás e, em seguida, de eletricidade – permitem a iluminação de ruas e praças, e com isso a vida noturna das cidades, convertendo Paris – e, por extensão, todas as grandes capitais – em *ville lumière* (cidades iluminadas). Por sua vez, essa mesma rede pública, incorporada aos interiores, revoluciona a vida doméstica.

Quase ao mesmo tempo, Siemens constrói seu primeiro elevador elétrico (1881), generalizando a invenção hidráulica de Elisha Otis (1853), que permite a edificação em altura e torna possível o aparecimento de novas tipologias edificatórias (industriais, comerciais e residenciais) e, finalmente, dos grandes arranha-céus construídos pelos arquitetos da chamada Escola de Chicago nas últimas décadas do século, restabelecendo nitidamente nos Estados Unidos a polêmica entre engenharia e arquitetura, assim como as relações recíprocas entre o ecletismo e a industrialização.

Finalmente, o telégrafo e o telefone revolucionam as comunicações e fazem com que, paralelamente, se volte a imaginar a cidade em função da máquina, da circulação e dos transportes. Assim, a *cidade linear* de Soria, a *cidade motorizada* de Hénard, ou as propostas de *cidade industrial* de Tony Garnier ou de *cidade nova* de Sant'Elia são consequências últimas da Revolução Industrial e exemplos de um urbanismo que pretende ser científico, racional e progressista.

Mas o impacto da Revolução Industrial não se limita a esses progressos técnicos, e tem como principais projetos os novos materiais e a industrialização da construção.

O material sempre havia sido um dado do projeto, e sua disponibilidade local havia dominado a arquitetura do tijolo ou da pedra. O mármore do Pentélico ateniense ou o travertino romano determinaram suas formas clássicas; o granito de Guadarrama, a forma do Escorial; o arenito de Salamanca e o calcário parisiense, suas respectivas formas históricas. Somente em algumas ocasiões e para pequenas joias de arquitetura os materiais foram importados, sempre valorizados por sua raridade. Porém, agora, pela primeira vez na história, o material passa a ser um problema de arquitetura.

Os progressos técnicos determinam o aparecimento de novos materiais e novas técnicas de construção. E não podemos nos esquecer da revolução no uso dos sistemas cerâmicos que o sistema de abóbadas catalãs representa – porque utilizar materiais tradicionais não significa fazer arquitetura tradicional – ou da revolução que o concreto armado gerará após o início do século XX. No entanto, a contribuição mais expressiva do século XIX é a *arquitetura do ferro* (Figura 21.13 e 21.14).

A arquitetura industrial

Galgando-se sobre a primeira industrialização, na segunda metade do século XIX se desenvolve uma forte aceleração econômica cujo impacto rapidamente se torna visível e que deixa uma profunda marca na arquitetura do século XIX. Trata-se de um processo muitas vezes enrustido, pois, enquanto as novas técnicas e as novas necessidades impõem soluções radicalmente diferentes, uma tradição cultural exacerbada no período eclético mantém os hábitos estilísticos e os confunde com as novas contribuições. Essa coincidência deliberada entre ecletismo e industrialização condiciona, por sua vez, a visão da arquitetura, obrigando-a a redefinir seu território.

Isso acontece de tal forma que, em 1888, Mariano Belmás (1850-1916), cabeça do grupo progressista espanhol, chega a estender o campo profissional a "tanto uma ponte como um estabelecimento de ensino; tanto uma rua como uma bolsa de valores ou um banco; tanto a restauração de um monumento como o abastecimento de água; e tanto a expansão de uma cidade como uma ferrovia, um hospital, uma escola, uma fábrica de moedas, ou um reservatório de água".

E ainda que a maioria dos arquitetos não chegue a assumir o manifesto de Belmás em toda a sua radicalidade, acontece que, em maior ou menor grau, todos se veem estimulados pelo grande desafio que a Revolução Industrial lança sobre a arquitetura, obrigando-a a redefinir seu campo de atuação.

A primeira resposta a esse desafio é a *arquitetura do ferro*, assim chamada pela relevância que este material adquire como elemento estrutural e compositivo. As tecnologias do ferro – primeiro perfis soldados, depois laminados; primeiro perfis rebitados, depois soldados – favorecem as novas exigências e os novos programas que um mundo em pleno desenvolvimento industrial impõe.

Não somente as pontes, fábricas, depósitos ou estações demandam novas estruturas. A mesma arquitetura urbana e civil que o emprega tanto em seus teatros, quiosques ou estufas como na substituição das paredes externas portantes de seus edifícios por colunas de metal fundido que sustentam vigas mestras de madeira, também possibilita o aparecimento de edificações transparentes, muito adequadas para os locais comerciais da burguesia, para a qual o ferro é o símbolo da época industrial e o meio de sua expressão arquitetônica.

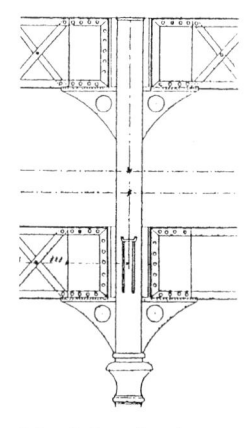

21.13 Detalhe de construção em ferro.

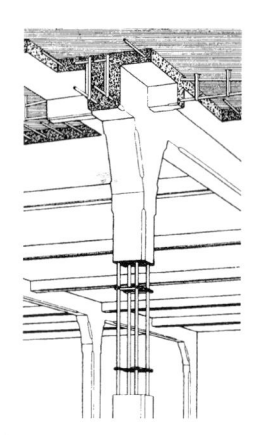

21.14 Detalhe de construção em concreto.

Entendida a arquitetura do ferro como arquitetura modular, surgem edifícios inteiros construídos com peças pré-fabricadas de ferro, combinadas com elementos da indústria tradicional, como a Bolsa de Amsterdã, ou especialmente com a indústria de vidro, como os mercados de Santo Antonio e do Borne em Barcelona, ou os mercados já demolidos de Les Halles em Paris ou de La Cebada e Los Mostenses em Madri, esplêndidos tanto por sua própria execução como por sua implementação urbana.

Junto a essas edificações, se destacam as Exposições Universais, onde a arquitetura ocupou o lugar revolucionário e estrelar, algo de se esperar, devido à sua imensa oportunidade.

Iniciadas em Londres em 1851, o melhor exemplo de Exposição Universal é o Palácio de Cristal (demolido), edifício paradigmático construído por Joseph Paxton como uma enorme estufa cuja superfície e volume correspondiam ao dobro daqueles do Parlamento britânico, evidenciando, sem dúvida, a nova magnitude da industrialização, em contraste com as edificações e instituições tradicionais (Figura 21.15). Analogamente, suas estruturas metálicas e seu fechamento com vidro representavam projetos avançados para a indústria da época por meio de um sistema pré-fabricado muito simples com base em poucos elementos modulados e repetitivos: vigas mestras, pilares, treliças, etc.

O Palácio de Cristal logo se transformou no modelo arquitetônico para exposições posteriores, as quais – em uma espécie de corrida da engenharia – não somente buscarão sistemas de construção rápida, mas também uma arquitetura de prestígio baseada nos alardes tecnológicos derivados da invenção de novos espaços e da cobertura de vãos cada vez maiores.

21.15 Joseph Paxton, Palácio de Cristal, Exposição Universal de 1851, Londres.

Esses avanços técnicos e espaciais culminam, em 1889, na Galeria das Máquinas, obra de Dutert e Contamin, na Exposição Universal de Paris, um fantástico espaço cuja estrutura vencia um vão de 115 metros e que tinha proporções tão grandiosas que a levaram a ser chamada de uma obra de arte "tão bela, tão pura, tão original e tão elevada como um templo grego ou uma catedral" (Figura 21.16).

Nessa mesma Exposição Universal de 1889 se construiu o monumento por excelência da Revolução Industrial: a torre Eiffel, um autêntico menir moderno que se eleva 300 metros em relação ao solo de Paris (ver Figura 2.4). Estruturalmente, a torre é uma pirâmide esbelta, formada por quatro treliças independentes de ferro unidas no topo, cuja curvatura responde aos esforços impostos pelo vento; essas quatro estruturas resistentes parecem suportadas por falsos arcos de meio ponto, que, na verdade, são uma mera concessão ao modismo e evidenciam as contradições do momento.

Por último, se deve fazer referência à arquitetura funcionalista e de uso especificamente industrial que geralmente aparece sem preocupações estilísticas e que se difunde pelos distintos centros industriais europeus e americanos nestes anos.

Nesses *castelos da indústria* – como corretamente se denominam –, em sua simplicidade formal e racionalidade construtiva, muitas vezes se percebem as mais claras sensações espaciais, correspondentes à mais pura arquitetura atemporal. Basta citar os conjuntos recentemente reciclados das docas portuárias de Londres e Liverpool, na Grã-Bretanha, ou de Hamburgo, na Alemanha; ou os centros industriais de Lille, na França, ou de Manchester, na Inglaterra (Figura 21.17); ou, já na Espanha, as indústrias catalãs

21.16 Dutert e Contamin, Galeria das Máquinas, Exposição Universal de 1889, Paris.

21.17 Croqui de Schinkel com as fábricas e as docas de Manchester, 1826.

abandonadas e as edificações mineiras nas encostas dos vales asturianos, com sua rítmica sucessão de módulos e elementos puristas. Em vários locais, ainda hoje encontramos muitas obras anônimas abandonadas nos antigos centros industriais, as quais mostram, em suas cascas vazias, o verdadeiro ímpeto da Revolução Industrial do século XIX na Europa e nos Estados Unidos e a extraordinária riqueza tipológica, construtiva e patrimonial de um século de progressos.

Capítulo 22
A Cidade do Século XIX

A cidade industrial

Todas as mudanças técnicas e estéticas mencionadas anteriormente acarretam um novo tipo de cidade: a *cidade industrial do século XIX*. Ela será um novo tipo de cidade gerada, em primeiro lugar, por uma mudança quantitativa muito importante: o aumento demográfico.

Estabilizada até o século XVIII com aproximadamente 180 milhões de habitantes, a população europeia chega, entre 1800 e 1914, a 450 milhões, ou seja, se torna duas vezes e meia maior. Esse aumento demográfico vem acompanhado, ao longo de todo o século XIX, de uma forte migração do campo para a cidade, e se concentra nas cidades, que multiplicam por três ou cinco vezes sua população em menos de um século, o que exige novas habitações, novos equipamentos e novos serviços urbanos. Uma situação ainda mais dramática ocorre nas cidades norte-americanas, muitas das quais passam de aldeias a metrópoles em menos de um século.

Simultaneamente, a revolução econômica leva ao desenvolvimento dos projetos industriais e das infraestruturas necessárias para a nova economia, que tendem a se concentrar nos núcleos urbanos, provocando o crescimento destes. As consequências das duas revoluções, demográfica e econômica, vêm se manifestando gradualmente ao longo do século, sem que existam, na primeira metade deste, instrumentos eficazes para disciplinar sua implementação e sua distribuição territorial. Isso multiplica as densidades urbanas, mas sem uma expansão física das cidades, ou, o que é o mesmo, com expansões interiores mediante a ocupação de vazios urbanos e a elevação das alturas edificadas.

Na metade do século, a insuficiência dessas expansões interiores chega a forçar uma expansão exterior de duas formas distintas: a *expansão espontânea* em forma de subúrbios e bairros próximos ao assentamento urbano inicial, e a *expansão planejada* em forma de ampliações de cidades e planos urbanísticos.

As expansões planejadas comprem a função de ordenar os assentamentos burgueses, mas são incapazes de orientar a urbanização dos novos espaços formados por causa das migrações originadas pela industrialização. Isso tem como consequência os contrastes entre os bairros representativos da burguesia e as áreas industriais e as favelas ou bairros degradados do proletariado, que fazem da cidade do século XIX uma *cidade dividida*.

São exatamente essas contradições entre indústria e burguesia que geram as primeiras alternativas urbanas, enquanto o surgimento delas provoca uma revisão *a partir do interior* das cidades.

Os programas sociais, os interesses coletivos e os projetos arquitetônicos se traduzem na cidade por meio da atividade de uma série de *agentes urbanos*, que determinam a construção e o planejamento. Esses agentes são os proprietários do terreno, os promotores imobiliários, as empresas construtoras e os entes públicos, ao mesmo tempo agentes e árbitros, enquanto definem os limites jurídicos urbanos. Em seu aparato normativo, cabe distinguir entre uma *legislação urbanística* estatal de caráter geral, e outras pormenorizadas *portarias municipais* que regem a vida ordinária.

A Revolução Industrial também é a *revolução das infraestruturas e dos sistemas de abastecimento públicos*. A cidade do século XIX depende das amenidades que definem a qualidade de vida: sanidade, salubridade e rede de esgotos, água, energia (gás ou eletricidade), iluminação viária, polícia, bombeiros, limpeza e abastecimentos, etc.

A revolução nas infraestruturas viárias e nos transportes tem seu paradigma na locomotiva, que ativa a vida industrial e financeira e contribui para o desenvolvimento urbano. A estrutura ferroviária difere de uma capital a outra. Se em Londres e Paris se multiplicam os terminais ferroviários – que atuam como portas da cidade em todas as direções do movimento urbano –, em Bruxelas ou Madri a estrutura ferroviária se limita às direções principais norte e sul, e em Roma se concentra em uma única estação central.

Os bondes são a versão urbana das locomotivas. Se estas facilitam a relação entre as cidades, os bondes tornam mais dinâmica a vida urbana, ainda que logo tivessem de ser complementados com os transportes subterrâneos e com o automóvel, cuja flexibilidade obrigaria a reprojetar a rede viária.

O *traçado viário* separa o público e o privado, e se constitui no princípio gerador da trama urbana. As grandes artérias articulam a urbe e seus distintos bairros; as ruas permitem a construção da cidade, atuando como eixos do tráfego e do comércio. A antiga rua era, em geral, estreita e irregular; a nova rua quer ser larga e regular tanto nos bairros novos como nos antigos.

Assim, a expansão externa se une à transformação e reforma da cidade histórica, com intervenções que acarretam rupturas no seu tecido: os *sventramenti* ou demolições de prédios em massa. Preveem-se novos eixos que atravessam a cidade para conectar suas estruturas fundamentais e tornar habitáveis os recintos antigos.

A cidade europeia do século XIX é uma unidade formada por muitas peças diversas, um *mosaico urbano* no qual convivem malhas novas e históricas mais ou menos reformadas, elementos singulares antigos reutilizados ou não com elementos únicos e próprios da capital.

Fruto de um processo plural, a cidade do século XIX é como um projeto singular de arquitetura, cujo ideal se concretiza em propostas edificatórias e urbanísticas. Em alguns casos, a reforma interior e a expansão exterior andam unidas, mas em outros são feitas de forma independente, dando lugar às ampliações próprias dos países latinos, enquanto nos países saxões as intervenções nos bairros posteriormente se articulam entre si e com o centro histórico.

Projetos de planejamento urbano

As expansões e intervenções urbanas nas capitais europeias encontram seu melhor reflexo na Paris de Haussmann (1853-1870), modelo arquitetônico e urbano de difusão internacional (Figura 22.1).

No Plano de Haussmann se unem crescimento e remodelação, tanto através do traçado urbano como dos equipamentos. O primeiro vem organizado por um novo sistema viário de grandes bulevares que conjuga artérias radiais e anelares, aproveitando as vias existentes e criando outras novas, tanto em zonas de expansão como rompendo o tecido histórico (Figura 22.1).

Por sua vez, a atuação de Haussmann acarreta a divisão administrativa da cidade em bairros e distritos, e prevê a adoção de cada um dos equipamentos urbanos correspondentes: prefeituras, escolas, igrejas, mercados, etc. Esses equipamentos e seus respectivos edifícios recebem, em geral, lotes especiais, procurando isolar as obras singulares e convertê-las em objetos monumentais. Com relação ao tecido residencial urbano, se utilizam as leis municipais como sistema de controle da edificação, obrigando os edifícios pri-

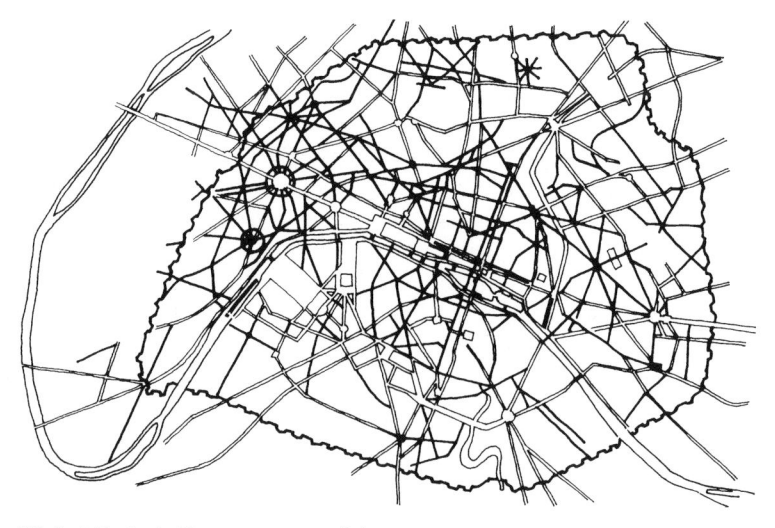

22.1 A Paris de Haussmann, modelo arquitetônico e urbano.

vados a se harmonizar com seus vizinhos e se articular com eles de acordo com critérios de unidade. Assim, fica evidente a relação entre as infraestruturas técnicas e a nova cidade, cujo exemplo paradigmático é a iluminação urbana.

Ao contrário da expansão orgânica de Paris, as *ampliações* ou crescimentos das metrópoles latinas planificadas unitariamente estabelecem uma relação dialética com a cidade histórica, opondo sua malha ortogonal ao traçado irregular da urbe. São duas as possibilidades de esquemas reguladores: centralização e descentralização. Ainda que a maioria dos planos de ampliação escolha a primeira opção, considerando a cidade herdada como centro da nova trama urbana, outros optam por uma trama autônoma, conectada, mas não subordinada à anterior.

22.2 A Avenida da Ópera, paradigma da Paris de Haussmann.

Além dos casos de Atenas e Madri, de Turim e Bilbao, ou de tantos outros, as ampliações têm como exemplo paradigmático o Plano Cerdà (1859) para Barcelona, exemplar em suas previsões para o crescimento futuro da cidade e na modelagem da *Teoria geral da Urbanização* de seu autor (Figura 22.3).

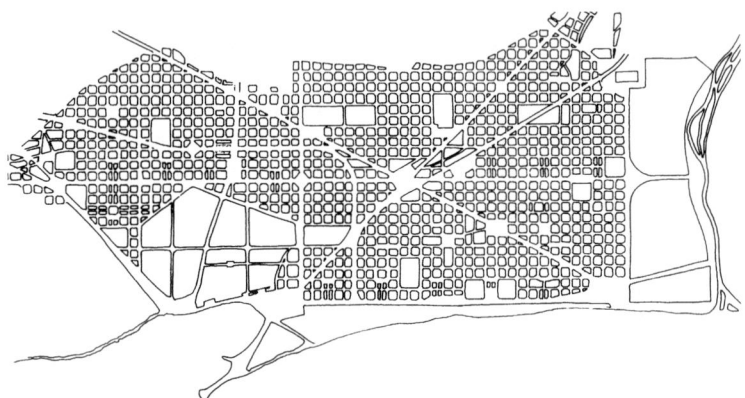

22.3 O plano Cerdà, exemplo paradigmático das ampliações do século XIX. À direita, a cidade antes da ampliação; acima, a implantação na malha urbana existente de Barcelona; e ao lado, esquema teórico.

Com uma modernidade extrema, nessa *Teoria*, Ildefonso Cerdà imagina a cidade de dentro para fora. Em primeiro lugar, ele define o elemento primário: a *quadra*, cujo agrupamento determina o *bairro*, e estes, por sua vez, definem o *setor urbano*, cada um em torno de seus correspondentes centros de bairro e de distrito. A cidade será a soma desses setores urbanos vertebrados linearmente por uma Avenida Principal e equipados convenientemente na escala metropolitana.

A essa proposta abstrata – quase uma cidade ideal –, Cerdà sobrepõe a trama de Barcelona, sobre a qual ele a estende como se fosse um enorme rolo de papel contínuo, que não tem mais limites a seu desenvolvimento que não sejam os naturais (a serra, o mar, o rio) e que tem uma organização policêntrica com bairros diferentes que gozam de autonomia entre si e com a Barcelona histórica. É exatamente esse relacionamento com a memória da cidade que leva Cerdà a personalizar a regularidade da malha viária ordinária, singularizando algumas grandes avenidas ortogonais ou diagonais, em uma relação com sua história, seu território e o mundo.

Já a *cidade americana* do século XIX desenvolve, em geral, sistemas hipodâmicos de construção com traçado em tabuleiro de xadrez, que buscam resolver em seu esquematismo e em sua regularidade o extraordinário aumento demográfico de cidades muitas vezes surgidas quase do nada. De Buenos Aires a Chicago, seus exemplos são inúmeros, mas o mais emblemático está na ilha de Manhattan em Nova York (Figura 22.4) que, com uma superfície parecida à da Ampliação de Barcelona, é recortada por uma dezena de grandes avenidas longitudinais atravessadas por 150 ruas transversais uniformemente separadas entre si, definindo mil quadras iguais, cuja isotropia torna realidade a utopia hipodâmica e permite todas as possibilidades imagináveis de construção urbana (Figura 22.5).

As críticas feitas ao esquematismo da maioria dos planos de expansão do século XIX fazem surgir, no final daquele mesmo século, uma visão revisionista renovada e colorida da cidade e da arquitetura. Em 1889 publica-se em Viena *Construção de cidades segundo princípios artísticos*, de Camillo Sitte, e começam os preparativos da Exposição Universal de Chicago de 1893. Ambos assinalam, no âmbito internacional, o ponto de partida dessa nova visão urbana que une a monumentalidade e o pitoresco e propõe conjuntamente a dignificação da cidade: a *cidade como obra de arte*, como ideal arquitetônico e urbano.

E esse ideal surge em todas as partes até 1900, quando se torna bastante visível o contraste entre os métodos que guiaram a expansão do século XIX e os métodos agora propostos. Se o ideal passado era de formas geométricas racionais, claras e simples, a repetição indefinida de elementos e a regularidade na composição urbana, no século XX se consolida a ideia de considerar os assen-

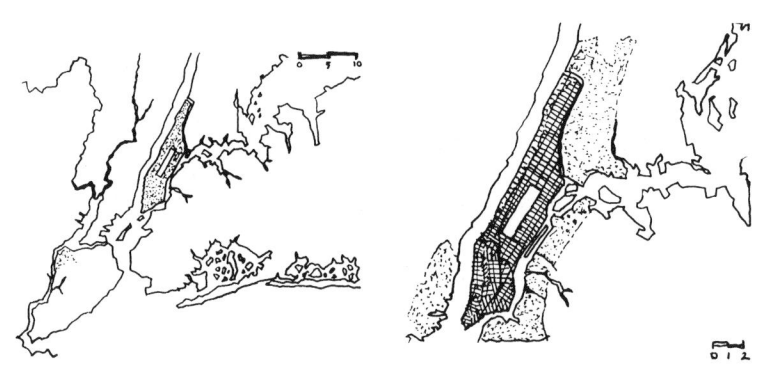

22.4 Entorno da cidade de Nova York e construção da ilha de Manhattan.

22.5 Croqui que ironiza a forma de construir a cidade americana.

tamentos urbanos como organismos complexos, hierarquizados e segregadores, ao mesmo tempo diferenciados e diferenciadores.

Serão seus melhores exemplos a Bruxelas de Buls, inspirada na Paris de Haussmann; ou o Plano de Jaussely para Barcelona, inspirado no Plano de Cerdà; ou as novas expansões projetadas por Sanjust em 1909, baseadas no plano de Roma como nova capital italiana em 1871 (Figura 22.6); mas, sobretudo, as propostas para as novas capitais dos impérios coloniais (a Camberra de Griffin na Austrália, a Nova Deli de Lutyens na Índia, a nova Rabat de Prost em Marrocos, a nova Manila de Burnham nas Filipinas, entre outras), cuja herança cultural e monumental estará presente na cidade moderna.

A construção da cidade

Uma cidade não se concebe somente através de seu planejamento, mas também como um conjunto de edificações que dão forma e qualificam o urbanismo. Reflexo fiel dos ideais sociais e da cidadania, a estrutura urbana tem uma tradução arquitetônica imediata através do *processo edificatório*. Em sua materialização cabe destacar os novos elementos urbanos, seus problemas de composição e implantação e os ideais de ornamentação de seus edifícios e espaços públicos, concebidos e construídos como obras singulares.

A expansão edificatória se une à complexidade das funções urbanas, que traz consigo uma grande variedade nos edifícios e gera *novas tipologias*. Numa visão orgânica da cidade, esses *novos con-*

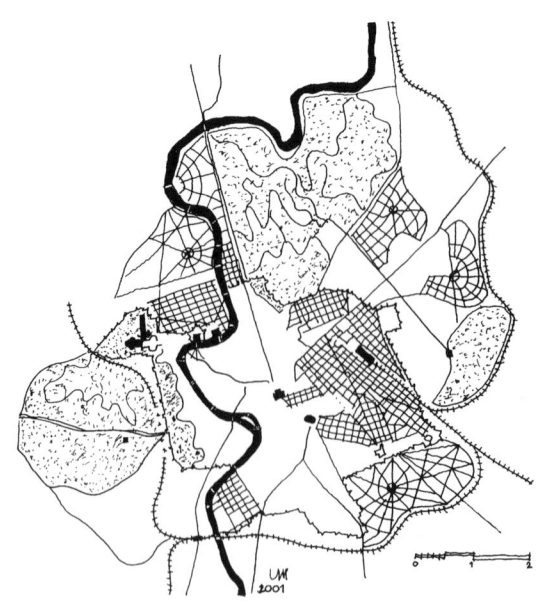

22.6 Roma após a unificação da Itália: as retículas de 1871 e as novas expansões projetadas em 1909.

teúdos são classificados por meio de uma *analogia biológica*. Assim, as estações ferroviárias são entendidas como portas da cidade (Figura 22.7); o mercado, como seu ventre; as escolas e bibliotecas, como o cérebro; os edifícios administrativos e comerciais, como o sistema nervoso; os eixos viários, como o sistema circulatório; as praças, parques e jardins, como os pulmões da cidade.

A complexidade das funções urbanas é abordada, a princípio, com os mesmos tipos, escassos e limitados, que constituíam o depósito histórico da arquitetura. Porém, pouco a pouco, sua própria limitação e a diferenciação progressiva de novas necessidades – que exigem respostas originais – geram o aparecimento de novas propostas tipológicas específicas.

Por outro lado, uma vez que as amenidades públicas serão financiadas muitas vezes com fundos privados gerados pela construção residencial, é compreensível que a implantação da arquitetura representativa deva gerar um novo espaço urbano, ocupando os lugares mais nobres da cidade e transferindo para a periferia usos ou edifícios que antes podiam compartilhar o centro da atividade urbana e que agora são considerados indignos de ocupar um lugar no novo contexto (quartéis, hospitais, prisões, etc.), iniciando um processo de segregação que se acentuará no século XX.

A *dinâmica da construção* condiciona o processo urbano e a arquitetura da cidade. Esta reflete a dialética entre os elementos singulares e os tecidos urbanos. Por outro lado, os ideais de ornamentação urbana acarretam uma figuração homogênea, que os códigos formais historicistas e ecléticos assumem, tanto por meio de normas de dignificação e regularidade formal, quanto através de arquiteturas de prestígio.

Em todo caso, não se pode negar a satisfação dessas experiências urbanas do século XIX. Como afirma Fernando Chueca: "A burguesia liberal se via como grande construtora de cidades e, ain-

22.7 Estação de King's Cross em Londres, nova porta da cidade.

da que suas criações artísticas individuais não se destaquem sempre pelo alto padrão, ela soube organizar admiravelmente as cidades que são e devem ser empresas coletivas".

Os equipamentos e elementos singulares

A arquitetura da cidade começa em seus símbolos, em suas imagens monumentais, que são, ao mesmo tempo, mitos sociais e emblemas urbanos. Construídos com profusão, muitas vezes se limitam a ser simples estátuas de bronze sobre um pedestal, mas outras vezes adquirem marca e dimensão urbana, e assumem significado simbólico. Seus exemplos mais grandiosos são a Estátua da Liberdade em Nova York (Eiffel e Bartholdi, 1876) e o monumento à unificação da Itália em Roma, o Vittoriano (Sacconi, 1882; Figura 22.8), cujos ecos foram sentidos em todas as capitais da Europa e da América, com exemplos únicos como o Monumento a Alfonso XII de Madri (Grases, 1902; Figura 22.9).

Quanto às sedes do poder público, enquanto os edifícios governamentais apresentam, em geral, um tipo arquitetônico rotineiro e multifuncional de espaços compartimentados, os tribunais de justiça e os parlamentos eram concebidos buscando ser emblemas urbanos e símbolos do poder civil (ver Figura 21.1).

Entendidos como templos da democracia, os Parlamentos contam com exemplos únicos em toda a Europa e América. A maioria deles possui uma sede unitária para as duas câmaras (Londres, Budapeste, Washington ou Buenos Aires), ainda que outros as diferenciem em edifícios diferentes, como em Paris ou Madri, cujos pórticos clássicos são vistos como símbolos da nação.

Como exemplo, podemos citar três obras singulares, marcos exaltados da arquitetura do século XIX: o Reichstag de Berlim (Wallot, 1889), os Palácios da Justiça de Roma (Calderini, 1888) ou de Bruxelas (Poelaert, 1883), do qual disse Verlaine: "Tem algo de torre de Babel e de Michelangelo. Um pouco de Piranesi e um pouco de loucura. No exterior é um colosso, no interior é um monstro". Os três foram, sobretudo, testemunhos do orgulho de suas jovens nações.

22.8 Sacconi, monumento a Vittorio Emanuele ou "Vittoriano", Roma.

As duas grandes funções urbanas, o *ócio* e o *negócio*, encontram uma união particular nas capitais do século XIX.

Os edifícios de bancos, de escritórios ou lojas e os grandes armazéns configuram o coração da cidade e fazem parte do sistema de referências urbanas; têm sua sede emblemática na Bolsa de Comércio, um grande pátio de negociação ladeado por pequenos escritórios. Rodeada de pórticos ou envolta em colunatas, a Bolsa surge na Paris ou na São Petersburgo do Iluminismo. Reduzindo a coluna simbólica a um pórtico frontal, ela ainda aparece, no final do século XIX, em Viena ou Madri, momento no qual, porém, Hendrik Petrus Berlage se atreve a erguê-la em Amsterdã como um *castelo industrial* singular, unindo a fábrica tradicional e a estrutura de ferro.

22.9 Grases, monumento a Alfonso XII, Madri.

Porém, mais do que as sedes bancárias e financeiras, os verdadeiros templos do comércio são as grandes galerias, como a Vittorio Emanuele, em Milão (Mengoni, 1877), ou a Umberto, em Nápoles (Rocco, 1887), grandes caminhos abobadados, com ambientes de trabalho múltiplos em torno de um espaço central transbordante de luz, para o qual se abrem oficinas e lojas. Quanto à nova edificação comercial, não podemos nos esquecer das experimentações tipológicas e morfológicas contemporâneas de Chicago ou de Glasgow, onde o refinamento na escolha dos materiais e o cuidado nos detalhes se une à busca de novas tecnologias do uso do ferro, à experimentação de novos espaços e ambientes modernos e a uma nova relação interior-exterior.

O papel homólogo de *templos do ócio* corresponde aos teatros, fachadas da burguesia e centros nevrálgicos da vida social. E como sua introdução urbana pertence a períodos anteriores, seu desenvolvimento e apogeu competem às últimas décadas do século XIX, conformando nas capitais burguesas um rico conjunto de arquitetura teatral (ver Figuras 21.9 e 21.12).

A cidade do século XIX também quer ser uma sede cultural, consolidando os centros artísticos e científicos anteriores e elevando novas sedes. Em uma nobre competição, as capitais da Europa e da América rivalizam em criar museus para a história e a arqueologia, para a arte e a ciência, assim como bibliotecas e arquivos. Museus e bibliotecas andam de mãos dadas sob o espírito do Iluminismo, que ressoa ainda em Londres ou Madri, no British Museum ou em Recoletos. Porém, em outras cidades, essas instituições permanecem independentes.

A edificação pública se torna decisiva na cidade do século XIX (Figura 22.10). Aos *equipamentos básicos* (templos, escolas, lojas e entidades filantrópicas) se unem *grandes equipamentos urbanos*, cuja implementação e projeto chegam a gerar verdadeiros bairros independentes. Esses equipamentos são releituras rigorosas dos tipos arquitetônicos, chegando a soluções especializadas realmente notáveis.

Isso se evidencia na *arquitetura hospitalar*. Após os edifícios multifuncionais de planta compacta e tipologia compartimentada, surgem, no século XIX, novos projetos de entidades filantrópicas, campo de experimentação de novas tipologias, onde cada recinto

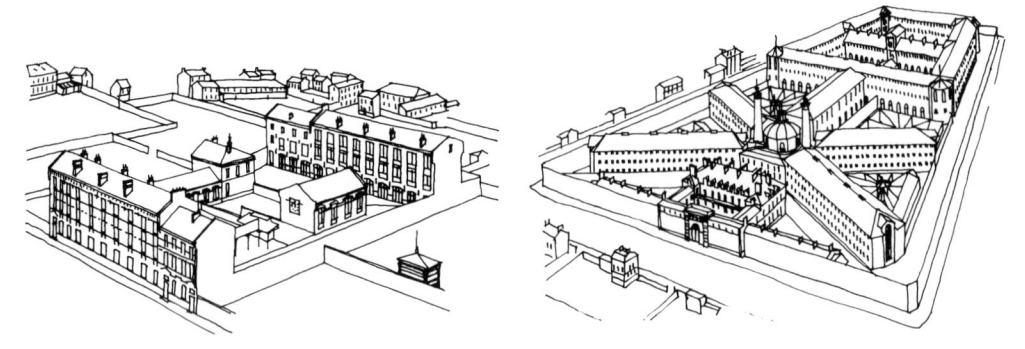

22.10 Edifícios públicos do século XIX em Paris: à esquerda, as escolas Voltaire, exemplo de equipamento urbano na escala de distrito; à direita, Penitenciária La Santé, exemplo de equipamento na escala de cidade.

– como se disse – é "uma máquina para tratar os doentes", memorável afirmação precursora de Le Corbusier. Ainda que alguns prédios optem por sistemas radiais ou ortogonais, a maioria prefere o sistema de pavilhões, visto como sinal de progresso. Um exemplo singular é o Hospital de Montpellier (1883) – cujo arquiteto, Casimir Tollet, chegou a patentear como sistema – ou o de Hamburgo (1884), com mais de 80 pavilhões conectados por ruas internas.

A *arquitetura penitenciária* também é um bom exemplo da diferenciação tipológica do século XIX. Englobada inicialmente em edifícios de serviços múltiplos (ao mesmo tempo câmara de vereadores, juizado e penitenciária), a complexidade dos programas de necessidade faz que desse edifício simples se desprendam pouco a pouco diferentes funções, e entre elas a penitenciária, que se configura como tipo específico ligado ao sistema panóptico de Bentham (1791), constituído por uma série de galerias celulares radiais distribuídas em torno de uma rotunda central, a partir da qual se torna mais fácil a vigilância, e que se configura como uma grande sala coberta por uma cúpula que a singulariza formalmente. Esse sistema panóptico alcançaria uma grande popularidade no século XIX, com exemplos como a Penitenciária La Santé em Paris (Vaudremer, 1862), a Penitenciária de Moabit em Berlim (Hermann, 1869), ou a Penitenciária Modelo de Madri (Aranguren, 1876), cuja eficácia penal lhes torna modelo para as prisões de Barcelona, Valência, Oviedo (Figura 22.11) ou La Coruña.

A esses conjuntos urbanos se une a *arquitetura militar*, que constrói quartéis em quase todas as cidades. Neles, além do aspecto claramente funcional dos pavilhões de serviços, se busca uma intenção monumental nos pavilhões representativos, através de uma retórica de origem historicista ou eclética, exemplo da influência das modas culturais no campo militar.

Já a *arquitetura das ferrovias* pode ser entendida como obra industrial e, ao mesmo tempo, como a porta da cidade. Serão dois os

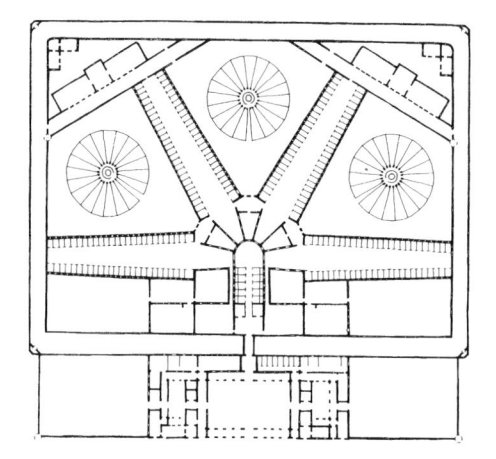

22.11 Penitenciária Panóptica de Oviedo, planta baixa.

tipos de estações: *gare de passage*, com um edifício colocado ao longo das vias, cobrindo-as com treliças; e *gare em tête*, que organiza os serviços e acessos em torno de um grande vestíbulo acompanhado de longas plataformas laterais para chegadas e partidas.

Além do propileu da estação de Euston em Londres (1839), o modelo mais seguido será o da Gare de l'Est em Paris (1852), que gera uma grande variedade de exemplos (Figura 22.12). Enquadrando a janela semicircular da nave central por dois pavilhões ligados por um pórtico, Duquesney faz dialogar a arquitetura de ferro e vidro da nave e da pele, ligada à cidade e a seus estilos historicistas, incorporando também o tema do relógio central, símbolo da coordenação de horários exigida pelo tráfego ferroviário. As estações de trem Termini, em Roma, e Atocha, em Madri, foram uma variação desse tipo, enquanto outras, como a Gare du Nord, em Paris (1861), ou a King's Cross, em Londres (1852; ver Figura 22.7), representam modelos alternativos.

Se as estações são as novas portas da cidade, os mercados e os abatedouros são considerados seu ventre, seguindo a denominação brilhantemente cunhada por Zola. Centro de intercâmbio social, o

22.12 Duquesney, Gare de l'Est, Paris.

mercado é concebido formalmente como o grande guarda-chuva que organiza e protege o comércio cotidiano, e que teve em Les Halles de Paris (1860) sua obra emblemática.

Quanto aos *espaços públicos*, as praças têm o papel de nó no sistema viário e o caráter de núcleo como centros e foros da cidade. Pontos de conexão urbana, seu projeto transcende o âmbito construtivo para se tornar arquitetura. Junto às grandes praças da cidade surgem em cada bairro espaços verdes próprios, que adotam com preferência a tipologia do *square*, um pequeno jardim separado do trânsito, em uma cidade que não quer prescindir da natureza.

Ao espaço estático da praça ou *square* se contrapõe o caráter dinâmico do *bulevar* ou do *passeio*, onde a arborização se converte em símbolo da qualidade urbana dos bairros burgueses.

A *arquitetura vegetal* adquire sentido especial nos parques, centros de lazer da cidade. Os parques londrinos, o Central Park de Nova York, o Tiergarten de Berlim, a Vila Borghese de Roma, o Retiro de Madri ou o Bois de Boulogne em Paris são exemplos emblemáticos, que se articulam em ambientes diversos e exigem marcos escultóricos, quiosques, cercas e todo tipo de equipamento para a atividade de lazer, cada dia mais variada.

Como parques singulares e grandes equipamentos urbanos, os cemitérios são os jardins melancólicos do romantismo e as cidades análogas do ecletismo: as *cidades dos mortos*. Inicialmente construídos nas principais cidades europeias em meados do século, entre eles se destaca o cemitério romano do Campo Verano ou o madrilenho da Almudena.

As áreas habitacionais

Na cidade do século XIX, a habitação se une aos edifícios públicos, estabelecendo uma rica dialética entre *arquiteturas singulares* e *áreas habitacionais*.

Ao longo do século, a habitação se converte em protagonista da cidade. Evidentemente, ela sempre foi um objeto arquitetônico, mas sua função representativa primava sobre sua funcionalidade ou ela era objeto de um trabalho artesanal, redutível à esfera econômica ou social.

O abastecimento de energia (primeiro o gás e logo a eletricidade) transformou a vida doméstica tanto quanto a vida urbana. Em 1870, se cozinhava com velhos fogões a lenha ou carvão, se bebia e se lavava com água procedente de fontes exteriores, as latrinas e os banhos eram coletivos.

A primeira conquista da higienização foi o saneamento público. A construção das redes de esgoto e o abastecimento de água potável às casas deram lugar à difusão das instalações hidráulicas, pois a maioria das casas de todas as classes sociais precisa de outras instalações além da bacia sanitária no final do corredor ou na área de serviço. A contribuição mais interessante que se produz nesse período são os quartos de banho, tanto por sua funcionalidade quanto por seu simbolismo como elemento de progresso.

Outra conquista importante foi o elevador – primeiro hidráulico, depois elétrico –, que, tornando mecânica a ascensão entre diferentes pavimentos, tende a igualá-los funcional e hierarquicamente, mudando os usos e as alturas dos edifícios.

Afetando o tradicional parcelamento do solo em terrenos estreitos e longos, e ocupando grandes lotes urbanos que obrigam o projeto de habitações multifamiliares, aparecem nessas malhas vários modelos residenciais distintos de *moradias populares*, cujos principais são a casa em fita e o edifício de apartamentos, assim como as combinações massificadas de ambos ou *Mietskasernen* que aparecem em Berlim ou Viena (Figura 22.13). Quanto à moradia unifamiliar (o palacete, a vila rica ou a casa modesta), predomina o conforto residencial sobre a representatividade, caracterizando a tipologia suburbana do novo século em diversos graus, que vão das *prairie towns* anglo-saxãs às mais elementares *colônias*.

As concentrações de obras e fábricas derivadas da industrialização provocam o nascimento da *coke-city* ou "cidade-carvão", caracterizada pela degradação dos espaços proletários, pelos cortiços promíscuos e anti-higiênicos, cujas propostas de resolução estarão, na maioria das vezes, na origem das alternativas urbanas idealistas do século XIX.

As alternativas urbanas

Com efeito, as contradições derivadas do contraste entre os bairros típicos e as áreas industriais implicam a consideração da cidade industrial do século XIX como uma cidade dual: a *cidade burguesa* se contrapondo à *cidade-carvão*; e, em repúdio, surgem suas diferentes alternativas ou utopias urbanas ao longo de todo o século.

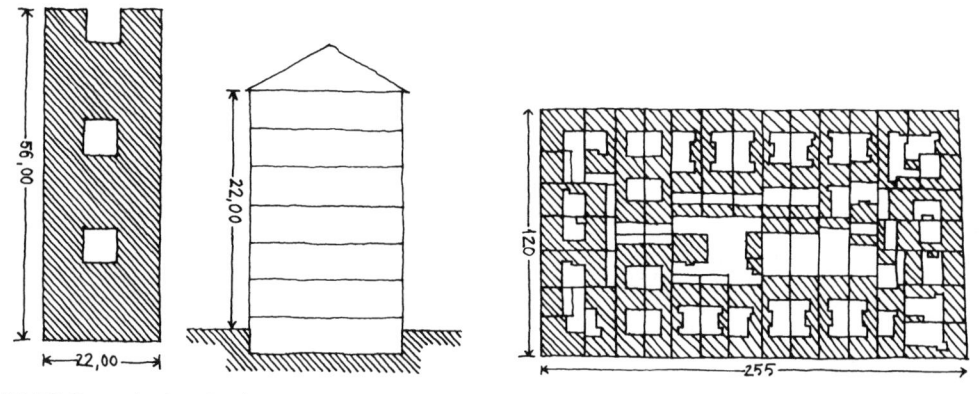

22.13 Exemplo de *Mietskaserne* centro-europeia, combinação massificada da casa em fita com o edifício de apartamentos do século XIX.

À maneira dos códigos estilísticos contemporâneos, essas utopias recorrem também à sequência histórica como inspiração e modelo utópico – tanto em seu conceito tipológico como em sua dimensão populacional –, dando lugar a certo *revival* das alternativas históricas (monastério, colônia, *Residenz-Stadt*), antes que se chegue a formular uma utopia nova no século XX, próxima à cidade moderna.

Surgem, primeiramente, as propostas dos *socialistas utópicos*: Saint-Simon, Owen, Cabet, Considerant, Fourier, entre outros, e suas comunidades ideais reduzidas a somente mil ou dois mil habitantes, propostas quase como monastérios laicos para grupos de pessoas de forte coerência sociocultural. Por sua relação com as tipologias urbanísticas e as edificatórias, se destaca entre elas o projeto do Falanstério de Charles Fourier (1837; Figura 22.14), realizado anos mais tarde por Godin em Guise – domesticado e transformado em familistério –, cuja réplica moderna é a *unidade de habitação* de Le Corbusier, prevista para o mesmo número de habitantes.

Junto a elas surgem visões e descrições literárias por parte de médicos e romancistas – Dickens ou Buckingham primeiro, Richardson ou Verne mais tarde, todas elas para populações de aproximadamente 10 mil habitantes –, interessantes por si próprias e por sua influência nas propostas *rurbanas* no final do século.

Diferentes das ideias experimentais e utópicas anteriores, na segunda metade do século XIX, as propostas dos reformistas sociais passam do *socialismo utópico* ao *socialismo científico*, analisando rigorosamente o processo urbano sob a dialética – hegeliana e marxista –, e buscando, antes de tudo, propor respostas reais, ainda que futuras, à cidade, em vez de fugir dela. Dessa forma, as críticas de Marx e Engels se destacam por sua contribuição ao problema da moradia operária e da higiene, e em boa medida dão origem à legislação urbana no último terço do século XIX, como as Public Health Acts (Leis de Saúde Pública) inglesas.

Já a contribuição científica de Cerdà e sua *Teoria geral da Urbanização* – com seu manifesto: *urbanizar o campo, ruralizar a cidade* – dá origem às *alternativas rurbanas* no final do século XIX, às quais, junto com as ideias das comunidades anteriores utópicas e os desejos de evasão das metrópoles, se une a realidade suburbana como concentração do hábitat da pequena burguesia.

22.14 Fourier, projeto do Falanstério como comunidade ideal.

Essas alternativas rurbanas unem, pois, ideais urbanísticos mais ou menos utópicos e sua materialização experimental nos respectivos conjuntos urbanos situados nos arredores de Londres e Madri. Isso faz com que a utopia assuma forma e realidade, ainda que parcial, nas novas *Residenz-Städte* de 30 a 35 mil habitantes, fruto da confiança que muitos homens distintos colocaram, não tanto nas ideias concretas de Soria ou Howard, e sim na possibilidade de se materializar uma cidade alternativa.

Ainda que não seja a primeira, a alternativa mais conhecida de todas é a *cidade-jardim* de Ebenezer Howard (1850-1928), militante socialista que pretende casar as propostas utópicas e científicas destes com o movimento Artes e Ofícios, se apropriando do conceito histórico da *town* (cidade pequena) anglo-saxã (Figura 22.15). Howard expõe suas teorias em um livro antológico, *Tomorrow* (1898 – *Cidades-Jardim de Amanhã*), e elabora e concretiza o modelo em duas cidades-jardim próximas a Londres: Letchworth (1903) e Welwyn (1920), construídas por uma associação privada, a Garden Cities and Town-Planning.

Junto a ela se destaca a *cidade linear*, proposta em 1882 por Arturo Soria (1844-1920) e materializada experimentalmente nos arredores de Madri a partir de 1894 pela Companhia Madrilenha de Urbanização fundada por ele (Figuras 22.16 e 22.17), na qual, além da desurbanização, se volta a imaginar a cidade em função da máquina, da circulação e dos transportes: um bom exemplo de urbanismo que pretende ser científico, racional e progressista.

Em sua proposta para a organização do território, as ideias sobre o progresso infinito, relacionadas com o problema dos meios de transporte, deixam claro para Soria a necessidade da linearidade na malha de assentamento da nova cidade. Já a higiene e o problema da moradia social resultam na contribuição de Mariano Belmás. E a

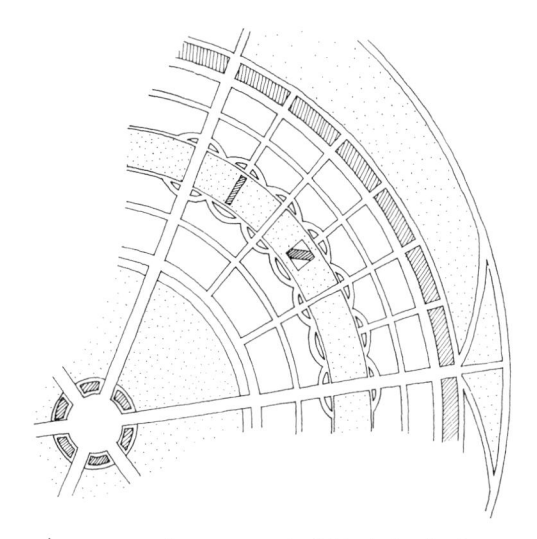

22.15 Howard, esquema de proposta da "cidade-jardim".

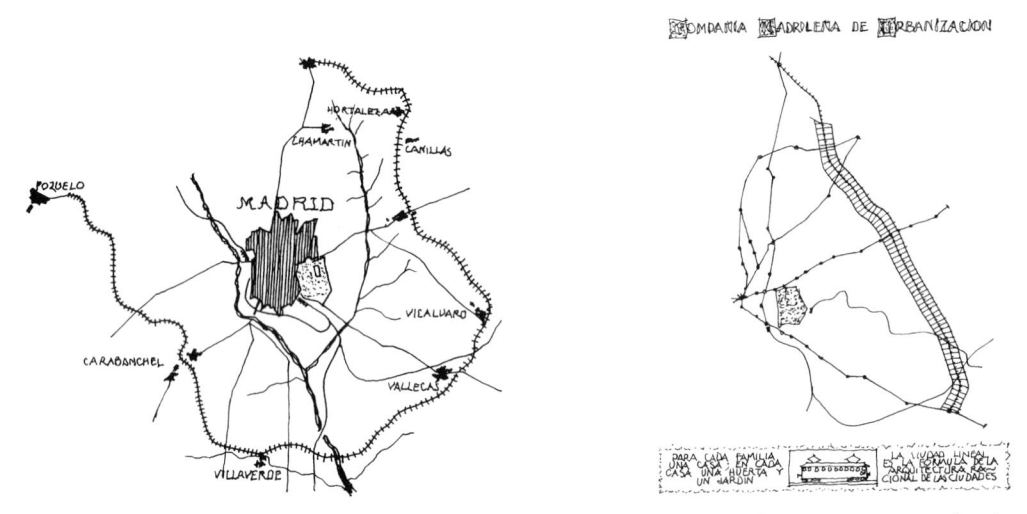

22.16 Soria, proposta de Cidade Linear anelar em torno de Madri (à esquerda) e o segmento realizado (à direita).

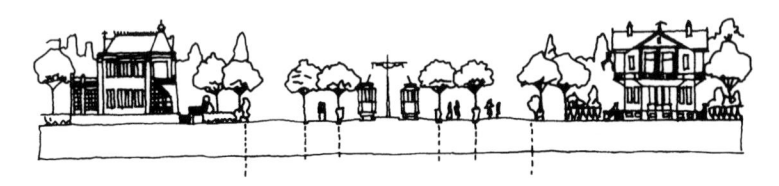

22.17 A Cidade Linear de Madri, corte transversal através do eixo ou via principal.

síntese de ambas se materializa na Cidade Linear de Madri, entendida e defendida como a *arquitetura racional das cidades*.

Em sua realidade urbana houve igrejas e residências religiosas; teatro, prisão, praça de touros, parques de diversões, velódromo e até aeroporto; nela se instalaram escolas ou colégios, mercados, oficinas e pequenas indústrias. Mas houve, sobretudo, uma investigação em matéria de moradia sem precedentes na Espanha, uma investigação tipológica rica e sólida, expressa, porém, com a maior variedade morfológica possível e uma primeira tentativa de normalização da edificação através da tipificação de seus elementos construtivos, principalmente de alvenaria de tijolos. Essas investigações e suas arquiteturas correspondentes são independentes, mas estão relacionadas às intenções germânicas de normalização que a Werkbund logo depois protagonizará.

Últimas utopias do século XIX, a cidade linear e a cidade-jardim são o ponto de conexão com o novo urbanismo que se manifesta no século XX, síntese de planejamento e construção da cidade. Assim entendida, a *herança rurbana* está presente nas origens do Movimento Moderno.

VI
O Movimento Moderno

CAPÍTULO 23

Vanguardas e Experimentalismos

Os novos problemas e as novas respostas

Na transição da Revolução Industrial para a nossa contemporaneidade surgem novos problemas que trazem consigo respostas diferentes e únicas, cujo conjunto leva a uma desagregação dos nexos morfológicos tradicionais em todos os campos.

No início do século XX, as mudanças culturais e científicas colocam em crise a física clássica, mecanicista e determinista própria dos séculos XVIII e XIX. A teoria da relatividade de Einstein, o princípio de indeterminação de Heisenberg, a nova decomposição atômica dos corpos, a crise das geometrias euclidianas, entre outras coisas, abalam essa sensação típica do século XIX de progresso infinito e abrem uma nova etapa cultural e, por isso, arquitetônica.

Era uma época de dúvidas, mas ao mesmo tempo de afirmação de *novos modelos universais*, os quais abrem, na ciência, caminhos imprevistos sobre bases antimecânicas e aleatórias; que na técnica dá lugar a uma segunda e a uma terceira era da máquina que chega até a conquista do espaço; que em sociopolítica vai da decadência do Ocidente até a superestrutura para o equilíbrio mundial que é a Sociedade das Nações; e que em arquitetura dá lugar ao Movimento Moderno.

Deixando de lado as contribuições sociais, científicas e técnicas de caráter geral, no campo arquitetônico as principais contribuições são as oferecidas pelas *vanguardas artísticas* e os *experimentalismos* dos anos que se seguiram à Primeira Guerra Mundial.

O fim da guerra em 1918 não muda os termos do debate cultural, mas os reorganiza de forma radical, provocando uma mudança decisiva dos movimentos de vanguarda, os quais perdem a confiança em qualquer sistematização teórica, se precipitando para o anarquismo, ou tentam organizar os resultados das investigações anteriores a partir de bases sólidas e objetivas – sobre uma *nova objetividade* – para constituir um novo sistema de alcance geral.

Esse é o propósito consciente da investigação das vanguardas, e este será também o resultado dos experimentalismos em geral e, concretamente, dos processos envolvidos na decomposição do volume arquitetônico e no reconhecimento da importância da normalização e da mecanização no desenho dos ambientes construídos.

As vanguardas da pintura: do Impressionismo ao Cubismo

No capítulo anterior, expusemos o impacto da revolução industrial e científica em toda a cultura ocidental e, concretamente, na arquitetura. Voltando a isso, podemos nos perguntar qual foi esse impacto nas outras grandes categorias artísticas e, especialmente, na pintura.

E aqui a resposta é muito mais fácil, pois é determinada pela invenção da fotografia, que, antes de se converter em uma categoria artística autônoma, reestrutura as bases sobre as quais a pintura sempre soube sua função. Efetivamente, com a reprodução instantânea e científica da realidade possibilitada por essa caixa simples que denominamos câmera fotográfica, a base convencional sobre a qual se fixava o território próprio da pintura vem por terra e se torna necessária sua redefinição.

Uma vez inventada a fotografia, já não é preciso copiar a realidade. Depois de Velázquez – se disse –, vem a fotografia a cores. E ainda que não seja bem assim, o certo é que a pintura como arte não pode continuar com a reprodução *realista* da realidade. Por isso, ainda que durante muitos anos artistas bem valorizados pelas sociedades de sua época prossigam com a mesma atitude "retratista", a partir de 1874 surgem outros artistas que, marchando *à vanguarda*, pretendem redescobrir a essência da pintura negando alguns de seus fundamentos convencionais e tentando reafirmar sua essência.

Surgem assim os denominados *impressionistas*, que definem a luz e suas variações como essência da pintura, considerando secundário o tema ou assunto que essa luz utiliza para se manifestar e vibrar em sua impressão. Um amanhecer – *soleil levant, impression* – não é senão um pretexto pictórico. E esse caráter fica magistralmente evidenciado na obra de Monet (1840-1926) quando ele retrata a fachada da catedral de Rouen, da qual pinta mais de 30 interpretações; ou quando registra as inesgotáveis variantes da luz refletindo no tanque cheio de plantas aquáticas de seu jardim, e pinta mais uma vez sua série de *Ninfas*.

A realidade é uma aparência transitória: mais do que uma realidade, é uma série de realidades criadas pela luz ou pelos reflexos dos corpos que aparecem ao contemplá-las. Assim, a luz é a principal preocupação dos impressionistas.

Por outro lado, as descobertas físicas contribuem para transformar a técnica pictórica. Tendo-se demonstrado que uma cor se intensifica com seu complemento ou que a justaposição de duas cores primárias produz na retina a cor secundária correspondente, os pós-impressionistas decidem empregar a técnica da divisão de tom e, por meio de pinceladas soltas criadoras de vibrações cromáticas, se voltam mais à cor do que à luz, decompondo-a em pequenas manchas primárias, *pontilhistas*, cuja síntese o próprio espectador faz em sua retina. Considerando-se esse caráter divisionista – puramente científico –, os temas utilizados por Seurat em suas obras (1859-1891) são irrelevantes.

Essa irrelevância faz com que a forma termine escapando das mãos dos últimos impressionistas, provocando a reação de Cézanne (1839-1906) e seus esforços – de tanta importância para a contribuição cubista posterior – para recuperar o valor das formas primárias em relação à cor ou à luz. Cézanne vê a natureza conforme suas formas básicas (esfera, cone e cilindro) e renuncia a tudo aquilo que é secundário para conseguir destacar a forma e os volumes fundamentais.

Mas a importância da cor reaparecerá na obra poderosa de Gauguin (1848-1903) ou de Van Gogh (1853-1890), bem como no passo à frente que representam Matisse (1869-1954) e seus companheiros quando, em plena *belle époque* conformista, soltam seu grito cromático no Salão de Outono de Paris em 1905 – os *fauves*, "feras" ou "selvagens", serão denominados – com obras nas quais o tema e a forma não são senão pretextos convencionais para se investigar novas combinações cromáticas. Assim, as harmonias com malvas e verdes, turquesas, violetas e laranjas utilizam o corpo humano e o retrato como pretextos provocadores de um escândalo que pretende chamar definitivamente a atenção sobre a essência da pintura.

Mas os efeitos dessa chamada de atenção não se revelam completamente maduros até alguns anos mais tarde, naquilo que Matisse censuraria como *cubismo*.

Em 1908, dando o passo decisivo, Picasso (1881-1973) renuncia definitivamente ao pretexto figurativo como base sobre a qual desenvolver a investigação pictórica. Se a pintura é forma, é luz, é cor, o é por si só, em abstrato, sem necessidade de um pretexto figurativo no qual se desenvolver.

Surge, portanto, a *abstração na arte* como algo que não nega a possibilidade da figuratividade, mas sim a necessidade dela: a pintura poderá – quando queira ou convenha – ser realista, figurativa, mas não necessitará sê-lo para se revelar como pintura e criar uma nova beleza abstrata.

Nos anos seguintes, as novas vanguardas desenvolverão os princípios implícitos nessa revelação em todas as suas variantes possíveis: ao cubismo analítico sucederá o cubismo sintético, o cubismo hermético, o cubismo orfista, etc. Em 1918, publica-se *Après le cubisme*, onde Ozenfant e Le Corbusier (1887-1965) criam o pós-cubismo ou purismo cubista. E Mondrian (1872-1944) leva ainda mais longe o rigor abstrato e centra sua atuação no primeiro suporte da pintura: o plano-base que ele subdivide em formas e relaciona em cores. E esse plano será o início da nova pintura e, por extensão, da *nova plástica*.

Wright e a destruição da caixa

Na passagem da vanguarda ao experimentalismo, se destaca, em primeiro lugar, o processo feito pelo arquiteto norte-americano Frank Lloyd Wright (1869-1959) para a decomposição e destruição da caixa.

Se o sistema *beaux-arts* tinha algum fundamento unitário, esta era a proposta da caixa como sustentação e base de todo o processo arquitetônico. A arquitetura se confundia com a edificação, e o edifício não era senão uma grande caixa – ou uma soma de grandes caixas – composta por uma série de volumes ou partes menores, cada uma das quais tornava realidade a decomposição de Durand, mostrando perfeitamente o conjunto dos elementos de arquitetura.

Portanto, para quebrar a metodologia *beaux-arts* é preciso questionar primeiro e depois destruir esta caixa arquitetônica. A isso se dedica Wright de forma mais ou menos inconsciente durante quase 20 anos, avançando em um processo que – exposto em conjunto na Europa em 1910 – revoluciona de forma definitiva os fundamentos próprios da arquitetura.

Wright inicia seu exercício profissional em 1890 após trabalhar e aprender com Louis Sullivan em Chicago, cidade onde se encontram ao mesmo tempo a principal concentração financeira e industrial e o maior desenvolvimento do ambiente *rurbano* nos Estados Unidos. Ali Wright constrói alguns exemplos emblemáticos de suas *prairie houses*, ou "casas dos prados", que se convertem em modelos figurativos para a arquitetura moderna. E ainda que não haja uma só *prairie house* que resuma toda a sua obra, sua casa-estúdio (1896), a Casa Martin (1904; Figura 23.1) e, sobretudo, a Casa Robie (1908; Figura 23.2) podem se apresentar como emblemas de uma arquitetura que culminará anos mais tarde na casa Kaufmann, também chamada Fallingwater ou Casa da Cascata (1936).

Educado no sistema Froebel como método volumétrico de composição e como mecânica aditiva de formas e volumes – tão aplicada na prática pela arquitetura inglesa e norte-americana –, Wright herda o uso da disposição axial ou cruciforme em L ou T na organização planimétrica, mas questiona o conceito básico de moradia.

Percebendo que a especialização das moradias excede os limites realistas quando cada função familiar requer um cômodo se-

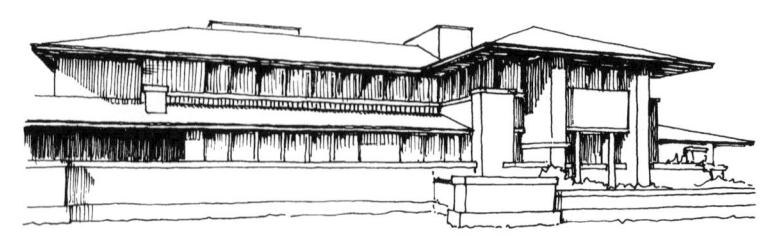

23.1 Wright, Casa Martin, Buffalo (Nova York).

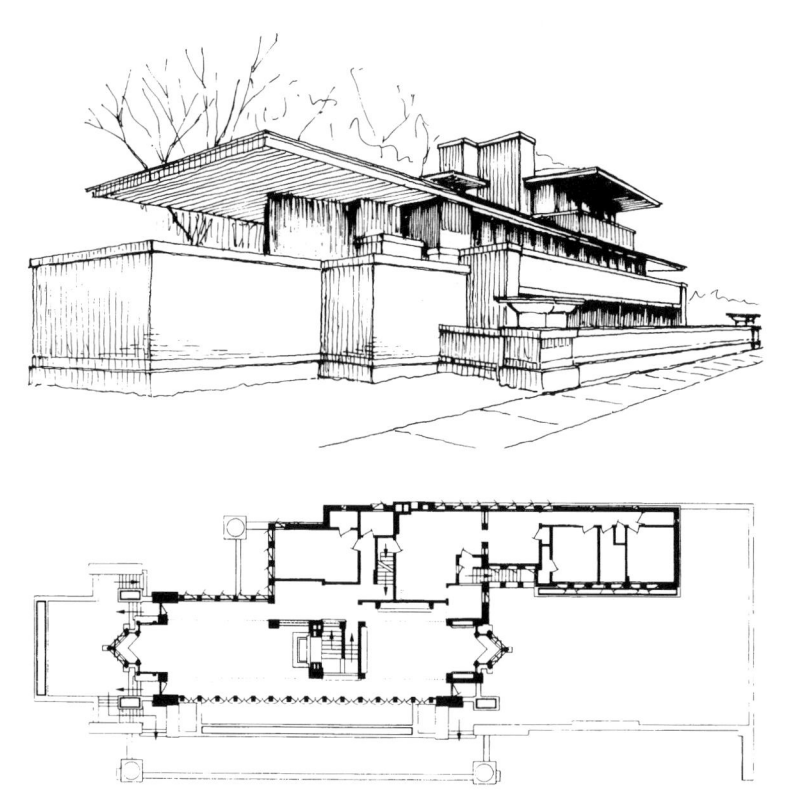

23.2 Wright, Casa Robie, Chicago, perspectiva e planta baixa do primeiro pavimento.

parado, Wright redefine o conceito de espaço interior e trabalha para destruir a ideia de casa formada por uma série de caixas, cada uma com um único uso especializado. Para isso, combina o método da adição com o da subtração e ataca o recinto tradicional em seu ponto de maior resistência: a quina. Desenvolvendo as possibilidades de um sistema construtivo muito simples – o chamado *balloon frame* norte-americano – e interpretando a leveza e a transparência da arquitetura japonesa, ele reduz ao mínimo as paredes internas e as converte em organizadores espaciais que permitem a criação de um ambiente interior único.

Primeiramente, ele desmaterializa a quina entre a sala de jantar e a sala de estar, permitindo que um cômodo penetre o outro: os recintos se sobrepõem nas quinas, e cada um deles renuncia a uma parte de seu espaço em favor do outro; às vezes, isso se dá em diferentes níveis, com suas implicações sobre o conceito do espaço (Figura 23.3).

Em um nível primário, os recintos compartilham espaços; mas a área da sobreposição serve também como conexão entre eles. Assim, Wright obtém diversos usos para este único espaço – *espaço*

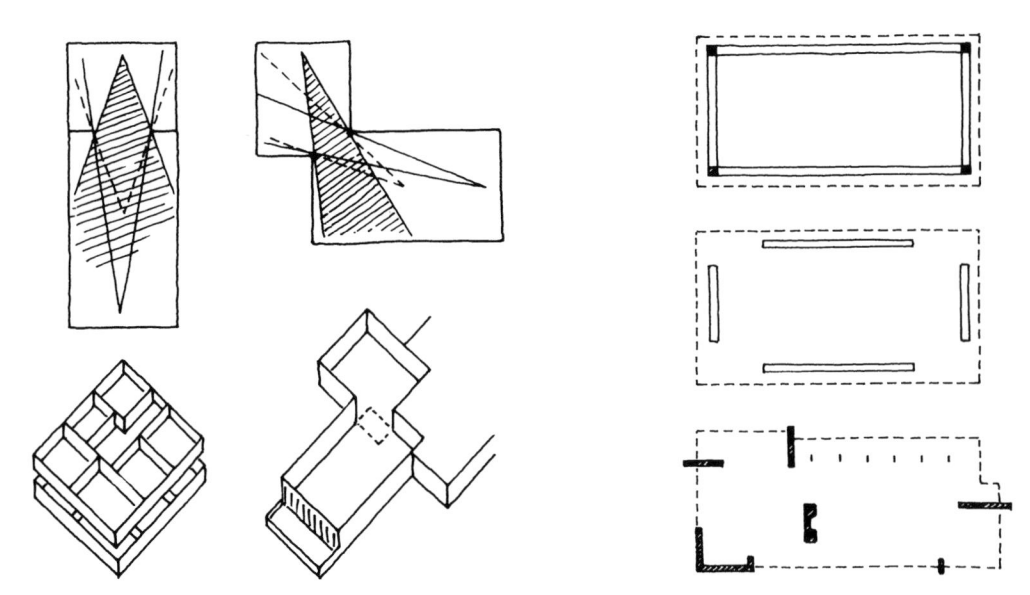

23.3 A destruição da caixa, segundo Allen Brooks: à esquerda, o espaço contínuo; à direita, a fachada contínua.

contínuo – e pode reduzir a dimensão e o custo da moradia sem que esta pareça menor.

Essa ideia simples é uma importante descoberta arquitetônica. Assim como para os impressionistas a realidade sensível deixa de ser fixa e se torna relativa, depois de Wright o espaço também perde seu valor fixo e surge um *valor relativo do espaço*, que depende da experiência e da observação, em vez de possuir uma realidade independente.

Wright teve mais dificuldade para eliminar as quinas externas, mas quando conseguiu se livrar delas, suas *quinas invisíveis* ou vidraças se converteram em um dos emblemas da arquitetura moderna.

Liberada completamente das quinas, a parede externa da edificação se torna uma lâmina; e, uma vez convertida em lâmina, é livre para ser deslocada para onde se queira ou para ser dividida à vontade. Quando isso acontece, a caixa foi destruída.

Essa destruição da caixa constitui a principal contribuição de Wright à arquitetura contemporânea; e, como também ocorria na Europa, sua *ruptura espacial* – entendida também como uma *ruptura volumétrica* – se situa na própria base do Movimento Moderno.

A mecanização assume o comando

Uma segunda contribuição experimental é representada pelo reconhecimento da importância da mecanização no projeto das moradias especializadas e cotidianas.

A origem desse processo de *mecanização do ambiente construído* se encontra no mecanicismo cultural próprio do período barroco, o qual adquire na Revolução Industrial um sentido prático que acaba se voltando à melhoria das condições de conforto do homem e de seu ambiente construído.

Estudam-se os processos de mecanização dos elementos de intercâmbio a partir dos recursos e meios da indústria (da mão humana em linha industrial ou cadeia de montagem), assim como o encontro da mecanização com o entorno humano através do conceito variável de conforto.

Apesar das vozes contra a industrialização do mobiliário por parte de alguns projetistas, a aplicação desses conceitos da mecanização à relação entre mobiliário e indústria conduz ao *móvel patenteado*: tanto a cadeira adaptada a necessidades especiais e concretas, quanto o mobiliário patenteado da locomotiva para o conjunto de seus serviços. Desde as propostas de Thonet até 1850 (Figura 23.4), isso conduz à formação de tipos como o sistema tubular e sua difusão no século XX: a cadeira tubular *cantilever* ou "em balanço", a cadeira tubular móvel, a cadeira *cantilever* de madeira compensada, entre outras.

Entendido o mobiliário como um artefato, se passa logo *do mobiliário ao habitáculo*, fato que implica uma revolução de conseqüências importantes na definição da nova arquitetura, ainda que na realidade o modelo industrializado promovido pelos arquitetos do Movimento Moderno seja mais uma analogia formal com a máquina do que uma verdadeira aplicação do conceito de artefato mecânico ao ambiente humano construído.

E isso tanto em relação ao *habitáculo especial* (o camarote de um barco ou o carro-leito de um trem, de tanta importância como ideal de habitação na arquitetura moderna) quanto em relação ao *habitáculo cotidiano* (a cozinha ou o banheiro). O passo mais importante se verifica exatamente quando a célula mínima não é mais um habitáculo especial, e sim um habitáculo cotidiano especializado, como o banheiro ou a cozinha moderna.

A mecanização chega ao lar na organização dos processos de trabalho: a mecanização dos fogões, a mecanização da limpeza, a refrigeração doméstica mecanizada, todos eles processos que assinalam uma nova relação entre a casa e o núcleo de serviços.

Junto a essa mecanização da cozinha, desejada, ainda que tardia, se destaca a do banheiro, sem dúvida uma das mais interessantes contribuições modernas à moradia, cuja importância é defendida a partir de 1900 por todos os círculos progressistas.

Até 1914, são dois os modelos distintos de abordar o banheiro: o inglês e o norte-americano. O primeiro é um cômodo amplo, cujo espaço central permite o movimento com liberdade e cujos aparatos têm uma distribuição flexível. No segundo, o banheiro é uma célula compacta, um apêndice do quarto, cujo traçado exige o alinhamento de

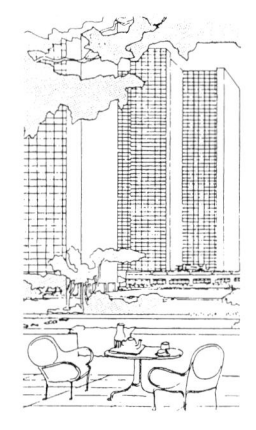

23.4 Thonet, modelos de cadeiras do século XIX, utilizados por Le Corbusier nas imagens da Ville Contemporaine.

todas as instalações ao longo de apenas uma parede, sendo a banheira o módulo que determina a largura da célula, enquanto o lavatório e a bacia sanitária determinam a parede mais longa (Figura 23.5).

Esse banheiro norte-americano é quase um aparato unitário, ainda que integrado por peças diferentes: uma verdadeira *célula mínima* em si mesma, com todas as consequências que isso terá na arquitetura europeia, onde o problema da moradia proletária impulsiona a investigação sobre as dimensões mínimas das funções humanas da habitação, o chamado *Existenzminimum*.

Da arte total à normalização: a Werkbund

Um último campo que vem conectar as vanguardas aos experimentalismos é o representado pelo conceito de *arte total*, através da elaboração das experiências modernistas e de sua passagem à *normalização*.

Após a dispersão das artes, própria do século XIX, se planeja sua integração, considerando todas as *artes parciais* como constitutivas de uma arte comum, e se tratando de *Gesamtkunstwerk* ("obra de arte total") ou de *Kunstwerkbund* ("obra de arte integradora") segundo se projete sua conjunção a partir da figura do artista ou da obra própria, entendida como uma soma de contribuições infinitas que confluem na integralidade artística.

No final do século XIX essa arte total se manifesta principalmente no âmbito das artes aplicadas: o *Artes y Ofícios* na Espanha, o *Craftsman Movement* norte-americano e, sobretudo, o *Arts and Crafts* inglês. A seu lado, a contribuição alemã não somente propõe a arte total a partir do artesanato, como também pretende ser uma integração da arte com a indústria em uma *Kunstwerkbund* particular que se constituirá em *obra integral*, em *Werkbund*, com o significado polêmico que acarreta a eliminação do caráter artístico.

Em contraste com os outros movimentos, a Deutsche Werkbund (Sociedade Alemã do Trabalho) é criada e financiada pelo Estado alemão como parte de um imperialismo germânico que quer

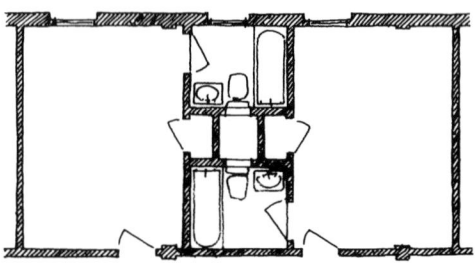

23.5 Modelos de banheiros: inglês (à esquerda) e norte-americano (à direita).

competir com o britânico no mar, nas colônias e também na produção artístico-industrial.

Assim concebida em 1907, são seus fundadores Henry van de Velde (1863-1957), Peter Behrens (1868-1940), Hans Poelzig (1869-1936) e, sobretudo, Hermann Muthesius (1861-1927), que desde o primeiro momento propõe a função econômica e social da arte e pretende reunir arquitetura, artesanato e indústria, fazendo com que seus esforços diferentes confluam em um esforço integrador comprometido com a produção.

A Werkbund teve o aval de intelectuais como Endell e Simmel e de empresários como Rathenau, o qual, em 1907, encarregou Behrens do desenho de todos os produtos da empresa elétrica AEG, desde seus edifícios industriais até os cartazes publicitários (Figura 23.6), tornando realidade o casamento entre a arte e a técnica. Poucos anos depois Walter Gropius fará o mesmo de maneira ainda mais radical em suas obras, cujo exemplo mais significativo será a fábrica Fagus em Alfeld an der Leine (1911; Figura 23.7).

23.6 Behrens, fábrica de turbinas para a companhia AEG, Berlim.

23.7 Gropius, fábrica Fagus, Alfeld an der Leine (Alemanha).

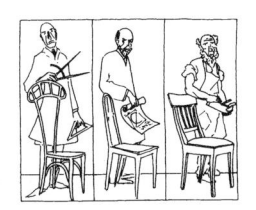

23.8 Charge da polêmica entre Van de Velde e Muthesius em 1914: o primeiro propõe a cadeira individual; o segundo, a cadeira-tipo; e o carpinteiro constrói a cadeira para se sentar.

Dessa forma, a Werkbund – que a princípio afeta somente o âmbito das artes aplicadas – se converte em um movimento geral cujo objetivo consiste na reforma de toda a cultura expressiva: desde os objetos artesanais de desenho até o urbanismo, *von Handwerk bis Städtebau*.

Por outro lado, o debate sobre o papel da indústria leva ao conceito da *normatização* ou *padronização* dos objetos artísticos de uso cotidiano. Assim, entre 1907 e 1914 foram elaboradas as primeiras normas DIN (Deutsche Industrie-Normen) para a primeira padronização dos objetos mais elementares de uso artístico e produção industrial (o tamanho do papel, as espessuras das linhas de desenho, a caligrafia, entre outros), cujas formas se definem a partir da finalidade, do material e da técnica.

Disso se passa à normatização dos objetos industriais e dos objetos de uso cotidiano, levando a fortes debates no momento em que se tenta passar essa experiência normatizadora para o desenho, ao se opinar que o desenvolvimento de tipos adequados somente pode surgir como resultado de um trabalho longo e difícil, não de planejamentos artísticos, dando lugar a certa oposição entre a configuração estética e a normatização: entre *Gestaltung* e *Typisierung*.

A sistemática do projeto que as normas DIN acarretam e suas possibilidades de aplicação no desenho levam aos debates sobre normatização e arquitetura, através do conceito de *padrão arquitetônico*.

Nesse mesmo sentido, e dando um importante passo adiante, em 1912 Muthesius afirma: "Como qualquer uma das artes, a arquitetura tende à normatização; somente nela se pode encontrar a perfeição".

Esses debates culminam em uma célebre polêmica entre Van de Velde e Muthesius em 1914, na qual o primeiro defende o artesanato e a criação individual do artista, enquanto o segundo advoga pela utilização de maquinaria no desenho e criação de produtos padronizados (Figura 23.8). Ao prevalecerem as ideias do último, a Werkbund começa a colaborar decididamente com a indústria, atualizando o que Mariano Belmás já havia expressado em 1888, com propostas que pretendem conceder qualidade artística à atividade do engenheiro e que levam a uma arquitetura comprometida com a indústria.

Nessa relação entre arte e técnica, entre arquitetura e indústria, aparecem os temas construtivos resultantes da utilização dos novos materiais, a produção em massa de objetos, a edificação das moradias, a normatização das técnicas e a padronização dos procedimentos e objetos. Tudo isso conduz a uma nova orientação formal, compositiva, espacial e linguística da arquitetura após a Primeira Guerra Europeia, na passagem direta da Werkbund à Bauhaus.

CAPÍTULO 24
Metodologia e Território da Arquitetura

A nova decomposição

A confluência de vanguardas e experimentalismos implica uma nova orientação e um novo método arquitetônico, e permite propor o Movimento Moderno como nova metodologia da composição arquitetônica baseada na abstração e em uma nova decomposição.

As novas estruturas de pensamento lógico-matemático tornam possível o descobrimento cubista, cujas contribuições são inseparáveis da decadência da geometria euclidiana e da revolução da física moderna, que – contra a concepção estática de Newton – concebe o espaço como relativo a partir de um ponto móvel de referência. Como afirma Bruno Zevi, sem a convergência declarada pelos matemáticos modernos das duas entidades *espaço* e *tempo*, e sem a contribuição de Einstein ao conceito de simultaneidade, não poderiam surgir nem o Cubismo nem o Neoplasticismo. E sem a quarta dimensão cubista, Le Corbusier nunca teria colocado a vila Savoye sobre *pilotis*, nem teria feito suas quatro fachadas similares, rompendo com a distinção entre fachada principal, laterais e posterior, predominante desde o aparecimento da perspectiva no Renascimento.

As consequências derivadas disso obrigam à revisão conceitual da arquitetura mediante uma *investigação científica* que começa pela desagregação dos nexos morfológicos tradicionais e o estabelecimento metodológico de *séries de elementos* arquitetônicos.

A *decomposição molecular* empreendida por Durand e seguida pelo sistema *beaux-arts* identificava os elementos genéricos da arquitetura com os elementos concretos que configuravam a caixa arquitetônica: o piso, o teto, a parede, etc. A esses elementos concretos, *moleculares*, se contrapõe agora uma análise abstrata, *atômica*, das funções individuais objetivas, que tenta definir os elementos mínimos funcionais de cada uma delas por meio de certa *decomposição atômica* de elementos que estejam relacionados entre si de maneira seriada, da forma que Mendeleiev realiza na ciência química com sua formulação da tabela periódica dos elementos.

Dessa forma, para o Movimento Moderno, os elementos da arquitetura serão aquelas peças abstratas que, como mínimos funcionais e existenciais – o *Existenzminimum* –, se decompõem e recompõem, formando séries de elementos e permitindo aplicar as novas possibilidades de combinações à arquitetura.

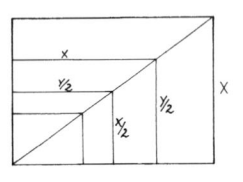

Mínimos funcionais e níveis de agregação

Entre os trabalhos de padronização empreendidos pela Werkbund se destaca a normalização dos tamanhos de papel estabelecida na norma DIN 198. Buscando relacionar todos os formatos habituais (meio-ofício, ofício, duplo ofício, etc.) em uma série proporcional na qual cada elemento seria o dobro ou a metade do anterior (a/b = b/2a) e partindo de uma superfície de 1 m², se gera uma série principal A obtida por sucessivas subdivisões, da qual derivam as séries adicionais B e C, previstas para o tamanho dos acessórios de papel (Figura 24.1). Os formatos de papel representam a base para as dimensões de grande parte do material e do mobiliário de escritório, as quais, por sua vez, são decisivas para a determinação das necessidades dos recintos e espaços arquitetônicos. As consequências são evidentes.

24.1 As séries normalizadas DIN para os formatos de papel.

A nova decomposição na arquitetura precisa passar pela fixação das *séries de elementos* mínimos funcionais e por sua relação hierárquica entre si, através de *níveis seriados*: os *níveis de agregação* (Figura 24.2).

Dessa maneira, a moradia, o núcleo das atividades arquitetônicas modernas, poderia ser considerada como o *Existenzminimum* de partida para a geração de uma série de agrupamentos de habitações que dão lugar aos bairros, e estes, por sua vez, às cidades.

Esquemática e paralelamente aos números com os quais se classificaram os formatos DIN de papel, podemos considerar a moradia como um nível de agregação A4, enquanto o edifício habitacional seria o nível de agregação A3, um grupo de moradias seria o nível A2, o bairro seria o nível de agregação A1 e a cidade, o nível de agregação A0. Inversamente, os elementos repetitivos da moradia poderiam, por sua vez, ser considerados como o nível de agregação A5, os quais conteriam o nível A6 e assim sucessivamente.

Contudo, há uma diferença substancial entre a série dos formatos de papel e a série dos *Existenzminimum*. Na primeira, as unidades de uma ordem qualquer produzem uma unidade de ordenamento imediatamente superior; na segunda, para produzi-lo se necessita de certo catalisador, ao qual chamamos de elemento singular. Duas folhas A4 compõem uma A3; no entanto, uma repetição de células-dormitório não gera um espaço habitacional. Para que este exista, são necessários um ou vários *elementos singulares* comuns que aglutinam os *elementos repetitivos* anteriores e lhes deem um sentido de conjunto, conferindo-lhes um nível de agregação.

Assim, a *moradia* é uma soma de elementos funcionais mínimos de ordem inferior (banheiros, cozinhas, dormitórios, etc.) articulados por um elemento espacial aglutinador. O *bairro*, então, agrega aos edi-

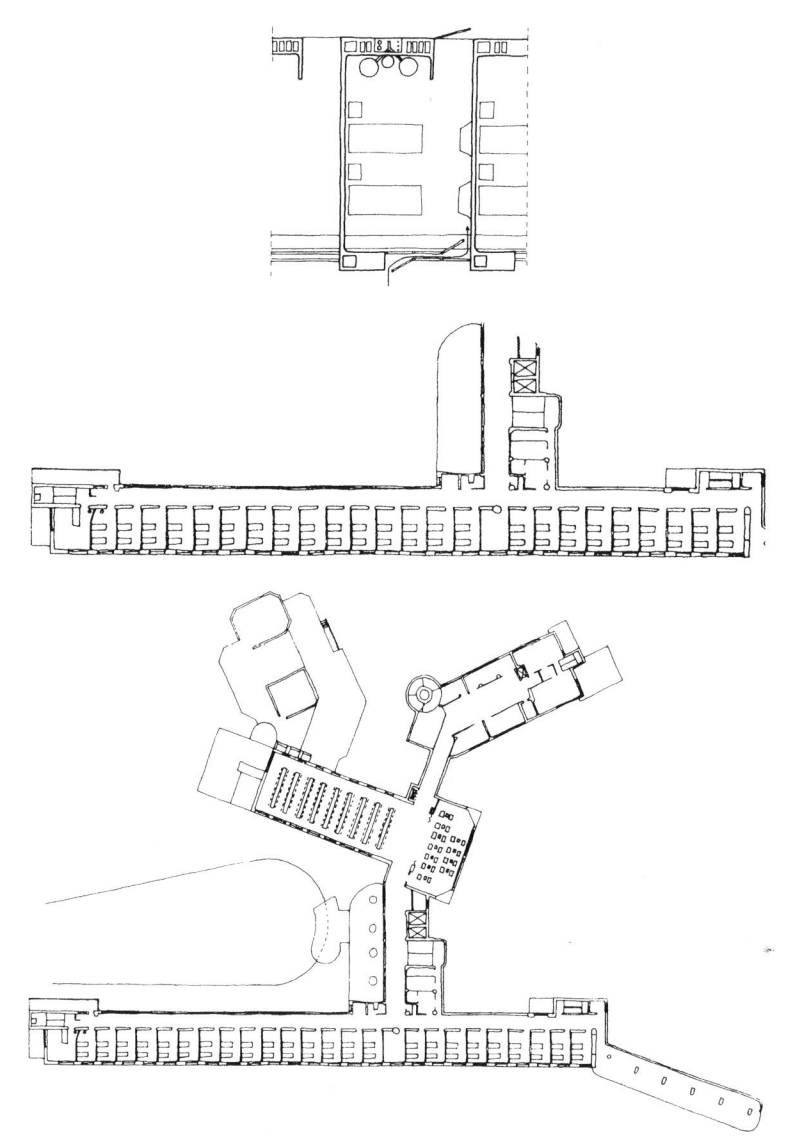

24.2 Alvar Aalto, Sanatório para Tuberculosos de Paimio e seus níveis de agregação: célula, ala de pacientes e edifício total.

fícios residenciais os equipamentos e amenidades: escolas, centros religiosos, culturais e comerciais que atuam como elementos aglutinadores. Já a *cidade* não é constituída apenas por uma mera soma de bairros, mas também pela qualificação que estes proporcionam aos distintos equipamentos metropolitanos. Em todos os casos, junto aos elementos repetitivos próprios do nível inferior, aparece o elemento singular como peça-chave para a passagem entre os diversos níveis.

De maneira análoga à qual se estabelece o princípio de indução completa na matemática moderna, se considera que o domínio de alguns desses níveis permita o controle do processo completo, uma vez que a metodologia de projeto é a mesma.

Isso permite à Bauhaus estabelecer uma nova didática que fundamenta o aprendizado no domínio da *escala real* dos níveis inferiores de desenho (mobiliário, objetos, etc.) para, uma vez que se tenha esse domínio, se passe à introdução do projeto simulado na *escala imaginária* de todos os elementos da edificação e da cidade, entendendo-se que a metodologia de abordagem – a *nova composição* – é similar em todas as situações.

Assim foram feitos os estudos da tipologia residencial e urbanística de Walter Gropius, Alexander Klein, Ludwig Hilberseimer ou Ernst Neufert, todos os quais analisaram as condições mínimas da existência, o *Existenzminimum*: do objeto de desenho à moradia e da moradia ao bairro e à cidade.

Por outro lado, se é verdade que podemos estabelecer algumas regras que determinem as relações entre os distintos elementos dessa cadeia ou série de mínimos funcionais, é possível estender o campo de investigação ou projeto da arquitetura até o nível que se queira: até onde se possa ampliar a série. O território será função da metodologia, de até onde o instrumento metodológico possa nos levar, e, para passar de um ponto a outro da cadeia, será necessário apenas o conhecimento das regras. Dessa maneira, a mudança entre os diferentes níveis de agregação se converte em um problema de composição fundamental à arquitetura.

Se um nível de agregação é a soma de um conjunto de elementos repetitivos e de um ou vários elementos singulares que catalisam o processo, cada elemento arquitetônico funcionará como *Existenzminimum* ou como nível de agregação, conforme o ponto de vista. Por exemplo, um bairro é um nível de agregação por si só e, ao mesmo tempo, um mínimo funcional em relação ao conjunto da cidade. Essa relação entre níveis de agregação e *Existenzminimum* determina uma nova dialética metodológica e permite que a investigação dos mínimos elementos funcionais seja, ao mesmo tempo, uma investigação de composição arquitetônica.

A nova composição

Na arquitetura moderna, não há nada similar à tratadística renascentista ou ao *compositivismo beaux-arts*. O texto mais importante e difundido de sua época, *Vers une architecture* (*Por uma arquitetura* – 1923), de Le Corbusier, é mais um manifesto do que um tratado, e nem Van Doesburg, Oud, Gropius ou qualquer um dos membros do De Stijl ou da Bauhaus produziu qualquer texto equiparável aos coetâneos das escolas tradicionais da década de 1920.

Assim, ainda que não seja um tratado global, o texto mais representativo da didática modernista é o *Bauentwurfslehre*, ou *Arte de Projetar em Arquitetura* (1936), escrito por Ernst Neufert a partir de suas lições na Bauhaus, no qual desaparecem os elementos com valor simbólico ou compositivo (a ordem e o ornamento) e se outorga toda a importância do projeto aos fatores funcionalistas, a partir da ideia básica de que "a arte de projetar é a arte de colocar o homem no espaço e organizar suas medidas neste".

Na *cadeia de agregação* do Movimento Moderno, a moradia é concebida como o nível padrão de agregação, a célula essencial a partir da qual se definem os níveis superiores e inferiores. Desse modo, na nova arte de projetar em arquitetura, os primeiros razoamentos analíticos levam à definição dos tipos de edificação para a residência familiar, individual ou coletiva.

O planejamento do que seria a unidade mínima (a célula) e do que seria a unidade máxima de agregação como prolongamento da função de morar leva à análise de diferentes propostas de integração entre habitações, serviços e amenidades, das quais são bons exemplos as propostas feitas pelos construtivistas soviéticos e também as de Le Corbusier, que culminam na Unidade de Habitação para 1.600 moradores, um verdadeiro falanstério e monastério moderno, como uma metáfora edificada do transatlântico evocado em *Vers une architecture* (Figura 24.3).

Também cabe aplicar essas análises a todas as funções que podem ser representadas mediante a agregação de elementos repetíveis: ou seja, a todos os tipos de habitação (para idosos ou estudantes, para viajantes ou "hotéis", para enfermos ou "hospitais", etc.) e às atividades produtivas que comportam a repetição de um módulo fundamental, sobretudo as atividades terciárias, comerciais e burocráticas. Nesses casos de investigação também se enfoca a

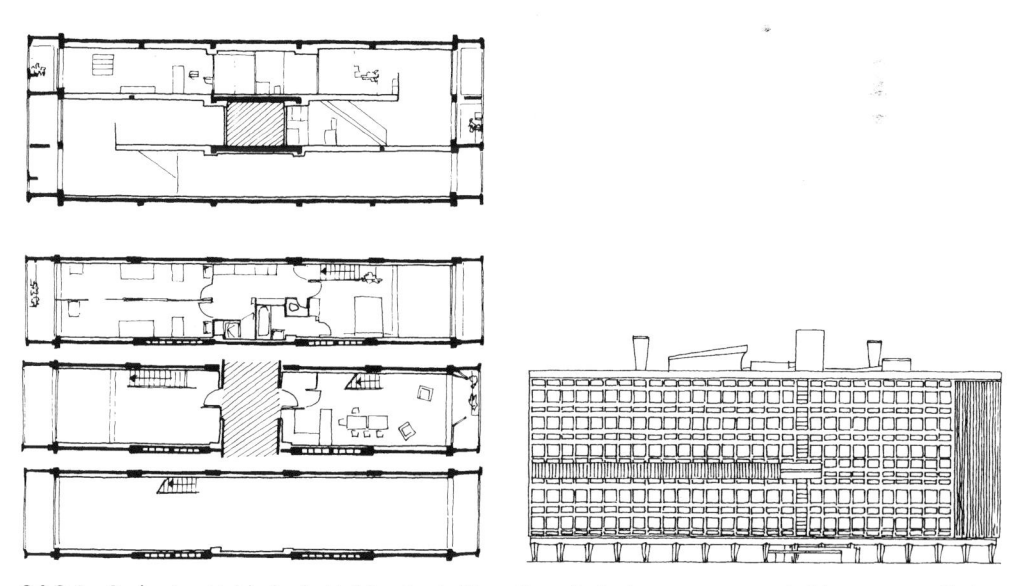

24.3 Le Corbusier, Unidade de Habitação de Marselha, níveis de agregação: a habitação e o edifício.

individualização do módulo repetível e se considera que o processo de agregação tenda a ser infinito.

Podemos comprovar isso muito bem no tipo da casa de estudantes, como o Pavilhão Suíço projetado por Le Corbusier para Paris, que se constitui em um exemplo paradigmático da metodologia de composição do Movimento Moderno (Figuras 24.4 e 26.7). Como se fosse um diagrama, o projeto diferencia os elementos singulares dos repetidos, os quais são agrupados a partir de um elemento de comunicação vertical (separado volumetricamente para evitar a ideia de confusão). Já o elemento singular – o salão comunitário da residência – se separa em outro bloco, que também se ancora ao solo e se expressa com materiais e texturas distintas.

Analogamente, na casa de estudantes Baker do MIT, em Cambridge (Massachusetts, Estados Unidos), Alvar Aalto utiliza o mesmo esquema compositivo, ainda que a espinha de circulação serpenteie organicamente e tanto as células repetitivas como os elementos singulares, de uso comum, sejam um pouco mais complexos.

Os arquitetos da *terceira geração* do Movimento Moderno, como James Stirling, também empregam um sistema compositivo idêntico em seus edifícios universitários da década de 1960, o que se

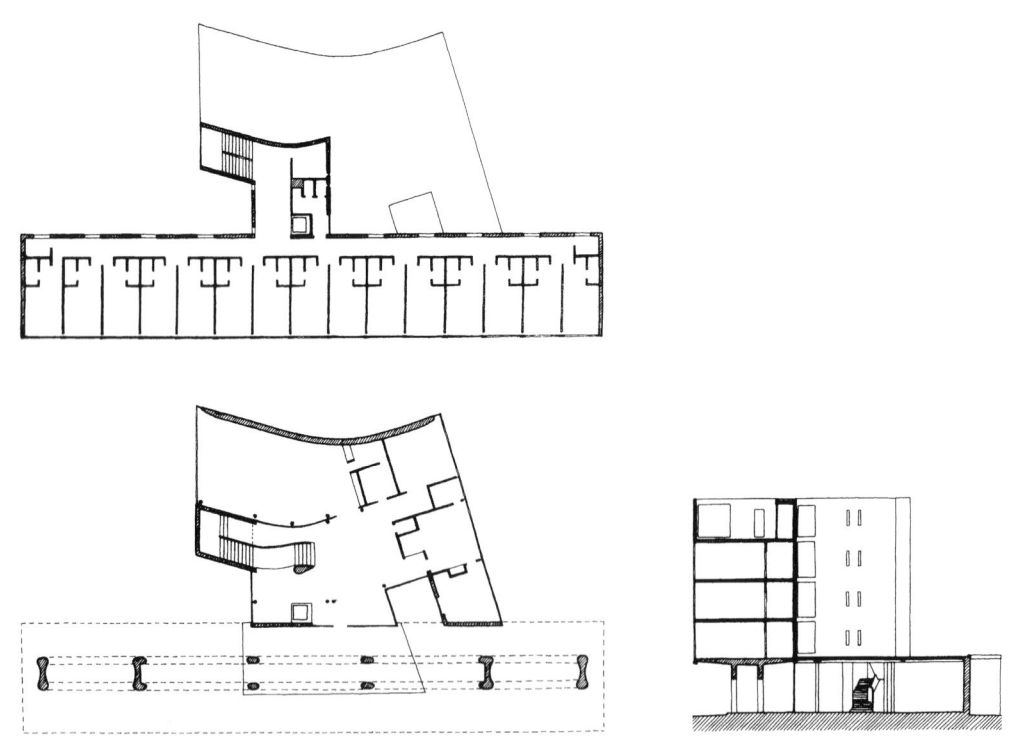

24.4 Le Corbusier, Pavilhão Suíço da Cidade Universitária de Paris: planta baixa do pavimento térreo (acesso e elementos de uso comum), planta do pavimento tipo (elementos repetitivos) e corte transversal.

evidencia tanto nas casas de estudantes de Oxford e Saint Andrews como nos edifícios de ensino da Escola de Engenharia de Leicester e da Faculdade de História de Cambridge, onde os elementos seriados (salas de aula, auditórios, escritórios e salas de pesquisa) são distribuídos de maneira repetitiva, enquanto os elementos singulares (os ateliês e laboratórios da Escola de Engenharia ou a biblioteca geral da Faculdade de História) atuam como elementos aglutinadores, cujos volumes e formas singulares caracterizam o edifício universitário.

São exatamente esses elementos singulares e caracterizadores dos prédios que nos levam à questão de até que ponto o edifício público pode ser abordado por esse processo de projeto.

Afinal de contas, existem edifícios públicos que não se limitam à soma de elementos repetíveis, especialmente aqueles centrados em um elemento unitário e articulado: as salas de espetáculos ou os centros de convenção. Esses edifícios são trabalhados com ênfase em suas singularidades e na concentração dos motivos de reconhecimento individual expulsos do tecido residencial pelo processo de normalização.

Isso leva a uma dicotomia no processo de projeto, a qual nos obriga a diferenciar entre as partes que são irredutíveis e as que podem ser entendidas como *Existenzminimum*, e consequentemente atuar junto com o projeto de *arquiteturas seriadas* ou com o projeto de *arquiteturas singulares*.

O território da arquitetura moderna

Já indicamos como existe, na arquitetura moderna, uma correspondência biunívoca entre metodologia e território: o território é uma função da metodologia, é até onde pode chegar o instrumento metodológico.

A Wagnerschule já havia ampliado o território da arquitetura, fazendo com que ela extrapolasse o conceito arquitetônico da escola *beaux-arts* através de uma hierarquia de projeto, mas será a Werkbund – Muthesius, em especial – e, posteriormente, a Bauhaus que estenderão a arquitetura do desenho de objetos ao desenho urbano, dando lugar àquilo que se denomina como as três escalas de desenho: o desenho de produto (ou industrial), o desenho de edificações (ou de arquitetura) e o desenho urbano.

Assim, o território da arquitetura no Movimento Moderno será toda a gama que vai do desenho da cidade ao desenho de objetos. Nessa variedade completa, a habitação ocupa uma posição central, como nível padrão de agregação a partir do qual se definem os níveis superiores e inferiores de agregação.

Em primeiro lugar, se passa da habitação ao desenho de objetos, considerando este como um problema de arquitetura. Assim, o desenho é concebido como ponto central na Bauhaus, e entre os melhores exemplos do Movimento Moderno se encontram os desenhos de cadeira de Marcel Breuer, Ludwig Mies van der Rohe e Le Corbusier, imediatamente industrializados.

Em segundo lugar, temos a cadeia de agregação que vai da habitação ao edifício multifamiliar e deste ao bairro da cidade. É uma cadeia cujos exemplos são dados por algumas propostas de Le Corbusier, sejam abstratas (a Cidade Contemporânea para Três Milhões de Habitantes ou a Cidade Radiosa) ou concretas (o Plano Voisin para Paris ou o projeto do Plano Macià para Barcelona, Figura 24.5), com suas escalas territoriais e urbanísticas, suas propostas de edificações residenciais e equipamentos urbanos e seus elementos de desenho, todos bons exemplos de desenvolvimento dos três estados de investigação.

Após esta leitura da *variedade de territórios* realizada na década de 1920, surge, na década de 1960, uma leitura direcional na qual a cidade passa a ser o ponto de referência que dá sentido às arquiteturas concretas.

Em ambos os casos, entenderemos o Movimento Moderno como um problema metodológico e territorial cuja problemática se encontra focada em dois pontos: a cidade e a moradia, relacionadas entre si na metrópole moderna.

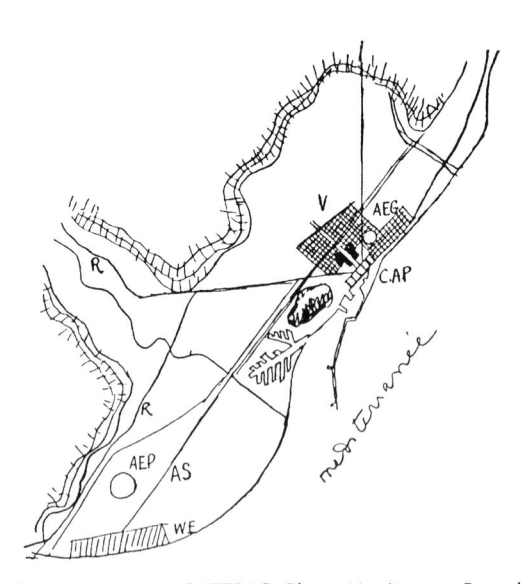

24.5 Le Corbusier e o grupo GATEPAC, Plano Macià para Barcelona.

CAPÍTULO 25
A Cidade Moderna

Os congressos internacionais de arquitetura moderna (CIAM)

O epicentro das principais elaborações teóricas sobre a arquitetura e o urbanismo funcionalista foi a reunião realizada em junho de 1928 no castelo suíço de La Sarraz, onde se afirma categoricamente que "o urbanismo não deve ser determinado por considerações de ordem estética, e sim por dados ou preocupações de ordem funcional".

O encontro de La Sarraz vem a se constituir no primeiro dos Congressos Internacionais de Arquitetura Moderna (CIAM), cujo programa de estudo e temática foi implicitamente definido pela análise sistemática dos distintos níveis de agregação, desde a habitação até cidade e, junto com esta, a relação de dois a dois entre suas distintas funções urbanas.

Em La Sarraz, o planejamento urbano ultrapassa a cidade e atinge os cidadãos, em cuja vida se distinguem três *funções urbanas*: a função residencial, o hábitat ou a habitação; a função laboral, o trabalho ou a empresa; e a função terciária, o ócio ou o lazer.

Para cada função, se enumeram as exigências deduzidas da investigação tipológica feita até então. Separam-se as funções urbanas daquelas que são meros meios para sua realização; e em seu estudo é aplicada uma série de procedimentos de intervenção ou *métodos operativos*, os quais estabelecem o vínculo entre as diversas funções urbanas. Esses métodos são três: a legislação, que se converte em chave do urbanismo, como planejamento ou *planning*; o zoneamento setorial (*zoning*); e o estudo das comunicações, circulações e tráfego urbano, embora esta última seja considerada erroneamente por alguns como uma quarta função urbana. Definida como uma unidade funcional, a relação entre as funções urbanas implica a setorização de atividades e usos na cidade moderna.

Desenvolvendo o programa de La Sarraz, o segundo CIAM (Frankfurt, 1929) estuda a *habitação mínima* (Figura 25.1), e o terceiro (Bruxelas, 1930), os *agrupamentos de habitações*, se comparando em ambos os resultados obtidos nos diversos países e se propondo como objetivo a definição das necessidades essenciais da habitação em massa e da concentração urbana como o desenvolvimento do espírito social e da vontade coletiva.

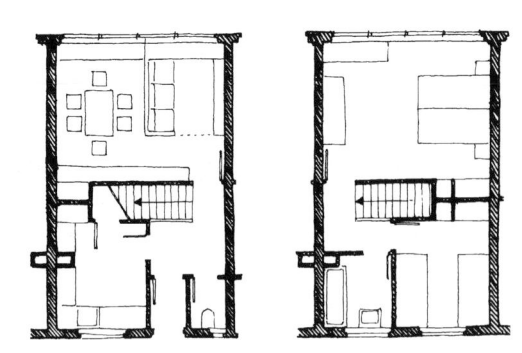

25.1 Proposta de *Existenzminimum* apresentada no segundo CIAM (1929).

O quarto congresso, sobre a *cidade moderna*, previsto para ocorrer em Moscou em 1931, acaba se realizando em um cruzeiro que percorre o Mar Mediterrâneo entre Marselha (na França) e Pireus (na Grécia), e, no término da viagem, suas conclusões são redigidas com o nome de Carta de Atenas, publicada como um livro por Le Corbusier 10 anos depois. Este é um documento onde constam 95 pontos doutrinários e programáticos nos quais, além de se analisar "o estado crítico da cidade atual", se propõem soluções urbanísticas correspondentes à metodologia estabelecida em La Sarraz.

Os CIAM seguintes são menos frequentes e se propõem a organizar as relações entre as funções urbanas. Assim, o quinto congresso, celebrado em Paris em 1937, estuda as relações entre o trabalho e o lazer, e os congressos seguintes analisam a relação entre a habitação e o trabalho.

A Segunda Guerra Mundial interrompe esse plano de trabalho, de forma que, com seu término, se torna necessária a revisão dos temas e da situação conjuntural, o que se faz no sexto e no oitavo CIAM, sediados na Inglaterra em 1947 e 1951, respectivamente, enquanto o sétimo CIAM (Bergamo, Itália, 1949), relaciona a *área metropolitana* e o *zentrum*, definido como o *coração da cidade*: o elemento singular que lhe confere o sentido de conjunto.

A análise dos exemplos construídos pelo Movimento Moderno, no nono CIAM (Aix-en-Provence, perto de Marselha, 1953), traz as primeiras críticas aos projetos desastrosos feitos a partir de La Sarraz, o primeiro CIAM, e os efeitos da aplicação prática de seus postulados. São críticas particulares, não gerais, mas se confere a tarefa de organizar o décimo CIAM em 1956 a uma equipe de arquitetos que adota o nome de Team X, a qual prepara o congresso de Dubrovnik, onde se critica a setorização das atividades e usos e se propõem novos *princípios orientadores* como elementos necessários para corrigir as aplicações defeituosas dos postulados modernistas dos CIAM e se obter novas relações funcionais: critérios de célula, claustro, grupos, etc.

Finalmente, em 1959, ocorre em Otterlo (Países Baixos) o chamado "congresso da dissolução". Aqui termina a história canônica do Movimento Moderno e começa a *crise disciplinar* da década de 1960.

O problema da habitação no Movimento Moderno

Pela primeira vez na história, é no Movimento Moderno que se considera a habitação como o núcleo da atividade profissional do arquiteto, o patamar inicial de investigação arquitetônica e a *base da arquitetura* e, ao mesmo tempo, a *base do urbanismo*, uma vez que a moradia relaciona as diversas funções urbanas e lhes confere o caráter de conjunto, como se indica expressamente nos pontos 88 e 89 da Carta de Atenas.

Ponto central na problemática do Movimento Moderno, a habitação é a célula essencial ou o *nível padrão de agregação* do movimento, a qual também pode ser analisada como o mínimo funcional ou o *Existenzminimum*.

Sendo a primeira célula do sistema – e não o dormitório ou o banheiro, por exemplo –, a habitação humana moderna tem características que tornam possível uma padronização que extrapola os diferentes fatores climáticos e geográficos. De fato, uma vez que a moradia representa formalmente o comportamento familiar, o lar tradicional – reflexo da família tradicional, ao mesmo tempo produtora e consumidora – pode resultar em tipos regionais distintos. Todavia, a habitação moderna possibilita o tipo único, o *padrão*, na medida em que a família urbana é uma unidade exclusivamente consumidora e somente convive no tempo que lhe resta após as atividades profissionais de seus membros, o que permite entender o lar como *Raumkleid*, ou a "vestimenta espacial" da célula familiar.

É exatamente por isso que há a possibilidade científica de investigar a moradia, de maneira que as contribuições de Klein e Gropius, os estudos da célula unifamiliar feitos por Le Corbusier ou os projetos elaborados por Ernst May ou por J.J.P. Oud nos *laboratórios urbanos* de Frankfurt e Roterdã (Figura 25.2) podem ajudar a solucionar os problemas da habitação em todo o mundo. Assim, ao se conceber a solução da moradia como um empreendimento lucrativo, os empresários e industriais podem respaldar o princípio da seriação, tipificação, normalização e industrialização para baixar os custos de produção e aumentar os lucros.

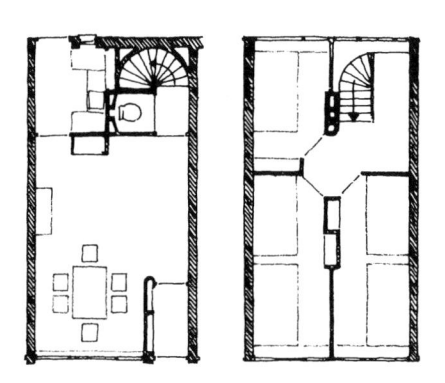

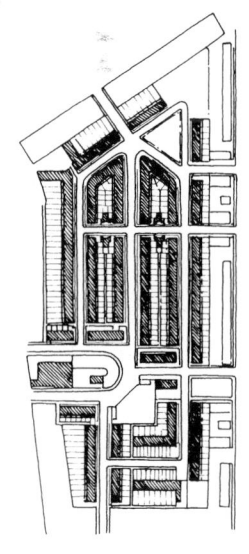

25.2 Oud, conjunto habitacional Kiefhoek, em Roterdã: célula de habitação e conjunto do bairro.

É feita uma primeira diferenciação sociológica entre as zonas de uso comum e as zonas de uso privativo, que se traduz imediatamente em uma distinção espacial entre a *zona diurna* e a *zona noturna* e entre elementos repetitivos e singulares, se voltando novamente ao problema da célula mínima sob a luz da experiência proporcionada pelos habitáculos de uso especial (camarotes e carros-leito de trens), enquanto o cômodo de uso comum é concebido como a peça polivalente da habitação, com o conceito consequente de planta livre.

Concebida como uma *máquina de morar*, segundo a polêmica definição de Le Corbusier, a habitação familiar da sociedade industrial é uma *habitação abstrata* que se considera projetável por si só, independentemente dos modos de agrupamento.

Em todo caso, a investigação dos agrupamentos de moradias critica o modelo extensivo rururbano e o contrapõe com uma construção mais densa de edifícios verticais convenientemente espaçados, onde cada habitação fica menor e os serviços comunitários, mais baratos.

Isso dá lugar a várias formulações, entre as quais se destacam as respostas coletivistas russas de Moisei Guinzburg, as propostas a-históricas de Ludwig Hilberseimer, a *slabhouse* ou "casa laminar" de Gropius e os edifícios *à redents* (edifícios em redente ou escalonados) ou imóveis-vila de Le Corbusier (Figura 25.3). De qualquer maneira – como comentou Benevolo –, essas investigações teóricas pouco influem nas edificações concretas, que preferem sistemas tradicionais como a casa unifamiliar isolada, geminada ou em fita ou os edifícios residenciais de altura média.

Já os conjuntos habitacionais dos municípios europeus se debatem entre duas propostas tipológicas: as *Siedlungen* ou "colônias" holandesas e alemãs na periferia da cidade, e as *Höfe* ou "fortalezas residenciais" vienenses, no interior da cidade. Em algumas delas, as habitações são acompanhadas de elementos complementares de uso coletivo (lavanderias, refeitórios, lojas, etc.), em uma trajetória que, no médio prazo, culmina com o projeto da *unité d'habitation* proposta por Le Corbusier, um prisma unitário que pretende reunir em um único edifício todas as funções relacionadas com a moradia.

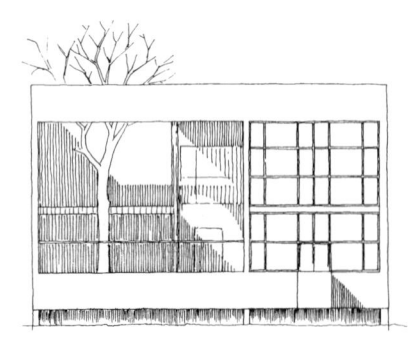

25.3 Le Corbusier, imóveis-vila: elevação da célula de habitação (construída como pavilhão da L'Esprit Nouveau na Exposição de Paris de 1925) e perspectiva do conjunto.

O melhor exemplo de todas essas experiências ocorre em 1927 na Weissenhof de Stuttgart, uma exposição de moradias promovida pela Werkbund, para a qual foram convidados os principais arquitetos modernos de então. Em um conjunto organizado e projetado por Mies van der Rohe como um *Siedlung* experimental, o espaço inclui 21 edificações permanentes em um leque de tipologias que vão desde a casa isolada no terreno (com recuos laterais) até a *slabhouse*.

Enquanto Hans Scharoun e Gropius projetam simples casas isoladas de formas expressionistas e racionalistas, respectivamente, Oud e Mart Stam constroem dois pequenos conjuntos de casas em fita, mas, se Stam busca dar uma unidade a elas, Oud as escalona, ressaltando sua individualidade. Já Le Corbusier faz duas edificações: uma casa unifamiliar derivada do projeto Citrohan, de 1921, e uma casa de dois pavimentos que exemplifica seus *cinco pontos para uma nova arquitetura* (Figura 25.4).

Esse estudo da distribuição livre é levado ao limite por Mies em seu edifício habitacional, cuja extrema regularidade construtiva permite uma grande variedade de possibilidades na distribuição interna.

Em suma, a Weissenhof, por sua concentração de experiências formais e investigações, se constitui em um dos eixos das coordenadas que definem a origem e a plenitude do Movimento Moderno.

O problema da cidade no Movimento Moderno

Se no Movimento Moderno o problema da habitação, a *célula ou unidade mínima de agregação*, pode ser abordado como uma máquina de morar, por analogia, ao enfrentar o problema da cidade, a *unidade máxima de agregação*, o urbanismo racionalista busca alcançar uma estrutura urbana coerente cujo funcionamento seja similar ao de uma máquina e, ao mesmo tempo, contenha os atributos do organismo biológico.

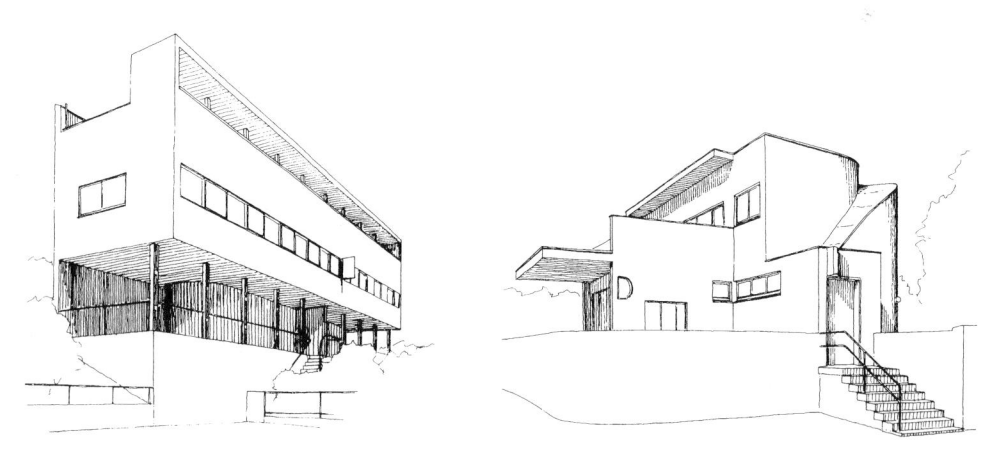

25.4 Protótipos de habitação construídos na colônia Weissenhof, em Stuttgart (1927): à esquerda, a casa de dois pavimentos de Le Corbusier; à direita, o modelo de Scharoun.

Entendendo o urbanismo como ciência, como a "organização social, psicológica, técnica e econômica dos processos da vida", na década de 1920 surge uma nova análise do fenômeno urbano, que decompõe e define seus elementos essenciais. Esse *urbanismo científico* começa pela separação da função de planejar a cidade da função de projetá-la ou construí-la, e se identifica com o planejamento ou *planning*, dando lugar a uma generalização dos planos de ordenação das cidades. Com o passar do tempo, defende o zoneamento de atividades e usos, e faz desse *zoning* o instrumento de intervenção urbana, ao mesmo tempo em que contrapõe a área central à área metropolitana.

Contudo, nessa cidade do Movimento Moderno, os fatores determinantes têm conteúdos que não são meramente sociais, econômicos ou técnicos, mas também de forma e expressão e que se traduzem em diferentes propostas idealistas. Entre elas, podemos citar duas: a *Gross Stadt* ou "grande cidade", de Hilberseimer, e a Ville Radieuse ou "cidade radiante" de Le Corbusier. Ambas assumem a função e a tipologia residencial como o ponto de partida da urbanização e constituem um modelo fechado no qual todos os elementos compositivos são definidos.

Professor de urbanismo na Bauhaus, Hilberseimer projeta a *Gross Stadt* como uma arquitetura de alta tecnologia composta de edifícios residenciais, comerciais e industriais, galpões, arranha-céus e teatros cuja forma e significado têm sua melhor expressão no filme *Metrópolis* (1926), no qual Fritz Lang imagina a cidade do futuro.

Le Corbusier, por sua vez, tenta fundir os conceitos de forma urbana com a tecnologia contemporânea e deseja sintetizar natureza com cidade, inserindo nesta a luz, o ar e a vegetação e, ao mesmo tempo, dar uma resposta adequada ao problema da metrópole contemporânea.

Assim, em seu estudo sobre a população da cidade, Le Corbusier contrasta claramente com as propostas limitadas do século XIX: Owen ou Fourier consideraram de mil a dois mil habitantes em suas comunidades utópicas; as propostas higienistas da época falavam em 10 mil habitantes; e as comunidades rurbanas de Soria ou Howard eram para 35 a 50 mil pessoas. Ao contrário de todas essas comunidades bastante limitadas numericamente – que de modo algum poderiam se constituir em uma alternativa efetiva para a metrópole –, a alternativa de Le Corbusier é a cidade grande para três milhões de habitantes.

Esta *Ville Contemporaine* (Cidade Contemporânea para Três Milhões de Habitantes, 1922; Figura 25.5) é uma cidade ideal regular e simétrica onde, em um retângulo áureo diagonalizado pelas rotas de circulação, o arquiteto cria três zonas bem definidas, cada uma destinada a um de seus tipos também ideais de edificação: uma *área central* ou cidade administrativa com 24 arranha-céus, uma *zona residencial* circundante de blocos em redente (edifícios escalonados) para 400 mil pessoas e uma *área metropolitana* para dois milhões de habitantes alojados em uma cidade-jardim renova-

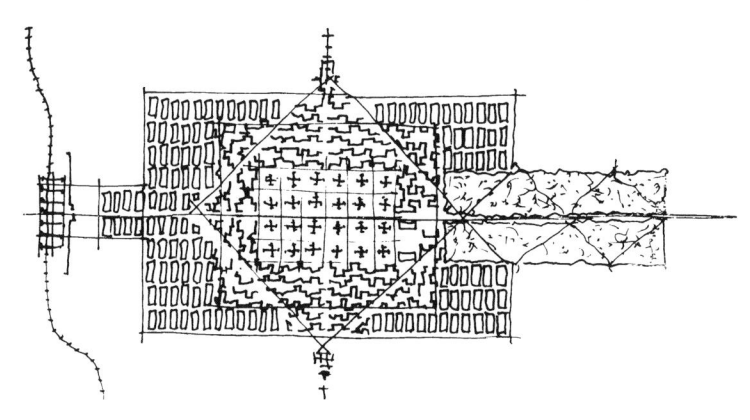

25.5 Le Corbusier, a Cidade Contemporânea para Três Milhões de Habitantes, 1922, esquema da planta geral.

da e periférica, constituída basicamente de seus imóveis-vila. Após a Carta de Atenas, Le Corbusier revisa e aperfeiçoa esses conceitos, propondo a *Ville Radieuse* (Cidade Radiosa), como síntese definitiva de sua utopia urbana (1935; Figura 25.6).

Ambas entendidas como modelos teóricos, as traduções concretas dessas utopias urbanas são suas propostas sucessivas para Argel ou para Paris (desde o plano Voisin de 1925 até os planos para as *îlots insalubres* de 1937), bem como suas propostas para as cidades da América do Sul (Rio de Janeiro, São Paulo, Montevidéu e Buenos Aires) ou o denominado Plano Macià para Barcelona (1932), cuja dupla escala territorial e urbana se concretiza com as diferentes propostas de edificação formuladas pelo GATEPAC (Grupo de Artistas y Técnicos Españoles Para la Arquitectura Contemporánea): desde o estudo residencial por trás da *casa bloc* até as propostas de saneamento e equipamento da cidade antiga representadas pelo Sanatório para Tuberculosos e seus elementos de projeto correspondentes.

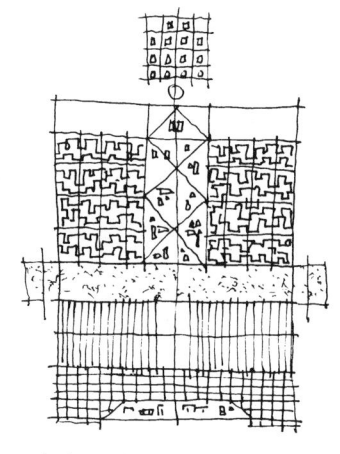

25.6 Le Corbusier, a Cidade Radiante, 1935: esquema da planta geral.

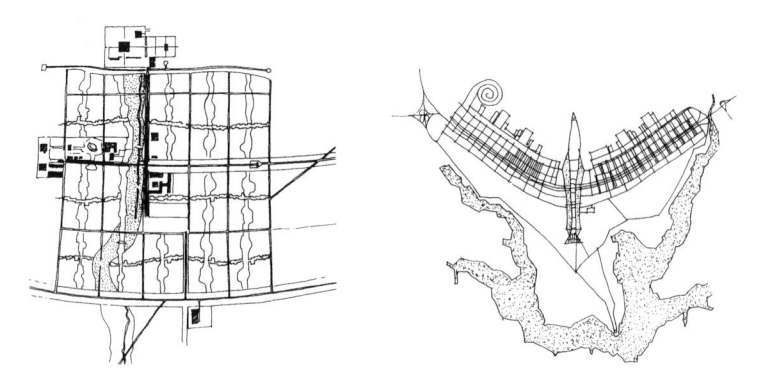

25.7 À esquerda, Le Corbusier, Plano-Piloto de Chandigarh; à direita, Lúcio Costa, Plano-Piloto de Brasília.

Na verdade, Le Corbusier aceita a *metrópole moderna* como uma realidade inquestionável, mas jamais se esquece do território onde ela se desenvolve, e trata de integrar seu planejamento urbano às *três escalas do projeto de arquitetura*, que são entendidas como uma unidade.

Assim, o *jogo dos volumes sob a luz* encontra sua melhor aplicação nas composições arquitetônicas de grande escala, onde Le Corbusier pôde aplicar as formas e o projeto da modernidade de maneira adequada às grandes composições urbanas.

As pesquisas e contribuições de Le Corbusier, o propagandista das teorias urbanas racionalistas e profeta da forma da cidade moderna, refletem nas intervenções urbanas feitas após a Segunda Guerra Mundial, especialmente nas novas capitais asiáticas e sul-americanas: em Chandigarh, em Islamabad, em Dhaka e, sobretudo, em Brasília, onde Lúcio Costa e Oscar Niemeyer realizaram a utopia corbusieriana em um local com natureza idílica, planejando a cidade e construindo seus edifícios. Por sua vez, o grupo britânico MARS sintetiza os ideais da Cidade Linear e da Cidade Contemporânea para Três Milhões de Habitantes em uma proposta singular para Londres (1942; Figura 25.8).

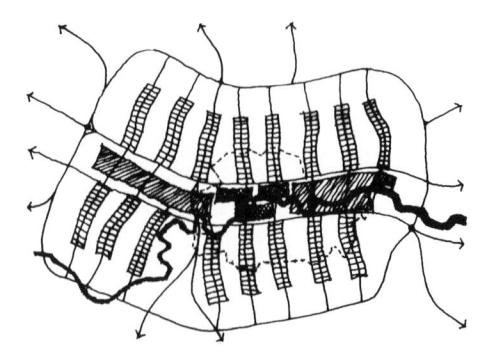

25.8 Plano MARS para Londres: esquema geral, com o eixo central e as oito cidades lineares que partem de cada um de seus lados.

Capítulo 26

A Linguagem Moderna

A revisão linguística

Se é verdade que no Movimento Moderno sua terminologia e seu território de atuação da arquitetura são duas coisas que caminham intimamente relacionadas, o mesmo não se dá com sua linguagem, que pode ser estudada de modo independente.

Perante a crise linguística determinada pela batalha entre os estilos do século XIX e devido à incessante invenção de motivos formais tão frequentes na cultura eclética e modernista, urgia encontrar uma linguagem que, por sua própria fundamentação, fugisse dos problemas anteriores. Assim, a arquitetura europeia da década de 1920 busca ansiosamente uma nova codificação estilística.

Durante todo o início do século XX, as vanguardas europeias se lançam nessa busca, e parece que é justamente nessas experiências e em suas contribuições pontuais que está a chave para uma linguagem que responda verdadeiramente às características de seu tempo e na qual, frente à contingência dos estilos do século XIX, se afirme um novo valor objetivo para a linguagem da arquitetura: uma *nova objetividade*. Assim, brotam do tronco do Cubismo vários grupos que aspiram à dedução de uma poética concreta e universalmente comunicável.

Quando estudamos este grande universo que fora 2 mil anos de linguagem clássica, vimos que ela tinha um fundamento construtivo, e que era justamente a lógica desse fundamento que conferia valor à linguagem arquitetônica. Contudo, agora a *linguagem moderna* não pode nem quer ser uma linguagem natural, e sim uma linguagem *abstrata* baseada nos elementos geométricos: o ponto, a linha, o plano e o volume (Figura 26.1).

Nessa busca por uma nova linguagem, se retoma a geometria como a base da arquitetura. A busca por uma justificativa para o uso das formas clássicas havia levado os arquitetos revolucionários do século XVIII à geometria como o estado anterior à cabana clássica. Agora Le Corbusier, abordando novamente o tema, fala do "jogo sábio, correto e magnífico dos volumes reunidos sob a luz", ou seja, dos volumes puros como fundamentos da arquitetura.

Mas, para se chegar a uma nova linguagem, é necessário dar um passo além e – se perguntando o que existe antes do volume – chegar

26.1 Uma sátira da linguagem moderna da arquitetura, que compara o período anterior com o posterior à Primeira Guerra Mundial.

ao plano, em cuja decomposição se baseará esta nova arte. Afinal, se o volume isolado é válido para a escultura ou a arquitetura, o plano é válido para todas as artes, ou, pelo menos, para todas as artes plásticas.

Analisamos anteriormente como o impacto da Revolução Industrial sobre a pintura redefine as bases desta e a obriga a redescobrir sua essência através de um longo processo no qual o tema e a realidade são meros pretextos convencionais para se investigar a luz, a forma ou a cor. Assim, o Cubismo pode renunciar definitivamente ao pretexto figurativo e propor a *abstração na arte*, cujo princípio será desenvolvido pelas vanguardas seguintes.

Esse processo parece culminar nesta espécie de *laboratório* no qual se transforma o pequeno território holandês, neutro e isolado, durante os anos da Primeira Guerra Mundial, entre 1914 e 1918. Nele, Piet Mondrian (1872-1944), desejando levar mais além o rigor cubista e abstrato, volta sua atenção ao que para o artista é a base esquecida e inconsciente de toda operação pictórica, o suporte fundamental da pintura: o quadrado, plano base que pode ser subdividido em várias formas relacionadas por cores, procurando harmonizar retângulos e linhas sobre uma rígida base geométrica. Esse plano de partida será a base da nova pintura e, consequentemente, da *nova plástica*.

Afinal, vendo-se além dessa busca pela essência da pintura e da arte em geral, essa nova plástica irá se questionar se não seria possível encontrar uma linguagem comum para todas as artes que – respeitando as particularidades próprias de cada uma – permitisse compreender todas elas a partir de uma base comum.

Essa nova linguagem não poderia ser imposta por nenhuma das artes sobre as outras, mas deveria ser uma linguagem abstrata que fosse igualmente conveniente à arquitetura e à pintura, à escultura e à cenografia, à fotografia e ao cinema. Deveria ser, portanto, não um estilo a mais, e sim um estilo absoluto, capaz de integrar todas as artes sob uma metalinguagem; deveria ser um Estilo com letras maiúsculas, ou seja, em holandês, De Stijl.

Nessa busca converge, na Holanda de 1917, um grupo de pintores e arquitetos: Mondrian, Van Doesburg, Gerrit Rietveld, Oud, Van Eesteren, aos quais imediatamente se unem cineastas como Richter, poetas como Kok ou escultores como Vantongerloo e Hoff, que acreditam ter chegado a uma linguagem absoluta válida para todas as artes (arquitetura, pintura, escultura, cinema, etc.) que fundamenta não um novo vocabulário ou uma nova gramática das artes separadas, mas uma nova plástica total: um *neoplasticismo*.

O alfabeto neoplástico

Com o De Stijl e sua neoplástica, se consolida uma verdadeira revolução linguística que divulga amplamente a linguagem arquitetônica moderna.

O neoplasticismo é a *linguagem do plano*, o qual, como abstração, representa a essência de uma linguagem que se articula em planos menores, se concretizando mediante a cor e a forma. Afinal, esse plano, como se deu na pintura, como base para qualquer nova linguagem pictórica, também é o ponto comum de partida – mais ou menos complexo em seu desenvolvimento – de todas as outras artes plásticas. O plano também é a base da tipografia ou da fotografia, neste caso um plano ainda sem cores, que jogará somente com o branco, o preto e os tons de cinza, como fará posteriormente Picasso em sua *Guernica*. A sucessão tridimensional de planos pode ser a base da escultura; no cinema, a base é sucessão de planos no tempo; já a sucessão do plano em quatro dimensões (ou espaço-temporal) será a base da arquitetura.

Admitindo-se esse postulado, temos o fundamento de uma linguagem que não é privativo de nenhuma das artes, pois é comum a todas. Estático ou dinâmico; em duas, três ou quatro dimensões, o plano é a base da nova plástica, da nova linguagem.

Podemos, então, analisar sob uma ótica essencialmente neoplástica tanto um quadro de Mondrian como uma página tipográfica da Bauhaus, tanto um filme de Richter como uma perspectiva axonométrica de Van Doesburg, uma obra de arte total como a Casa Schroeder de Gerrit Rietveld ou o Pavilhão de Barcelona de Mies van der Rohe (ver Figura 26.6). Tudo isso configura uma verdadeira revolução da linguagem e dos sentidos, geradora de uma nova linguagem abstrata.

Na arquitetura, o plano se dobra e suas arestas se equivalem às linhas negras que separam a cor e a ausência de cor da decomposição pictórica. As arestas limitam a *cor* (cores primárias) e a *ausência de cor* (o branco, a luz). Ainda assim, o passo para a arquitetura se dará com a decomposição do plano tanto em plantas baixas como em elevações, rompendo, pela primeira vez na história, a oposição arquitetônica fundamental entre os dois.

Com sua série de axonométricas, maquetes ou *contraconstruções* a partir de 1920, Theo van Doesburg (1883-1931) realiza no

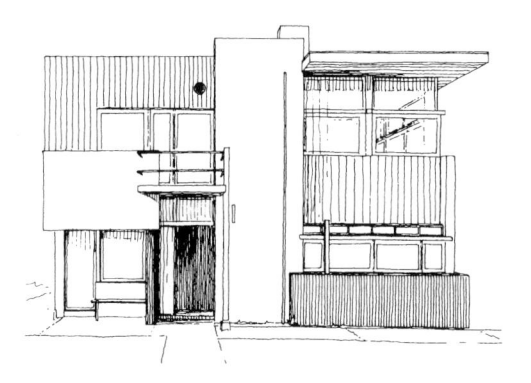

26.2 Gerrit Rietveld, Casa Schroeder, Utrecht.

espaço o que Mondrian havia feito em seus quadros, dando lugar a uma poética baseada nas relações puras entre planos, linhas e cores, onde o espaço vazio conta como a ausência de cor e os cheios podem contar como as cores (Figura 26.3).

Para Van Doesburg, o principal problema da arquitetura moderna consiste em liberá-la da tridimensionalidade, decompondo o volume em partes bidimensionais (planos ou lâminas) que voltam a se compor de forma dinâmica no espaço, de forma aberta e dissonante, sem jamais voltar a compor uma caixa, um volume íntegro.

Interpretando a experiência de Frank Lloyd Wright, Van Doesburg descarta o volume puro e faz questão da continuidade entre o exterior e o interior, ao mesmo tempo em que se propõe a usar elementos desprovidos de espessura e a eliminar da arquitetura tudo aquilo que comprometa tal continuidade (materiais naturais, efeitos rústicos), com o fim de alcançar imagens perfeitas, matemáticas, completamente criadas e, portanto, antinaturais e abstratas.

Buscando aumentar a *projeção do Neoplasticismo* na arquitetura europeia, Van Doesburg se une à Bauhaus em 1923, onde retoma de maneira brilhante os princípios neoplásticos, sobre cuja interpretação polemiza com Wassily Kandinsky quando este questiona dialeticamente sobre a interrupção do plano e a volta à linha e ao ponto, dando lugar ao seu célebre texto *Ponto e linha sobre o plano* (1923).

Le Corbusier e o sintagma moderno

No mesmo ano, Le Corbusier (1887-1965) havia identificado os volumes puros, as proporções e os traçados reguladores como a

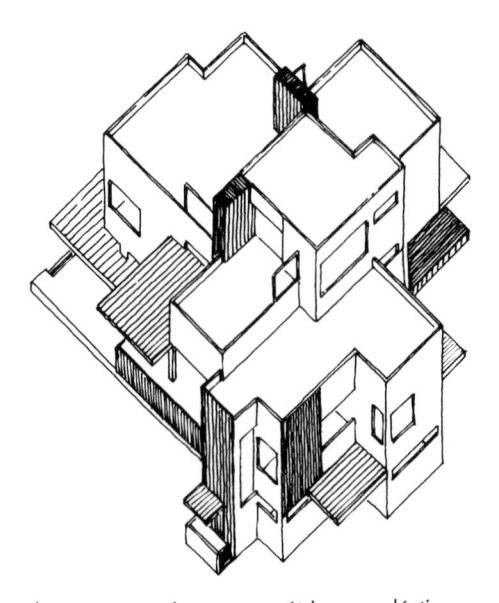

26.3 Van Doesburg, perspectiva axonométrica neoplástica.

base da arquitetura. Dois anos depois – coincidindo com a formulação definitiva feita por Van Doesburg dos princípios neoplásticos (1925) –, Le Corbusier expõe cinco pontos, em paralelo com as cinco ordens clássicas.

Através da dissociação entre a estrutura independente e o fechamento dos vãos de fachada que permitem os novos sistemas construtivos – especialmente o concreto armado –, em 1925, Le Corbusier está em condições de formular uma nova proposta arquitetônica, a qual resume nos seus *cinco pontos*. Os dois pontos principais, a planta livre e a fachada livre, se apoiam nas vantagens da estrutura independente; os outros três se derivam dos dois primeiros: o terraço-jardim, os pilotis e a janela em fita.

Se a estrutura é pontual e não mais parietal, a planta baixa pode ser tratada com liberdade em sua composição e organização funcional. E se a planta é livre, o mesmo se dá em qualquer de seus desenvolvimentos: tanto o pavimento térreo como o de cobertura são livres e, no limite, podem ser utilizados como jardim superior e inferior, através de recursos construtivos como o terraço e a elevação sobre pilares ou pilotis. Da mesma maneira, a fachada não é portante e pode ter seu fechamento e sua fenestração livres até o ponto em que se torna possível qualquer tipo de janelas e, inclusive, a mais anticlássica de todas as janelas: a janela em fita.

Ao lado do alfabeto neoplástico, esses cinco pontos estabelecidos como axiomas se convertem em um verdadeiro *sintagma da arquitetura moderna*, e seu cumprimento chega a qualificar a modernidade de uma obra, com o significado polêmico que implica (Figuras 26.4 e 26.5). Assim, por exemplo, se concebe a cobertura plana não tanto pelo desejo de torná-la útil, e sim por sua mera redução liguística.

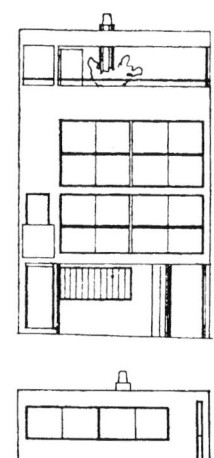

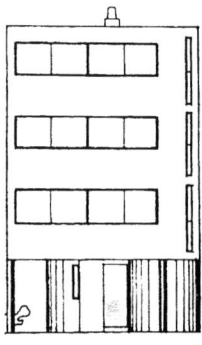

26.4 Le Corbusier, variante da Casa Citrohan construída na colônia Weissenhof, em Stuttgart, Alemanha.

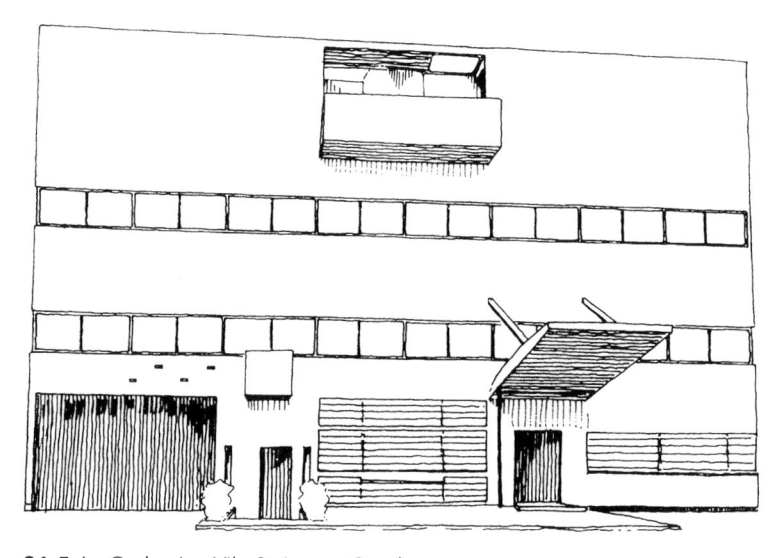

26.5 Le Corbusier, Vila Stein, em Garches.

Outras possíveis bases linguísticas já haviam sido expostas por Le Corbusier em um texto transcendental, *Vers une architecture* (*Por uma arquitetura*, 1923), onde, junto com o funcionalismo e o racionalismo abstrato, o arquiteto defende ferrenhamente a utopia maquinista (o transatlântico, o avião e o automóvel), a qual identifica comparando polemicamente o Partenon com o último modelo de automóvel.

Do sintagma à linguagem: o estilo internacional

Com mais ou menos contaminações figurativas, as bases neoplásticas, unidas ao sintagma corbusieriano, dão lugar a uma nova linguagem, gramaticalmente estruturada, cujo alfabeto vai se enriquecendo com o passar dos anos.

Assim, quando em 1932 a arquitetura europeia recente é apresentada em Nova York ao público norte-americano, Henry-Russell Hitchcock e Philip Johnson se sentem em condições de rotulá-la como um *estilo*, considerando-a já consolidada por uma família linguística homogênea. Por seu surgimento simultâneo em diversos países e por sua ampla difusão, ela merece o nome de *estilo internacional*.

Convém recordar a diferença entre a *linguagem* como expressão comum aos espaços e tempos distintos, o *estilo* que a define em um momento e espaço definidos e a *maneira* ou forma particular de expressão de um artista ou de um grupo em determinado momento. A identificação de uma linguagem com uma maneira pessoal, ou inclusive com o *estilo internacional* – por mais genérico que este tenha sido –, posteriormente levou alguns a atestar a morte da linguagem arquitetônica e, por extensão, da arquitetura moderna.

A exposição de 1932 se tornou a patente indireta, porém definitiva, da oficialidade que a arquitetura moderna necessitava para se difundir no âmbito das sociedades de investidores e empresas de construção. Após ela, se reconhece a nova linguagem e se passa a cobrar esse caráter de sistema formal unitário que estará sempre vinculado à sua própria unidade como movimento.

Se anteriormente os princípios modernos se baseavam em fatores genéricos ou utilitários – racionais ou funcionais –, a partir da exposição de Nova York são os *princípios formais* que passam a definir um estilo universal, gerando um sistema total de modernidade no qual ainda nos encontramos.

Trata-se de um sistema que pretende deduzir três princípios formais dessa independência entre estrutura e fechamento de fachadas que permite a planta livre e a fachada livre e que torna os imperativos formais e sua leitura formal a base da arquitetura. O primeiro é o princípio da *regularidade* em função da capacidade de ordenação que o esqueleto estrutural possui; o segundo princípio concebe a arquitetura a partir do *plano e do volume*, em consequência da ausência de paredes portantes; e o terceiro afirma *o valor ornamental das formas puras*, de maneira que, assim como se dava na arquitetura clássica, a arquitetura prescinde de elementos decorativos alheios.

Dessa forma, a identificação entre ornamento e delito determina, na década de 1920, uma ausência de decoração e uma austeridade próxima à nudez, pois – como no Egito ou no Islamismo – já não há outra decoração além da caligráfica, e o *uso ornamental do alfabeto* é o elemento mais próximo do adorno que a arquitetura moderna permite, com o emprego eficaz de letreiros como silhueta ou estênceis. Não obstante, uma vez consolidadas as bases linguísticas, o ornamento seria pouco a pouco resgatado. Da mesma maneira, se, em um primeiro momento, a arquitetura moderna pode ser caracterizada por certa *renúncia à cor e à textura*, consideradas como contaminações figurativas (as arquiteturas brancas da Weissenhof de Stuttgart, em 1927), logo após a Segunda Guerra Mundial, elas são retomadas pelas mãos dos mesmos mestres modernos: Le Corbusier e Alvar Aalto, principalmente.

O fato de que a arquitetura moderna disponha de um repertório de formas desvinculado da arquitetura do passado, junto com seu fascínio pelo mundo tecnológico e pelos novos métodos construtivos, permite a formulação de algumas regras gerais, sem qualquer limite local ou tipológico.

Não obstante, apesar da homogeneidade dos códigos arquitetônicos e da escassa exteriorização simbólica das funções, se produz uma classificação dos elementos básicos, cuja leitura identifica a função correspondente, tanto na habitação como nos edifícios públicos.

Assim, na moradia, o terraço com grandes janelas em fita coincide com a zona de uso diurno ou sala de estar e jantar; a janela em fita, com a zona de uso noturno ou célula-dormitório; a janela alta horizontal coincide com o núcleo de banheiros ou cozinha; e a faixa vertical de vidraças representa a circulação (o elevador ou a escala); enquanto as faixas contínuas de vidro expressam a existência de escritórios, oficinas ou laboratórios.

Da mesma maneira, nos grandes edifícios públicos, a volumetria exterior diferenciada demonstra cada uma das funções específicas que se desenvolvem no interior: auditórios, escritórios, núcleos de serviço ou salas de reunião, todos os quais buscam, em sua composição, expressar sua própria organização interna.

Assim, nos anos seguintes se consegue a difusão de certa linguagem racionalista internacional que leva a determinar uma autêntica mudança na fisionomia urbana.

Muitas vezes mais formalista do que funcionalista, seus elementos canônicos serão reiterados, popularizados e, às vezes, banalizados. Entre eles estão, em ordem de preferência: o gosto formal pela *horizontalidade*, ressaltada pelas largas faixas corridas que enlaçam os vãos e conseguem um efeito retangular nas composições tão características do estilo; o emprego do sintagma janela em fita-terraço de cobertura, que evidenciam as peças principais da moradia; o conjunto de volumes ortogonais nas quinas; ou as curvas ou rotundas que enlaçam expressivamente os paramentos. Às vezes, a singularidade ou a flexibilidade do programa permitem uma maior variedade de situações, se buscando certa *verticalidade* como elemento complementar de identificação e utilizando, para consegui-la, recursos de expressão análogos e jogos de panos de diferentes texturas que, sob qualquer pretexto, superam em altura o restante do edifício.

A busca racionalista desejava transmitir uma imagem coerente de sua época. Sua obra estilística ainda hoje perdura, em grande parte, como a linguagem própria da *terceira idade do espaço*.

Os templos da modernidade

Se na primeira idade do espaço a *cabana clássica* da Antiguidade era uma caixa, um paralelepípedo de paredes cegas ou com peristilo, e na segunda idade a *cabana medieval ou humanista* era uma caixa escavada, a construção de um espaço interno; na terceira idade do espaço a *cabana moderna* é um espaço quadridimensional ou espaço-temporal que destruiu a caixa e deixa fluir conjuntamente o espaço interno e o externo e que – ao separar a estrutura do fechamento de fachada – consegue tornar realidade a planta livre e a fachada livre.

Como verdadeiros *templos da modernidade*, os exemplos dessa cabana moderna se encontram tanto nas habitações e nos edifícios repetitivos como nas edificações singulares.

Um exemplo paradigmático destes últimos é o Pavilhão da Alemanha da Exposição Universal de 1929 – o Pavilhão de Barcelona –, onde Mies van der Rohe leva ao limite os princípios neoplásticos (Figura 26.6).

Essa edificação se situa sobre um pódio que reforça sua função representativa. Sobre ele, Mies realiza uma decomposição análoga à dos quadros de Mondrian, mas extrapolando-a de tal maneira que já não se consegue distinguir o plano principal de partida, ainda que possamos intuir o plano como origem dos retângulos que se cruzam ou se justapõem, enriquecendo a composição. A partir desses planos, e com uma estrutura muito simples de pilares cromados distribuídos em uma retícula singela que sustenta a laje de cobertura, o arquiteto libera os espaços internos, que fluem dinamicamente para o exterior.

Como o plano é a origem do projeto, o verdadeiro objeto da exposição é o próprio plano: as paredes policromadas de mármore, os painéis de vidro, transparentes ou translúcidos, a *parede de luz* como um sonho ideal que se tornou realidade, etc. Esse plano usa o próprio material como cor (a esmeralda do mármore, o preto amarronzado do ônix, a transparência do vidro e o jogo de reflexos da água ou dos metais) e o único vestígio figurativo é a bailarina de Georg Kolbe instalada em um canto do espelho de água.

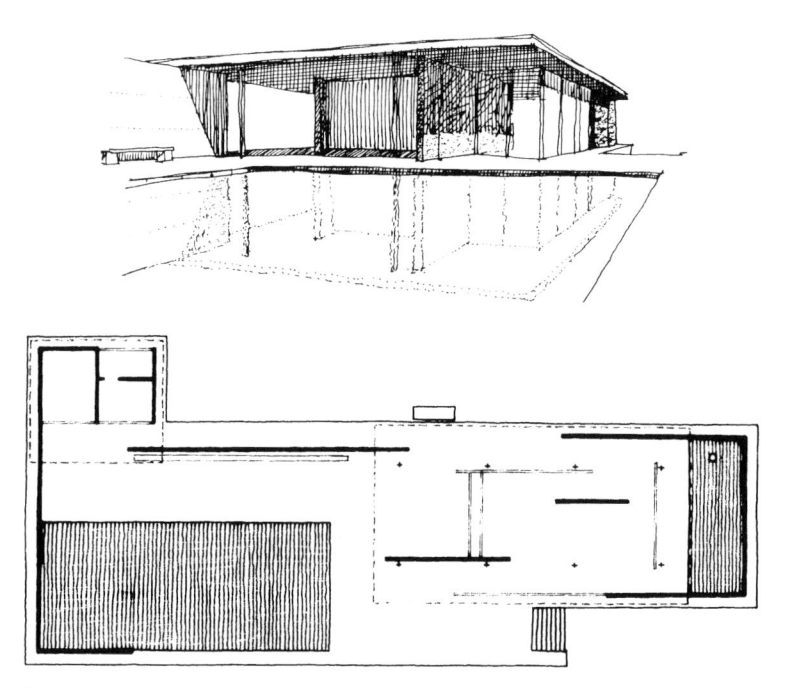

26.6 Mies van der Rohe, Pavilhão de Barcelona, perspectiva e planta baixa.

Os edifícios funcionais especializados, por outro lado, partem das questões de uso para obter uma arquitetura objetiva, mas também desenvolvem e exemplificam os princípios linguísticos modernos. Nesse sentido, tanto a sede da Bauhaus em Dessau (1926) como o Sanatório de Paimio, no sul da Finlândia (1929) ou o Pavilhão Suíço em Paris (1929; Figura 26.7 e também 24.4) são excelentes exemplos da *maneira* arquitetônica de Wlater Gropius, Alvar Aalto e Le Corbusier, respectivamente.

O último, em particular, é tanto uma obra de arquitetura como uma obra de intervenção urbana, enquanto manifestação construída para um público ciente dos ideais urbanos de Le Corbusier. Nele estão presentes os cinco pontos enunciados pelo arquiteto: a planta e a fachada livres nos pavimentos-tipo; a elevação destes sobre os

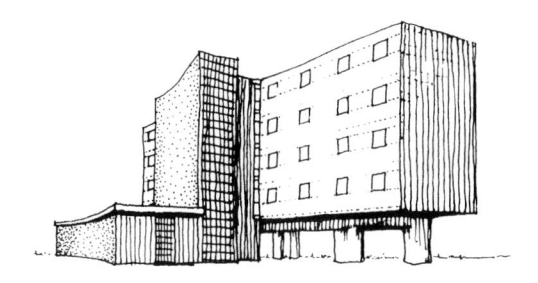

26.7 Le Corbusier, Pavilhão Suíço na Cidade Universitária de Paris.

pilotis que separam o edifício do terreno e chamam a atenção para a entrada; o terraço utilizável com elementos e caráter diferenciado; a fachada livre, que não replica a estrutura; e o plano da fenestração que avança em relação ao plano da alvenaria, evidenciando conscientemente a descontinuidade entre ambos. O pavilhão de uso comunitário, por sua vez, se separa em outro bloco, que, ancorado ao solo, se expressa com materiais e texturas diferentes.

Por último, vamos escolher quatro exemplos paradigmáticos de habitação unifamiliar para deduzir de sua análise comparativa as características comuns e distintas: a Casa Tugendhat, em Brno (1929), a Vila Savoye, nos arredores de Paris (1930), a Vila Mairea, em um bosque do sul da Finlândia (1937), e a Casa da Cascata, na Pensilvânia, Estados Unidos (1936). Ao se contrapor as individualidades de cada casa, observa-se que todas são excelentes exemplos desses *templos da modernidade* e do *"maneirismo"* de seus respectivos mestres.

Na Casa Tugendhat (Figura 26.8), Mies baseia seu projeto em um grande pano de parede suspenso sobre uma parede de vidro; analogamente, Le Corbusier faz o segundo pavimento de sua Vila Savoye flutuar sobre pilotis (Figura 26.9). Ainda assim, para a composição interna, ambos partem de uma malha regular de pilares que define uma armação espacial transparente; mas enquanto Mies joga com tal malha para logo introduzir os espaços livres e seus fundos, Le Corbusier projeta as paredes em relação aos pilares, obtendo um volume puro, onde o quadrado da planta principal inclui tanto o L interno das funções domésticas como o terraço ao ar livre, em contraste compositivo análogo àquilo que se obtém com a escada de caracol e a rampa que, como uma *promenade architecturale*, percorre pela edificação, cuja simetria aparentemente rígida contrasta com uma brilhante composição assimétrica real.

Uma dialética similar entre espaço interno e externo aparece na Vila Mairea, onde Alvar Aalto interpreta de maneira livre, *orgânica*, este conceito de claustro moderno, configurando um L aberto

26.8 Mies van der Rohe, Casa Tugendhat, Brno.

26.9 Le Corbusier, Vila Savoye, Poissy, perspectiva e plantas baixas.

para a paisagem. Por sua vez, na Casa da Cascata (Fallingwater; Figura 26.10), Frank Lloyd Wright sintetiza os princípios racionalistas e orgânicos e, assim como nas *prairie houses* (casas do prado), distribui tudo em torno da lareira de pedra, cujo volume vertical se contrapõe aos volumes horizontais que se projetam verso à paisagem da cascata e definem uma excelente dialética entre espaço interior e exterior.

26.10 Frank Lloyd Wright, Casa Kaufmann, chamada de Fallingwater ou Casa da Cascata, Pensilvânia.

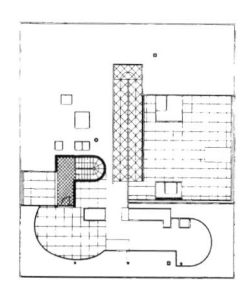

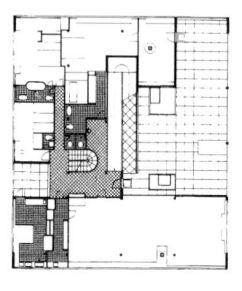

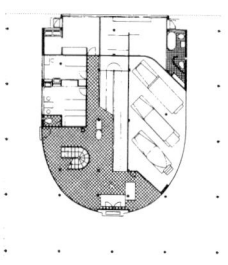

CAPÍTULO 27
Auge e Esplendor da Arquitetura Moderna

A historicidade do Movimento Moderno

No século XVI, Giorgio Vasari propôs uma interpretação progressiva da história, que não apenas serve para a compreensão global do fenômeno do humanismo, como também para a compreensão da arquitetura moderna. Apoiando-nos nela, podemos articular a sequência histórica do Movimento Moderno e, consequentemente, desenvolver o estudo da linguagem arquitetônica da modernidade. Assim, geralmente se fala de uma primeira, uma segunda e uma terceira geração de arquitetos modernistas, em uma *épica do modernismo* que se inicia com os denominados *pioneiros* e culmina com os *mestres* do Movimento Moderno.

Além das contribuições das diversas vanguardas artísticas dos experimentos de Frank Lloyd Wright (1869-1959) em Chicago ou de Hermann Muthesius (1861-1927) e Peter Behrens (1869-1940) na Werkbund, na formação da arquitetura moderna se destacam como antecedentes os derivados da faceta protorracionalista de Tony Garnier (1869-1948) e Auguste Perret (1874-1954); a rebelião contra a Sezession vienense de Adolf Loos (1870-1933), com seu ataque ao ornamento e sua defesa do despojamento dos volumes; bem como o estudo da malha urbana feito por Hendrik Petrus Berlage (1856-1934) na arquitetura holandesa.

Contudo, enquanto as contribuições desses pioneiros são individuais e independentes, as da geração seguinte são paralelas e complementares e sua coerência de resultados pode ser comprovada a partir de 1927, quando o concurso da Sociedade das Nações, a Exposição de Stuttgart e os preparativos do Congresso de La Sarraz evidenciam uma linha comum de trabalho entre pessoas e grupos de diferentes países.

Os mestres do Movimento Moderno

Após ganhar ímpeto com a convergência de forças de vanguarda em uma ação unitária tomada a partir de aproximadamente 1927, o Movimento Moderno, em sua dinâmica histórica, recebe um grande número de contribuições tanto individuais como coletivas.

Como *contribuição individual* se destaca a obra de Le Corbusier, em sua tripla faceta de arquiteto, teórico e propagandista, enquanto as *contribuições coletivas* se devem principalmente ao trabalho do De Stijl e da Bauhaus como núcleo e base da ortodoxia moderna.

A escola Bauhaus (1919-1933) desempenha um papel aglutinante singular entre os fatores de formação dessa ortodoxia moderna. Dirigida inicialmente por Henry Van de Velde e intimamente vinculada à Deutsche Werkbund (Sociedade Alemã do Trabalho; Figura 27.1), a Escola de Artes Aplicadas de Weimar passa a desempenhar um papel ímpar em termos de propostas de arquitetura, programa de ensino e didática quando, em 1919, Walter Gropius (1883-1969) a transforma na Bauhaus – literalmente a "casa da construção" –, com um conceito novo de reinterpretação da arte total e da integração artística e industrial da Werkbund.

A Bauhaus não é uma escola de arquitetura do tipo tradicional, e sim uma escola de arte que aborda progressivamente as três escalas de desenho e se converte em um centro de experimentação e sede simbólica das vanguardas, reunindo em torno de si as distintas manifestações artísticas da época: música, literatura, teatro, cinema, pintura, arquitetura e desenho de produto (desenho industrial).

No início, a Bauhaus sofreu forte influência do ideário da Werkbund e das ideias de Feininger, Klee, Kandinsky, Itten e Moholy-Nagy, todos artistas mais ou menos vinculados ao expressionismo alemão, que fundamentavam sua didática aberta em um curso preliminar de introdução ao desenho. No entanto, em 1923, a Bauhaus experimenta uma mudança decisiva que faz com que ela abandone todo vestígio de expressionismo e se converta em um baluarte do racionalismo.

Poucos anos antes de sua transferência de Weimar para Dessau, essa mudança também se deve à presença de Theo Van Doesburg e à incorporação extraoficial dos princípios neoplásticos à Bauhaus, em uma primeira *síntese De Stij-Bauhaus*, que tem sua melhor representação no próprio edifício da sede em Dessau (1926; Figura 27.2), projetado e executado por Gropius com a colaboração de professores e alunos da escola, em um exemplo típico de trabalho em equipe, que incluiu desde a construção do edifício propriamente dito até o desenho de seus elementos de mobiliário e a arquitetura de interiores, em uma perfeita síntese do espírito racional com a escala humana.

27.1 Van de Velde, Escola de Artes Aplicadas de Weimar, sede do primeiro período da Bauhaus.

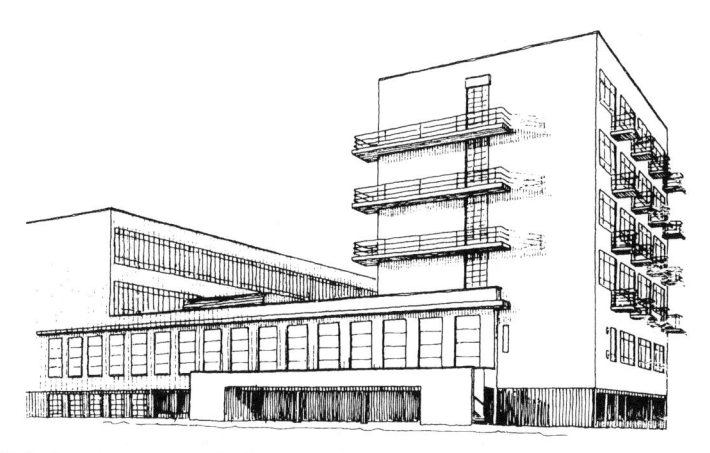

27.2 Gropius, nova sede da Bauhaus, em Dessau, na Alemanha.

Mais pedagogo do que arquiteto, Gropius é autor de diversos bairros experimentais, como o Siemensstadt, em Berlim, onde demonstra seu domínio do problema da habitação mínima, cujas conclusões e propostas tipológicas exporia nos CIAM de Frankfurt e Bruxelas.

A *poética neoplástica* tem seus melhores exemplos na arquitetura holandesa, onde Roterdã se converte no centro das experiências modernas sob a orientação de Jacobus J.P. Oud (1890-1963), autor de alguns dos melhores exemplos de arquitetura residencial da época, como os condomínios habitacionais Keifhoek e Hoek van Holland (1925; Figura 27.3; ver também Figura 25.2), onde mostra sua evolução a uma arquitetura mais comprometida com a construção, liderando uma certa *escola neoplástica*, da qual fizeram parte Johannes Duiker, Cornelius Van Eesteren e, inclusive, Gerrit Rietveld (1888-1964), autor de uma pequena joia neoplástica: a Casa Schroeder, em Utrecht (1924).

Em todo caso, o verdadeiro poeta da arquitetura neoplástica é Ludwig Mies van der Rohe (1887-1969), paradigma da conjunção De Stijl-Bauhaus, convidado por Gropius a Dessau para dirigir a escola em seu período final – após a fase intermediária de Hannes

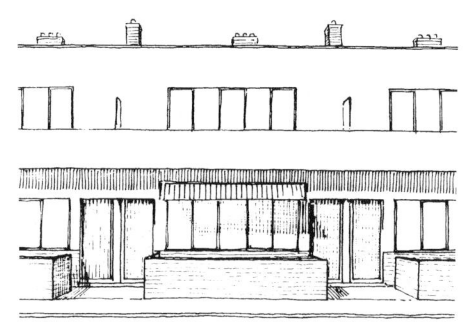

27.3 Oud, casas em fita em Hoek Van Holland, Roterdã, na Holanda (Países Baixos).

Meyer (1889-1954) –, e obrigado a transferi-la para Berlim, onde foi fechada pelos nazistas no verão de 1933. Vinculado aos grupos de vanguarda, Mies se destaca por suas experimentações na arquitetura, tanto nos experimentos com estrutura independente e pele de vidro (os arranha-céus de vidro) como naqueles com planta livre ou no projeto de casas de alvenaria de tijolo. Sua vinculação à Werkbund o leva a receber, em 1925, o encargo de dirigir os projetos da colônia Weissenhof de Stuttgart, uma síntese das experiências modernas de então, executando nos anos posteriores a Casa Tugendhat e o Pavilhão de Barcelona, ícones da arquitetura moderna.

Outra contribuição pessoal de grande influência na arquitetura europeia do entreguerras é a de Erich Mendelsohn (1887-1953), que evolui de maneira independente desde a expressividade inicial da Torre Einstein, em Potsdam (1921), até sua síntese particular entre expressionismo e racionalismo representada pelo conjunto de edifícios para as lojas Schocken, construídos em várias cidades da Alemanha (Figura 27.4), e que culmina em Berlim com o complexo Woga (1926-1931), onde faz uma releitura do repertório racionalista, inserindo nele boa parte dos valores construtivistas e expressionistas anteriores.

Ainda assim, a contribuição individual mais destacada é dada por Charles-Édouard de Jeanneret, dito Le Corbusier (1887-1965), cujo nome chegou a ser sinônimo da arquitetura moderna, por sua atividade múltipla como teórico, projetista, propagandista e ativista social.

Vanguardista em *Après le cubisme* (Além do cubismo; 1918), teórico e propagandista em *Vers une architecture* (Por uma arquitetura; 1923), Le Corbusier concentra sua atividade a partir dessa época na Ville Contemporaine (Cidade Contemporânea para Três Milhões de Habitantes) e busca, em cada projeto e edificação, construir uma peça de sua utopia urbana. Assim, se entendem suas investigações e polêmicas em matéria de habitação – chamada por ele de *máquina de morar* –, as quais lhe permitem formular a mais ampla e variada série tipológica possível. Desde as propostas das Casas Dom-ino e Citrohan,

27.4 Mendelsohn, Torre Einstein, em Potsdam (à esquerda) e Lojas Schocken, em Stuttgart (à direita).

passando pelos imóveis-vila e pelos edifícios em redente (escalonados), até os arranha-céus multifuncionais metropolitanos, Le Corbusier é um inventor prolífico de tipos e formas, cujos projetos chegam a ser mais famosos do que muitos de seus edifícios construídos.

Entre estes se destacam, contudo, alguns que são verdadeiros ícones da arquitetura moderna, como as vilas (casas de campo) de Garches e Savoye ou o Pavilhão Suíço de Paris. Todos eles são a experiência absoluta de um conceito de arquitetura tão radical em termos técnicos (como queriam a Werkbund e a Bauhaus) e tão inovador pela estética quanto as propostas de Oud, Gerrit Rietveld, Walter Gropius ou Mies van der Rohe.

Entre suas grandes propostas do entreguerras se destaca a formulada para o concurso para a sede da Sociedade das Nações, em Genebra (1927), onde seu projeto foi preterido em favor de uma proposta acadêmica, com o escândalo e a polêmica resultante sobre os pressupostos da arquitetura moderna, que atuaram como catalisadores de um processo que culminou no ano seguinte, em La Sarraz.

Em La Sarraz, se cristaliza o período heroico da arquitetura moderna, sobre cujas bases se define o estilo internacional. Os textos de Giedion, Sartoris, Richards ou Pevsner, por sua vez, implicam a consagração e difusão dos princípios do racionalismo e estabelecem a *história e a épica modernas* a partir da dialética entre *ortodoxias e heterodoxias*.

Ortodoxias e heterodoxias

Tendo-se identificado o *estilo internacional* com o *racionalismo ortodoxo*, há que se destacar o papel dos CIAM (Congressos Internacionais de Arquitetura Moderna) em sua definição e difusão. Os congressistas de La Sarraz, com um claro espírito propagandista, saíram do evento convertidos em delegados nacionais encarregados de estimular o Movimento Moderno em seus respectivos países, neles constituindo grupos ou seções nacionais.

Desses grupos surgiram as ortodoxias modernas da arquitetura racionalista francesa, inglesa, tcheca, etc.; e, de um modo especial, o racionalismo espanhol e o italiano, este último com Pagano, Libera, Micheluzzi, Sartoris – autores de obras tão destacadas como os hangares aeronáuticos, os edifícios dos correios ou a Cidade Universitária de Roma – e, sobretudo, Giuseppe Terragni (1904-1943), autor da Casa del Fascio em Como, na Itália (Casa do Fascismo – 1936; Figura 27.5), paradigma do racionalismo italiano e de seu desejo de buscar um meio-termo entre o funcionalismo e os valores clássicos.

Além disso, é de singular importância a arquitetura racionalista espanhola, fortemente apoiada nas vanguardas e nos experimentalismos da década de 1920. Sua ortodoxia tem com o núcleo o GATEPAC (Grupo de Artistas y Técnicos Españoles Para la Arquitectura Contemporánea), organizado em três regiões do país:

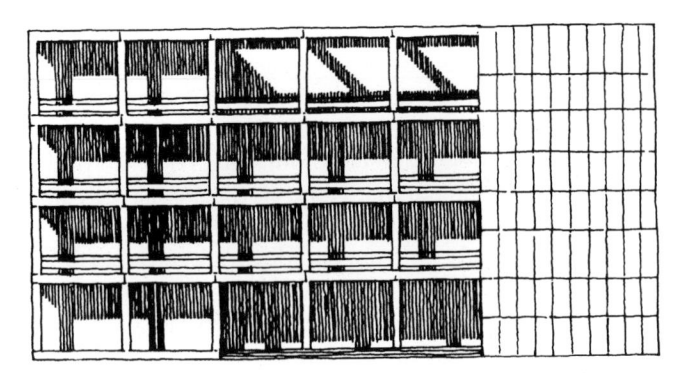

27.5 Giuseppe Terragni, Casa del Fascio, Como.

centro (García Mercadal), norte (Aizpurúa e Labayen; Figura 27.6) e leste (Sert, Torres Clavé, etc.). O maior destaque é deste último grupo, diretamente vinculado a Le Corbusier, cujo compromisso arquitetônico e político dá lugar a uma das contribuições coletivas mais interessantes de toda a arquitetura moderna, que tem seu melhor exemplo no chamado Plano Macià para Barcelona (1932; ver Figura 24.5) e em seus desenvolvimentos arquitetônicos.

Paralelamente, surge um racionalismo heterodoxo ou *racionalismo à margem*, difusor das formas racionalistas na arquitetura espanhola, o qual dá lugar ao chamado *estilo salmão*, muito relacionado com a obra de Mendelsohn e caracterizado pela revisão ou adaptação do repertório do estilo internacional, nele inserindo – por recuperação ou reelaboração – boa parte dos valores construtivos e expressivos herdados. Desse modo, o racionalismo perde rigor e clareza, mas adquire, em troca, um sabor nacionalista e uma personalidade própria e amplia seu raio de ação social.

Afinal, junto à *história ortodoxa* do Movimento Moderno, não podemos nos esquecer de sua *história heterodoxa*, desenvolvida principalmente em torno do expressionismo, do construtivismo e dos classicismos próprios da arquitetura do entreguerras.

27.6 Aizpurúa e Labayen, Clube Náutico de San Sebastián.

O *expressionismo centro-europeu* – alemão e holandês, principalmente – é o complemento ou a alternativa dialética ao racionalismo moderno que, deixando de lado as referências pictóricas, tem seus antecedentes arquitetônicos no novo uso expressivo do concreto armado.

O *expressionismo alemão* tem como seus melhores representantes Paul Bonatz, Max Berg, Hans Poelzig e, especialmente, Bruno Taut e Hans Scharoun, o qual, na Filarmônica de Berlim, leva seus conceitos à arquitetura do pós-guerra. Por sua parte, o *expressionismo holandês* é representado pelo grupo Wendingen e pela chamada Escola de Amsterdã, apoiada na obra de Berlage. Ao seu lado, se destaca a arquitetura de Willem Dudok (1884-1974) e, em especial, o excepcional edifício da Prefeitura de Hilversum (1924), uma síntese brilhante das contribuições de Wright, do expressionismo Wendigen e do racionalismo De Stijl.

Em contraposição ao expressionismo, o *construtivismo soviético* identifica arte e compromisso político e aceita os novos valores (coletivismo, padronização, utilidade e lógica construtiva), buscando uma participação do arquiteto na transformação da sociedade, o que se concretiza em um racionalismo formalista e construtivista, inspirado no maquinismo e nos trunfos da técnica moderna, cujas formas serão parcialmente recuperadas pela arquitetura contemporânea. Seus principais representantes são Konstantin Mélnikov, El Lissitzky, Moiséi Guinzburg e Vladimir Tatlin, este último autor do projeto para o monumento da Terceira Internacional (1920; Figura 27.8), cuja forma helicoidal que decresce na medida em que se eleva exemplifica perfeitamente este movimento.

O *construtivismo* parece supor uma relação paradigmática entre as vanguardas artísticas e a revolução bolchevique. Mesmo assim, essa relação entra em crise no início da década de 1930, o que fica evidente com o fracasso do concurso para o Palácio dos Sovietes e a suspensão do CIAM de Moscou, resgatando-se o monumentalismo da tradição clássica, de modo similar à arquitetura que na mesma época florescia com os regimes totalitários da Alemanha e da Itália.

27.7 À esquerda, Hans Scharoun, Edifício da Filarmônica de Berlim; à direita, Dudok, Prefeitura de Hilversum.

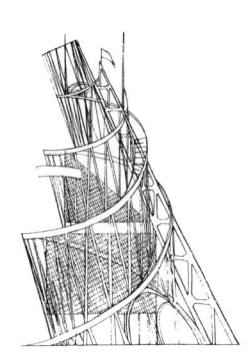

27.8 Vladimir Tatlin, Monumento para a Terceira Internacional.

Bem distinto desse classicismo oficial é a permanência clássica daqueles que se identificam com os problemas e os métodos modernos, mas que não aceitam a nova linguagem, mantendo, em certa medida, o purismo próprio do clássico. Ao lado de pioneiros como Auguste Perret, Tony Garnier, Adolf Loos ou Heinrich Tessenow, o melhor representante dessa corrente é Erik Gunnar Asplund (1885-1940), cuja Biblioteca de Estocolmo (1924; Figura 27.9) é o exemplo emblemático desse classicismo e de suas influências eruditas. Junto a ele se destacam, na mesma época, Arne Jacobsen, Eliel Saarinen e Erik Bryggman, todos os quais demonstram em sua obra posterior uma clara evolução ao racionalismo, que se reflete de maneira singular na obra de Alvar Aalto (1898-1975), cujo Sanatório para Tuberculosos de Paimio (1930) é um dos exemplos emblemáticos do racionalismo internacional. Na década de 1930, Aalto evolui de um funcionalismo ingênuo inicial para um *funcionalismo* ou *racionalismo orgânico*, cujos componentes essenciais são vistos já em 1937 na Vila Mairea e no Pavilhão da Finlândia na Feira Mundial de Nova York.

Essa revisão *orgânica* do funcionalismo se manifesta mais claramente depois da Segunda Guerra Mundial, quando a arquitetura de Alvar Aalto alcança seu clímax com obras icônicas como a Prefeitura de Säynätsalo (1949; Figura 27.10) ou com conjuntos arquitetônicos como os de Otaniemi, Jyväskylä ou Seinäjoki. Graças a um domínio absoluto do espaço e da técnica, Aalto consegue estabelecer, na mesma época, uma nova tipologia de igrejas, bibliotecas, auditórios e centros cívicos, que culminam no Finlandia Talo de Helsinque (1970).

Ao mesmo tempo, a crise do funcionalismo mecanicista também leva à revalorização de Frank Lloyd Wright, que, a partir do projeto da Casa da Cascata (Fallingwater; 1936), inicia uma segunda juventude, que resulta no Museu Guggenheim de Nova York (1943-1956; Figura 27.11).

Apoiando-se neste novo Wright e em seus possíveis discípulos escandinavos e italianos, Bruno Zevi cria e difunde, a partir de 1950, o conceito histórico de *arquitetura orgânica*, como uma segunda idade de ouro da arquitetura moderna.

27.9 Erik Asplund, Biblioteca Pública de Estocolmo, Suécia.

27.10 Alvar Aalto, Prefeitura de Säynätsalo, Finlândia.

27.11 Frank Lloyd Wright, Museu Guggenheim, Nova York.

O maneirismo moderno: esplendor e crise

Se o saque de Roma em 1527 marca um ponto de ruptura na cultura humanista que, no médio prazo, resulta na revisão e difusão do maneirismo, a interrupção geral causada pela Segunda Guerra Mundial de 1939 a 1945 tem consequências similares na arquitetura moderna.

Os processos de reconstrução e desenvolvimento próprios do pós-guerra produzem uma enorme expansão prática da arquitetura vinculada ao Movimento Moderno, mas com um duplo sentido, ou seja, ao mesmo tempo o *esplendor e a banalização* de seus ideais arquitetônicos.

O exemplo emblemático do duplo sentido resultante dessa expansão é o projeto para a sede da ONU em Nova York, onde se aceitaram as propostas formuladas em 1947 por Le Corbusier – em contraste com o concurso de Genebra de 1927 – mas se permitiu que fossem executadas de maneira trivial por uma equipe internacional de consultoria técnica presidida por Wallace Harrison (Figura 27.12).

27.12 Sede das Nações Unidas, Nova York, construída por Harrison a partir de uma proposta formulada por Le Corbusier.

Essa mesma banalização se manifesta em boa parte na arquitetura europeia e norte-americana da década de 1950. Em contraposição a ela, se oferecem duas opções antitéticas. De um lado, a arquitetura como investigação e resolução perfeita dos mínimos funcionais ou existenciais ("mais é mais"); de outro, a resolução perfeita dos detalhes que fazem da arquitetura um invólucro com capacidade geradora ("menos é mais"). Outras opções podem ser aquelas representadas por Le Corbusier e Mies, respectivamente.

Retomando suas propostas ideais da década de 1920, Mies realiza uma depuração sucessiva da caixa de vidro que, com variações mínimas, serve para conter qualquer função. Por outro lado, sua antifuncionalidade mecânica a leva a passar da caixa de cristal ao contêiner com vários significados. Entendido como contêiner, o problema arquitetônico já não será de distribuição dos ambientes, e sim de espaço dinâmico dimensionado para que as coisas possam acontecer em seu interior, e que deve ser depurado de seus elementos para tornar a arquitetura mais clássica, o que leva a um novo conceito de ordem que limita o campo de atuação para aumentar a categoria da arquitetura.

Esse conceito é exemplificado não somente pelas obras de grande porte de Mies nas décadas de 1950 e 1960 – especialmente pelo arranha-céu Seagram, em Nova York (Figura 21.13), o Crown Hall, em Chicago, e a Neue Nationalgalerie, de Berlim, todos exemplos excelentes e refinados de uma edificação como invólucro –, mas também é estendido à habitação, tanto a unifamiliar como o edifício de apartamentos. O êxito extraordinário da obra de Mies leva à sua reprodução indiscriminada por toda uma legião de imitadores e discípulos que elevam o Edifício Seagram à categoria de paradigma e nele veem apenas o arranha-céu moderno como o símbolo comercial das grandes corporações.

27.13 Mies van der Rohe, Edifício Seagram, Nova York.

Já Le Corbusier aprofunda seu conceito anterior da arquitetura como investigação contínua, mas assume no pós-guerra as antigas contradições implícitas e faz uma síntese pessoal do racionalismo com o expressionismo.

Essa síntese traz consigo um novo estudo dos problemas do antropomorfismo e da modulação, das relações entre a luz e a cor ou da expressividade dos materiais, a qual, no caso o concreto, resultará no *New Brutalism* (Neobrutalismo) da geração seguinte, prolongando a influência corbusieriana até as décadas de 1960 e 1970.

Essa nova contradição assumida tem seu melhor reflexo em um conjunto excepcional de obras quase coetâneas: na Unidade de Habitação de Marselha (Figura 27.14; ver também Figura 24.3), nos edifícios governamentais de Chandigarh e, especialmente, na contraposição dialética que se estabelece entre suas duas obras religiosas, o monastério de La Tourette (Figura 27.15) e a Capela de Ronchamp (Figura 27.16).

27.14 Le Corbusier, terraço da cobertura da Unidade de Habitação de Marselha.

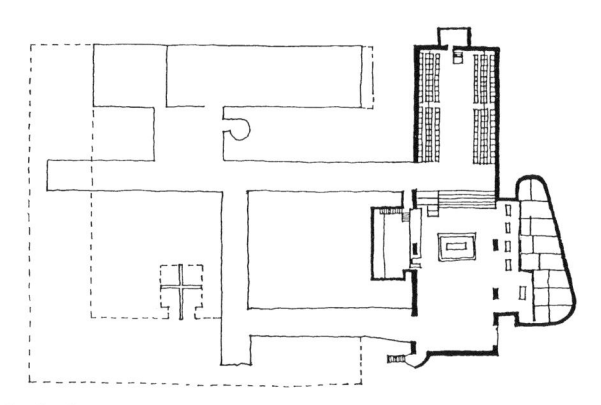

27.15 Le Corbusier, convento dominicano de La Tourette.

27.16 Le Corbusier, Capela de Ronchamp.

Enquanto em La Tourette Le Corbusier interpreta de maneira funcional a tipologia monástica medieval, uma vez que define o claustro como uma unidade de habitação especializada, em Ronchamp ele parte do zero e, transcendendo as tradições acumuladas ao longo dos séculos sobre a cabana sagrada, a imagina como uma grande barraca de campismo que concretiza a palavra do evangelho ("o Filho de Deus se fez homem e acampou entre nós"). Nessa obra Le Corbusier demonstra, em sua riqueza plástica, a nova expressividade de materiais e formas, levando ao esplendor máximo os valores simbólicos e expressivos da arquitetura moderna.

Porém, esse *esplendor* da arquitetura moderna ia de mãos dadas com sua crise. A expansão prática do Movimento Moderno na arquitetura e no urbanismo acarreta a vulgarização de muitos de seus postulados. Essa banalização, consequentemente, provoca reações e uma crise que vão minando a metodologia e as propostas desenvolvidas nos CIAM. Isso não significa que seus princípios já não são válidos, mas, sem dúvida, sua aplicação não traz os resultados esperados, gerando cidades baseadas em critérios especulativos, às quais se presta perfeitamente uma linguagem moderna e trivial de formas simples e sistemas estruturais banais.

Assim, no nono CIAM (1953), um grupo de jovens arquitetos (Georges Candilis, Alison e Peter Smithson, Jacob Bakema, Aldo van Eyck, etc.) questiona a rigidez das funções urbanas postuladas na Carta de Atenas. Esse grupo sugere a reintegração urbana a partir das diferentes escalas de desenvolvimento da vida social; critica o crescimento desordenado das cidades e os problemas de articulação do tecido urbano e reformula os planos urbanos com base na revitalização dos bairros, na ideia do claustro e na relação da edificação com seu entorno, expressando em seus agrupamentos residenciais (*clusters*) uma hierarquia associativa que tem seu melhor exemplo em Toulouse-le-Mirail (1962-1977), de Candilis, mostra emblemática do novo urbanismo.

A dissidência dos jovens, a chamada *terceira geração*, em Dubrovnik e Otterlo, leva à dissolução dos CIAM e à busca de novos mestres que – opondo o *partir do zero* anterior ao novo *forma e memória* – encerra o ciclo épico do Movimento Moderno.

VII
O Nosso Presente

Capítulo 28
Modernidade e Pós-modernidade

As propostas contemporâneas

Por diversas razões, podemos afirmar que o período estritamente contemporâneo da arquitetura inicia nos anos imediatamente anteriores a 1970, com a morte dos grandes mestres (Le Corbusier em 1965, Gropius e Mies em 1969), ou, simbolicamente, podemos dizer que as barricadas de maio de 1968 nos bulevares de Paris demarcam o *no return point* da arquitetura moderna.

O retrocesso ou a involução iniciada pelo Movimento Moderno ortodoxo na década de 1950 se soma à desaceleração econômica dos anos 1960 e ao fracasso conseguinte da cidade moderna, sugerindo, de diferentes origens, os sinais evidentes de contradição e desejos de mudança que passam a ocupar o centro dos debates sobre arquitetura.

Esses fenômenos se veem acompanhados, praticamente desde suas origens, de um forte processo de crítica e revisão conceitual da própria cultura arquitetônica. A fé no Movimento Moderno, já abalada, entra em crise internacionalmente. Dentro dessa *crise da modernidade*, os espíritos mais alerta tentam restabelecer as mesmas bases tentando reforçar os fundamentos disciplinares da arquitetura através de diversos apoios externos.

Contudo, tanto no refúgio do cientificismo dos processos industriais e tecnológicos da construção como no das estruturas semânticas, semiológicas ou linguísticas, cada vez mais aumenta a contradição entre uma busca de autonomia disciplinar para a arquitetura e a necessidade de sua justificativa com base em outras disciplinas.

Essa crise da modernidade, devido à complexidade de suas considerações e à diversidade de suas soluções, condiciona o processo arquitetônico das últimas décadas em todas as suas tendências.

Gerida como reação à arquitetura tecnocrática estabelecida, essa crise, em geral, não tem ideias bem claras nem preestabelecidas, mas se configura principalmente a partir da negativa daquilo que não quer. Assim, talvez se possa dizer que a primeira *contestação à modernidade* se expresse mediante certa informalidade deliberada que surge como resposta à crise de certeza, em contraste com a absoluta confiança que as arquiteturas dos anos de desenvolvimento proclamavam. A combinação ou mescla aparentemente desordenada de volumes é vista e aplicada como uma mera manifestação pitoresca, de vocação populista, e a identificação do irregular e do informal como equivalentes ao livre e ao popular chega a ser uma unanimidade para os muitos que rechaçam a ditadura das tecnocracias arquitetônicas.

Toda uma geração se refugia calorosamente nessa fórmula desordenada de protesto contra a arquitetura do *status quo*, buscando contestar, com suas formas arbitrárias e extravagantes, abertas e deliberadamente irracionalistas. Seus resultados serão edificações que querem se soltar do solo, se mostrar como fragmentos, incluir em seus tratamentos uma variedade de temas, volumes, cores, materiais, etc.

Perante tal *informalidade contestatória*, durante toda uma década se mantém uma *corrente racionalista*, que tenta continuar resolvendo os problemas arquitetônicos, mas deixando de lado qualquer preconceito de crise que possa afetar seu resultado profissional, que não renuncia suas origens ou seus precedentes imediatos e que ainda pretende garantir a continuidade do discurso.

Forma e memória

A banalização da modernidade na prática de arquitetura e urbanismo provoca reações e crise e leva à procura por novos mestres. Dentro dessa busca, em 1959, no CIAM de Otterlo, surge a personalidade de Louis Kahn (1901-1974), que, com um claro objetivo revisionista, avalia as *contradições implícitas* do Movimento Moderno.

Kahn já havia defendido o *partir do zero* como fundamento das arquiteturas concretas. Em resposta a esta aporia de cumprimento impossível, se sugere *a forma e a memória* como alternativas arquitetônicas. Essa é a dupla contribuição de Louis Kahn à arquitetura contemporânea.

Em primeiro lugar, Kahn denuncia o erro de se separar a forma da função. A forma não segue a função, mas está sempre com ela no processo de projeto; antes de resolver o organograma funcional, existe uma ideia na mente que predetermina a forma arquitetônica. Desse modo, no processo de projeto sempre se pressupõe algo que ocorre antes do processo metodológico; mas, para não condicioná-lo, deve-se dar forma àquilo que não é um mínimo funcional nem um elemento singular.

Assim, as formas primárias de Louis Kahn buscam definir e conformar os elementos de serviço, pois o arquiteto diferencia entre espaços "servidos" e "de serviço" e – invertendo a dialética tradicional – concentra a articulação e a organização em torno deles (circulações e instalações: torres de escada e elevadores ou torres de serviço), criando formas pontuais e poderosas onde são alojadas as partes independentes do processo metodológico funcionalista: as formas que acompanham, sem condicionar, as primeiras definições da função.

Em segundo lugar, Louis Kahn defende a memória como a base da arquitetura: uma memória subconsciente que aflora com uma exigência imposta por uma função e que pode ser uma memória geométrica, histórica ou mesmo técnica na qual os objetos da técnica do passado ressurgem através de uma releitura da forma.

Surge a *história como elemento da atividade de projeto* e como modelo ideal da forma arquitetônica através do resgate do passado, o qual também conduz ao problema da tipologia ou da memória tipológica. Surge, como postura contrária, o recurso da *técnica como elemento de definição da forma* e articulação do organismo arquitetônico.

Toda a obra de Louis Kahn se refere a ambos os enunciados, em especial os Laboratórios Médicos Richards, da Filadélfia (1957), os dois Museus de New Haven (1953; Figura 28.1; e 1969) ou o Instituto Salk, em La Jolla (Califórnia, 1959; Figura 28.2), líricos na modelagem da luz e construídos de maneira muito refinada. O mesmo se pode dizer, singularmente, do conjunto de edifícios do Centro Governamental de Dhaka (Blangladesh, 1962-1968), cuja monumentalidade interpreta em uma linguagem contemporânea, as formas atemporais do passado (Figura 28.3).

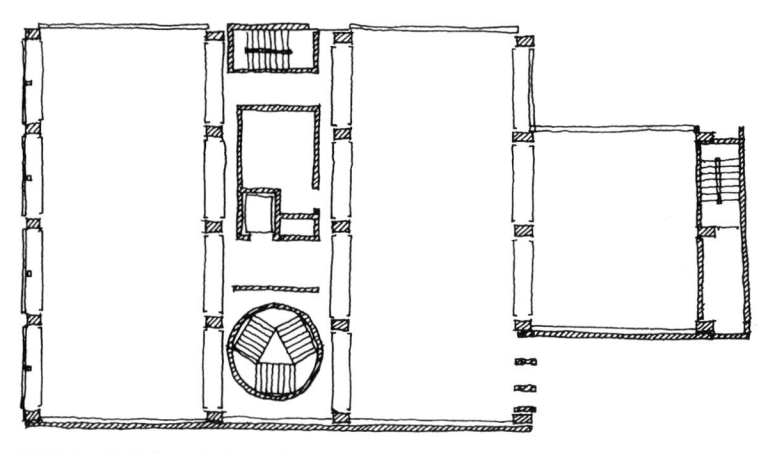

28.1 Louis Kahn, Galeria de Arte de Yale, New Haven, Connecticut, Estados Unidos.

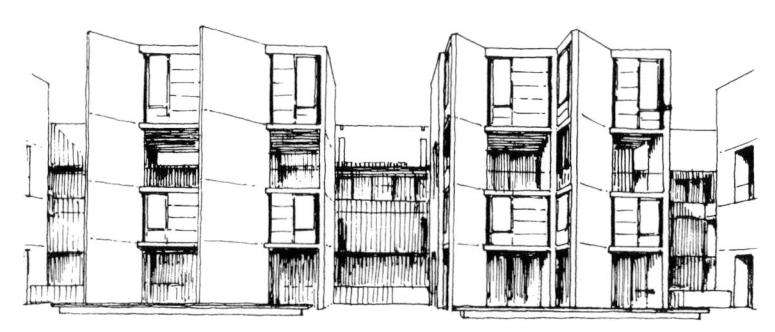

28.2 Louis Kahn, Instituto Salk, La Jolla, Califórnia, Estados Unidos.

28.3 Louis Kahn, Capitólio de Dhaka, Bangladesh.

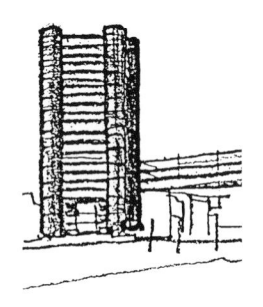

28.4 Kevin Roche, sede dos Knights of Columbus, New Haven, Connecticut, Estados Unidos.

Também são muito numerosos os reflexos das ideias de Louis Kahn na arquitetura do final da década de 1960 e início da década de 1970, mas talvez os exemplos mais emblemáticos sejam duas obras de Kevin Roche: a Fundação Ford, em Nova York (1968), e a sede dos Knights of Columbus (Cavaleiros de Colombo), em New Haven (1973, Figura 28.4), edifício composto por quatro enormes cilindros lançados nas quinas de uma planta quadrada, que contêm as instalações e os serviços e sustentam a estrutura dos pavimentos de escritórios, extremamente tecnológicos.

A crise disciplinar

Ao longo da década de 1960, as críticas e o repúdio à cidade moderna chegam até mesmo a questionar a posição disciplinar da arquitetura. Surgem novas formulações da cidade, que levam a um debate sobre a obra de arquitetura e algumas respostas utópicas para uma realidade não desejada. Assim, se configura uma contraposição entre dois entes bem diferenciados: a realidade da *cidade contemporânea* contraposta à utopia da *cidade análoga*, sobre a qual se centra o debate cultural. Em relação a esse debate vão surgir várias alternativas ou linhas utópicas ou analógicas que consideram a *cabana contemporânea* como a cabana científica ou tecnológica.

O resgate de Louis Kahn da memória, entendida como a história sendo o fato gerador da forma, leva ao desenvolvimento de toda uma série de *analogias culturalistas* que ultrapassam os limites do campo da arquitetura, propondo sua explicação a partir do conjunto da história, da sociedade e da cultura. Toda uma linha desenvolvida por historiadores e críticos como Giulio Carlo Argan, Lewis Mumford, Ludovico Quaroni ou Leonardo Benevolo propõe a recuperação da cidade a partir da valorização e do estudo da cidade histórica, com a consequente revisão crítica da história da arquitetura moderna, cujo desenvolvimento corresponderá ao período imediato de recuperação da disciplina. Por outro lado, a crítica da ênfase da função e a constatação do fracasso e do empobrecimento da linguagem moderna levam a um revisionismo apressado da história, a partir do qual se pode definir o *pós-moderno* e seu contraste mais ou menos radical com a modernidade tardia ou *tardomoderno*.

Também, como postura contrária, mas ainda relacionada com as ideias de Kahn, surge o problema da técnica como definidora da forma e elemento de projeto. Assim, as *analogias tecnológicas* baseiam suas propostas na consideração da arquitetura como uma resposta à nova era tecnológica.

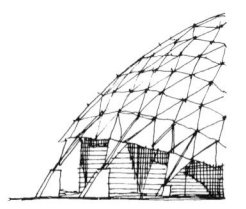

28.5 Buckminster Fuller, cúpula geodésica experimental.

Entendendo a cabana contemporânea como a *cabana tecnológica*, o desenvolvimento científico e técnico promove a presença da alta tecnologia ou *high-tech* nas edificações, como uma revisão crítica do Movimento Moderno.

Essa arquitetura *high-tech* explora as possibilidades arquitetônicas dos novos materiais e sistemas estruturais: do concreto armado aos novos materiais plásticos, do futuro que a tecnologia traz à cidade. Através de cúpulas e treliças espaciais (Figura 28.5), Buckminster Fuller (1895-1983) passa da utopia de cobertura da ilha de Manhattan com uma cúpula geodésica (1962) à realidade experimental do Pavilhão da Exposição Universal de Montreal (1967). Já as estruturas pneumáticas e tensionadas alcançam seus exemplos máximos na obra de Frei Otto para a Olimpíada de Munique (1972).

Com mais realismo profissional, a obra de James Stirling (1926-1992) é exemplar no uso dos sistemas construtivos de aço em suas quatro grandes obras dos anos 1960: a Escola de Engenharia de Leicester (1963, Figura 28.6), a Faculdade de História de Cambridge (1967, Figura 28.7) e as faculdades de Saint Andrews

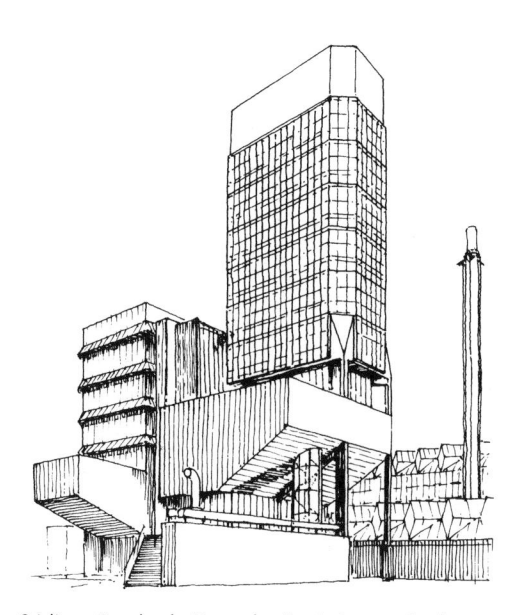

28.6 James Stirling, Escola de Engenharia, Leicester, Inglaterra.

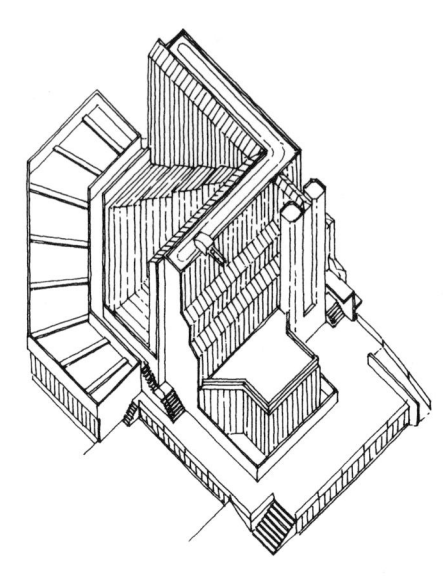

28.7 James Stirling, Faculdade de História, Cambridge, Inglaterra.

(1968) e Oxford (1971, Figura 28.8), cujo conjunto representa o clímax da síntese da metodologia do Movimento Moderno com a incorporação dos novos componentes de Louis Kahn, na maneira tecnológica de Stirling.

Na década de 1970, o exemplo típico será o Centro Pompidou, em Paris (1977), obra de Renzo Piano e Richard Rogers, cujo projeto é praticamente a construção de um diagrama puro (ver Figura 29.1). O centro cultural mais importante da Europa quer ser um edifício-contâiner que gere cultura, não apenas um museu.

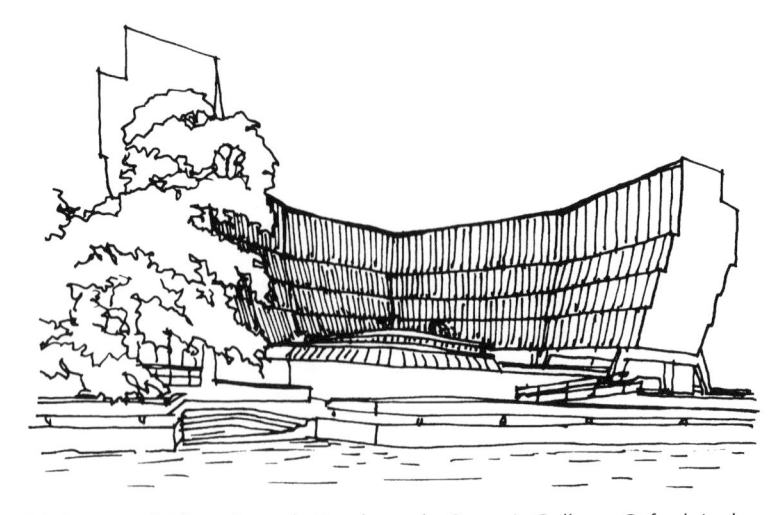

28.8 James Stirling, Casa do Estudante do Queen's College, Oxford, Inglaterra.

Aqui, o edifício tem sua forma determinada pelas novas técnicas e o sistema espacial de planta livre dos oito salões-contâiner completamente diáfanos confere o aspecto exterior ao prédio. O prédio é totalmente envolvido pelas diferentes tecnologias: a tecnologia estrutural é evidente no sistema de pórticos transversais externalizado que evidencia a solução construtiva; a tecnologia das instalações (água, eletricidade, ventilação e calefação) também é levada para as elevações e a cobertura, para que não afete os espaços internos diáfanos; e a tecnologia das circulações (elevadores, passarelas, escadas rolantes e esteiras) polemicamente também sai para o exterior.

Com suas dimensões semelhantes às da Igreja de la Madeleine de Paris, cuja monumentalidade exemplificava a cabana neoclássica do século XIX, o Pompidou exemplifica, em sua própria monumentalidade, a *cabana tecnológica* contemporânea e inaugura brilhantemente a arquitetura *high-tech* à qual nos referiremos no Capítulo 30.

Aliás, a componente científica do desenho chega a ser o denominador comum de disciplinas tradicionalmente autônomas entre si, elaborando-se diversas teorias sobre os passos controláveis e verificáveis do processo de projeto. Assim se desenvolvem as distintas *analogias ou utopias científicas*: matemáticas, linguísticas, semiológicas e estruturalistas.

Em cada momento da história, a arquitetura tem estado vinculada ao pensamento matemático como ferramenta de compreensão e abordagem da realidade. Assim, os novos conceitos matemáticos passam a explicar o fracasso da cidade moderna, que encontra na utopia matemática e em seu instrumento lógico o fundamento do projeto que condiciona a repetição e a qualidade da forma.

Christopher Alexander chega à conclusão de que o problema da cidade reside no fato de que temos uma visão muito simplista dela e a ela aplicamos diagramas *em árvore*, próprios das estruturas simples. Uma árvore é uma estrutura matemática na qual cada elemento – cada nível de agregação – se conecta somente aos níveis superiores e inferiores da cadeia de agregação, mas não estabelece conexões com outros membros horizontais da cadeia, exceto nas formas mais tênues. Essa é a essência da cidade moderna, derivada de sua metodologia própria. Mas a cidade é uma estrutura muito mais flexível, complexa e inter-relacionada; a cidade não é uma árvore, é uma semirretícula.

Aceitando-se isso, o pensamento contemporâneo tem formas de abordagem capazes de enfrentar a situação. Christopher Alexander faz uma análise detalhada dos padrões espaciais, ambientais e funcionais nas três escalas de projeto: industrial (ou desenho de produto), de arquitetura ou de urbanismo. A linguagem de padrões – ou *patterns* –, a linguagem cibernética ou o cálculo por computador, esta nova matemática aplicada que vem a ser a *tecnologia da informação* e seus rápidos avanços em termos de acessibilidade, potência e velocidade de cálculo: esses são os instrumentos que podemos contrapor à complexidade da cidade contemporânea e suas necessidades quantitativamente incrementadas.

Assim, em 1967, Moshe Safdie está em condições de expor, na Exposição Universal, os resultados dessa cabana científica contemporânea: o Conjunto Habitacional de Montreal (ou Hábitat 67), baseado na combinação e organização de uma série de células ou celas (Figura 28.9), mostrando o que está sendo feito em Israel em matéria de moradia popular e as possibilidades que a cibernética e a nova utopia matemática podem oferecer para a arquitetura.

Ainda assim, as distintas experiências de moradia popular no Terceiro Mundo, como as do próprio Christopher Alexander em Oregon (Estados Unidos) e em Lima (Peru), ou as da equipe de Candilis, Josic e Woods na Europa – onde se destaca o Conjunto Habitacional de Toulouse-le-Mirail (França, 1962-1977; Figura 28.10) – mostram o desenvolvimento pleno das novas possibilidades metodológicas derivadas da aplicação dos conhecimentos matemáticos e informáticos.

Por outro lado, a alternativa *estruturalista* – baseada nas concepções filosóficas, semióticas e linguísticas de Levi-Strauss, Saussure, Eco, Derrida, etc. – propõe a arquitetura como um sistema de sistemas, e não como um corpo autônomo e independente. Ainda que muito influente na década de 1970, sua força questionadora e experimental se desenvolverá principalmente nas *propostas desconstrutivistas* da década de 1980.

Também questionando os princípios modernos, a *teoria pós-moderna* de Robert Venturi derivará a síntese dialética entre as vias formalista e informalista. Seus manifestos ambíguos e possibilistas permitem, no médio prazo, o resgate figurativo de elementos tomados do

28.9 Moshe Safdie, conjunto habitacional experimental na Exposição Universal de 1967, Montreal.

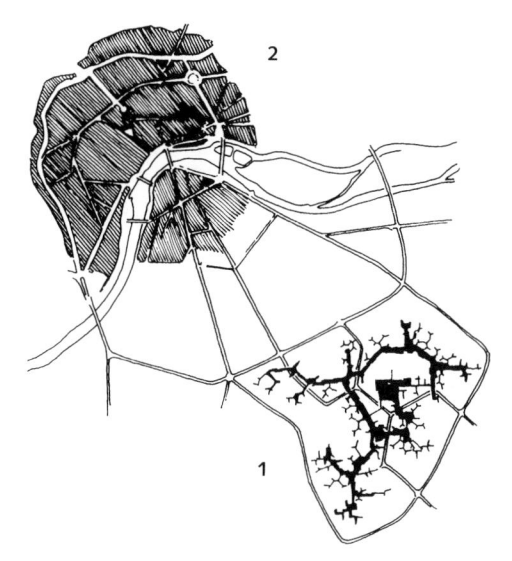

28.10 Candilis, Josic e Woods, Toulouse-le-Mirail (1), exemplo do urbanismo do Team X, cuja formulação se contrapõe à cidade histórica de Toulouse (2).

mundo clássico ou do vernáculo que são aplicados sobre a arquitetura moderna, cuja vigência é questionada apenas superficialmente.

O livro *Complexidade e contradição em arquitetura* (1966) é um "suave manifesto em prol de uma arquitetura ambígua", no qual se valoriza o complexo em vez do simples e se introduz a ironia e a ambiguidade como algo positivo na obra de arquitetura. O próprio Venturi transcende da arquitetura como mensagem à arquitetura como suporte de mensagens, ao reconhecer o simbolismo não admitido na arquitetura moderna em seu livro *Aprendendo com Las Vegas* (1972), em que mostra o novo folclore urbano como apropriação *kitsch* dos elementos extraídos de seu contexto e despojados de seus significados básicos.

Assim, essa *crise disciplinar* evidencia o abandono do *ideal ético* existente no Movimento Moderno e sua substituição por um *ideal estético*, identificado como o livre jogo gramatical, carente de conteúdos. Como consequência, a crítica da arquitetura passa a outorgar a primazia aos processos figurativos, iniciando um capítulo pluralista e elaborando um número cada vez maior de categorias e classificações nas décadas seguintes.

A recuperação disciplinar

No fundo, as utopias ou analogias anteriores podem ser entendidas como epifenômenos distintos de uma *perda de identidade disciplinar* da arquitetura, que busca resgatar sua identidade justificando suas próprias propostas através de elementos, conceitos ou teorias que não lhe pertencem.

Assim, no caminho rumo a uma nova categorização da arquitetura, o primeiro passo será a *recuperação da disciplina*: a reconsideração da arquitetura como disciplina autônoma através de seu fundamento lógico e de sua análise tipológica. Isso leva a uma releitura do território do Movimento Moderno.

O texto-chave sobre o território da arquitetura na busca de sua identidade disciplinar é escrito por Aldo Rossi (1931-1997) em *A arquitetura da cidade* (1966), em que ele tenta encontrar uma resposta partindo do estudo da cidade e de seus elementos compositivos e configurando uma diretriz que estruturasse e ordenasse as diferentes sequências da arquitetura.

Nesse sentido, e evitando toda referência direta ao Movimento Moderno, ele revisa a corrente metodológica deste, tentando agregar algo que havia sido esquecido, pois entende que a origem da crise está em se seguir a evolução da habitação à cidade de forma adirecional. É a cidade que dá sentido às arquiteturas concretas, e estas adquirem caráter e razão de ser em termos de cidade.

Enquanto o movimento modernista se centra na descrição das funções urbanas e nos métodos que operam sobre elas, Rossi recupera o tema da forma urbana e, vinculado a ela, o tema das preexistências na história. Por outro lado, ele concede um valor definidor aos elementos primários nos tecidos urbanos, invertendo o sentido que a casa teria dentro do pensamento urbano racionalista.

Rossi concebe a cidade como arquitetura, o que, ao analisar a estrutura dos fatos urbanos, leva à recuperação do *conceito do tipo*, entendido como o movimento analítico da arquitetura. A tipologia das edificações determina a forma urbana e os elementos da cidade: os tecidos ou áreas-residência e os elementos primários ou monumentos.

Sua linha metodológica se baseia na tensão entre *tecido e monumento*, a qual determina a dialética entre *permanências e mudanças*, e, com ela, a relação entre cidade, arquitetura e história, e, ao mesmo tempo, reabre o debate sobre tipologia e metodologia e entre racionalismo e arquitetura. Por sua vez, o fundamento lógico e disciplinar da arquitetura lança os problemas da recomposição da estrutura urbana e da reconsideração do classicismo.

A contribuição de Rossi não se esgota em sua teoria, que também se desenvolve em uma vertente de tendência neorracionalista, mas também inclui suas próprias edificações, as quais elaboram e põem em prática seu pensamento.

Assim, a Tendenza (Tendência) será o grupo de vanguarda representado por Aldo Rossi e outros arquitetos italianos (Giorgio Grassi, Vittorio Gregotti, Carlo Aymonino), que apresentam na Trienal de Milão de 1973 uma exposição conjunta de seus projetos, com um nome bastante significativo: *Architettura razionale*.

Suas obras se baseiam em uma premissa fundamental: sendo a finalidade da obra de arquitetura a busca do essencial, a forma é um elemento comprometedor que deve se manifestar da maneira mais simples possível. O ideal seria fazer uma arquitetura sem formas, mas como isso não é possível, deve-se tender à redução das formas, à manifestação mínima. Proposta como a "ausência de formas", a arquitetura de Rossi e da Tendenza organiza a obra de arquitetura a partir das tipologias, como obra de arte coletiva.

Surgem o Bairro Gallaratese, em Milão (1970), projetado em parceria com Aymonino, o Cemitério de Módena (1971), a Escola de Broni, também em Milão (1976, Figura 28.11), e o Teatro do Mundo, em Veneza (1979, Figura 28.12). Com eles surgem os *tipos rossianos*, de grande significado e influência.

Apesar de tudo, os tipos rossianos determinam o surgimento de algumas *formas rossianas*, e, com estas, uma *maneira rossiana* fácil de copiar e manipular (a cobertura será de duas águas, com a finalidade de escoamento fácil da chuva; o encontro dos planos verticais se dará com um corte limpo, uma única linha; o vazio se manifestará como recorte geométrico na parede, etc.), levando, como consequência, à criação de arquiteturas simples, duras e vigorosas.

Também surgem, relacionados à Tendenza, outros grupos que fazem com que a concepção da arquitetura siga diferentes caminhos, ainda que tenham uma mesma origem disciplinar, como o grupo espanhol 2C, de Barcelona, mas com ramificações em Madri, Sevilha e na Galícia. Cada uma delas desenvolve uma arquitetura própria e dá uma resposta particular aos problemas que surgem, partindo de realidades completamente diferentes.

Já os mais radicais renunciam publicamente ao Movimento Moderno, que consideram um erro histórico. Assim, ao abandonar a arquitetura imediatamente anterior, resgatam o chamado *projeto clássico de arquitetura*.

Radicado na cidade de Bruxelas, em torno da obra e da atividade propagandística dos Archives d'Architecture Moderne, o

28.11 Aldo Rossi, Escola em Broni (Milão).

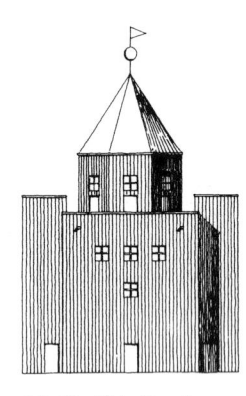

28.12 Aldo Rossi, Teatro do Mundo, Veneza.

grupo de La Cambre representa o contrário da Tendenza, ao fundamentar sua obra na valorização da forma: a arquitetura se baseia em configurar, inventar, construir formas.

Manifestada de forma muito clara na obra de Aldo Rossi e Leon Krier e seus seguidores, uma vertente dessa linha buscará o *resgate da forma histórica*, convertendo a história em um baú do qual se podem extrair diversos elementos formais que são reutilizados e reinterpretados de modo historicista ou eclético. A partir do estudo da cidade de Stuttgart (1974), Rob Krier elabora uma tipologia dos espaços urbanos baseada na sequência e na combinação de configurações históricas, ressaltando a importância da morfologia urbana tradicional. As propostas de Leon Krier se multiplicam nos anos seguintes, indo desde a realidade do bairro parisiense de La Villette (1976) até a cidade ideal de Atlantis, em Tenerife (1987; Figura 28.13). É inegável sua influência sobre a arquitetura espanhola, que, em sua versão neo-historicista e classicista, tem Ricardo Bofill como figura ícone, autor de inúmeras propostas para diversas cidades francesas e inclusive para a cidade de La Coruña (1987).

A passagem da *recuperação disciplinar* para a *recuperação da cidade* será dada pelos bons exemplos das novas políticas de planejamento urbano da década de 1980, dos quais Bolonha (1974) será o grande paradigma. A cidade de Bolonha estabelece uma nova concepção dos centros históricos, cujos ideais de recuperação urbana e processos de planejamento e gestão foram largamente imitados em toda a Europa, especialmente na Espanha.

Convém recordar o lema "recuperar Madri" usado no plano urbanístico de 1981, ou a atuação empreendida por Oriol Bohi-

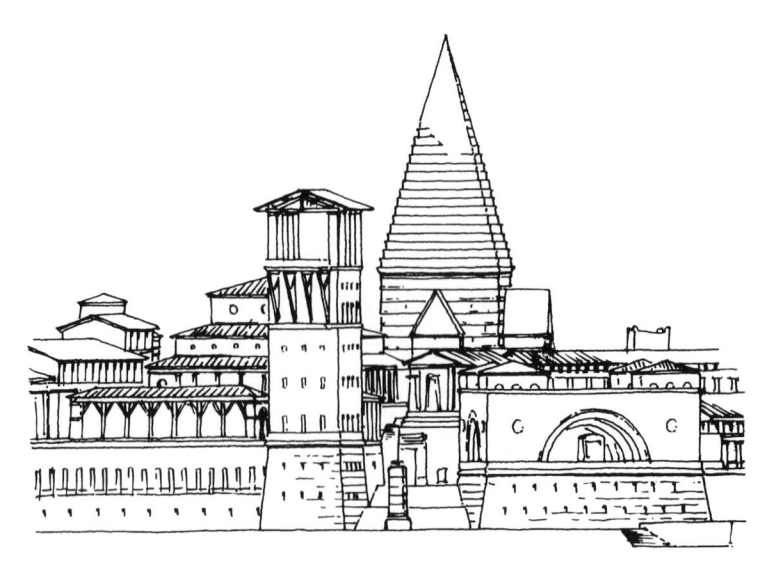

28.13 Leon Krier, proposta de Atlantis como exemplo de recuperação da forma histórica do grupo de La Cambre.

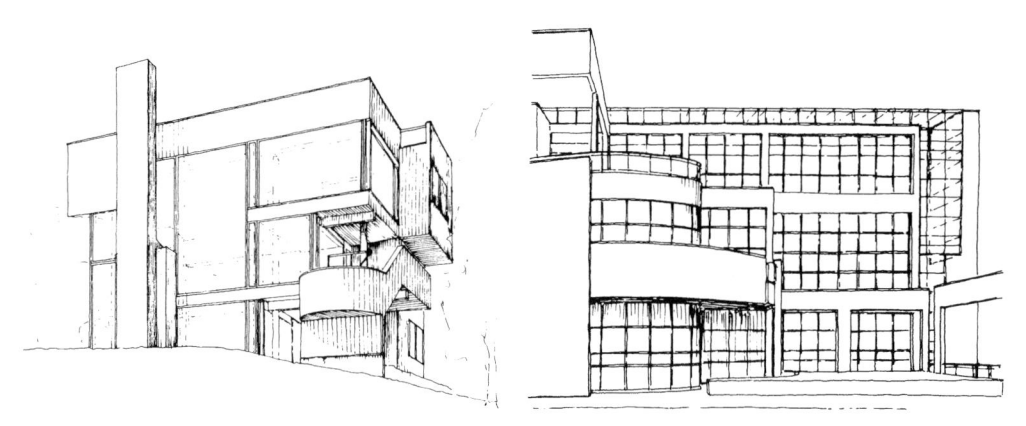

28.14 Richard Meier, Casa Smith, Connecticut (à esquerda), e Museu de Artes Decorativas, Frankfurt (à direita).

gas na Prefeitura de Barcelona na mesma época, que estendiam os pressupostos de recuperação da cidade à escala metropolitana.

Na escala das edificações, essa nova *arquitetura de cidade* terá seus melhores exemplos nas décadas de 1970 e 1980 na obra do português Álvaro Siza e dos espanhóis Francisco Sáenz de Oíza, Rafael Moneo e Oriol Bohigas, representantes da continuidade mais ou menos ortodoxa da arquitetura moderna que se opõe à arquitetura pós-moderna historicista e banal. Pode-se dizer que Moneo, no Museu de Arte Romana de Mérida (1986), põe fim a esse tradicionalismo com uma construção atemporal de lirismo sincretista. Enquanto isso, em Paris, os grandes projetos do Presidente Mitterrand procuram conjugar a abstração moderna com a monumentalidade clássica através da geometria, desde a pirâmide do Louvre até o cubo de la Défense.

Por outro lado, e com pressupostos bem distintos, em Nova York se propõe, em 1969, uma *revisão formal* a partir do próprio coração do Movimento Moderno, através da obra de cinco arquitetos. Os New York Five (Peter Eisenman, John Hejduk, Michael Graves, Charles Gwathmey e Richard Meier) têm em comum a busca da essência da arquitetura, sem abrir mão de um repertório linguístico moderno, indagando e investigando o que há na obra dos *mestres* que ainda possa ser reinterpretado.

Esses arquitetos põem em prática uma revisão e depuração da linguagem, superficialmente representada pelo resgate da arquitetura branca, formalmente perfeita, da qual são exemplos típicos a série de habitações-investigação de Einsenman (da House I à House VI, 1968-1972), ou as distintas construções de Richard Meier nos Estados Unidos (como a Casa Smith, em Connecticut, 1967; o Atheneum de New Harmony, em Indiana, 1975) e sua posterior expansão na Europa (começando com o Museu de Artes Decorativas em Frankfurt, 1984). Em todas essas obras, a síntese da forma a partir de si mesma leva à separação entre fachadas e peles das edificações, giros em planta, contrastes entre a malha da estrutura e a malha das funções e instalações, etc. – todas estratégias de projeto que têm importantes reflexos formais na arquitetura europeia e norte-americana.

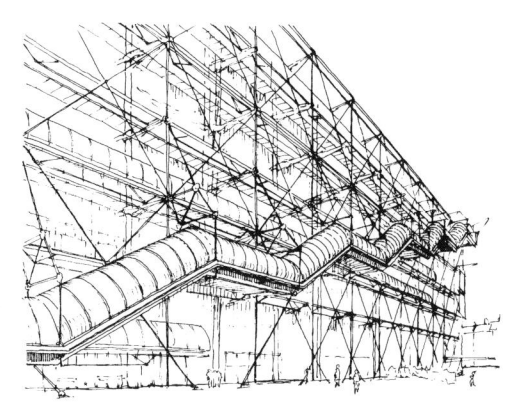

29.1 Renzo Piano e Richard Rogers, Centro Pompidou, Paris.

as arquiteturas urbanas para o futuro e buscando enfrentar as contradições implícitas nas metrópoles através de uma série de propostas baseadas em considerações tecnológicas e em uma concepção efêmera da arquitetura.

Na Exposição Universal de Nova York, Ron Herron – talvez o membro mais criativo do grupo – propõe a Walking City ou "cidade que caminha" (1964; Figura 29.2, à esquerda). Se a impermanência e a mobilidade próprias de nossa sociedade contemporânea promovem certo nomadismo que pode até levar à proposta de uma casa móvel, em uma situação limite, o mesmo pode se dar para uma cidade móvel, solta no espaço, assentada no deserto ou ancorada junto ao porto de Nova York: uma Walking City que enfrenta o radicalismo da metrópole norte-americana, tornando esta imediatamente algo antigo e convencional.

Com uma base utópica e, ao mesmo tempo, pragmática, o grupo Archigram formula outras propostas sobre cidades móveis, cidades dinâmicas compostas de hastes estruturais às quais se unem as distintas células pré-fabricadas de habitação (Plug-in City,

29.2 Archigram, a Walking City (à esquerda) e a Instant City (à direita).

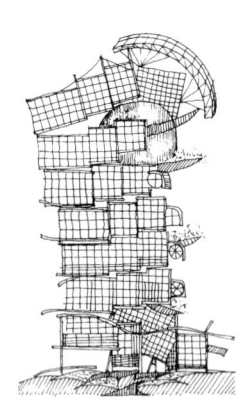

29.3 Archigram (Peter Cook), Atelier Turm, Frankfurt.

a "cidade de conectar", 1964), ou cidades interconectadas e suportes de informação audiovisual (Interchange City, a "cidade do intercâmbio", 1964, e Instant City, a "cidade instantânea", 1969, Figura 29.2, à direita). Com o aspecto de desenho em quadrinhos da cultura pop, suas propostas alternativas vão de cápsulas a megaestruturas e estruturas *clip-on/plug-in*, que diferenciam um sistema primário de elementos de sustentação e um sistema secundário de elementos de fechamento das fachadas: um sistema que serve de base estrutural para outras propostas algum tempo depois, como o Atelier Turm, de Frankfurt (1984, Figura 29.3).

Com a metamorfose e a obsolescência como princípios básicos, todas essas propostas expressam uma confiança ilimitada na técnica como fundamento da arquitetura. O equipamento tecnológico é o elemento gerador da forma, a qual, por sua vez, controla o organismo arquitetônico, onde – com a metáfora do motor de barco – a maquinaria concentrada pode transformar uma estrutura indiferenciada em algo com uma função e um fim.

A arquitetura tecnológica e cibernética do Archigram é acompanhada de outras propostas vanguardistas que também entendem a cidade como uma megaestrutura, mas fundamentada em novos processos construtivos. Trata-se de grupos que pretendem dar uma resposta a essa nova era concebendo a arquitetura a partir de seu dinamismo, movimento e instabilidade. Nelas, a pré-fabricação e a industrialização da construção levam ao surgimento de superestruturas alternativas ou experimentais, que vão da cidade como megaestrutura à cápsula autônoma.

Com o início da produção em série de automóveis e aviões, na década de 1920, também se havia tentado aproximar a arquitetura da indústria, fosse a produção de elementos industrializados para montagem posterior, fosse pela produção de células totalmente acabadas. Porém, enquanto a primeira opção se constitui na base da pré-fabricação, a segunda ainda mantém, no final do século XX, seu caráter experimental e utópico.

Esse caráter também é visto nas propostas de estruturas do tipo ponte, de recipientes polivalentes, de aglomerados de células e de *bioestruturas* baseadas ou não em conceitos de regeneração metabólica. O mesmo pode-se dizer das estruturas *clip-on/plug-in*, da cidade espacial e móvel de Yona Friedman (Figura 29.4), das propostas para a nova Tóquio feitas por Kenzo Tange e os metabolistas japoneses (Figura 29.5), ou de tantas outras *estruturas urbanas* que tentam prever a cidade e a arquitetura do futuro a partir da tecnologia.

A desconstrução e suas possibilidades metodológicas

Em uma espécie de escapismo para o futuro, perante o rompimento dos modelos universais de conhecimento, sugere-se sua destruição: sua desconstrução. Em oposição dialética e polêmica a qual-

29.4 Friedman, proposta de cidade espacial sobre Paris.

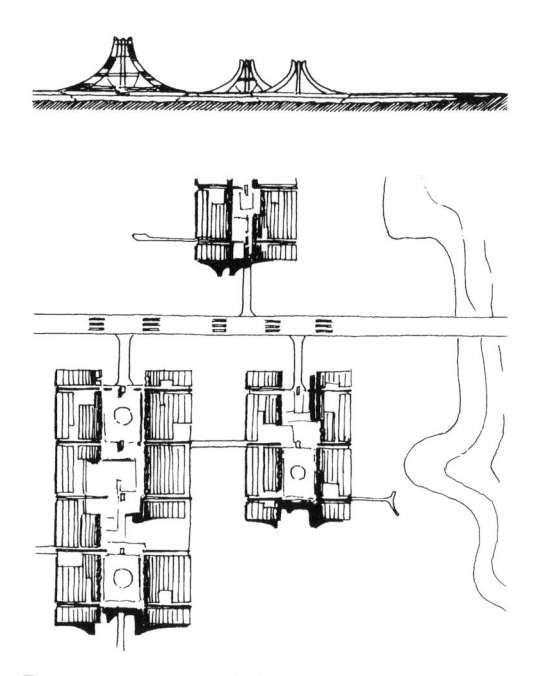

29.5 Kenzo Tange, proposta metabolista para a nova Tóquio.

quer ideia de composição arquitetônica, a *desconstrução* propõe a destruição dos modelos disciplinares. Contudo, em seu processo experimental, ela abre novas possibilidades metodológicas para a arquitetura contemporânea.

Ainda que em sua abstração ela se assemelhe à ideia de *no place*, a utopia em seu sentido teórico, a desconstrução é um pós-estruturalismo que encontra suas raízes nos fins da década de 1960, ligada a algumas escolas norte-americanas e a todo um mundo cultural que se fundamenta nas propostas filosóficas, semióticas e linguísticas de Levi-Strauss, Saussure, Eco e Derrida.

A *utopia estruturalista* havia lançado o problema da arquitetura como um sistema englobado por outros sistemas, onde a obra de arquitetura se manifesta como mensagem e como suporte de mensagens, não como corpo autônomo, e deve ser abordada dentro de um sistema geral e em relação com as outras partes que configuram esse sistema. Um exemplo disso são os projetos de Peter Eisenman da década de 1970, nos quais, baseando-se em critérios semióticos e linguísticos, o arquiteto manifesta uma constante intenção investigativa e experimental. Ainda que muito influentes até 1970, suas intenções investigativas se desenvolveram perfeitamente nas décadas do fim do século passado.

O caráter minoritário, quase iniciático desses grupos estruturalistas – derivado tanto da complexidade de seus fundamentos teóricos como da força avassaladora das décadas de 1970 e 1980 da *arquitetura da cidade* – os coloca, de certa maneira, em segundo plano, não tanto no campo teórico, mas sim na prática.

Basta recordar como alguns dos membros de seu grupo arquitetônico mais conhecido, os New York Five, deram saltos tão diversos, como Michael Graves, que passou para um *pós-moderno banal*, ou Richard Meier, que se voltou para um *tardomoderno* refinado, que continuaria com força até nossos dias.

No entanto, na segunda metade da década de 1980, o estruturalismo renasce, graças à obra teórica de Derrida, mas, sobretudo, ligado à personalidade de mestres anteriores, como Eisenman ou Hejduk, rejuvenescidos e com nova motivação. Na revista *Oppositions*, filósofos e arquitetos haviam manifestado suas posições pós-estruturalistas: Derrida e Eisenman, Hejduk e Foucault, Libeskind e Deleuze. A partir das ideias desses pensadores, se sugere a experimentação como método de leitura e de produção da forma e de desconstrução da linguagem e da arquitetura, a partir de um processo triplo composto por fragmentar, combinar e sobrepor. Já os novos princípios de desenho levam ao abandono dos eixos, das proporções e das simetrias, bem como de predomínios e totalidades controladas, de modo que – em uma espécie de nova mecânica combinatória – a nova arquitetura surge como o reagrupamento dos fragmentos de uma exposição. Sua experimentação irá abrir novas possibilidades metodológicas à arquitetura contemporânea.

O exemplo paradigmático disso tudo é o Parque de La Villette de Paris (1984-1991), obra de Bernard Tschumi, no qual ele desenvolve o *processo desconstrutivo* em três níveis sucessivos (Figura 29.6).

Para o projeto de um parque do futuro, um parque do século XXI, Tschumi responde com a dúvida ou a exteriorização de uma impossibilidade de seu conhecimento: não se sabe o que ele é. Sabe-se, contudo, que ele contém três conteúdos diferenciáveis: percursos, zonas verdes e equipamentos. Assim, o parque não será

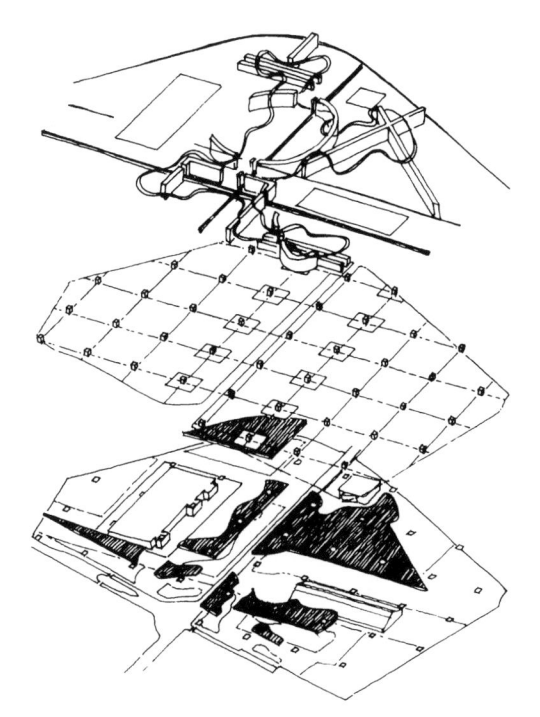

29.6 Bernard Tschumi, Parque de La Villette, Paris, como o parque do século XXI e o paradigma da desconstrução: esquema do projeto.

a composição dos três conteúdos, mas a desconstrução deles através de sobreposições de suas tramas, concebidas e desenvolvidas de maneira independente.

Desse modo, temos a trama dos percursos, a trama de suas superfícies vegetais e a trama dos pontos ou equipamentos. A primeira é articulada por dois eixos principais que se apoiam nas entradas principais do parque. A segunda – alheia a qualquer conotação tipológica: alamedas, rótulas ou canteiros – implica a inclusão aleatória de figuras geométricas simples (quadrados, círculos, triângulos), cada uma destinada a um uso botânico distinto. Na terceira trama se verifica um novo nível desconstrutivo.

Manifestando a impossibilidade de se conhecer os equipamentos concretos do parque, Tschumi se apoia apenas nos padrões superficiais que permitem saber quais – mas não como – serão as superfícies cobertas e descobertas destinadas aos equipamentos. Concentrada em um ponto, a operação desconstrutivista explode a obra de arquitetura e distribui seus fragmentos em vértices isótropos que ocupam os nós de uma malha disposta aleatoriamente na superfície do parque, como trama pontual ortogonal.

Por outro lado, em cada um desses nós Tschumi aplica pela terceira vez a metodologia desconstrutivista, imaginando cada um deles como um ponto geométrico determinado por um megacubo de

9 × 9 × 9 metros, subdividido em 27 cubos menores. Porém, ele não mantém o volume, apenas suas arestas e, mesmo assim, somente aqueles fragmentos que – de acordo com a explosão mencionada – servem de suporte aos fragmentos que correspondem a cada nó ou *folie* ("loucura"), com um jogo aleatório de resultados plásticos e escultóricos coloridos (Figura 29.7). Assim, uma *folie* será uma clepsidra, outra será uma creche ou biblioteca e a terceira será um centro de informações ou um restaurante, todas exemplificando sua metodologia de loucura combinatória e espaços não-hierárquicos.

Emblema da Paris contemporânea, o La Villette é o exemplo mais didático das arquiteturas da desconstrução que, ainda que se apresente como a destruição dos modelos universais e disciplinares, se converte na última metodologia do final do século XX.

A desconstrução da forma

Ao projeto de La Villette se somariam, nos anos seguintes, muitas outras propostas de pontos de vista e valorações muito pessoais, nas quais se reivindica a desconstrução da arquitetura contemporânea. Assim, um fenômeno que parecia estar sustentado por uma poderosa base teórica se apresentou de maneira deliberadamente estilística. A desconstrução queria ser um método, porém se transformou em uma atitude.

Em 1932, o Museu de Arte Moderna de Nova York havia realizado uma exposição sobre a arquitetura moderna, apresentada com um rótulo estilístico: o *estilo internacional*. Algo parecido voltou a ocorrer em 1988, apresentando a desconstrução como o novo estilo internacional do fim de século. Ao lado de norte-americanos consagrados (Peter Eisenman e Frank Gehry), se apresentaram vários jovens cosmopolitas: o suíço Bernard Tschumi, a iraquiana Zaha Hadid, o holandês Rem Koolhaas, o polonês Daniel Libeskind e os austríacos do Coop Himmelblau. Sob uma inspiração comum que reunia o experimentalismo artístico com o expressionismo técnico, todos pareciam querer elaborar um novo discurso filosófico do espaço.

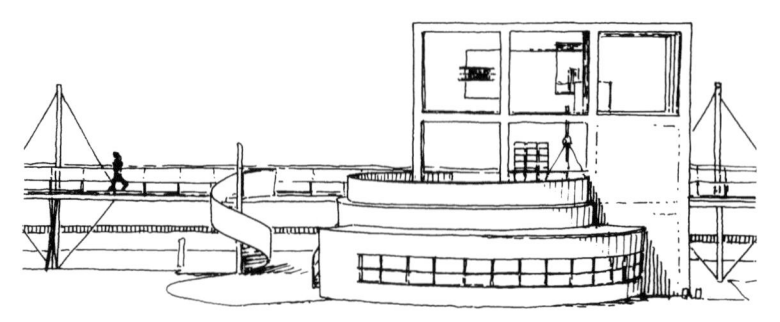

29.7 Bernard Tschumi, Parque de La Villette, Paris, exemplo de *folie* ou cabana desconstrutivista.

Em um momento no qual a crítica substituía os ideais estéticos da modernidade por alguns ideais estéticos identificados com um jogo formal sem conteúdos, a teoria se apresentou sob um catálogo aparentemente formal, mais ou menos como aqueles das antigas vanguardas. De fato, os arquitetos desconstrutivistas recorriam formalmente às vanguardas históricas, mas não aquelas conhecidas e batidas do *estilo internacional*, e sim as formas linguísticas do *construtivismo russo*, de maneira que algumas de suas obras poderiam ser classificadas como construtivistas, com o equívoco possível que levou muitos a confundir métodos e linguagens. Assim, em uníssono, a *desconstrução* se tornou desconstrutivismo ou neoconstrutivismo.

Mas a desconstrução não é uma linguagem e muito menos uma linguagem unívoca. Não obstante, há algo em comum na obra de todos eles: a *desconstrução das formas*. Seus projetos buscam ser ilustrações da matemática do caos e dos fractais, dissociando o significado da forma arquitetônica, fragmentando, desagregando e reagrupando-a, com uma linguagem de sintaxe desconjuntada, livre de conotações e versátil em seus significados.

A desconstrução baseia suas propostas na fragmentação, na combinação e na superposição, deixando de lado predomínios e totalidades controladas, fazendo da composição uma mecânica combinatória que aborda o problema da construção da forma relacionado à noção de *não lugar* e da revisão da escala.

O termo escala é um equívoco. Aqui, na verdade, se adota um significado plural, se referindo à maneira como a arquitetura moderna – que ampliou seu território de atividade da cidade ao desenho de objetos – pode abordar esse território com instrumentos similares: no limite, com um único instrumento comum que apenas varia, em cada caso, em sua *escala de aproximação*. Polemicamente, isso serve para dar um nome à grande contribuição teórica do fim de século, na qual Rem Koolhaas expõe essas ideias junto a seus próprios projetos de arquitetura: um livro chamado S, M, L, XL (1995), como se tratasse de uma série de tamanhos de roupa.

Os projetos desconstrutivistas se esforçam para dar forma às fraturas do século, com uma sensibilidade que se manifesta nos volumes partidos, torcidos e instáveis de Eisenman; nas misturas de minerais com elementos fundidos de Daniel Libeskind; nas diagonais fugazes de Hadid, nas estruturas tortuosas de Enric Miralles; nas paisagens artificiais de Rem Koolhaas; nos tentáculos deformados de Frank Gehry. Alguns colossais e loquazes, outros modestos e silenciosos, mas todos exemplos emblemáticos da desconstrução em suas distintas escalas arquitetônicas.

Em sua ordem menor (os espaços habitáveis internos), o conceito de escala se encontra no limite entre desconstrução e introspecção no Museu Picasso de Paris (1990), de Roland Simounet. Em seus níveis intermediários, o conceito de escala busca espaços existenciais próprios, ligados a uma experimentação que teima com as ideias de heterogeneidade, versatilidade e mescla, e que trata de atacar as zonas frágeis de diferentes disciplinas. Uma escala intermediária, plural e variável, que nos leva do Museu Picasso ao Museu dos Judeus de Berlim (2001), onde Daniel Libeskind domina com maestria a escala da edificação através da desconstrução, refletindo o drama e as contradições do tema.

Em seus níveis superiores, essa arquitetura fraturada crê estar representando um mundo incerto e não se esquece de se basear nos paradigmas epistemológicos e científicos, como as chamadas *Chora-L Works* ou "obras de coral" de Eisenman ou o conjunto das obras de Kooolhaas em suas diversas *escalas*, com exemplos como o Kunsthal de Roterdã (1992, Figura 29.8), o Educatorium de Utrecht (1994), o Plano Euralille e o Congrexpo de Lille (1994) ou a Embaixada dos Países Baixos em Berlim (2004), obras plásticas e dinâmicas que buscam a diferenciação formal à base de uma construção fraturada que evita manifestar sua lógica resistente e que parece instável. Ela se manifesta de maneira contundente em Paris na Cidade da Música (1995), de Christian de Portzamparc, a qual – formada por duas grandes alas que se opõem e se complementam, dedicadas a um conservatório e a um auditório – é um excelente exemplo dos métodos da desconstrução aplicados à escala da edificação (Figura 29.9). Ou então se manifesta ingênua na arquitetura lírica e audaz de Enric Miralles, em uma variedade de obras que incluem o Cemitério de Igualada (1985), o Polidesportivo de Huesca (1995) e o Parlamento da Escócia, em Edimburgo (2005), cuja beleza desconstruída celebra, em suas formas, a ruptura e a fragmentação. Ou ainda na obra de Frank Gehry, o Guggenheim de Bilbao, que em seguida comentaremos. Assim, embora o território da arquitetura continue a se estender, saindo da cidade para o desenho de objetos, na desconstrução as escalas da edificação às vezes chegam a se confundir com as urbanas.

Dessa forma, o conceito desconstrutivista da escala encontra seus exemplos mais conhecidos e emblemáticos em sua escala maior: sua escala territorial ou urbana; na desconstrução da cidade.

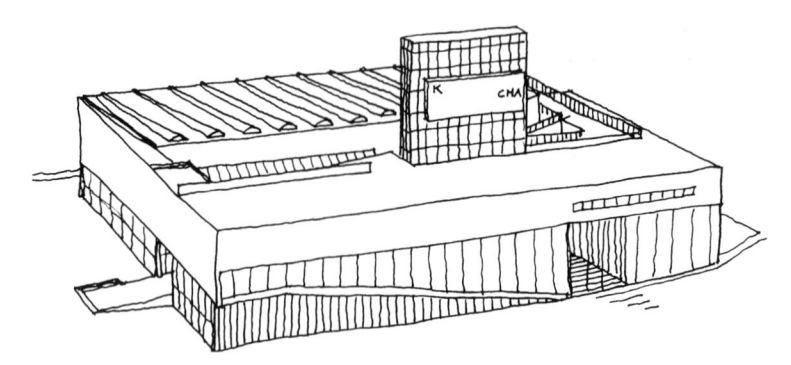

29.8 Rem Koolhaas, Kunsthal, Roterdã.

A desconstrução da cidade

O conceito de lugar como chave para a qualificação da arquitetura moderna havia adotado diferentes escalas durante a recuperação da disciplina, se manifestando singularmente no conceito clássico de *genius loci*: na capacidade de cada cidade de desenvolver sua identidade através da história. Para a desconstrução, entretanto, a utopia ou o não lugar conduzem a uma leitura particular das experiências urbanas dos últimos anos do século XX. Nesse debate, os arquitetos da desconstrução valorizam de modo positivo a *megalópole* de nossos dias: amorfa, desagregada e caótica, entendendo-a, ao mesmo tempo, como um agrupamento multiforme de funções, conexões e intercâmbios e como um sistema físico em transformação contínua.

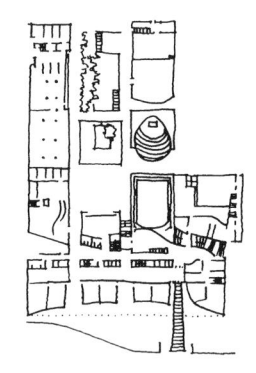

29.9 Christian de Portzamparc, Cidade da Música, conservatório, Paris.

Cunhado por Aldo van Eyck, o conceito de *clareza labiríntica* descreve as novas situações urbanas, suaviza os limites do espaço e do tempo e promove os encontros casuais, as relações e as convenções; dá mais importância ao interior do espaço do que a ele próprio e favorece o surgimento de espaços de passagem ou *espaços indefinidos* onde se produz a relação e que vão se moldando com o uso. Esse conceito relaciona suas propostas de planejamento urbano com as da *cidade-colagem* de Colin Rowe, onde as formas e as culturas mais díspares e divergentes encontram sua composição, não tanto através da subordinação a uma estrutura unificadora, mas por proximidade, que engloba em si própria um pluralismo tolerante e contextualista, uma opção que não está distante das propostas da *desconstrução da cidade*.

Talvez a primeira experiência desta se encontre na Praça da Estação de Sants de Barcelona (1984), realizada por Helio Piñón e Albert Viaplana, com a colaboração de Enric Miralles (Figura 29.10). Renunciando a toda ideia de composição ou evocação da memória histórica e do conceito da ágora, Sants se mostra como a desconstrução de seus conceitos fundamentais, de maneira a-histórica e atópica. Nega-se a realidade condicionante do lugar e se concebe a praça como uma fragmentação de seus conteúdos conceituais e tipológicos e como uma formulação abstrata, através da superposição aleatória de marquises e pérgolas, de patamares e passarelas, da pedra e da água, de um modo quase metafísico.

Na desconstrução conjunta das escalas urbana e territorial, o protagonista é, sem dúvida, Rem Koolhaas. Fascinado pela grande metrópolis, cujas contradições vê como sinais positivos, Koolhaas publica um manifesto da nova maneira de se ver, mais do que se fazer, a arquitetura: *Delirious New York* (Nova York Delirante – 1978). Assim, em Roterdã, no escritório que denomina Office for Metropolitan Architecture (OMA), Koolhaas defende a desconstrução da cidade e, a partir de seus parâmetros, formula propostas para as diferentes escalas da arquitetura.

Sua aplicação emblemática está no projeto Euralille 2004. O Túnel do Canal da Mancha (1994) conecta a Grã-Bretanha ao continente europeu e torna Lille um grande distribuidor que atende

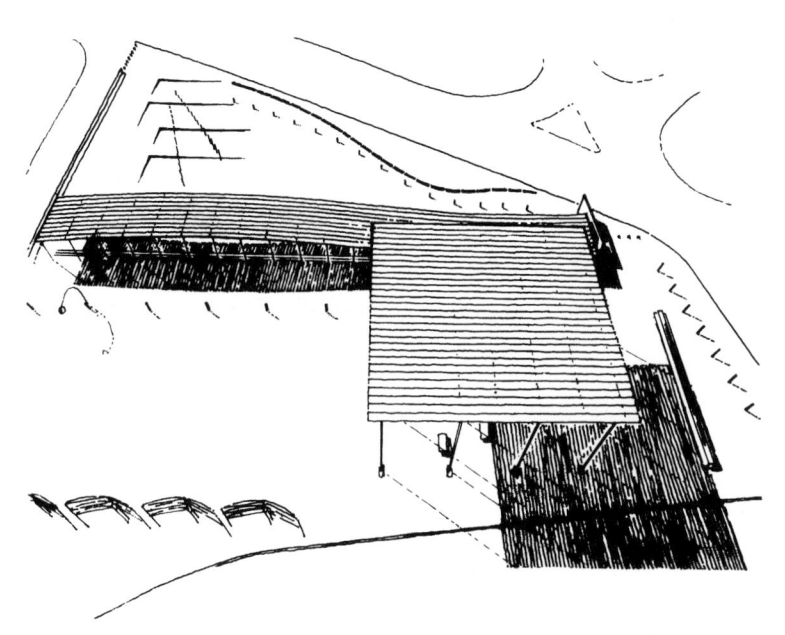

29.10 Albert Viaplana e Helio Piñón, com Enric Miralles, Praça da Estação de Sants, Barcelona.

Londres, Paris, Bruxelas e Berlim. Esse ponto pode se converter em um grande dinamizador urbano e social, o que se busca através da arquitetura. Mas Rem Koolhaas não acredita no *genius loci*, e, ao contrário, afirma: "No mundo contemporâneo, os programas são abstratos; já não estão ligados a um lugar ou a uma cidade concretos, mas flutuam e gravitam em torno do lugar que oferece o maior número de conexões".

Com base nessas ideias, ao abordar o problema de Lille, Rem Koolhaas sugere uma resposta única, de grande escala, que integre a complexidade dos problemas urbanos e funcionais. O Congrexpo de Euralille deve ser uma grande obra de arquitetura superposta à rede ferroviária que expresse sua complexidade em uma forma unitária: um *ovo mecânico*.

Integrar três conteúdos principais em uma pele arquitetônica não é um problema novo. A história mostra exemplos notáveis de resolução: de Apolodoro de Damasco a Mies van de Rohe. Koolhaas quer criar um contêiner, mas rechaça a ideia de unidade para a forma. Debate-se – *desconstrói-se* – entre a ideia de unidade e sua execução fragmentada, entre a união e a decomposição, entre o conjunto e as partes; se justapõe, em vez de compor, três organismos, e se busca uni-los e diferenciá-los por meio de rupturas na planimetria, na articulação dos volumes, nas formas e nos materiais. Dentro de um grande refinamento plástico, a fragmentação reiterada dos elementos culmina no jogo de escadas em ziguezague

(Figura 29.11) e na desconstrução formal do plano de vidro frontal, que rechaça a pele de vidro em favor do "origami".

O exemplo paradigmático da desconstrução na escala urbana se encontra em Bilbao, onde Frank Gehry faz dela um fenômeno da mídia. Símbolo da desconstrução no nível popular, o Museu Guggenheim de Bilbao (1997) se converteu imediatamente em um emblema da cidade (Figuras 29.12 e 29.13). Como toda obra-

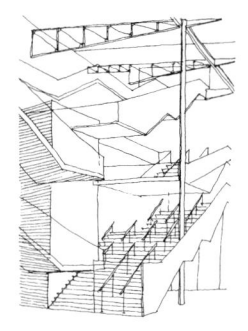

29.11 Rem Koolhaas, Congrexpo, Lille.

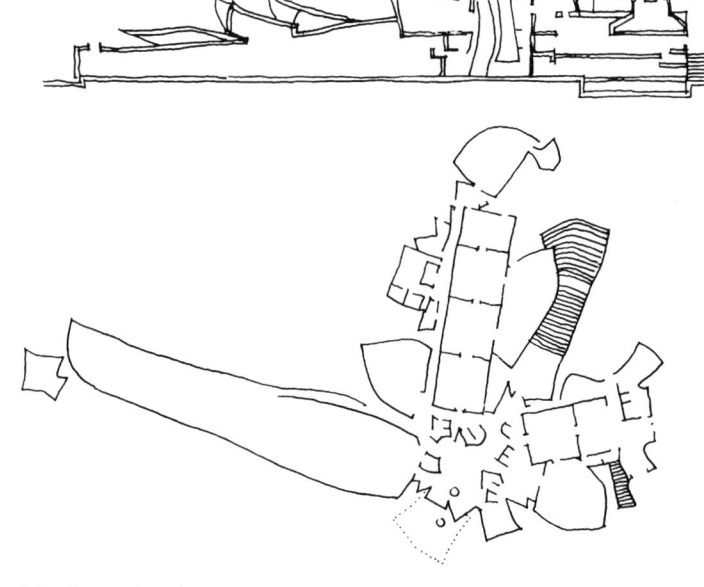

29.12 Frank Gehry, Museu Guggenheim, Bilbao, Espanha, corte longitudinal e planta baixa.

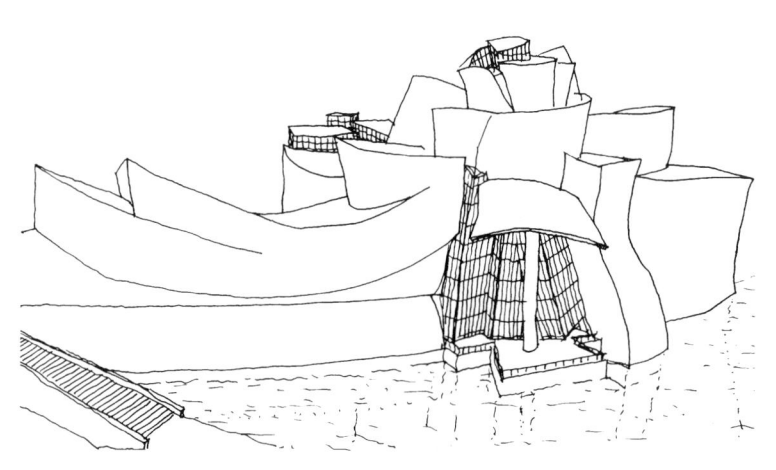

29.13 Frank Gehry, Museu Guggenheim, Bilbao, Espanha.

prima, o prédio é um grande produtor de metáforas e uma soma de contradições; pode ser visto como uma macroescultura urbana, mas não deixa de ser arquitetura, e, como tal, pode ser analisado e compreendido de acordo com suas próprias normas.

Se Rem Koolhaas negava o lugar e queria ser utópico, Frank Gehry toma o lugar como ponto de partida, mas, de modo particular, resolve as solicitações urbanas através de um único gesto plástico que dialoga com todas elas.

Usando o artifício de uma cenografia expressionista, Gehry elimina gradualmente as formas tradicionais em um *processo desconstrutivo* baseado na forma, no espaço, na composição e nos materiais. Se tivéssemos que explicar a obra do arquiteto com a metodologia moderna, analisaríamos a relação entre a forma e a função; se tivéssemos que explicá-la com a metodologia *beaux-arts*, recorreríamos a um sistema de hierarquias e eixos que articularia o projeto. Frank Gehry funde ambas as metodologias, desconstruindo-as.

O projeto não quer ser uma composição de arquitetura. Para isso, Frank Gehry desconstrói o organismo, desconjunta os braços funcionais, deforma os espaços, enriquece os volumes e alterna as formas; aplica até mesmo o delírio nesse jogo desconstrutivista de deformação de formas primárias e não apenas em sua organização, em sua planimetria, mas também na tridimensionalidade de seus espaços internos e volumes externos, como superfícies complexas e divergentes, gerando um objeto plástico quase indescritível.

Uma edificação de grande força plástica, com formas sinuosas e expressivas, este museu é uma série de corpos e volumes conectados entre si e a um grande átrio envidraçado central que articula e hierarquiza a arquitetura. Quatro braços distintos partem dele, onde se encontram os grandes conteúdos funcionais do prédio, deformando ou desconstruindo a forma até que se torne indescritível.

CAPÍTULO 30
O Desafio da Contemporaneidade

A globalização na aurora do século XXI

Ao nos questionarmos sobre a arquitetura contemporânea, estamos fazendo uma pergunta impossível de responder, porque estamos dentro dela: estamos inseridos no *desafio da contemporaneidade*, ela é o nosso presente, e é absolutamente impossível termos as certezas de outrora. Por isso, a revisão das posições atuais tem de ser mais crítica do que histórica, e a crítica atual, ao outorgar a primazia aos processos figurativos, elabora uma infinidade de categorias e classificações cada vez mais complexas. Vivemos presos em uma espessa rede de termos em constante transformação, que não busca subsistir mais do que o tempo fugaz imposto pelos modismos. Os ideais estéticos da modernidade foram substituídos por alguns ideais estéticos identificados com um jogo gramatical sem conteúdo.

Nesta era de *individualismo coletivo* e frenético entre os séculos XX e XXI, a arquitetura ocidental – que vimos nascer no *presente eterno* do laboratório egípcio – hoje se estende por todo o planeta. Metaforicamente, é como se aquelas águas das fontes do Nilo, após terem fertilizado o Mediterrâneo e depois a Europa e a América, hoje se estendessem por toda a Terra, em um *processo de globalização* que não avança sem críticas, enfrentando, em sua tendência homogeneizadora do planeta, as resistências locais que se agarram aos seus traços de identidade própria.

Alberti disse que a cidade era uma casa grande e a casa era uma pequena cidade. Mas o conceito de cidade admite múltiplas leituras. A *civitas* romana não é o mesmo que a *civitas Dei* medieval; a *polis* mediterrânea não é a *town* anglo-saxônica ou a *medina* muçulmana. Assim, podemos considerar como opostas a pequena cidade histórica da Europa, enraizada de maneira insolúvel no seu lugar, e a *metrópole* contemporânea, quase continental e a-histórica.

Perdida nessa encruzilhada do século, essa *metrópole* é um objeto histórico inédito, formado por uma miríade de fragmentos dispersos e agrupados em torno do emblema da cidade histórica. Em uma situação-limite de segregação, a urbe e o território se separam, assimilando em seus conceitos a ideia de *clareza labiríntica* de Aldo van Eyck. A fantasia ensimesmada da cidade sem limites como imagem física do mercado global resulta naquilo que se denominou o deserto do real: o *terrain vague*.

A desordem de nossa época se incorpora na entropia edificada. Se em *S, M, L, XL* (1995) Rem Koolhaas defende a congestão caótica da metrópole atual, buscando ser, ao mesmo tempo, um retrato e um manifesto, na exposição *Mutações* (2000) ele se atreve a prever o futuro urbano a partir de duas grandes questões: (1) Como afirmar as diferenças locais perante a globalização? e (2) Será que a Europa inventará uma nova dimensão urbana?

Por outro lado, a prosperidade social tem acelerado um processo de suburbanização ou *sprawl* que tem gerado uma paisagem degradada e monótona de efeitos devastadores no meio ambiente. O centro se perde na periferia e a cidade parece se anunciar nos centros comerciais. Respondendo a isso, as propostas ideais defendem a complexidade tipológica e a variedade formal resultantes da combinação aleatória de elementos simples, como, por exemplo, a Container City de MVRDV, uma cidade de contêineres vazios empilhados, cujo esquematismo contrasta com as verdadeiras cidades de casebres ou favelas que proliferam nas aglomerações humanas do Terceiro Mundo: cenários de sobrevivência em paredes de chapa.

Um mundo cada vez mais urbano se acelera em um planeta inabarcável e incontrolável, em uma grande *aldeia global* e mediática; uma aldeia global que atualmente encontra seu melhor reflexo na Ásia, nas novas metrópoles emergentes junto ao Oceano Pacífico, as quais constituem o maior fenômeno urbano de nossa época, expresso em um surgimento colossal de arranha-céus e aeroportos. Rem Koolhaas considera Cingapura a mais completa expressão da *tecnópole* do século XXI, simbolizando o novo paradigma eletrônico da mudança contínua. Ao seu lado encontramos Jacarta, Bangkok, Xangai, Seul, Hong Kong, Osaka, Tóquio e Pequim.

Ao mesmo tempo, o mundo islâmico é o grande desconhecido no novo milênio. Entre o Atlântico marroquino e o Pacífico indonésio, o mundo muçulmano é como um tapete complexo que oscila entre o alarde colossal de alguns edifícios emblemáticos e a grande modéstia das experiências-modelo locais.

A cidade contemporânea

Imersa nesse processo de globalização, a cidade contemporânea se debate em uma dialética entre a *metrópole individualizável* e a *aldeia global*, entre a concentração e a dispersão, a segunda especialmente encontrada nas *megalópoles* que reproduzem e ampliam em escala regional os problemas urbanos e suas contradições nos âmbitos socioeconômico, de infraestruturas e de desenho urbano.

A morte de Aldo Rossi em 1997 encerra um capítulo da arquitetura contemporânea. Sua defesa da cidade tradicional e dos tipos históricos tem sido rechaçada pelas últimas gerações, que advogam um retorno ao experimentalismo e se sentem fascinadas pela escala colossal dos novos desenvolvimentos urbanos.

A atenção renovada à cidade histórica, entendida como acrópole e coração urbano – em uma concepção que também inclui o *downtown* norte-americano –, e sua remodelação e equipamento através da arquitetura (a renovação urbana ou *urban renewal*) se complementam com a proposta de um *multicentrismo* e uma nova política de equipamentos. Essa política busca a requalificação dos novos usos da metrópole e a transformação espacial da cidade, definindo novos limites e portas (estradas, portos e aeroportos), que concentram os interesses e as propostas da arquitetura de nossos dias.

A oposição dialética entre utopia e realidade – entre o real e o virtual – encontra seu correlato na valorização da metrópole como agrupamento multiforme de funções, conexões e intercâmbios, mas, desta vez, como sistema físico em contínua transformação. Nesse contexto, a Europa busca definir essa nova dimensão urbana proposta por Rem Koolhaas. A heterogeneidade induzida pela comunicação e os intercâmbios não tem descaracterizado a vigorosa personalidade cultural das cidades europeias.

O exemplo paradigmático é a Paris contemporânea, no conjunto de suas diferentes escalas urbanas e arquitetônicas. Após a Segunda Guerra Mundial, a França entrou em um período de grande desenvolvimento, com um enorme crescimento urbano e populacional que apagou os antigos limites de Paris. Evitando enfrentar setorialmente os problemas que essa expansão provoca, se propõe a unificação das três funções urbanas tradicionais em uma única função urbana, a *função de capitalidade*. Dentro desta, busca-se levar ao máximo os limites claros da Paris histórica de Haussmann, a partir dos quais se construíram as vias expressas de circulação periférica que definem o centro urbano e que lhe dão acessibilidade; e também deixar de fora do cinturão periférico as zonas industriais e as novas zonas residenciais.

Ressaltando essa função de capitalidade, se sucede uma série de obras de remodelação interna que expulsam antigas funções e atividades pouco idôneas para essa capitalidade e as substituem por equipamentos urbanos e edifícios singulares mais apropriados.

Iniciadas em Les Halles, em Bercy (Figura 30.1), em La Villette ou no Centro Pompidou, essas intervenções urbanas culminam em 1989 com o plano *Paris de Mitterrand* e suas arquiteturas de prestígio, como o novo Louvre, a terminação arquitetônica de La Défense, rematando o grande eixo dos Campos Elíseos (Figura 30.2), os equipamentos da Bastilha e Orsay, centros culturais como o Instituto do Mundo Árabe (1987), o Centro Norte-Americano (1994), a Cidade da Música (1995) e a grande Biblioteca Nacional (1998). Todas essas obras são edifícios-símbolo de uma cidade que se converteu na capital da Europa, cujos *ecos metropolitanos* se

30.1 Bercy, como um exemplo urbano da Paris de Mitterrand.

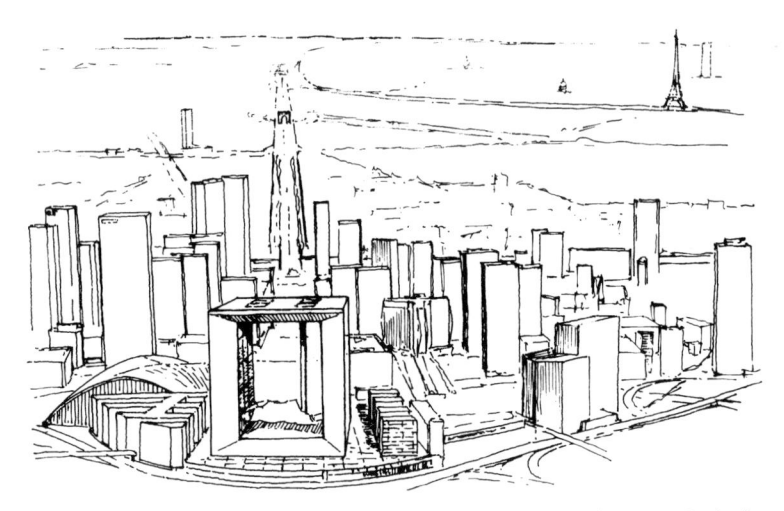

30.2 La Défense, como terminação do eixo dos Campos Elíseos na Paris de Mitterrand.

refletem nas capitais dos demais países europeus: Madri, Berlim, Londres, etc.

Esse reflexo se deu de maneira particular na Barcelona das Olimpíadas de 1992, a *Barcelona de Bohigas*, cidade que soube fundir o laconismo geométrico moderno com suas permanências históricas, dando forma a um panorama equilibrado tipológica e estilisticamente. Isso se deu tanto nas grandes obras necessárias aos jogos olímpicos como nas pequenas intervenções por toda a cidade, propostas como possíveis metáforas selecionadas por Oriol Bohigas, cujo ideal urbano se relaciona às propostas da *cidade-colagem* de Colin Rowe (1981).

Este bom momento europeu também tem exemplos interessantes nas propostas arquitetônicas de Madri, Londres e Paris para suas respectivas candidaturas para sediar os Jogos Olímpicos de 2012. Em função da globalização, as cidades europeias passam a concorrer por novas empresas e investimentos, com propostas que mesclam investigação urbana e exibicionismo de formas. Um exemplo típico dessa concorrência, na esfera social, é o Museu Guggenheim de Frank Gehry em Bilbao, e, na esfera política, a sede construída pelo Architecture Studio para o Parlamento de Estrasburgo (1999), centro das instituições europeias.

A arquitetura contemporânea

A arquitetura atual é cruzada por diversas linhas transversais, é uma arquitetura mestiça: de formação cosmopolita e atuação planetária. Distanciada dos experimentos radicais, não é uma arquitetura de ideias, e sim uma arquitetura de experiências: é pouco programática e peculiar a cada situação.

Ainda que as obras mais conhecidas sejam, na maioria, edifícios institucionais e obras de infraestrutura, a habitação multifamiliar volta a ser a grande protagonista, assim como em outros períodos já foi campo de experimentações e inovações. A moradia ainda é um laboratório da arquitetura e um índice das transformações sociais de sociedades definitivamente fragmentadas que já abandonaram a utopia da comunidade residencial e oferecem lares como refinados recintos para vidas introspectivas. Um bom exemplo é o Europan, enorme concurso internacional dedicado à habitação urbana que ocorre desde 1989 e que tem renovado o interesse pelo campo da moradia popular em toda a Europa.

Entre os edifícios institucionais, o museu é o mais característico da arquitetura recente e o que mais bem denota sua natureza exibicionista e reflexiva. Se o teatro foi o templo social da burguesia, o museu pode ser considerado como o templo mediático de nossa época, como centro de exposição e local de encontro.

Já entre os edifícios de infraestrutura, os aeroportos são as construções mais complexas da atualidade. Emblemas e portas das cidades, nos últimos anos eles têm surgido por todo o planeta, se destacando os exemplos de Barcelona (Bofill), Marselha (Rogers), Bilbao (Calatrava) Londres-Stansted e Hong Kong (Foster) e Osaka (Piano). A esse grupo também podemos agregar o terminal marítimo de Yokohama (Zaera).

A prosperidade da década de 1990 revalidou e revigorou os arranha-céus, cujo crescimento tem sido proposto como o paradigma do futuro. Sonho ideal da modernidade, a partir de Mies van der Rohe, as torres são símbolo do capitalismo. Nascidos em Chicago e Nova York, os arranha-céus contemporâneos se disseminam na costa do Pacífico. Enormes minaretes de escritórios, as torres Petronas de César Pelli em Kuala Lumpur (1996), com 450 metros de altura, ou a Torre Taipei de C.Y. Lee em Taiwan (2004), com 508 metros, ultrapassam o teto do mundo fixado em 1972 pelas Torres Gêmeas de Minoru Yamasaki em Nova York, cuja destruição em 11 de setembro de 2001 passou a simbolizar a fragilidade da arquitetura e a vulnerabilidade do mundo.

Por outro lado, este *vale-tudo* tem se traduzido, na arquitetura, no triunfo do conceito de *supermercado cultural* no qual se mesclam, de modo confuso, diversas influências teóricas com uma variedade de formas de divulgação acrítica. Já a massificação dos meios de comunicação na cultura tem tornado a arquitetura um espetáculo que passou para o domínio coletivo através da *arquitetura dos autores*, como vanguarda cultural e propaganda política, cujas imagens de marca ou *brand images* se difundem em uma audiência global.

O grande poder de comunicação dessas arquiteturas de estrelas pode ser resumido nos 25 anos de prêmios Pritzker. De Philip Johnson (1979) a Tom Mayne (2005), com figuras tão destacadas como Niemeyer ou Tange, Stirling ou Roche, Rossi ou Venturi, Meier ou Gehry, Piano ou Foster, Siza ou Moneo.

As formas da nova modernidade

A *recuperação disciplinar* havia proposto uma nova relação entre a cidade, a arquitetura e a história. Seus ideais desempenharam um papel fundamental na definição da arquitetura como fenômeno urbano. Contudo, na década de 1990, muitos irão se afastar desses ideais, fazendo desse distanciamento a bandeira de uma nova arquitetura que, frente ao valor excessivo que se conferiu ao lugar como base do projeto, reivindica o *não lugar*, afirmando a existência independente do objeto artístico como significativo por si só.

Por outro lado, grande parte da arquitetura mais recente tem se refugiado na construção como uma nova essência da disciplina, uma construção preciosista e abstrata, quase metafísica, que não valoriza o fato real da sua materialização na obra – uma faceta essencial da arquitetura –, e sim seu fato virtual: o detalhe construtivo, que eventualmente é mais bem trabalhado.

O "Deus está nos detalhes" de Santa Teresa havia sido apropriado há vários anos por alguns dos melhores arquitetos do século XX, como Mies van der Rohe e Alejandro de la Sota, por exemplo. Após algumas décadas de relativo silêncio, no decênio de 1990 ambos ressurgem com força. A reconstrução do Pavilhão de Barcelona em 1986, construído por Mies em 1929, parece demarcar um ponto de partida para essa ressurreição. O "menos é mais" de Mies começa a ser relacionado pela crítica àquilo que outras disciplinas denominaram de *minimal* (mínimo). Pode-se dizer que a arquitetura atual é, em grande parte, minimalista.

CAPÍTULO 30 O DESAFIO DA CONTEMPORANEIDADE

Após três décadas em que se questionou a própria existência do Movimento Moderno, a década de 1990 exalta a modernidade, valorizando-a como um dos processos mais criativos e transcendentais da história. Em 1998 se funda Docomomo, uma organização internacional para a documentação e conservação da arquitetura moderna. E já se fala do *back to modern*: o retorno à tradição moderna. Mas ainda que sejam similares em austeridade formal e regularidade geométrica, essas revisões modernas primam pelo formal e pelo simbólico à custa do funcional e do social. Sua *nova simplicidade* é similar à *nova objetividade* da década de 1920, mas muitas vezes reduzindo-a a um reles *estilo*.

Em uma espécie de historicismo moderno relacionado com o minimalismo, Richard Meier consolida sua obra maneirista e escultórica de prismas brancos sutilmente articulados, com obras tão significativas como o Museu de Atlanta (1983) e o Centro Getty de Los Angeles (2000) ou, na Europa, a sede do Canal Plus, em Paris (1991), ou os Museus de Artes Decorativas de Frankfurt (1984; ver Figura 28.14) e de Arte Contemporânea de Barcelona (1995, Figura 30.3), manifestos brancos e luminosos cuja estética comunicativa os torna ícones de referência urbana.

A *nova modernidade* europeia tem na arquitetura suíça e hispano-portuguesa dois de seus centros fundamentais. Enquanto a primeira liga o funcionalismo ao não-lugar, a segunda busca se apoiar com força no sentido do lugar e dar um sentido contextual à sua obra, aumentando a contenção de formas, o rigor da tectônica e a importância dos detalhes de construção. Paradigmas dessa opção são as obras de Rafael Moneo, na Espanha, e Álvaro Siza, em Portugal, com exemplos emblemáticos como o Kursaal de San Sebastián (1999) ou o Museu Serralves de Porto (1999) e o Centro de Arte Contemporânea de Santiago de Compostela (1994). A obra de ambos os arquitetos se vincula a *escolas de arquitetura* distintas, mas que ainda assim podem ser vinculadas a Mies e Sota, em função do asceticismo e da depuração extrema. Portugueses como Eduardo Souto de Moura

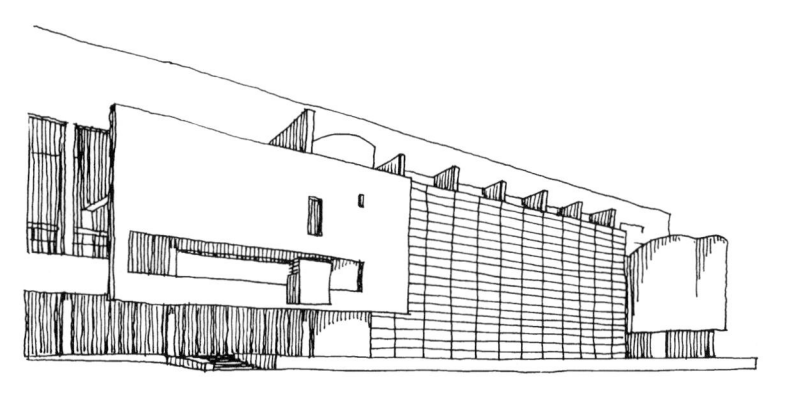

30.3 Richard Meier, Museu de Arte Contemporânea de Barcelona.

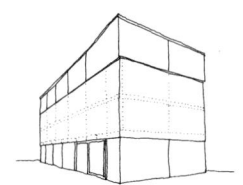

30.4 Herzog e De Meuron, Galeria Goetz, Munique.

e espanhóis como Juan Navarro Baldeweg, Alberto Campo Baeza, Manuel Gallego e muitos outros não se distanciam desse neomodernismo minimalista, de edifícios luminosos e líricos.

Na Suíça, ao contrário, se aposta em contêineres atópicos, nos quais primam a sobriedade compositiva, a depuração antifigurativa e o maneirismo do detalhe. Suas caixas abstratas são mais bem exemplificadas por obras-manifesto, como as Termas de Vals (1997) e a Kunsthaus de Bregenz (1996), de Peter Zumthor, e a Galeria Goetz, de Munique (1995, Figura 30.4), e, em outra dimensão, a New Tate Gallery de Londres (2000, Figura 30.5), ambas obras de Jacques Herzog e Pierre de Meuron, cuja sensualidade refinada e fria os tem tornado ícones imitados.

A atopia artística suíça dialoga polemicamente com a vanguarda pós-desconstrutivista representada pelos discípulos de Rem Koolhaas. Enquanto este exacerba o idioma moderno para criar um universo imaginário, fascinante e arrogante, Ben van Berkel e o grupo MVRDV praticam a subversão das formas através do pragmatismo paradoxal de distorções ou divergências, cujas mutações se expõem em projetos provocativos como a sede do VPRO em Hilversum (1997), o projeto urbano para Leidschenveen (1997) e o Edifício Silodam, em Amsterdã (2002).

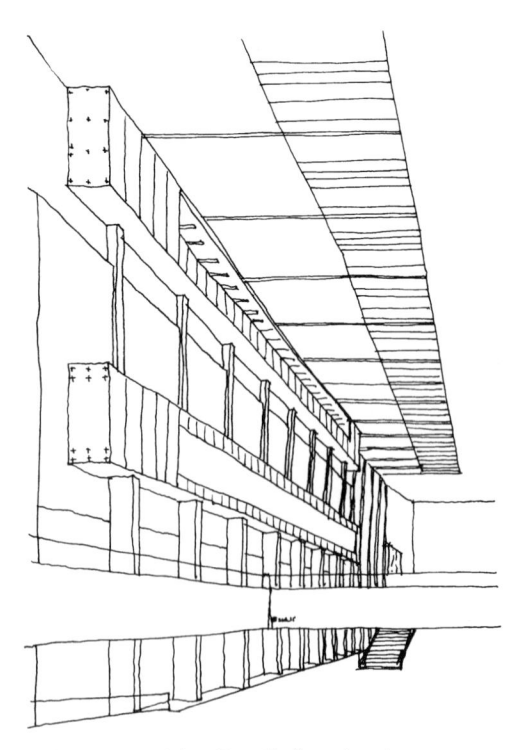

30.5 Herzog e De Meuron, New Tate Gallery, Londres.

Ao lado dessa nova modernidade, cabe citar a arquitetura *high-tech*, interessada simultaneamente no minimalismo e na engenharia. Com uma forte presença no mundo contemporâneo, suas obras compartilham uma estrutura independente eficaz e uma pele fascinante, ambas com tecnologia de ponta. A velha modernidade tecnológica sobrevive ao dilúvio historicista e ainda hoje se mantém em obras de espírito industrial que dividem a expressão maquinista com o máximo de refinamento formal. Norman Foster, no Banco HSBC, em Hong Kong (1986), a Torre Collserola de Barcelona (1992), o aeroporto Stansted (1993) ou a Midiateca de Nîmes (1984); Richard Rogers com o arranha-céu da Lloyd's (1984) ou a Cúpula do Milênio (2000, Figura 30.6), em Londres; Jean Nouvel, com o Instituto do Mundo Árabe (1987) e a Fundação Cartier (1994), ambos em Paris; Nicholas Grimshaw, com o Terminal Ferroviário de Waterloo, em Londres (1995): todas essas edificações testemunham a popularidade universal da arquitetura *high-tech* contemporânea, cujos triunfos também alcançam o Archigram, que, no século XXI, volta a ser uma referência para a arquitetura contemporânea.

A técnica avançada também se põe a serviço da desordem, se apoiando no desenho assistido por computador (CAD) para a concepção de propostas amorfas e organismos invertebrados. O virtuosismo técnico é visível tanto na obra de Frank Gehry como na de Alejandro Zaera. Se o Museu Guggenheim de Bilbao pode ser visto como um futurismo tecnológico de geometrias curvas, o terminal marítimo de Yokohama, obra de Zaera (2003), se projeta como uma paisagem colossal que avança pela baía em seu *open section* (volume aberto) de superfícies curvas (Figura 30.7). Como uma nova porta da cidade, o terminal de cruzeiros se dobra e se curva para unir o transporte ao lazer, tornando o espaço fluido e decompondo seus limites.

30.6 Richard Rogers, Cúpula do Milênio.

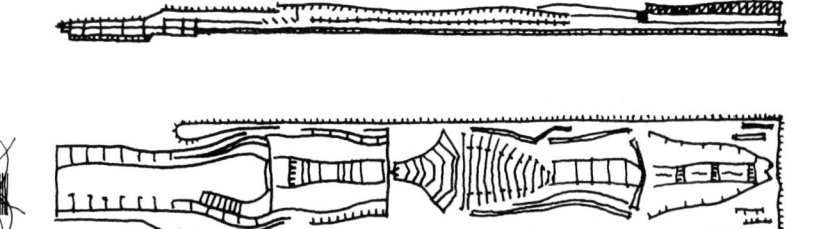

30.7 Alejandro Zaera, Terminal Marítimo de Yokohama: diagrama compositivo (à esquerda) e corte e planta baixa (à direita).

Os limites também são decompostos por Peter Eisenman no Projeto para a Cidade da Cultura em Santiago de Compostela (2000), uma obra à qual confluem todas as suas experiências formais anteriores: das malhas deformadas às dobras aleatórias. Sua casca ondulante e rachada funde o terreno e a cobertura, borrando a distinção entre a tectônica e a estereotomia e vinculando a escala territorial e urbanística a uma arquitetura pluralista que diz se basear nas linhas da cidade histórica sobrepostas às dobras de uma concha de vieira, ambas projetadas sobre a colina e tornando-a uma paisagem ondulada: uma montanha mágica (Figura 30.8).

Epílogo

Ao nos perguntarmos sobre a arquitetura contemporânea – dizíamos –, estamos formulando uma questão impossível de responder, pois estamos imersos nesta realidade. Assim, como escrevemos há cerca de dez anos, não nos resta senão recorrer, mais uma vez, às nossas origens. Ao longo das páginas anteriores, trabalhamos com uma dúzia de *ideias-chave* que ressurgem ao chegarmos ao final deste trabalho.

A ideia do *território da arquitetura* como marco histórico de definição de sua atividade agora nos permite continuar indentificando-a com toda a variedade de projetos que vão desde o desenho urbano até o desenho de objetos, e, ao mesmo tempo, entender a ideia de *cidade* como síntese e limite superior da arquitetura.

As ideias de *ordem*, *tipo* e *método* como instrumentos de controle da arquitetura reaparecem nos conceitos de *tardomoderno* e pós-moderno, uma vez que entendem a arquitetura como metodologia e tipologia, respectivamente.

Quanto à ideia da *escala arquitetônica* com a qual se constrói a cidade contemporânea, gostaríamos de acreditar que a escala humana segue predominando no ambiente construído, mas parece inquestionável que a escala monumental voltou a surgir em muitas obras de arquitetura de prestígio, que em muitas ocasiões são basicamente macroesculturas urbanas, sejam habitadas ou não.

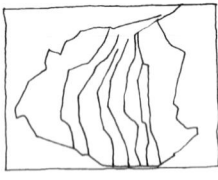

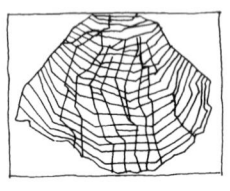

30.8 Einsenman, Cidade da Cultura, Santiago de Compostela, Espanha, diagramas do projeto.

Talvez por essa razão, as ideias de *geometria* e *forma* arquitetônica hoje estejam reaparecendo com uma banalidade jamais vista antes, embora se possa esperar que o aprofundamento de seu conceito permita que nelas se recupere a última recorrência da arquitetura, uma vez que a ideia da linguística, seja como *linguagem* ou *estilo* arquitetônico, assumiu uma nova dinâmica.

Finalmente, as ideias de arquitetura como *processo*, como *experiência* e como *construção* ainda estão presentes e com o mesmo valor universal que permite que sejam entendidas e relacionadas com a nossa própria existência.

Assim, para terminar, podemos retomar a análise das origens da arquitetura. Começamos falando do *menir*, da *caverna* e da *cabana* entendidos como os símbolos físicos da arte, do abrigo e da racionalidade construída. Ainda que ao longo da história esta última tenha sido o núcleo da atividade arquitetônica, não convém terminar com ela, e sim com o *menir* ou com a *caverna* como arquiteturas primárias, uma vez que os princípios que ambos representam polarizam o desenvolvimento histórico da arquitetura e hoje sintetizam seu conceito.

Dessa maneira, os componentes simbólicos e mágicos que havíamos deixado de lado para nos ocupar da história da cabana reaparecem de forma esplêndida na Cidade da Cultura de Santiago, projetada como uma verdadeira montanha mágica, ou na torre de telecomunicação Collserola, um verdadeiro menir contemporâneo construído em Barcelona em função dos Jogos Olímpicos de 1992 (Figura 30.9). Iniciamos estas páginas com a árvore sagrada; as fechamos com a árvore abstrata das telecomunicações, o símbolo perfeito da arquitetura na alvorada do novo milênio.

30.9 Norman Foster, Torre Collserola, Barcelona, uma árvore abstrata de telecomunicações e um menir contemporâneo.

La Coruña, verão de 2004.
Paris, primavera de 2005.

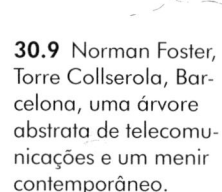

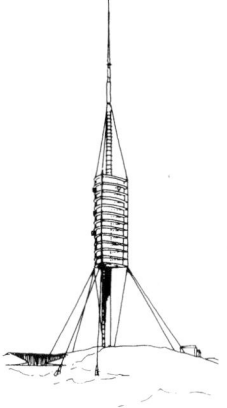

Ilustrações

A dualidade "abrigo-comunicação" sempre determinou os limites da arquitetura. Esses limites se encontram na arquitetura vegetal, onde o carbayón de Oviedo (1) é um menir histórico, enquanto o Paseo de Hobbema (2) é um precursor de uma igreja gótica. Por outro lado, entender a cidade como uma casa grande define o limite superior da arquitetura, tanto na cidade histórica de Siena (3) como na cidade moderna de Le Corbusier (4).

320 INTRODUÇÃO À HISTÓRIA DA ARQUITETURA

Um verdadeiro laboratório de arquitetura, o Egito revela de maneira perfeita seus problemas existenciais. Assim, o jogo dos volumes sob a luz pode ser apreciado tanto no conjunto das pirâmides de Gizé (1) como nos templos do Império Novo, como o Templo de Luxor (2), cuja malha evidencia as diferenças entre retícula e quadrícula (3), enquanto o salão hipostilo de Carnac (4) manifesta a importância da verticalidade e das formas absolutas no Egito.

1

2

3

4

O templo funerário de Hatshepsut, em Tebas (1), é uma síntese da arquitetura egípcia, onde todos os conceitos anteriores são evidentes em uma obra ímpar, cujo conceito espacial, o refinamento de seu sistema de articulação e detalhamento, assim como a natureza quase antropomórfica de suas formas (2), assumem um caráter verdadeiramente moderno, ainda que Senenmut tenha colocado os peristilos de seus terraços no "reino dos céus" (3).

1

2

3

A comparação entre o Templo de Posêidon, em Paestum (1), e o Partenon de Atenas (4) torna evidente a evolução da arquitetura clássica. A austeridade e a compacidade, assim como a robustez das formas do primeiro, sintetizam os avanços do Período Arcaico: a união entre o entablamento e as colunas (2) ou a relação entre a coluna e a anta (3). Já o Partenon apresenta um conceito clássico mais avançado e suas colunas são mais esbeltas e seus capitéis, mais leves.

ILUSTRAÇÕES **323**

Reconstruída no século V a.C., a Acrópole de Atenas é um recinto sagrado e se localiza no alto da colina, onde nasceu a cidade (1). Presidida pelo Partenon, com sua nova concepção de espaço interno (2), a Acrópole inclui outros templos de grande importância arquitetônica e sagrada: o Erecteion e o Templo de Atena Nike (3), ambos acessados por propileus monumentais que direcionam a entrada e a vista (4).

1

2

3

4

No Panteon, os elementos espaciais, simbólicos e construtivos da arquitetura romana chegam à perfeição. O edifício surge da terra e simboliza a abóbada celeste, com a qual se comunica através de um óculo aberto em seu zênite (2), exemplificando a segunda era do espaço, na qual se pensa mais o interior do que o exterior (3). A maquete mostra sua inserção na Roma imperial (1), bem como os Foros Imperiais (4).

O tipo é um instrumento útil e necessário para o estudo das arquiteturas complexas, e, ao mesmo tempo, uma ferramenta de controle muito livre quanto a suas possibilidades; sua evolução nos traz referências arquitetônicas que enriquecem a leitura histórica. Observe-se, por exemplo, a evolução tipológica do teatro: (1) o teatro grego de Epidauro; (2) o teatro romano de Herodes Ático, na Acrópole de Atenas; (3) o Anfiteatro Flaviano ou Coliseu, em Roma.

A Vila de Adriano, em Tivoli, pode ser entendida como uma alternativa urbana à urbe romana. Nela se destaca o refinamento de seus conceitos espaciais e volumétricos, assim como sua liberdade de interpretação da linguagem clássica. Sua deliberada irregularidade compositiva manifesta outras intenções de projeto que inspiraram os arquitetos renascentistas e seriam propostas como exemplo para a cidade contemporânea entendida como cidade-colagem.

1

2

3

4

A basílica paleocristã é a origem tipológica das igrejas cristãs. Em Santa Sabina (1 e 2), a abside é separada do espaço basilical mediante um simples plano de interrupção ou arco de triunfo. Em Santa Maria Maior (3), o mesmo encaixe é feito com mais riqueza de meios de expressão, enquanto em São Paulo Extramuros (4) o arco de triunfo se desloca, determinando o surgimento de um transepto que dialoga com o espaço principal da basílica e a abside.

A arquitetura oriental trata de integrar elementos distintos em uma forma arquitetônica complexa, mas unitária. Em Santa Sofia – o paradigma da arquitetura bizantina – se centra a dualidade nave-abside, tornando-a centrípeta com a união de ambas em um espaço unificado centralizado por uma cúpula gigantesca (1 e 2), que parece flutuar sobre o edifício, criando uma atmosfera de mistério em suas elevações internas (3) e em sua base (4).

ILUSTRAÇÕES **329**

Meta do caminho de peregrinação mais importante da Idade Média, a Catedral de Santiago de Compostela é uma igreja românica procissional com três naves com transepto e capelas neste e na absidíola. Seu trifório é rematado por uma semicúpula, que anula o empuxo criado pela abóbada de plena volta da basílica (1), e as naves laterais são cobertas por abóbadas de arestas. Sua importância iconográfica é evidenciada pelos Pórticos da Glória (2) e de Platerías (3).

1

2   3

Nascendo de um laboratório de arquitetura no centro da França, a arquitetura gótica tem em Paris uma de suas obras icônicas: a Notre Dame, cujo corpo longitudinal se eleva sobre a cidade (1) e cuja verticalidade acentuada é evidente em seu espaço interno (2). Quando comparada, a Sainte-Chapelle (3) é um salão esbelto que parece uma catedral cujo piso foi colocado na altura do trifório e seus vitrais substituíram as paredes.

Um bom exemplo das catedrais góticas espanholas, a pulchra leonina *evidencia todas as características de seu estilo. Sua silhueta alta em forma de navio eleva-se sobre León, anunciando, à distância, o poder da cidade (1). Suas abóbadas são simples e precisas, como um silogismo escolástico (2 e 3). A importância da luz no espaço interno se manifesta de modo especial na cabeceira (4), onde pináculos, contrafortes e arcobotantes caracterizam sua arquitetura.*

1

2

3

4

332 INTRODUÇÃO À HISTÓRIA DA ARQUITETURA

1

2

3

No final da Idade Média, a vida no burgo seculariza a civitas Dei, especialmente em Flandres e na Itália. É muito ilustrativa a imagem histórica que a cidade de San Gimignano (1), a cidade das torres, tem de si própria, representada no colo de seu santo padroeiro. A passagem para a Idade do Humanismo é indicada pela imagem laica ao lado do Palácio Comunal de Siena (2; ver também página 125) e pela silhueta da cidade de Florença, abaixo, coroada pelo Duomo, sua catedral (3).

Não obstante o avanço técnico e o significado urbano que representou a construção da Catedral de Florença, o Duomo, onde Brunelleschi realmente mostra as novas técnicas da arquitetura e a nova linguagem humanista é nas basílicas de São Lourenço (1) e do Espírito Santo, assim como nos espaços centralizados da Sacristia Velha de São Lourenço e na Capela Pazzi, tanto em seu interior (2) como em seu pórtico externo (3).

O cinquecento *romano* é representado magistralmente por um afresco de Rafael, que mostra a corte do Papa como uma nova Atenas clássica (1). Ao fundo da imagem, aparecem as obras da nova Catedral de São Pedro, que Bramante executava, desenvolvendo a escala monumental do Tempietto, o Pequeno Templo de São Pedro em Montorio (2). Posteriormente, a *Saint Peter's Cathedral* de Londres, com sua cúpula e fachada neoclássicas, seria construída baseada nas reformas projetadas por Michelangelo para Roma (3).

Preparada por Michelangelo em 1536 para a chegada de Carlos V a Roma, a Praça do Capitólio é uma obra-prima que representa o auge da experiência renascentista e é a precursora dos efeitos cenográficos barrocos (1). Nela devemos destacar a utilização dos palácios capitolinos com ordens na escala humana e na escala monumental (3), configurando uma praça que dá as costas para a Roma imperial (2) e se abre como um balcão para a Roma moderna (4).

1

2

3

4

A nova espacialidade barroca tem seu melhor exemplo na Praça de São Pedro em Roma, um átrio gigantesco construído por Bernini em frente à Catedral. A praça, aqui representada por Piranesi (1), é um espaço longitudinal cujo foco é a fachada da basílica, que assume uma centralidade especial no imenso espaço oval delimitado por uma colunata ou bosque cerimonial (4) com refinados detalhes arquitetônicos (2-3) em seus remates e pontos de inflexão.

1

2

3

4

O baldaquim de Bernini na Catedral de São Pedro (1), em Roma, é uma obra emblemática do Barroco. Nela, um problema difícil foi resolvido mediante o sutil diálogo entre as escalas e as formas retóricas e brilhantes. Neste baldaquim foi inspirado o tabernáculo da Catedral de Santiago de Compostela (2), uma obra de arte completa que encarna bem o problema do rifacimento, que na "escola romana" encontra um de seus melhores exemplos nas fachadas projetadas por Rainaldi para Santa Maria Maior (3).

1

2

3

Após Bernini e o barroco classicista, Borromini fomula uma alternativa experimental que leva à atomização dos elementos e das partes da arquitetura, como em San Carlino e Santo Ivo alla Sapienza, comedidas no exterior (2), mas cujos espaços interiores alternam superfícies retas, curvas, cônicas e convexas (3-4), em um movimento contínuo que se reflete em sua lanterna. O mesmo se observa em Santo Andre delle Fratte (1).

1

2

3

4

Em seu conceito e em sua arquitetura, o monastério do Escorial sugere uma alternativa que é, ao mesmo tempo, uma "cidade ideal" humanista e uma atualização trentina da civitas Dei. *Seu volume e sua implantação caracterizam um isolamento quase cristalográfico (1). Por outro lado, sua linguagem evolui da clareza romana do presbitério (2) à sutileza maneirista da biblioteca (3) e à força contrarreformista da fachada meridional (4).*

A partir de um antigo castelo de caça de seu pai (1) em Versalhes, Luís XIV constrói a obra que seria o paradigma da Residenz-Stadt dos séculos XVII e XVIII (4). Na estruturação deste projeto de urbanismo, se produz um diálogo duplo no qual o palácio atua como dimensão entre a cidade e a natureza, focando todos os elementos de ambas na pessoa e nos aposentos do Rei: no Salão dos Espelhos (2), o centro da cidade e de sua arquitetura externa (3).

ILUSTRAÇÕES **341**

O Ring de Viena (1) é um anel urbano que foi concebido como via principal da cidade (2), eixo das principais amenidades e equipamentos da capital austríaca e paradigma da arquitetura historicista europeia. Nele, um conjunto de edificações neogregas, neogóticas, neorrenascentistas e neobarrocas – como o Parlamento, os museus, a Ópera, a Prefeitura e o Teatro (3) – aparece em contraposição estilística.

A Ópera de Paris é o paradigma do ecletismo do século XIX e uma esplêndida encarnação do império de Napoleão III. O edifício é, ao mesmo tempo, um marco da ópera e um marco da exibição social, de maneira que a escada principal (3) chega a predominar sobre o conjunto e alcança níveis de teatralidade que são verdadeiramente barrocos. Sua implantação como foco perspectivo demonstra uma orgulhosa postura de dignidade urbana (1-2).

1

2

3

A contribuição metodológica da Wagnerschule e a contribuição estilística da Sezession vienense confluem na obra de Otto Wagner, a Caixa Econômica dos Correios de Viena (1904), realizada com extrema clareza composi- tiva e economia de meios arquitetônicos e formais superior à de qualquer outra obra de sua época: 1, detalhe da fachada; 2, detalhe da escada de entrada 3, espaço central do salão de atendimento ao público.

Síntese original do racionalismo, naturalismo e medievalismo, o Palácio da Música Catalã (1908) é uma obra modernista tanto por sua transparência espacial – janelas em fita altas e boca de cena (1); vestíbulo e escada (2) – como por sua decoração policromática (3), na qual as belas artes e as artes aplicadas se integram em uma totalidade artística que Domènech, em oposição a Gaudí, aplica até no caráter intrínseco da própria obra.

ILUSTRAÇÕES **345**

Nos "castelos da indústria" do século XIX, por sua simplicidade formal e racionalidade construtiva, se percebem muitas vezes as mais claras intenções espaciais, correspondentes à mais pura arquitetura atemporal. Basta citar alguns exemplos: a penitenciária panóptica de Oviedo (1), o Mercado de Les Halles, em Paris (2), a Bolsa de Amsterdã (3) ou a Estação Ferroviária de King's Cross em Londres, como nova porta da cidade (4).

A destruição da caixa é a principal contribuição de Frank Lloyd Wright à arquitetura contemporânea, e sua ruptura espacial, concebida também como uma ruptura dos volumes, é fundamental para o Movimento Moderno. Exemplo emblemático disso e das prairie houses é a Casa Robie, em Chicago (1908), modelo figurativo no qual o espaço perde seu valor fixo e assume um valor relativo que depende da experiência e do ponto de observação.

1

2

3

4

1

2

A arquitetura moderna busca uma nova linguagem abstrata que afirme uma nova objetividade. Artista fundamental da nova plástica, Mondrian centra sua atuação no quadrado (1), plano base para ser subdividido com formas diferentes que se relacionam com suas cores diversas. Em suas maquetes e perspectivas axonométricas (2), Van Doesburg realiza no espaço a obra de Mondrian. Interpretando a experiência de Frank Lloyd Wright, Gerrit Rietveld funde interior e exterior na Casa Schroeder (3 e 4), criando uma verdadeira obra de arte total.

3

4

348 INTRODUÇÃO À HISTÓRIA DA ARQUITETURA

Exposição da Werkbund construída em Stuttgart, a Weissenhofsiedlung (1927) vem a ser a patente definitiva do Movimento Moderno, que após ela passa a ser reconhecida como uma linguagem e a assumir um sistema formal unitário que permanece ligado à sua própria identidade como movimento, como se reflete nos dois exemplos de sacada de Le Corbusier (1) e Oud (2) ou nas casas em fita do segundo (3) ou de Mart Stam (4).

ILUSTRAÇÕES **349**

A Vila Savoye em Poissy (1930) é um dos ícones do Movimento Moderno. Aqui, Le Corbusier obtém um volume puro (1) no qual a planta baixa quadrada inclui tanto o L do interior doméstico como o terraço de cobertura (4), em um contraste compositivo cuja simetria aparente contrasta com a fluidez dos espaços internos e externos e com a brilhante resolução dos detalhes do banheiro principal (2) e dos dormitórios (3).

1

2

3

4

O Pavilhão Suíço (1929), na Cidade Universitária de Paris, é uma manifestação construída dos ideais urbanos de Le Corbusier e mostra seus cinco pontos para uma nova arquitetura: a planta e a fachada livre através de pavimentos-tipo, a elevação do volume sobre pilotis, separando o prédio do terreno e ressaltando a entrada, o terraço-jardim, etc. Por outro lado, o elemento singular é separado em outro volume, ancorado ao solo e expresso com materiais e texturas distintas.

No Pavilhão da Alemanha em Barcelona (1929), Mies van der Rohe leva ao limite os princípios neoplásticos. Baseando-se em uma decomposição análoga à de Mondrian, Mies abre os espaços internos e, ao mesmo tempo, projeta as paredes externas, fazendo com que os interiores fluam dinamicamente para fora. Aqui o plano ou lâmina é a geratriz do projeto e também o objeto da exposição, e o único traço figurativo é uma estátua colocada em uma quina do espelho d'água.

A revisão orgânica do funcionalismo se manifesta na arquitetura finlandesa de Alvar Aalto, cuja *Vila Mairea* (1937) reinterpreta o conceito de claustro moderno, configurando um L voltado para a paisagem (4). Uma dialética similar entre espaço interno e externo se torna frequente nas décadas de 1940 e 1950, com obras emblemáticas como a Prefeitura de Säynätsalo (1949), com o domínio absoluto do espaço e da técnica (1-3).

Ao lado da ortodoxia moderna, não podemos nos esquecer de suas facetas heterodoxas. Assim, no neoplasticismo se destaca a arquitetura de Dudok, cuja Prefeitura de Hilversum (1-2) é uma síntese brilhante das contribuições de Frank Lloyd Wright, do expressionismo de Wendingen e do racionalismo do De Stijl. Já a Casa do Fascismo, em Como (3-4), de Giuseppe Terragni, exemplifica o racionalismo italiano e seu desejo de encontrar um meio-termo entre o funcionalismo e os valores clássicos.

Mendelsohn também realiza uma síntese particular entre racionalismo e expressionismo, que culmina no Conjunto Woga em Berlim (1-2), onde faz uma releitura do repertório racional, inserindo nele boa parte dos valores construtivos e expressivos anteriores. Já Le Corbusier assume, no pós-guerra, suas contradições implícitas, expressando-as de maneira magistral em obras como o Convento de La Tourette (3) e a Capela de Ronchamp (4).

ILUSTRAÇÕES 355

A arquitetura de James Stirling é exemplar quanto ao emprego dos sistemas construtivos em suas quatro grandes obras da década de 1960: a Escola de Engenharia de Leicester, a Faculdade de História de Cambridge (1-4) e as Faculdades de Saint Andrews e Oxford, cujo conjunto representa a culminação e a síntese da metodologia moderna após a incorporação dos novos componentes introduzidos por Louis Kahn, interpretadas por James Stirling com um viés tecnológico.

1

2

3

4

Renzo Piano e Richard Rogers exemplificam a cabana tecnológica na antimonumentalidade com a qual concebem o Centro Pompidou de Paris. O edifício, que é praticamente um diagrama construído, tem suas formas determinadas pelas novas técnicas, as quais servem um sistema espacial com planta livre onde oito salões totalmente diáfanos abrigam exposições e são envoltos pelas diversas instalações prediais, que polemicamente são externalizadas.

Louis Kahn defende a memória como base da arquitetura, uma memória subconsciente em que os objetos da técnica ou do passado ressurgem através de uma nova leitura formal. Toda a sua obra sintetiza esses dois enunciados. De modo especial, os Museus de Arte de New Haven (1953, 1 e 2; e 1969, 3 e 4), líricos na maneira como modelam a luz e construídos com extremo refinamento, interpretam em uma linguagem contemporânea as formas atemporais do passado.

Os New York Five propõem uma revisão formal de dentro do Movimento Moderno, investigando e reinterpretando a obra de seus grandes mestres. Com distintas estratégias de projeto, eles realizam uma depuração da linguagem, o que se traduz em um regresso à arquitetura branca, formalmente perfeita, da qual são bons exemplos a Casa II de Eisenman, em Vermont (1), de 1969, e o Museu de Artes Decorativas de Frankfurt, de Richard Meier (2-4), de 1981.

1

Ao mesmo tempo representante e ícone da utopia tecnológica, o grupo inglês Archigram faz propostas de cidades móveis ou ambulantes que se deslocam pelo território, como a Walking City (1); cidades mutáveis compostas de hastes estruturais nas quais se conectam células de habitação pré-fabricadas, como Plug-in City (3); ou cidades interconectadas que são suporte de informação audiovisual, como a Instant City (2) e a Interchange City (4).

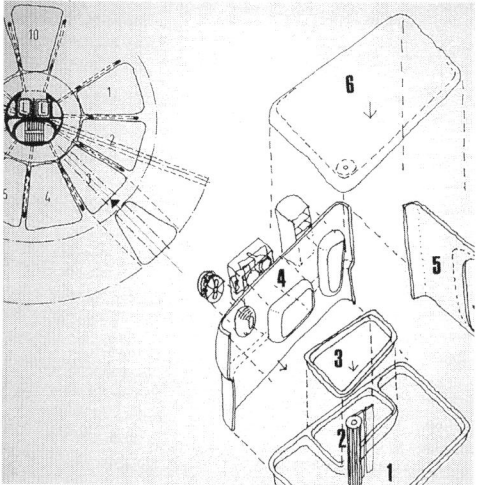

2

3

4

O Parque de La Villette, em Paris (1984), é um bom exemplo de desconstrução, cujo processo metodológico é desenvolvido por Tschumi em três níveis sucessivos: a totalidade urbana do parque, seu programa de equipamentos e a edificação de suas cabanas ou folies. Estas últimas são macrocubos cujas arestas servem de suporte aos fragmentos de uma explosão desconstrutiva imaginária, com um jugo aleatório de cores chamativas de grande força plástica.

ILUSTRAÇÕES **361**

A desconstrução busca dar formas às rupturas do século, com volumes instáveis, estruturas tortuosas e paisagens artificiais. Seu melhor exemplo é o Museu Guggenheim de Bilbao (1997), de Frank Gehry, edificação de força plástica expressionista, onde se desconstroem a forma, a composição e os materiais, desconjuntando seus braços funcionais, deformando seus espaços, enriquecendo os volumes e gerando um objeto plástico quase indescritível.

1

2

3

4

O mundo atual tem resgatado a vigência dos arranha-céus. A torre de Cristal de Mies van der Rohe (1) foi o ideal da modernidade, e a Sede da ONU (2) seu emblema social, mas hoje as torres são o símbolo do capitalismo global, com exemplos como o Banco HSBC de Hong Kong (3), de Norman Foster, ou as Torres Gêmeas de Nova York (4), cuja destruição em 11 de setembro de 2001 simboliza a fragilidade da arquitetura e a vulnerabilidade do mundo.

Leituras Sugeridas

Geral

Como bibliografia básica podem ser recomendadas as seguintes obras:

1. Para a compreensão e explicação do fenômeno arquitetônico em seu significado e importância histórica:

Benevolo, Leonardo. *Introducción a la arquitectura* (1960). Madri: Hermann Blume, 1979; Celeste, 1992.

Gombrich, Ernst H. *Historia del Arte* (1949). Madrid: Alianza, 1979.

Hauser, Arnold. *Historia social de la literatura y el arte* (1950). Madrid: Guadarrama, 1964.

Norberg-Schulz, Christian. *Arquitectura occidental: la arquitectura como historia de las formas significativas* (1973). Barcelona: Gustavo Gili, 1983, 1999.

— *Intenciones en arquitectura* (1963). Barcelona: Gustavo Gili, 1979, 1998.

Zevi, Bruno. *Saber ver la arquitectura* (1948). Buenos Aires: Poseidón, 1951; Barcelona: Poseidón, 1981 em diante.

— *Saper vedere l'urbanistica*. Torino: Einaudi, 1971; complementario del anterior.

— *Architettura in nuce* (1964). Madrid: Aguilar, 1969.

2. Para a informação enciclopédica de dados em uma abordagem profissional à história da arquitetura:

Benevolo, Leonardo. *Diseño de la ciudad* (1974). Barcelona: Gustavo Gili, 1978, 5 vols.; apresenta a história da arquitetura contribuindo, em cada momento, para a construção da cidade.

Chueca Goitia, Fernando. *Historia de la arquitectura occidental*. Madrid: Dossat, 1969-1990, 12 vols.

— *Breve historia del urbanismo*. Madrid: Alianza, 1969; complementar às obras anteriores.

Fletcher, Banister. *Historia de la arquitectura por el método comparado* (1896). Barcelona: Canosa, 1928, 1985.

Kostof, Spiro. *Historia de la arquitectura* (1985). Madrid: Alianza, 1988, 3 vols.

Patetta, Luciano. *Historia de la arquitectura: antología crítica* (1975). Madrid: Hermann Blume, 1984; Celeste, 1997.

3. Sobre a história da arquitetura como a história da cidade:

Bacon, Edmund. *Design of Cities*. London: Thames & Hudson, 1967, 1975.

Baker, Geoffrey. *Análisis de la forma: urbanismo y arquitectura* (1989). Barcelona: Gustavo Gili, 1991.

Bonet Correa, Antonio. *Las claves del urbanismo*. Barcelona: Ariel, 1989.

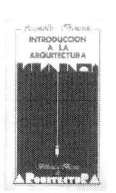

BRAUNFELS, Wolfgang. *Urbanismo occidental* (1976). Madrid: Alianza, 1983.
MOHOLY-NAGY, Sibyl. *Urbanismo y sociedad: historia ilustrada de la evolución de la ciudad*. Barcelona: Blume, 1970.
MORRIS, Anthony. *Historia de la forma urbana: desde sus orígenes hasta la Revolución Industrial* (1974). Barcelona: Gustavo Gili, 1984.
MUMFORD, Lewis. *La ciudad en la historia* (1961). Buenos Aires: Infinito, 1979, 2 vols.
SICA, Paolo. *La imagen de la ciudad: de Esparta a Las Vegas* (1970). Barcelona: Gustavo Gili, 1970.

4. Sobre as bases construtivas da história da arquitetura:

ALLEN, Edward. *Cómo funciona un edificio: principios elementales* (1980). Barcelona: Gustavo Gili, 1982.
CHOISY, Auguste. *Historia de la arquitectura* (1899). Buenos Aires: Víctor Lerú, 1951.
GORDON, J.E. *Estructuras, o por qué las cosas no se caen* (1978). Madrid: Celeste, 1999.
PARICIO, Ignacio. *La construcción de la arquitectura*. Barcelona: Itec, 1995, 3 vols.
TINEO Marquet, Juan. *Historia de la construcción: de la caverna a la industrialización*. Barcelona: Montesinos, 1984.

5. Como dicionários enciclopédicos de arquitetura:

CURL, James Stevens. *A dictionary of architecture*. Oxford: Oxford University Press, 1999.
LAMPUGNANI, Vittorio Magnago (edición). *Enciclopedia de la arquitectura del siglo XX* (1983). Barcelona: Gustavo Gili, 1989.
PEVSNER, Nikolaus; Fleming, John; Honour, Hugh. *Diccionario de arquitectura* (1966). Madrid: Alianza, 1986.
PORTOGHESI, Paolo; et al. *Dizionario Enciclopedico di Architettura e Urbanistica*. Roma: Istituto Editoriale Romano, 1968, 6 vols.

O caráter genérico dessas obras exclui sua menção como bibliografia específica de cada capítulo, entendendo-se todas elas como livros de consulta aconselhável também por capítulos determinados.

I. As Origens da Arquitetura

CALVINO, Italo. *Las ciudades invisibles* (1972). Madrid: Alianza, 1999.
CENIVAL, Jean-Louis. *Egipto: la época faraónica*. Barcelona: Garriga, 1964.
GUIDONI, Enrico. *Arquitectura primitiva* (1975). Madrid: Aguilar, 1977.
GIEDION, Sigfried. *El presente eterno: I, los comienzos del arte; II, los comienzos de la arquitectura* (1964). Madrid: Alianza, 1986.
LLOYD, Seton; Müller, Hans W. *Arquitectura de los orígenes*. Madrid: Aguilar, 1989.
MEISS, Pierre. *De la forme au lieu: introduction à l'étude de l'architecture*. Lousanne: Presses Polytechniques, 1986.
QUARONI, Ludovico. *La Torre de Babel* (1967). Barcelona: Gustavo Gili, 1970.

— *Proyectar un edificio: ocho lecciones de arquitectura* (1977). Madrid: Xarait, 1980.

RASMUSSEN, Steen Eiler. *La experiencia de la arquitectura: sobre la percepción de nuestro entorno* (1957). Barcelona: Reverté, 2004.

ROTH, Leland M. *Entender la arquitectura: sus elementos, historia y significado* (1993). Barcelona: Gustavo Gili, 1999.

RYKWERT, Joseph. *La casa de Adán en el Paraíso* (1972). Barcelona: Gustavo Gili, 1974.

CHASTEL, André; Llorente, Marta. *Introducción a la arquitectura*; vol. I de *El gran arte en la arquitectura*. Barcelona: Salvat, 1988.

SCHULZ, Regine; Seidel, Matthias. *Egipto, el mundo de los faraones*. Colonia: Könemann, 1997.

II. O Mundo Clássico

BENDALA, Galán (edición). *La ciudad hispanorromana*. Madrid: Ministerio de Cultura, 1993.

BIANCHI BANDINELLI, R. *El arte romano en el centro del poder* (1969). Madrid: Aguilar, 1976.

— *Roma: el fin del arte antiguo* (1970). Madrid: Aguilar, 1977.

COPPA, Mario. *Storia dell'urbanistica dalle origini all'Ellenismo*. Torino: Einaudi, 1968.

CHARLES-PICARD, Gilbert. *Imperio romano*. Colección "Arquitectura Universal"; Barcelona: Garriga, 1966.

CHOISY, Auguste. *El arte de construir en Roma* (1873). Madrid: Instituto Juan de Herrera, 1999.

GARCÍA BELLIDO, Antonio. *Urbanística de las grandes ciudades del mundo antiguo*. Madrid: CSIC, 1966.

GIEDION, Sigfried. *La arquitectura, fenómeno de transición* (1961). Barcelona: Gustavo Gili, 1975.

ÍÑIGUEZ, Manuel. *La columna y el muro*. Barcelona: Fundación Caja de Arquitectos, 2001.

MARTIENSSEN, Rex. *La idea del espacio en la arquitectura griega* (1941). Buenos Aires: Nueva Visión, 1972.

MARTIN, Roland. *Arquitectura griega*. Madrid: Aguilar, 1990.

— *El mundo griego* (1966). Colección "Arquitectura Universal"; Barcelona: Garriga, 1966.

ROBERTSON, D.S. *Arquitectura griega y romana* (1969). Buenos Aires: Nueva Visión, 1976.

RYKWERT, Joseph. *La idea de ciudad: antropología de la forma urbana en el Mundo Antiguo* (1976). Madrid: Hermann Blume, 1976.

SUMMERSON, John. *El lenguaje clásico de la arquitectura* (1963). Barcelona: Gustavo Gili, 1974.

VITRUVIO. *Los diez libros de arquitectura* (siglo I a.C.). Oviedo: Colegio de Aparejadores, 1974; Madrid: Alianza, 1995.

WARD-PERKINS, John. *Arquitectura romana* (1972). Madrid: Aguilar, 1976.

III. A Idade Média

BRAUNFELS, Wolfgang. *La arquitectura monacal en Occidente* (1969). Barcelona: Barral, 1974.

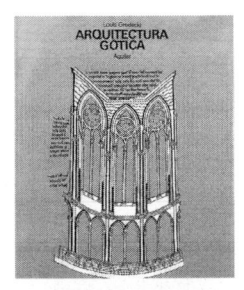

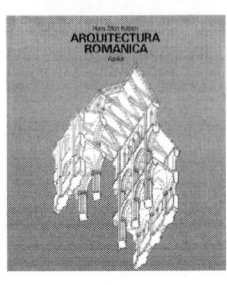

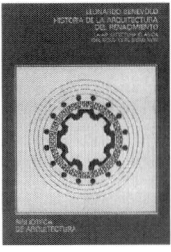

CHUECA GOITIA, Fernando. *Historia de la arquitectura española: Edad Antigua – Edad Media*. Madrid: Dossat, 1965.

— *Arquitectura hispano islámica*. Madrid, CSCA, 1979.

CONANT, Kenneth. *Arquitectura carolingia y románica, 800-1200* (1959). Madrid: Cátedra, 1983.

CAUCCI VON SAUCKEN, Paolo (edición). *Santiago: la Europa del peregrinaje* (1993). Barcelona: Lunwerg, 1993.

GRODECKI, Louis. *Arquitectura gótica* (1976). Madrid: Aguilar, 1977.

GRODECKI, Louis; et al. *El siglo del año mil* (1973). Madrid: Aguilar, 1976.

GUDIOL, José; Gaya, Juan Antonio. *Arquitectura y escultura románicas*. Colección "Ars Hispaniae"; Madrid: Plus Ultra, 1951.

HOFSTÄTTER, Hans Helmut. *Gótico*. Colección "Arquitectura Universal"; Barcelona: Garriga, 1971.

HOAG, John D. *Arquitectura islámica* (1975). Madrid: Aguilar, 1976.

KUBACH, Hans Erich. *Arquitectura románica* (1971). Madrid: Aguilar, 1974.

LAMBERT, Elie. *El arte gótico en España* (1931). Madrid: Cátedra, 1977.

MITCHELL, George. *La arquitectura del mundo islámico* (1978). Madrid: Alianza, 1985.

OURSEL, Raymond. *El mundo románico* (1966). Barcelona: Garriga, 1966: Madrid: Encuentro, 1984.

PANOFSKY, Edwin. *Arquitectura gótica y escolástica* (1956). Buenos Aires: Infinito, 1959; Madrid: La Piqueta, 1986.

PIRENNE, Henri. *Las ciudades de la Edad Media* (1927). Madrid: Alianza, 1972.

SCHLUNK, Helmut. *Arte visigodo, arte asturiano*. Colección "Ars Hispaniae"; Madrid: Plus Ultra, 1947.

SIMSON, Otto von. *La catedral gótica: orígenes de su arquitectura y concepto medieval de orden* (1962). Madrid: Alianza, 1982.

STIERLIN, Henri. *El Islam, desde Bagdad hasta Córdoba: las edificaciones de los siglos VII al XIII*. Colonia: Taschen, 1997.

TOMAN, Rolf (edición). *El románico: arquitectura, escultura, pintura*. Colonia: Könemann, 1996.

— *El gótico: arquitectura, escultura, pintura*. Colonia: Könemann, 1997.

TORRES BALBÁS, Leopoldo. *Arte almohade, arte nazarí, arte mudéjar*. Colección "Ars Hispaniae"; Madrid: Plus Ultra, 1949 e 1952.

VIOLLET-LE-DUC, Eugène-Emmanuel. *La construcción medieval* (1859), Madrid: Instituto Juan de Herrera, 1996.

YARZA, Joaquín. *Arte y arquitectura en España: 500-1250*. Madrid: Cátedra, 1979.

IV. A Idade do Humanismo

ARGAN, Giulio Carlo. *La arquitectura barroca en Italia* (1957). Buenos Aires: Nueva Visión, 1979.

— *La Europa de las capitales 1600-1700*. Barcelona: Skira Caroggio, 1964.

BENEVOLO, Leonardo. *Historia de la arquitectura del Renacimiento* (1968). Barcelona: Gustavo Gili, 1985, 2 vols.

BLUNT, Anthony. *Arte y arquitectura en Francia: 1500-1700* (1953). Madrid: Cátedra, 1977.

— *La teoría de las artes en Italia: 1450-1600* (1940). Madrid: Cátedra, 1980.

BOTTINEAU, Yves. *Barroco II: Ibérico y latinoamericano*. Colección "Arquitectura Universal"; Barcelona: Garriga, 1972.

CHARPENTRAT, Pierre. *Arquitectura barroca: Italia y Europa Central*. Colección "Arquitectura Universal"; Barcelona: Garriga, 1965.

CHUECA GOITIA, Fernando. *Arquitectura del siglo XVI*. Colección "Ars Hispaniae"; Madrid: Plus Ultra, 1953.

FRANÇA, José Augusto; et al. *Arte portugués*. Colección "Summa Artis", vol. xxx; Madrid: Espasa-Calpe, 1986.

GIEDION, Sigfried. *Espacio, tiempo y arquitectura: origen y desarrollo de una nueva tradición* (1941-1969). Barcelona: Reverté, 2008.

GUIDONI, Enrico; Marino, Angela. *Historia del urbanismo: el siglo XVI* (1982). Madrid: Instituto de Estudios de Administración Local, 1982.

— *Historia del urbanismo: el siglo XVII* (1979). Madrid: Instituto de Estudios de Administración Local, 1982, 1985.

GUTIÉRREZ, Ramón. *Arquitectura y urbanismo en Iberoamérica*. Madrid: Cátedra, 1983.

HANSMANN, Werner. *Jardines del Renacimiento y el Barroco* (1983). Madrid: Nerea, 1989.

HEYDENREICH, Ludwig Heinrich; Lotz, Wolfgang. *Arquitectura en Italia 1400-1600* (1974). Madrid: Cátedra, 1991.

KUBLER, George. *Arquitectura de los siglos XVII y XVIII*. Colección "Ars Hispaniae"; Madrid: Plus Ultra, 1955.

MARCO DORTA, Enrique. *Arte en América y Filipinas*. Colección "Ars Hispaniae"; Madrid: Plus Ultra, 1973.

MURRAY, Peter. *Arquitectura del Renacimiento* (1971). Madrid: Aguilar, 1972.

NORBERG-SCHULZ, Christian. *Arquitectura barroca* (1971). Madrid: Aguilar, 1972.

— *Arquitectura barroca tardía y rococó* (1971). Madrid: Aguilar, 1973.

SEBASTIÁN LÓPEZ, Santiago; et al. *Arte iberoamericano: desde la colonización a la independencia*. Colección "Summa Artis"; Madrid: Espasa Calpe, 1985, 1986, 2 vols.

SUMMERSON, John. *El lenguaje clásico de la arquitectura* (1963). Barcelona: Gustavo Gili, 1975.

TAFURI, Manfredo. *La arquitectura del Humanismo* (1969). Madrid: Xarait, 1978.

— *Sobre el Renacimiento: principios, ciudades, arquitectos* (1992). Madrid: Cátedra, 1995.

TOMAN, Rolf (edición). *El Renacimiento en Italia: arquitectura, escultura, pintura*. Colonia: Könemann, 1995.

— *El Barroco: arquitectura, escultura, pintura*. Colonia: Könemann, 1997.

VARRIANO, John. *Arquitectura italiana del Barroco al Rococó* (1986). Madrid: Alianza, 1990.

WIEBENSON, Dora (edición). *Los tratados de arquitectura: de Alberti a Ledoux* (1982). Madrid: Hermann Blume, 1988.

WITTKOWER, Rudolf. *La arquitectura en la Edad del Humanismo* (1949). Buenos Aires: Nueva Visión, 1958; Madrid: Alianza, 1995.

— *Arte y arquitectura en Italia: 1600-1750* (1958). Madrid: Cátedra, 1979.

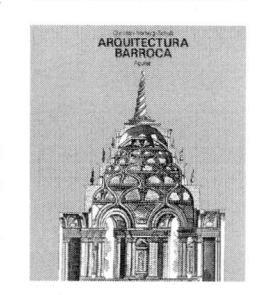

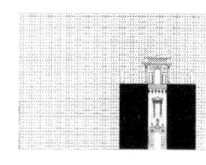

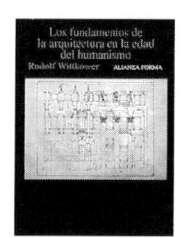

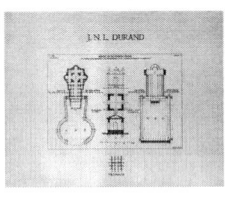

V. A Revolução Industrial

AGUILAR CIVERA, Inmaculada. *Arquitectura industrial: concepto, método y fuentes*. Valencia: Diputación, 1998.

ALONSO PEREIRA, José Ramón. *La Ciudad Lineal de Madrid*. Barcelona: Fundación Caja de Arquitectos, 1998.

— *Roma capital: invención y construcción de la ciudad moderna*. La Coruña: Universidad de La Coruña, 2000.

BENEVOLO, Leonardo. *Historia de la arquitectura moderna* (1960-2001). Madrid: Taurus, 1963; Barcelona: Gustavo Gili, 1974-2001.

— *Orígenes del urbanismo moderno* (1963). Madrid: Hermann Blume,1979.

CERDÀ, Ildefonso. *Teoría general de la urbanización* (1867). Barcelona: Ariel, 1968, 3 vols.

CHOAY, Françoise. *El urbanismo: utopías y realidades* (1965). Barcelona: Lumen, 1970.

COLLINS, George. *Los ideales de la arquitectura moderna: su evolución (1750-1950)* (1965). Barcelona: Gustavo Gili, 1970.

DURAND, Jean-Nicolas-Louis. *Compendio de lecciones de arquitectura. Parte gráfica de los cursos de arquitectura* (1802-1805 e 1821). Madrid: Pronaos, 1981.

GIEDION, Sigfried. *Espacio, tiempo y arquitectura: origen y desarrollo de una nueva tradición* (1941-1969). Barcelona: Reverté, 2008.

HEGEMANN, Werner; Peets, Elbert. *El Vitruvio americano: manual de arte civil para el arquitecto* (1922). Barcelona: Fundación Caja de Arquitectos, 1993.

HITCHCOCK, Henry-Russell. *Arquitectura de los siglos XIX y XX* (1958), Madrid: Cátedra, 1981.

KAUFMANN, Emil. *De Ledoux a Le Corbusier* (1933). Barcelona: Gustavo Gili, 1982.

— *La arquitectura de la Ilustración: barroco y posbarroco en Inglaterra, Italia y Francia*. (1955). Barcelona: Gustavo Gili, 1974.

MARTÍ, Carlos. *Las variaciones en la identidad: el concepto de tipo*. Barcelona: Serbal, 1993.

MIGNOT, Claude. *L'architecture au XIXe siècle*. Friburgo: Office du Livre, 1983.

NAVASCUÉS, Pedro. *Del Neoclasicismo al Modernismo*. Madrid: Alhambra, 1979.

— *El siglo XIX*. Colección "Summa Artis"; Madrid: Espasa-Calpe, 1993.

PATETTA, Luciano. *L'architettura dell'Eclettismo: fonti, teorie, modelli 1750-1900*. Milano: Mazzota, 1975.

PEVSNER, Nikolaus. *Historia de las tipologías arquitectónicas* (1976). Barcelona: Gustavo Gili, 1979.

RAGON, Michel. *Historia mundial de la arquitectura y el urbanismo modernos: ideologías y pioneros 1800-1910* (1971). Barcelona: Destino, 1979.

SEGRE, Roberto. *Historia de la arquitectura y del urbanismo: países desarrollados, siglos XIX y XX*. Madrid: Instituto de Estudios de Administración Local, 1984.

SICA, Paolo. *Historia del urbanismo: el siglo XVIII* (1976). Madrid: Instituto de Estudios de Administración Local, 1981.

— *Historia del urbanismo: el siglo XIX* (1977). Madrid: Instituto de Estudios de Administración Local, 1982, 2 vols.

VIOLLET-LE-DUC, Eugène-Emmanuel. *Entretiens sur l'architecture* (1863). Edição fac-símile: Bruxelas: Pierre Mardaga, 1977.

VI. O Movimento Moderno

AA.VV. "Le Corbusier", *Monografías de Arquitectura y Vivienda (A&V)*, Madrid, n° 9 y 10, enero-marzo y abril-junio 1987.

AA.VV. "Mies van der Rohe", *Monografías de Arquitectura y Vivienda (A&V)*, Madrid, n° 6, abril-junio 1986.

AA.VV. *Cursos de la Bauhaus*. Madrid: Alianza, 1983.

AYMONINO, Carlo. *La vivienda racional: ponencias CIAM 1929-30* (1971). Barcelona: Gustavo Gili, 1976.

— *Orígenes y desarrollo de la ciudad moderna* (1971). Barcelona: Gustavo Gili, 1972.

BANHAM, Reyner. *Teoría y diseño en la primera era de la máquina* (1960). Buenos Aires: Nueva Visión, 1965; Barcelona: Paidós, 1985.

BENEVOLO, Leonardo. *Historia de la arquitectura moderna* (1960-2001). Madrid: Taurus, 1963; Barcelona: Gustavo Gili, 1974-2001, com adendos de Carlos Flores e Josep Maria Montaner.

BENEVOLO, Leonardo; Melograni, C.; Giura Longo, T. *La proyectación de la ciudad moderna* (1977). Barcelona: Gustavo Gili, 1978.

BENTON, Tim y Charlotte. *El estilo internacional* (1977). Madrid: Adir, 1981.

BOHIGAS, Oriol. *Arquitectura española de la Segunda República*. Barcelona: Tusquets, 1970; reeditado em 1998 como *Modernidad en la arquitectura de la España republicana*.

BROOKS, H. Allen; et al. *Frank Lloyd Wright*. Barcelona: Stylos, 1990.

COLQUHOUN, Alan. *La arquitectura moderna: una historia desapasionada* (2002). Barcelona: Gustavo Gili, 2005.

COOKE, Catherine; et al. *Constructivismo ruso*. Barcelona: Serbal, 1994.

COLLINS, George. *Los ideales de la arquitectura moderna: su evolución (1750-1950)* (1965). Barcelona: Gustavo Gili, 1970.

CONRADS, Ulrich. *Programas y manifiestos de la arquitectura del siglo XX* (1964). Barcelona: Lumen, 1998.

CURTIS, William. *La arquitectura moderna desde 1900* (1982, 1987, 1996). Madrid: Hermann Blume, 1986; Barcelona: Phaidon, 2006.

DE FUSCO, Renato. *Historia de la arquitectura contemporánea* (1975, 2003). Madrid: Hermann Blume, 1981; Madrid: Celeste, 1992.

FRAMPTON, Kenneth. *Historia crítica de la arquitectura moderna* (1980, 1985, 1992, 2007). Barcelona: Gustavo Gili, 1981, 1987, 1993, 2009.

— *Modern Architecture 1851-1945*. GA Document; Tokyo: Ada Edita, 1987.

GIEDION, Sigfried. *Espacio, tiempo y arquitectura: origen y desarrollo de una nueva tradición* (1941-1969). Barcelona: Reverté, 2008.

— *La mecanización toma el mando* (1948). Barcelona: Gustavo Gili, 1978.

HEREU, Pere; Montaner, Josep Maria; Oliveras, Jordi. *Textos de arquitectura de la modernidad*. Madrid: Nerea, 1994.

HILBERSEIMER, Ludwig. *La arquitectura de la gran ciudad* (1927). Barcelona: Gustavo Gili, 1979.

HITCHCOCK, Henry-Russell. *Arquitectura de los siglos XIX y XX* (1958). Madrid: Cátedra, 1981.

HITCHCOCK, Henry-Russell; Johnson, Philip. *El Estilo Internacional: arquitectura desde 1922* (1932). Murcia: Coaat, 1984.

KHAN, Hasan-Uddin. *El estilo internacional: arquitectura moderna desde 1925 hasta 1965*. Colonia: Taschen, 1999.

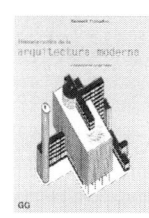

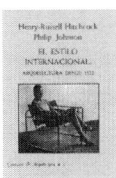

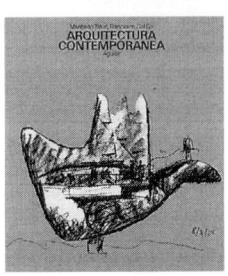

Le Corbusier. *Hacia una arquitectura* (1923). Buenos Aires: Poseidón, 1964.
— *La ciudad del futuro* (Urbanisme, 1925). Buenos Aires: Infinito, 1962.
— *La Carta de Atenas* (1943). Buenos Aires: Contempora, 1950; reeditada como *Principios de urbanismo (La Carta de Atenas)*; Barcelona: Ariel, 1971.
Manieri Elia, Mario. *Le città capitali nel XX secolo*. Milano: Fabbri, 1978.
Monteys, Xavier. *La gran máquina: la ciudad en Le Corbusier*. Barcelona: Serbal, 1996.
Pevsner, Nikolaus. *Pioneros del diseño moderno* (1936). Buenos Aires: Infinito, 1958.
— *Los orígenes de la arquitectura moderna y el diseño* (1968). Barcelona: Gustavo Gili, 1969.
Sainz, Jorge. "Arquitectura y urbanismo del siglo XX", in Juan Antonio Ramírez (director), *Historia del arte*, vol. 4. Madrid: Alianza, 1997.
Schulze, Franz. *Mies van der Rohe: una biografía crítica* (1985). Madrid: Hermann Blume, 1986.
Sica, Paolo. *Historia del urbanismo: el siglo XX* (1978). Madrid: Instituto de Estudios de Administración Local, 1980.
Tafuri, Manfredo; Dal Co, Francesco. *Arquitectura contemporánea* (1976). Madrid: Aguilar, 1978.
Tietz, Jürgen. *Historia de la arquitectura del siglo XX* (1998). Colonia: Könemann, 1999.
Zevi, Bruno. *El lenguaje moderno de la arquitectura* (1973). Barcelona: Poseidón, 1978.
— *Espacios de la arquitectura moderna* (1973). Barcelona: Poseidón, 1980.
— *Historia de la arquitectura moderna* (1950-1996). Buenos Aires: Emecé, 1954; Barcelona: Poseidón, 1980.

VII. O Nosso Presente

Alexander, Christopher. *Ensayo sobre la síntesis de la forma* (1964), Buenos Aires: Infinito, 1969.
— *Tres aspectos de matemática y diseño* (1965). Barcelona: Tusquets, 1971.
— *Un lenguaje de patrones* (1968). Barcelona: Gustavo Gili, 1979.
Alonso Pereira, José Ramón. *Utopía y deconstrucción en la arquitectura contemporánea*. Oviedo: Facultad de Geografía e Historia, 2003.
Curtis, William. *La arquitectura moderna desde 1900* (1982, 1987, 1996). Madrid: Hermann Blume, 1986; Barcelona: Phaidon, 2006.
Dahinden, Justus. *Estructuras urbanas para el futuro* (1971), Barcelona: Gustavo Gili, 1972.
Gössel, Peter; Leuthäuser, Gabriele. *Arquitectura del siglo XX*. Colonia: Taschen, 1991, 2001.
Koolhaas, Rem. *Delirio de Nueva York* (1978). Barcelona: Gustavo Gili, 2004.
— *S, M, L, XL*. New York: The Monacelli Press / Rotterdam: 010 Publishers, 1995.
— *Mutaciones*. Catálogo de la exposición; Arc en rêve, centre d'architecture, Bordeaux / Barcelona: Actar, 2001.
Montaner, Josep Maria. *Arquitectura y crítica*. Barcelona: Gustavo Gili, 1999.
— *Después del movimiento moderno: arquitectura en la segunda mitad del siglo XX*. Barcelona: Gustavo Gili, 1993.

— *La modernidad superada: arquitectura, arte y pensamiento del siglo XX*. Barcelona: Gustavo Gili, 1997; continuação do anterior.

Moneo, Rafael. *Inquietud, teoría y estrategia proyectual en la obra de ocho arquitectos contemporáneos*. Barcelona: Actar, 2004.

Rossi, Aldo. *La arquitectura de la ciudad* (1966). Barcelona: Gustavo Gili, 1971, 1976.

Rowe, Colin; Koetter, Fred. *Ciudad collage* (1978). Barcelona: Gustavo Gili, 1981, 1998.

Segre, Roberto. *Historia de la arquitectura y del urbanismo: países desarrollados, siglos XIX y XX*. Madrid: Instituto de Estudios de Administración Local, 1984.

Solà-Morales, Ignasi. *Diferencias: topografía de la arquitectura contemporánea*, Barcelona: Gustavo Gili, 1995.

Tschumi, Bernard. *The Manhattan transcripts*. New York & London, Academy Editions, 1981.

— *Event-Cities, praxis*. Cambridge, Mass.: The Mit Press, 1999.

Tietz, Jürgen. *Historia de la arquitectura del siglo XX* (1998). Colonia: Könemann, 1999.

Venturi, Robert. *Complejidad y contradicción en la arquitectura* (1966). Barcelona: Gustavo Gili, 1974.

De qualquer maneira, as melhores recomendações para os últimos capítulos devem ser mais hemerográficas do que bibliográficas: são as revistas nas quais a crônica da atualidade aborda realmente "o desafio da contemporaneidade". Nesse sentido, o leitor encontrará melhores informações nas revistas espanholas de qualidade reconhecida, como *AV Monografías, Arquitectura Viva* ou *El Croquis*, do que em qualquer fonte bibliográfica de hoje que, com certeza, ficará obsoleta amanhã.

Índice

As figuras são identificadas pelo número da página onde aparecem.

Aalto, Alvar, 240-242, 259, 261-263, 271-273, 353
   figuras, 238-239, 271-273, 353
Abidos, 39-41
   figuras, 38-40
Abu Simbel, 25, 30-31, 41-42
   figuras, 30-31
Acrópole, Atenas, 57-58, 64-70, 324, 326
   figuras, 55-57, 62, 65-70, 324, 326
Adam, 174-176
Adler, 202-204
   figuras, 202-204
Adriano, mausoléu, 25
Adriano, vila, 59-60, 82-83, 89-91, 182, 327
   figuras, 89-91, 327
AEG, fábrica de turbinas, 235-236
   figuras, 235-236
aeroporto, Barcelona, 311-313
aeroporto, Bilbao, 311-313
aeroporto, Hong Kong, 311-313
aeroporto, Marselha, 311-313
aeroporto, Osaka, 311-313
aeroporto, Stansted (Londres), 311-313, 315-317
Agrigento, 63-64
Agripa, 74-76
Aizpurúa, 269-270
   figuras, 269-270
Alarico, 95
Albergo dei Poveri, Nápoles, 168
Alberti, Leon Battista, 14, 26, 80-81, 131-137, 139-140, 146-151, 307-308
   figuras, 147-149
Albi, 126-128
Alcántara, 92
Alcázar, Madri, 172-175
Alcázares, Sevilha, 121
Alcobaça, mosteiro, 121-122
Alexander, Christopher, 285-288
Alexandre Magno, 86-88
   figuras, 86-88

Alexandre VII, 162-164, 172-174
Alexandria, 30-31
   figuras, 30-31
Alfeld an der Leine, 235-236
   figuras, 235-236
Alfonso V de Aragão, 147-149
Alfonso X, o Sábio, 96-98
Alfonso XII, monumento, 216-218
   figuras, 216-218
Alhambra, 121
   figuras, 121
Aljafería, 121
Almudena, catedral, 198-199
Almudena, cemitério, 219-221
Altamira, 24
Amiens, 123-125
Ammannati, Bartolomeo, 151
Amon, 47
Amon, templo (Carnac), 44
   figuras, 41-43
Amsterdã, 133-135, 168, 171-178, 217-219, 314-316, 346
   figuras, 346
anfiteatro, Itálica, 80-81
anfiteatro, Mérida, 80-81
Annunziata, praça, 133-135
   figuras, 132-135
Antêmio de Trales, 107-109
Antuérpia, 133-135, 174-176
Apolo, templo (Bassae), 65-66
Apolodoro de Damasco, 74-78, 303-306
aqueduto, Segóvia, 90-92
Aranguren, 217-219
Aranjuez, 176-178
Archigram, 294-298, 315-317, 360
   figuras, 294-298, 360
Architecture Studio, 311-313
Argan, Giulio Carlo, 280-282
Argel, 249-251
Aristófanes, 67-69
Aristóteles, 69-70, 85-88
Asam, 174-176
Asplund, Erik Gunnar, 271-273
   figuras, 271-273

Asuan, 30-31
   figuras, 30-31
Atelier Turm, Frankfurt, 296-298
   figuras, 296-298
Atena, templo (Priene), 55-57
   figuras, 55-57
Atena Niké, templo, 55-57, 65-66, 324
   figuras, 55-57, 62, 67-70, 324
Atena Partenos, 64-65
Atenas, 23, 55-58, 65-69, 79-80, 86-88, 197-199, 212-213, 323-324, 326, 335
   figuras, 62, 65-70, 197-199, 323-324, 326
Atheneum, New Harmony, 291-292
Atkinson, Robert, 194
Atlantis, cidade ideal, 290-292
   figuras, 290-292
Atocha, estação ferroviária, 218-220
Atreu, tesouro, 25
   figuras, 24
Auditorium, Chicago, 201-202
   figuras, 202-204
Augusto, 72, 74-76, 82, 87-89
   figuras, 87-89
Augusto, mausoléu, 25
Augusto, palácio, 82-83
Avignon, 125-127
Aymonino, Carlo, 288-290
Ayuso, 198-199
Azabachería, praça, 165-166

Babel, 23-24, 216-218
Babilônia, 86-88, 95-98
Bagdá, 100-102
Bakema, Jacob, 276
Baker, casa, 240-242
Banco HSBC em Hong Kong, 315-317, 363
   figuras, 363
Bangkok, 308
Barbaro, 131-133
   figuras, 131-133

Barcelona, 23-24, 90-92, 99-102, 126-128, 198-199, 206-208, 214-219, 242-244, 249-251, 269-270, 303-305, 309-317, 352
figuras, 89-92, 99-102, 203-204, 212-213, 242-244, 303-305, 312-313, 317, 352
Barcelona, ampliação, 212-215
figuras, 212-213
Barry, Charles, 195
figuras, 196
Bartholdi, 216-218
Bassae, 65-66
Bastilha, Paris, 309-312
Bath, 174-177
Batlló, casa, 203-204
figuras, 203-204
Bauhaus, 236, 239-244, 249-251, 255-258, 261-262, 266-269
figuras, 266-267
Bautista, Francisco, 172-175
Behrens, Peter, 235-236, 265
figuras, 235-236
Belmás, Mariano, 205-207, 223-224, 236
Benevolo, Leonardo, 15-17, 62, 103-104, 131, 141, 247-248, 280-282
Bentham, 217-219
Bercy, 309-312
figuras, 309-311
Berg, Max, 270-272
Berlage, Hendrik Petrus, 217-219, 265, 270-272
Berlim, 168, 176-178, 182-184, 216-222, 235-236, 266-268, 270-272, 274, 293, 302-306, 309-312, 355
figuras, 235-236, 270-272, 355
Bernardo, o Jovem, mestre, 115-116
Bernardo, o Velho, mestre, 115-116
Bernhard, 172-175
figuras, 174-176
Bernini, Gian Lorenzo, 169-165, 172-174, 337-339
figuras, 160-165, 172-174, 337-338
Biblioteca Nacional, Paris, 309-312
Biblioteca Pública, Estocolmo, 271-273
figuras, 271-273
Bilbao, 212-213, 303-306, 311-313, 315-317, 362
figuras, 303-306, 362
Blanc, Charles, 193-194
Bofill, Ricardo, 290-292, 311-313
Bohigas, Oriol, 290-292, 309-312
Bolonha, 121-122, 147-149
Bolonha, plano diretor, 290-292

Bolsa, Amsterdã, 206-208, 217-219, 346
figuras, 346
Bolsa, Madri, 217-219
Bolsa, Paris, 217-219
Bolsa, São Petersburgo, 217-219
Bonatz, Paul, 270-272
Bonn, 176-178
Bordeaux, 168, 185-186
Borghese, vila (Roma), 219-221
Borne, mercado, 206-208
Borromini, Francesco, 169-164, 172-174, 339
figuras, 162-164, 339
Botticelli, 147-149
Boullée, Étienne-Louis, 182-183, 189-191
figuras, 182-183
Boulogne, bosque, 219-221
Bramante, Donato, 139-140, 143-144, 147-151, 335
figuras, 149-151, 335
Brasília, 252
figuras, 252
Bregenz, 314-316
Breuer, Marcel, 242-244
British Museum, 217-219
Brno, 262-263
figuras, 262-263
Broni, escola, 289-290
figuras, 289-290
Brooks, Allen, 230-232
figuras, 230-232
Bruges, 125-127
Brunelleschi, Filippo, 126-128, 132-137, 139-144, 146-149, 334
figuras, 132-135, 141, 143-144, 334
Bruxelas, 125-128, 210, 214-218, 303-306
Bryggman, Erik, 271-273
Buckingham, 221-224
Budapeste, 216-218
Buen Retiro, 136-137, 172-175
Buenos Aires, 174-177, 213-218, 249-251
Buffalo, 229-230
figuras, 229-230
Buffon, 185-186
Buls, 214-216
Burgos, 103-106, 121-122, 124-126
Burnham, 214-216

Cabet, 220-222
Cairo, 30-31, 100-102
figuras, 30-31
Caixa Econômica dos Correios, Viena, 202-204, 344
figuras, 202-204, 344

Calatrava, Santiago, 311-313
Calderini, 216-218
Calícrates, 64-66
Cambridge (Massachusetts), 240-242
Cambridge, 126-128, 241-243, 284-285, 356
figuras, 126-128, 284-285, 356
Campo Baeza, Alberto, 312-315
Campo Verano, cemitério, 219-221
Campos Elíseos, Paris, 269, 309-312
figuras, 309-312
Canal Plus, sede, 312-315
Canberra, 214-216
Candilis, Georges, 276
Candilis, Josic e Woods, 286-288
figuras, 287-288
Cantillón, 176-178
Capitólio, Dhaka, 280-281
figuras, 280-282
Capitólio, praça (Roma), 131, 133-135, 140, 157, 162-166, 336
figuras, 133-135, 157-159, 336
Capitólio, Roma, 76-78, 87-89, 156-157, 171-173
Caporali, 131-133
Capra ("A Rotonda"), vila, 152-153
figuras, 153-154
Capra, 198-199
Caprarola, 151
Caracala, termas, 74-79, 89-91
Caracas, 136-137
figuras, 136-137
Caravaggio, 169-161
carbayón, Oviedo, 23, 320
figuras, 320
Carlos III, 269, 174-178
Carlos V, 133-137, 336
Carnac, 30-31, 41-44, 321
figuras, 30-31, 32-34, 41-43, 321
Cartier, fundação, 315-317
Casa da Cascata (Kaufmann), 229-230, 262-263
figuras, 262-263
Casa del Fascio, Como, 268-269, 354
figuras, 269-270, 354
Casa do Povo, Bruxelas, 201-202
Caserta, 174-178
catedral (Duomo), Florença, 146-148, 333-334
figuras, 146-148, 333
catedral, Albi, 126-128
catedral, Amiens, 123-125
catedral, Barcelona, 126-128
catedral, Burgos, 124-126
catedral, Chartres, 123-125
figuras, 122-124

catedral, Colônia, 124-126
catedral, Gerona, 126-128
catedral, Jaca, 115-116
catedral, León, 124-126, 332
    figuras, 124-126, 332
catedral, Narbona, 126-128
catedral, Palma de Maiorca, 126-128
catedral, Praga, 124-126
catedral, Reims, 123-125
catedral, Ruán, 227-228
catedral, Salisbury, 124-126
catedral, Toledo, 124-126
    figuras, 124-126
catedral, Viena, 124-126
catedral, Wells, 124-126
catedral, Westminster, 124-126
Cattaneo, 132-135
    figuras, 132-135
Cemitério, Igualada, 302-304
Central Park, Nova York, 219-221
Centro de Arte Britânica de Yale, 280-281, 358
    figuras, 358
Centro de Arte Contemporânea, Santiago, 312-315
Centro Norte-americano, Paris, 309-312
Cerdà, Ildefonso, 212-215, 221-224
Cerdà, plano, 212-216
    figuras, 212-213
Cézanne, 228-229
Chalk, Warren, 294
Chambers, William, 54-56
    figuras, 54-56
Chandigarh, 252, 275
    figuras, 252
Chartres, 103-104, 123-125
Chateaubriand, 196
Chicago, 204-205, 213-215, 217-219, 229-230, 265, 274, 311-313, 347
    figuras, 202-204, 229-231, 347
Chicago Tribune, 23-24
Chueca, Fernando, 15-17, 269, 182-184, 215-217
    figuras, 269, 182-185
Ciam, 245-247, 268-272, 276
Ciam I (1928, La Sarraz), 245, 246, 265, 268-269
CIAM II (1929, Frankfurt), 245, 266-267
    figuras, 246
CIAM III (1930, Bruxelas), 245, 266-267
CIAM IV (1933, Marselha-Atenas), 246
CIAM IX (1953, Aix), 246, 276
CIAM V (1937, Paris), 246

CIAM VI (1947, Bridgwater), 246
CIAM VII (1949, Bérgamo), 246
CIAM VIII (1951, Hoddesdon), 246
CIAM X (1956, Dubrovnik), 246, 276
CIAM XI (1959, Otterlo), 246, 276, 280
Cidade Contemporânea para Três Milhões de Habitantes, 233, 242-244, 249-252, 267-268
    figuras, 233, 249-251
Cidade da Cultura, Santiago, 25, 316-317
    figuras, 316-317
Cidade da Música, Paris, 302-304, 309-312
    figuras, 302-304
Cidade Linear, Madri, 131-133, 204-205, 223-224, 252
    figuras, 223-224
Cidade Radiosa, 242-244, 249-251
    figuras, 249-251
Cidade-jardim, 131-133, 223-224
    figuras, 223-224
Cingapura, 308
Citrohan, casa, 248-249, 268-269
City, Londres, 174-176
    figuras, 174-176
Clube Náutico, San Sebastián, 269-270
    figuras, 269-270
Cluny, 95-96-98, 114-115
    figuras, 95-98
Coaña, castro, 26
    figuras, 26
Coliseu, 59-60, 79-80, 171-173, 326
    figuras, 56-60, 79-80, 326
Collserola, Torre, 23-24, 315-317
    figuras, 317
Colombo, Cristóvão, 136-137
Colônia, 99-102, 124-126, 176-178
Colonna, 131-133
Como, 268-269, 354
    figuras, 269-270, 354
Conant, Kenneth, 95-98, 117
    figuras, 95-98, 117
Concórdia, praça, 269-170, 172-175, 185-186
    figuras, 269
Congrexpo, Lille, 302-306
    figuras, 303-306
Conjunto Habitacional de Montreal, 286-288
    figuras, 286-288
conjunto industrial, Lille, 207-208
conjunto industrial, Manchester, 207-208
    figuras, 207-208

Considerant, 220-222
Constantino, 82-83, 106-108
Constantino, arco, 59-60, 80-81
    figuras, 80-81
Constantinopla, 107-110, 125-127
Consu, 32-34
    figuras, 32-34
Container City, 308
Contamin, 206-208
    figuras, 207-208
Cook, Peter, 294
    figuras, 296-298
Coop Himmelblau, 300-302
Córdoba, 100-102, 120
    figuras, 100-102, 120
Corral de Comedias, Almagro, 167
Cortona, Pietro da, 160-164, 172-174
Costa, Lúcio, 252
    figuras, 252
Covadonga, 198-199
    figuras, 198-199
Cracóvia, 126-128, 174-176
Cristo, 95, 109-111, 164-166
Crompton, Dennis, 294
Crown Hall, 274
Cúpula do Milênio, Londres, 315-317
    figuras, 315-317
Cuzco, 137-138

Damasco, 1001-102
Dante, 124-126
Dauphine, praça, 172-175
    figuras, 172-175
De Stijl, 240-241, 254, 266-268, 270-272, 354
Deir-el-Bahari, 30-31, 44
    figuras, 30-31, 44
Deleuze, 298-301
Delfos, 23, 47-48, 67-70, 79-80
Derrida, 286-288, 296-299
Descartes, 157-169
Dessau, 261-262, 266-268
    figuras, 266-267
Dhaka, 252
Di Giorgio, 131-133
Dickens, 221-224
Dientzenhofer, 174-176
Diocleciano, palácio, 82-83, 89-91
    figuras, 82-83
Diocleciano, termas, 74-79, 89-91
docas, Hamburgo, 207-208
docas, Liverpool, 207-208
docas, Londres, 207-208
2C, grupo, 289-290
Dolci, Giovanni, 147-149
    figuras, 147-149

Domènech Montaner, Lluís, 202-204, 345
figuras, 203-204, 345
Domiciano, palácio, 82-83
Dom-ino, casa, 268-269
Domus Aurea, 74-76, 82-83
Domus Flavia, 82-83
Dresde, 174-176
Dudok, Willem, 270-272, 354
figuras, 270-272, 354
Duiker, Johannes, 266-267
Duquesney, 218-220
figuras, 218-220
Durand, Jean-Nicolas-Louis, 73-74, 185-187, 189-194, 200-201, 237
figuras, 73-74, 82, 185-187, 189-192
Dutert, 206-208
figuras, 207-208

Eco, 286-288, 296-298
Edfú, 30-31
figuras, 30-31
Edimburgo, 174-177, 182-184, 302-304
Educatorium, Utrecht, 302-304
Egina, templo, 67-69
Eiffel, 216-218
Eiffel, torre, 23-24, 207-208
figuras, 23-24
Einstein, 227, 237
Einstein, torre, 267-268
figuras, 267-268
Eisenman, Peter, 291-292, 298-304, 316-317, 359
figuras, 316-317, 359
El Pardo, 176-178
Elcano, 136-137
Eleusis, 65-66
Embaixada dos Países Baixos, Berlim, 302-304
Endell, 235-236
Engels, 221-224
Epidauro, 79-80, 326
Erecteión, 57-58, 66, 324
figuras, 66-69, 324
Escola de Engenharia, Leicester, 241-243, 283, 356
figuras, 283
Escola Militar, Paris, 168
Escorial, 143-144, 153-154, 176-178, 340
figuras, 151, 154, 340
Espírito Santo, catedral, Florença, 143-144, 146-148, 334
figuras, 334
Estátua da Liberdade, Nova York, 216-218

Estocolmo, 271-273
figuras, 271-273
Estrasburgo, 311-313
Euralille, projeto, 302-306
Euston, estação ferroviária, 218-220
Exposição Universal de 1851, Londres, 206-208
figuras, 206-208
Exposição Universal de 1888, Barcelona, 202-204
Exposição Universal de 1889, Paris, 23-24, 200-201, 206-208
figuras, 23-24, 207-208
Exposição Universal de 1893, Chicago, 213-215
Exposição Universal de 1929, Barcelona, 260
Exposição Universal de 1967, Montreal, 283, 286-288
figuras, 286-288

Faculdade de História, Cambridge, 241-243, 283-285, 356
figuras, 284-285, 356
Fagus, fábrica, 235-236
figuras, 235-236
Falanstério, 221-224, 240-241
figuras, 221-224
Fallingwater (casa Kaufmann), 229-230, 262-263, 272-273
figuras, 262-263
Familistério, 221-224
Farnese, vila (Caprarola), 151
Feininger, 266
Feira Mundial de 1939, Nova York, 271-273
Felipe II, 136-137, 153-154
figuras, 154
Felipe IV, 136-137
Felipe V, 176-178
Ferrara, 133-135, 147-149
Fez, 100-102
Fídias, 64-66
Filadélfia, 137-138, 280-281
figuras, 137-138
Filarete, 131-133
figuras, 131-133
Filarmônica, Berlim, 270-272
figuras, 270-272
Filipe da Macedônia, 86-88
Fílocles, 66
Finlandia Talo, Helsinque, 272-273
Fischer von Erlach, Johann
Fletcher, Banister, 52-53
figuras, 52-53

Florença, 99-101, 125-128, 132-137, 143-144, 146-151, 333-334
figuras, 99-101, 132-135, 141, 143-144, 146-148, 333-334
Fontana, Carlo, 160-165, 172-174
Fontana, Domenico, 171-173
Ford, fundação (Nova York), 280-282
Foro republicano, Roma, 87-90
figuras, 88-90
Foro Romano, 59-60
Foros Imperiais, Roma, 23-24, 76-79, 88-90, 325
figuras, 89-91, 325
Foster, Norman, 23-24, 311-313, 315-317, 363
figuras, 317, 363
Foucault, 298-301
Fourier, Charles, 220-224, 249-251
figuras, 221-224
Fra Giocondo, 131-133
Frankfurt, 246-247, 291-292, 296-298, 312-315, 359
figuras, 291-292, 296-298, 359
Friedman, Yona, 296-298
figuras, 296-298
Fuga, 174-177
Fuller, Buckminster, 283
figuras, 283

Gabriel, Jacques-Ange, 269-170
Galeria das Máquinas, Paris, 206-208
figuras, 207-208
Galeria de Arte de Yale, 280-281, 358
figuras, 280-281, 358
Galileu, 157-169
Gallaratese, bairro, 289-290
Gallego, Manuel, 312-315
Garches, 257-258, 268-269
figuras, 257-258
García Mercadal, 269-270
Gare de l'Est, Paris, 218-220
figuras, 218-220
Gare du Nord, Paris, 197-199, 218-220
Garnier, Charles, 198-200
figuras, 200-201
Garnier, Tony, 265, 271-273
GATEPAC (Grupo de Artistas y Técnicos Españoles Para la Arquitectura Contemporánea), 242-244, 249-251, 269-270
figuras, 242-244
Gaudí, Antoni, 202-204, 345
figuras, 203-204
Gauguin, 228-229

Gehry, Frank, 300-306, 311-313, 315-317, 362
  figuras, 303-306, 362
Genebra, 268-269
Gênova, 133-135
Gerona, 126-128
Getty, centro, 312-315
Ghirlandaio, 147-149
Gibbs, 174-176
Giedion, Sigfried, 15-17, 23-24, 29, 268-269
Giulia, via (Roma), 148-149
Giulia, vila (Roma), 151
  figuras, 151
Gizé, 30-31, 39-41, 321
  figuras, 30-31, 39-42, 321
Glasgow, 217-219
Globe, teatro, 167
Gloria, pórtico, 115-116, 330
  figuras, 117, 330
Godin, 221-224
Goetz, galeria, 314-316
  figuras, 314-316
Gombrich, Ernst, 15-17
Gómez de Mora, Juan, 172-175
Granada, 100-102, 121
  figuras, 100-102, 121
Grases, 216-218
  figuras, 216-218
Grassi, Giorgio, 288-290
Graves, Michael, 291-292, 298-299
Greene, David, 294
Gregotti, Vittorio, 288-290
Griffin, 214-216
Grimshaw, Nicholas, 315-317
Gropius, Walter, 235-236, 239-241, 246-249, 261-262, 266-269, 279
  figuras, 235-236, 266-267
Gross Stadt, 249-251
Guadalajara (México), 137-138
Guadet, Julien, 193-194
Guarini, Guarino, 157-169
Guastavino, 198-200
Güell, palácio, 203-204
Güell, parque, 203-204
Guggenheim, museu (Bilbao), 302-306, 311-313, 315-317, 362
  figuras, 303-306, 362
Guggenheim, museu (Nova York), 272-273
  figuras, 272-273
Guimard, Hector, 201-202
  figuras, 201-202
Guinzburg, Moisei, 247-248, 270-272
Guise, 221-224
Gwathmey, Charles, 291-292

Hábitat 69-70, Montreal, 286-288
Hadid, Zaha, 300-303
Haia, 176-178
Hamburgo, 207-208, 217-219
Hardouin-Mansart, Jules, 176-178
Harrison, Wallace, 272-273
  figuras, 274
Hatshepsut, templo, 25, 44, 322
  figuras, 44, 322
Haussmann, 211-212, 214-216, 309-311
  figuras, 211-212
Havana, 174-177
Hawksmoor, 174-176
Hegemann, Werner, 194
Heisenberg, 227
Hejduk, John, 291-292, 298-301
Heliópolis, 30-31, 38
  figuras, 30-31, 38
Helsinque, 182-184, 272-273
Henrique IV, 172-175
Hércules, torre, 90-92
Herodes Ático, teatro, 79-80, 326
  figuras, 326
Heródoto, 29
Herrera, Juan de, 143-144, 146-148, 154, 174-177
  figuras, 151, 154
Herrmann, 217-219
Herron, Ron, 294, 294-296
Herzog, Jacques, 314-316
  figuras, 314-316
Hilberseimer, Ludwig, 239-241, 247-251
Hildebrandt, Johann Lukas von, 174-176
Hilversum, 270-272, 314-316, 354
  figuras, 270-272, 354
Hipódamo de Mileto, 85-89, 136-137
Hitchcock, Henry-Russell, 258-259
Hittorf, Jacques-Ignace, 197-199
Hobbema, Pascoe de, 320
  figuras, 320
Hoek van Holland, 266-267
  figuras, 266-267
Hoff, 254
Hoffmann, 202-204
Hong Kong, 308, 311-313, 315-317, 363
  figuras, 363
Horta, Victor, 201-202
hospital, Hamburgo, 217-219
hospital, Montpellier, 217-219
hospital do séc. XVII, Londres, 168
hospital do séc. XVII, Madri, 168
House I (Eisenman), 291-292

House II (Eisenman), 359
  figuras, 359
House VI (Eisenman), 291-292
Howard, Ebenezer, 131-133, 221-224, 249-251
  figuras, 223-224
Huelgas, monastério, 121-122
Huesca, 302-304

Ictinos, 64-66
Igreja de Jesus, Roma, 139-140, 143-144, 151
  figuras, 151-153
Igualada, 302-304
Ilha de Philae, 30-31
  figuras, 30-31
Imhotep, 39-41, 47
  figuras, 39-41
Imóveis-vilas, 247-251
  figuras, 247-248
Inocêncio X, 172-174
Inocentes, hospital, 133-135, 146-148
Instant City, 296-298, 360
  figuras, 294-296, 360
Instituto do Mundo Árabe, Paris, 309-312, 315-317
Interchange City, 294-296, 360
  figuras, 360
Inválidos, Paris, 172-175
Ircam, 25
Isidoro de Mileto, 107-109
Islamabad, 252
Itálica, 80-81
Itten, 266

Jaca, 115-116
Jacobsen, Arne, 271-273
Jaussely, Plano, 214-216
Jeanneret, Charles-Édouard (Le Corbusier), 267-268
Jerusalém, 23, 95-98, 100-102
Johnson, Philip, 258-259, 312-313
Julia, basílica, 76-78
Julio César, 76-78, 87-89
  figuras, 87-89
Julio II, 148-151
Juvarra, Filippo, 174-177
  figuras, 174-177
Jyväskylä, 272-273

Kahn, Louis, 280-285, 356, 358
  figuras, 280-282, 358
Kairuan, 100-102
Kandinsky, Wassily, 256-258, 266
Karlskirche, Viena, 174-176
  figuras, 174-176

Karlsruhe, 178
  figuras, 178
Kaufmann, casa (Fallingwater ou Casa da Cascata), 227, 229-230, 262-263
  figuras, 262-263
Kiefhoek, 246-247, 266-267
  figuras, 246-247
Kiev, 109-111
King's College, capela (Cambridge), 126-128
  figuras, 126-128
King's Cross, estação ferroviária, 218-220, 346
  figuras, 215-217, 346
Klee, 266
Klein, Alexander, 239-241, 246-247
Klenze, Leo von, 197-199
  figuras, 197-199
Knights of Columbus, sede, 280-282
  figuras, 280-282
Kok, 254
Kolbe, Georg, 260
Koolhaas, Rem, 300-306, 308-311, 314-316
  figuras, 302-306
Kremlin, 109-111
Krier, Leon, 290-292
  figuras, 290-292
Krier, Rob, 290-292
Kuala Lumpur, 311-313
Kunsthal, Roterdã, 302-304
  figuras, 302-304
Kunsthaus, Bregenz, 314-316
Kursaal, San Sebastián, 312-315

La Cambre, grupo, 289-290
  figuras, 290-292
La Cebada, mercado, 206-208
La Coruña, 26, 90-92, 183-185, 217-219, 290-292
  figuras, 183-185
La Défense, 309-312
  figuras, 309-312
La Défense, cubo, 291-292
La Fenice, 168
La Granja, 176-178
  figuras, 176-178
La Jolla, 280-281
  figuras, 280-281
La Santé, Penitenciária, 217218-219
  figuras, 217-219
La Tourette, convento, 275-276, 355
  figuras, 275, 355
La Villette, bairro, 290-292
La Villette, parque, 298-302, 309-312, 361
  figuras, 298-302, 361

Labayen, 269-270
  figuras, 269-270
Labrouste, Henri, 197-199
  figuras, 197-199
Lang, Fritz, 249-251
Laugier, Marc-Antoine, 26, 182-183
  figuras, 182-183
Lavoisier, 185-186
Le Corbusier, 38-39, 48-50, 69-70, 122-124, 182-183, 217-219, 221-224, 228-229, 237, 240-244, 246-253, 256-259, 261-263, 267-270, 272-274, 276, 279, 320, 349-351, 355
  figuras, 38-39, 48-50, 233, 239-244, 247-252, 257-258, 261-263, 274-276, 320, 349-351, 355
Le Nôtre, André, 176-178
Ledoux, Claude-Nicolas, 131-133, 182-183
Lee, C.Y., 311-313
Leibniz, 157-169
Leicester, 241-243, 283, 356
  figuras, 283
Leidschenveen, 314-316
León, 90-92, 99-102, 103-106, 115-116, 124-126, 332
  figuras, 99-102, 115-116, 332
Leonardo, 48-49, 131-133, 142-144, 147-149
  figuras, 48-49
Les Halles, Paris, 206-208, 218-220, 309-312, 346
  figuras, 346
Letchworth, 223-224
Lévi-Strauss, 286-288, 296-298
Libera, 268-269
Libeskind, Daniel, 298-304
Ligorio, Pirro, 151
  figuras, 151
Lille, 207-208, 302-306
  figuras, 303-306
Lima, 137-138, 174-177, 286-288
Limoges, 115-116
Lineu, 185-186
Lisboa, 133-135, 171-176
Lisipo, 51
Lissitzky, El, 270-272
Liverpool, 207-208
Lloyd's, Londres, 315-317
Londres, 23-24, 168-177, 182-184, 195, 198-199, 206-208, 210, 216-224, 252, 294, 303-306, 309-312, 314-317, 346
  figuras, 167, 174-176, 183-185, 196, 206-208, 215-217, 252, 314-317, 346

Loos, Adolf, 23-24, 265, 271-273
  figuras, 23-24
Los Ângeles, 312-315
Los Mostenses, mercado, 206-208
Louis, Victor, 168, 185-186
Louvre, 172-175, 309-312
Louvre, pirâmide, 291-292
Ludwigsburg, 176-178
Luís XIII, 176-178
Luís XIV, 176-178, 341
Lutyens, Edwin, 214-216
Luxor, 30-31, 321
  figuras, 30-33, 321

Macià, Plano, 242-244, 249-251, 269-270
  figuras, 242-244
Mackintosh, Charles Rennie, 201-202
Madeleine, 182-184, 285-286
  figuras, 182-184
Maderno, Carlo, 143-144
Madri, 23-25, 131-133, 136-137, 168-177, 182-183, 198-199, 206-208, 210, 212-213, 216-224, 309-312
  figuras, 269-170, 172-174, 182-184, 216-218, 223-224
Mafra, 154
Magalhães, 136-137
Magêncio, centro cívico, 74-79, 106-108
  figuras, 77-79
Mairea, vila, 262-263, 271-273, 353
  figuras, 353
Maison Carrée, 62
  figuras, 62
Málaga, 25
Malatestiano, templo, 147-149
Manchester, 207-208
Manhattan, 213-215, 283
  figuras, 213-215
Manila, 214-216
Mansart, François, 176-178
Mântua, 147-149, 151
  figuras, 147-149
Marcelo, teatro, 79-80
  figuras, 79-80
Marraquexe, 100-102
Mars, plano, 252
  figuras, 252
Marselha, 239-241, 275, 311-313
  figuras, 239-241, 275
Martin, casa, 229-230
  figuras, 229-230
Marx, 221-224
Masaccio, 142-144
  figuras, 142-144

Mateo, mestre, 115-116
Matisse, 228-229
May, Ernst, 246-247
Mayne, Tom, 312-313
Meca, 95-98
Medina Azahara, 121
Meier, Richard, 291-292, 298-299, 312-315, 359
　figuras, 291-292, 312-313, 359
Mélnikov, Konstantín, 270-272
Mendeleiev, 237
Mendelsohn, Erich, 267-270, 355
　figuras, 267-268, 355
Mênfis, 30-31
　figuras, 30-31
Menga, 25
Mengoni, 217-219
mercado, València, 126-128
mercado, Zaragoza, 126-128
Mérida, 79-81, 92, 291-292
mesquita, Córdoba, 120-121
　figuras, 120
metrô, Paris, 201-202
　figuras, 201-202
Meuron, Pierre de, 314-316
　figuras, 314-316
México, Cidade do, 137-138, 174-177
　figuras, 137-138
Meyer, Hannes, 267-268
Micenas, 25
　figuras, 24
Michelangelo, 131-135, 140-141, 148-151, 155-169, 162-166, 171-173, 216-218, 335-336
　figuras, 147-151, 156-159, 335-336
Michelozzo, 132-135, 147-149
　figuras, 132-135
Micheluzzi, 268-269
Midiateca, Nîmes, 315-317
Mies van der Rohe, Ludwig, 242-244, 248-249, 255-256, 260, 262-263, 266-269, 274, 279, 303-306, 311-315, 352, 363
　figuras, 261-263, 274, 352, 363
Milá, casa, 203-204
Milão, 147-149, 168, 217-219, 289-290
　figuras, 168, 289-290
Mileto, 86-88
Minos, labirinto, 23-24
Miquerinos, pirâmide, 39-41
　figuras, 39-41
Miralles, Enric, 301-305
　figuras, 303-305
Mistra, 108-110

Mitterrand, 291-292, 309-312
　figuras, 309-312
Mnesicles, 66
Moabit, penitenciária, 217-219
Módena, cemitério, 289-290
Modulor, 48-50
　figuras, 48-50
Moholy-Nagy, 266
Mondrian, Piet, 228-229, 254-256, 260, 348, 352
　figuras, 348
Moneo, Rafael, 291-292, 312-315
Monet, 227-228
Montecassino, 131-133
Montevidéu, 249-251
Montpellier, 217-219
Montreal, 283, 286-288
　figuras, 286-288
Montreuil, Pierre, 123-125
Mora, Francisco de, 172-175
More, Thomas, 131-133
Morris, William, 196, 201-202
Moscou, 109-111, 176-178, 182-184
Mugardos, igreja, 183-185
　figuras, 183-185
Mumford, Lewis, 280-282
Munique, 174-176, 182-184, 283, 314-316
　figuras, 314-316
Museu de Arte Contemporânea, Barcelona, 312-315
　figuras, 312-313
Museu de Arte Romana, Mérida, 291-292
Museu de Artes Decorativas, Frankfurt, 291-292, 312-315, 359
　figuras, 291-292, 359
Museu de Atlanta, 312-315
Museu de Belas Artes, Viena, 198-200, 342
Museu de História Natural, Viena, 198-200, 342
Museu dos Judeus, Berlim, 302-304
Muthesius, Hermann, 235-236, 241-243, 265
　figuras, 236
MVRDV, 308, 314-316

Napoleão, 182-184, 190-193
Napoleão, coluna, 23-24
Napoleão III, 198-200, 343
Nápoles, 63-64, 147-149, 174-178, 217-219
Naranco, 114
Narbona, 126-128

Nash, 174-176, 183-185
　figuras, 183-185
Navarro Baldeweg, Juan, 312-315
Nerón, 82
Nerón, palácio, 82-83
Neue Nationalgalerie, Berlim, 274
Neufert, Ernst, 48-49, 239-241
　figuras, 48-49
Neumann, Balthasar, 174-176
New Harmony, 291-292
New Haven, 280-282, 358
　figuras, 280-282
New York Five, 291-292, 298-299, 359
　figuras, 359
Newton, 182-183, 237
　figuras, 182-183
Nicolau V, 146-149
Niemeyer, Oscar, 252, 312-313
Nîmes, 62, 315-317
　figuras, 62
Notre-Dame, Paris, 99-102, 123-125, 331
　figuras, 99-102, 122-124, 331
Nouvel, Jean, 315-317
Nova Deli, 214-216
Nova York, 198-199, 213-221, 229-230, 258-259, 271-274, 280-282, 291-292, 294-296, 311-313, 363
　figuras, 198-199, 213-215, 229-230, 272-274, 363

Oaxaca, 137-138
Obona, 95-98
　figuras, 95-98
Obradoiro, praça, 165-166
Olbrich, 202-204
Olímpia, 67-70
ONU, sede da, 272-273, 363
　figuras, 274, 363
Ópera, Paris, 198-201, 343
　figuras, 200-201, 343
Ópera, Viena, 198-200, 342
Orsay, Paris, 309-312
Ortega y Gasset, José, 85, 90-92
Osaka, 308, 311-313
Otaniemi, 272-273
Otto, Frei, 283
Oud, Jacobus J.P., 240-241, 246-249, 254, 266-269, 349
　figuras, 246-247, 266-267, 349
Oviedo, 23, 114, 217-219, 320, 346
　figuras, 320, 346
Owen, 220-222, 249-251
Oxford, 241-243, 284-285, 356
　figuras, 284-285
Ozenfant, 228-229

Pablo III, 150-151, 156-157, 171-173
Paestum, 55-57, 63-64, 323
 figuras, 55-57, 64-65, 323
Pagano, 268-269
Paimio, sanatório, 238-239, 261-262, 271-273
 figuras, 238-239
palácio comunal, Bruges, 125-127
palácio comunal, Bruxelas, 125-127
palácio comunal, Florença, 125-127
palácio comunal, Siena, 125-127, 333
 figuras, 125-127, 333
Palácio da Justiça, Bruxelas, 216-218
Palácio da Justiça, Roma, 216-218
Palácio da Música Catalã, 203-204, 345
 figuras, 203, 345
Palácio de Cristal, Londres, 206-208
 figuras, 206-208
Palácio do Té, 151
Palácio dos Sovietes, concurso, 270-272
Palácio Imperial, Viena, 198-200
Palácio Real, Turim, 174-177
Palas Atena, 64-65
Palatino, 74-76, 82-83, 87-89
Palestrina, 89-92
Palladio, Andrea, 146-148, 151-154
 figuras, 151-154
Palma de Maiorca, 126-128
Palmanova, 132-135
Panteon, Roma, 25, 74-79, 113, 149-151, 325
 figuras, 75-77, 325
Paris, 23-24, 99-102, 121-125, 136-137, 168-178, 182-186, 197-201, 204-208, 210-220, 240-244, 249-251, 261-263, 268-269, 284-286, 291-292, 294, 298-306, 309-317, 331, 343, 346, 351, 357, 361
 figuras, 23-24, 99-102, 122-124, 269, 172-175, 182-184, 197-199, 200-202, 207-208, 211-212, 217-219, 240-242, 261-262, 294-299, 302-304, 309-312, 331, 346, 351, 357, 361
Parlamento, Edimburgo, 302-304
Parlamento, Estrasburgo, 311-313
Parlamento, Londres, 195, 206-208
 figuras, 196
Parlamento, Viena, 198-200, 342
Parmênides, 47-48

Partenon, 62-66, 74-76, 323-324
 figuras, 65-69, 323-324
Patte, Pierre, 185-186
Pavilhão da Finlândia 1939, Nova York, 271-273
Pavilhão de Barcelona, 255-256, 260, 267-268, 312-315, 352
 figuras, 261-262, 352
Pavilhão Suíço, Paris, 240-242, 261-263, 268-269, 351
 figuras, 240-242, 261-262, 351
Paxton, Joseph, 206-208
 figuras, 206-208
Pazzi, capela, 143-144, 146-148, 334
 figuras, 143-144, 334
Pedro, o Grande, 176-178
Pedro III de Aragão, 65-66
Peets, Elbert, 194
Pelli, César, 311-313
Penitenciária, Barcelona, 217-219
Penitenciária, La Coruña, 217-219
Penitenciária, Oviedo, 217-219, 346
 figuras, 217-219, 346
Penitenciária, València, 217-219
Penitenciária de Corte, Madri, 172-175
Penitenciária Modelo, Madri, 217-219
Penn, William, 137-138
 figuras, 137-138
Pequim, 308
Pérez, Silvestre, 183-185
 figuras, 183-185
Péricles, 64-66, 85
Perret, Auguste, 265, 271-273
Perugino, 147-149
Peruzzi, Baldassare, 148-151
Petronas, torres, 311-313
Pevsner, Nikolaus, 268-269
Piano, Renzo, 284-285, 294-296, 311-313, 357
 figuras, 294-296, 357
Piazza di Popolo, 269
Piazza di Spagna (Roma), 269, 172-175
Piazza Navona, 269
Picasso, 228-229, 255-256
Picasso, museu (Paris), 301-304
Piccolomini, praça, 133-135
 figuras, 133-135
Pienza, 133-135, 147-149
 figuras, 133-135
Piermarini, Giuseppe, 168
 figuras, 168
Piero della Francesca, 142-144
 figuras, 142-144
Piñón, Helio, 303-305
 figuras, 303-305

Piranesi, Giambattista, 172-175, 216-218, 337
 figuras, 337
Pireus, 65-66, 86-88
Pitti, palácio, 146-148
Platerías, pórtico, 330
 figuras, 330
Platerías, praça, 165-166
Platón, 51
Plaza de Toros, Madri, 198-199
Plecnik, 202-204
Plinio, vila (Laurentum), 82-83
Plug-in City, 294-296, 360
 figuras, 360
Poblet, monastério, 121-122
Poelaert, 216-218
Poelzig, Hans, 235-236, 270-272
Poissy, 262-263, 350
 figuras, 262-263
Policleto, 51
Polidesportivo, Huesca, 302-304
Pompeia, 74-76, 82, 89-92, 182
Pompidou, centro, 284-286, 294, 309-312, 357
 figuras, 294-296, 357
ponte, Alcántara, 92
 figuras, 90-92
ponte, Mérida, 92
Popolo, praça, 269
 figuras, 171-173
Poppelmann, 174-176
Porta Pia, 156-157
Porto, 312-315
Portzamparc, Christian de, 302-304
 figuras, 302-304
Poseidón, templo (Paestum), 55-57, 63-65, 323
 figuras, 55-57, 64-65, 323
Potsdam, 176-178, 267-268
 figuras, 267-268
praça, Bruxelas, 126-128
praça, Cracóvia, 126-128
praça, Guadalajara (México), 137-138
praça, Siena, 126-128
 figuras, 125-127
Praça da Espanha (Roma), 269, 172-175
Praça do Povo, 269
Praça Maior, Cuzco, 137-138
Praça Maior, Lima, 137-138
Praça Maior, Madri, 172-175
 figuras, 172-174
Praça Maior, Oaxaca, 137-138
Praça Maior, Puebla, 137-138
Praça Navona, 269
 figuras, 269, 171-173

Prado, museu, 182-183
    figuras, 182-184
Prado, passeio, 269-170
    figuras, 269-170
Praga, 124-126, 174-176
Prefeitura, Amsterdã, 168
Prefeitura, Hilversum, 270-272, 354
    figuras, 270-272, 354
Prefeitura, Salamanca, 168
Prefeitura, Säynätsalo, 272-273, 353
    figuras, 271-273, 353
Prefeitura, Viena, 198-200, 342
Priene, 55-57, 86-88
    figuras, 55-57, 86-88
Propileu, 66-70, 324
    figuras, 67-70, 324
Prost, 214-216
Puebla, 137-138
Pugin, Augustus W.N., 196

Quaroni, Ludovico, 280-282
Quatremère de Quincy, Antoine-Chrysostôme, 73-74, 185-187, 190-193
Queenís College, Oxford, 284-285
    figuras, 284-285
Quéfren, pirâmide, 39-41
    figuras, 39-42
Quéops (Khofu), pirâmide, 39-41
    figuras, 39-41
Quintana, praça, 165-166
Quirinal, 76-78

Rabat, 214-216
Rafael, 131-133, 141-144, 148-151, 335
    figuras, 335
Rainaldi, Carlo, 160-162, 172-174, 338
    figuras, 338
Rameseum, 31-33
    figuras, 31-33
Ramiro I, 114
Ramsés II, 31-33, 41-42
    figuras, 31-33
Rathenau, 235-236
Ravena, 108-110
Redentore, igreja, 151-153
Regentís Street, Londres, 183-185
    figuras, 183-185
Reichstag, 216-218
Reims, 123-125
Reis Católicos, 136-137, 148-149
Retiro, parque, 219-221
Reynaud, François-Léonce, 193-194

Richards, J.M., 268-269
Richards, laboratórios, 280-281
Richardson, 221-224
Richter, 254-256
Rietveld, Gerrit, 254-256, 266-269, 348
    figuras, 255-256, 348
Rímini, 147-149
Ring, Viena, 198-200, 342
    figuras, 198-199, 342
Río de Janeiro, 249-251
Ripetta, porto, 172-175
Ripoll, 115-116
Roberto, mestre, 115-116
Robertson, Howard, 194
Robie, casa, 229-230, 347
    figuras, 229-231, 347
Rocco, 217-219
Roche, Kevin, 280-282, 312-313
    figuras, 280-282
Rogers, Richard, 284-285, 294-296, 311-313, 315-317, 357
    figuras, 294-296, 315-317, 357
Roma, 14-16, 23-25, 59-60, 74-76, 79-80, 82, 87-92, 95-98, 132-137, 143-144, 146-151, 160-165, 269, 171-175, 210, 214-221, 325-326, 336
    figuras, 23, 56-58, 75-77, 87-90, 133-137, 151-153, 163-166, 269, 171-174, 214-218, 325-326, 336
Romano, Giulio, 151
Ronchamp, capela, 275-276, 355
    figuras, 276, 355
Rondelet, Jean, 193-194
Rossi, Aldo, 15-17, 287-290, 308, 312-313
    figuras, 289-290
Roterdã, 246-247, 266-267, 302-304
    figuras, 246-247, 266-267, 302-304
Rousseau, Jean-Jacques, 182-183
Rowe, Colin, 303-305, 309-312
Ruán, 227-228
Ruskin, John, 196

Saarinen, Eliel, 271-273
Sacconi, 216-218
    figuras, 216-218
Sáenz de Oíza, Francisco, 291-292
Safdie, Moshe, 286-288
    figuras, 286-288
Sagrada Família, igreja, 198-199, 203-204
Saint Andrews, 241-243, 284-285, 356

Saint Paulís Cathedral, Londres, 174-176
Saint-Denis, 121-122
Sainte-Chapelle, Paris, 123-126, 331
    figuras, 123-125, 331
Sainte-Geneviève, biblioteca, 197-199
    figuras, 197-199
Saint-Simon, 220-222
Sakkara, 30-31, 39-41, 47
    figuras, 30-31, 39-41
Salamanca, 168
Salisbury, 23-24, 124-126
    figuras, 23
Salk, instituto, 280-281
    figuras, 280-281
Salomão, igreja, 23-24, 153-154
San Carlino alle Quattro Fontane, 161-164, 339
San Giminiano, 333
    figuras, 333
San Sebastián, 269-270, 312-315
    figuras, 269-270
Sanatório para Tuberculosos, Barcelona, 249-251
Sangallo, Antonio da, 132-135, 148-151
    figuras, 132-135
Sanjust, 214-216
Sanmicheli, Michele, 150-151
Sansovino, Jacopo, 150-151
Santa Maria das Graças, 148-149
Santa Maria del Fiore, 126-128, 146-148
Santa María del Mar, 126-128
Santa Maria Maior, 103-106, 164-166, 171-173, 328, 338
    figuras, 164-166, 171-173, 328, 338
Santa Sabina, Roma, 103-106, 328
    figuras, 328
Santa Sofia, Constantinopla, 107-110, 329
    figuras, 329
Santa Tecla, castro, 26
    figuras, 26
Santa Teresa, 312-315
Santiago, caminho, 95-98, 115-116, 330
    figuras, 115-116
Santiago, catedral, 113, 115-116, 165-166, 330, 338
    figuras, 115-117, 165-166, 338
Santiago, tabernáculo, 165-166, 338
    figuras, 165-166, 338
Santiago de Compostela, 25, 95-98, 115-116, 312-317, 338
    figuras, 115-116, 316-317, 338

Santo André, Mântua, 147-149
figuras, 147-149
Santo André delle Frate, 339
figuras, 339
Santo André no Quirinale, 160-164
figuras, 161-163
Santo Ângelo, 148-149, 171-173
Santo Antônio, mercado (Barcelona), 206-208
Santo Apolinário, Ravena, 108-110
Santo Augustinho, 89-92, 95
Santo Isidoro, León, 115-116
figuras, 115-116
Santo Ivo alla Sapienza, 161-163, 339
figuras, 162-164, 339
Santos Apóstolos, Constantinopla, 108-110
Santos Sérgio e Baco, 108-110
Sants, praça, 3034-306
figuras, 303-305
São Bento, 95-98
São Carlos das Quatro Fontes, 161-164, 339
figuras, 162-164, 339
São João de Latrão, 105-107, 164-166, 171-173
figuras, 164-166
São Jorge Maior, 151-153
figuras, 151-153
São Lourenço, Florença, 143-144, 146-148, 334
figuras, 143-144, 334
São Lourenço, sacristia velha (Florença), 146-148, 334
São Lucas, Roma, 162-164
São Luís da França, rei, 123-125
São Marcos, Veneza, 109-111
São Martim de Frómista, 115-116
São Patrício, Nova York, 198-199
figuras, 198-199
São Paulo, 249-251
São Paulo, hospital (Barcelona), 203-204
São Paulo Extramuros, 105-107, 328
figuras, 328
São Pedro, baldaquim (Roma), 338
figuras, 338
São Pedro, praça (Roma), 162-165, 172-174, 337
figuras, 163-165, 172-174, 337
São Pedro, Roma, 105-107, 143-144, 148-151, 155-157, 160-162, 171-173, 335, 337-338
figuras, 148-151, 156-157, 335, 337-338

São Pedro de Montorio, 143-144, 148-151, 155-156, 335
figuras, 149-151, 335
São Petersburgo, 176-178, 182-184, 217-219
São Sátiro, Milão, 148-149
Sartoris, Alberto, 268-269
Saussure, 286-288, 296-298
Savoye, vila, 237, 262-263, 268-269, 350
figuras, 262-263, 350
Säynätsalo, 272-273, 353
figuras, 271-273, 353
Scala, 168
figuras, 168
Scala Regia, 160-162
figuras, 160-162
Scharoun, Hans, 248-249, 270-272
figuras, 248-249, 270-272
Schinkel, Karl Friedrich, 182-184, 197-199
figuras, 207-208
Schocken, lojas, 267-268
figuras, 267-268
Schönbrunn, 174-176
Schroeder, casa, 255-256, 266-267, 348
figuras, 255-256, 348
Seagram, arranha-céu, 274
figuras, 274
Segóvia, 90-92, 103-106
Seinäjoki, 272-273
Selinunte, 63-64
Semper, Gottfried, 197-200
Senenmut (Senmut), 44, 47, 322
figuras, 44, 322
Serlio, Sebastiano, 131-133, 148-149, 151
figuras, 131-133
Serralves, museu, 312-315
Sert, 269-270
Sesostris I, obelisco, 38
figuras, 38
Sétimo Severo, arco, 59-60, 80-81
Seul, 308
Sevilha, 100-102, 121, 174-176
Sforzinda, 131-133
figuras, 131-133
Siena, 103-104, 125-128, 320, 333
figuras, 320, 333
Signoria, praça, 141, 146-148
figuras, 141, 146-148
Silodam, Amsterdã, 314-316
Simmel, 235-236
Simounet, Roland, 301-303

Sistina, capela, 147-149, 164-166
figuras, 147-149
Sitte, Camilo, 213-215
Sixto V, 171-174
figuras, 171-173
Siza, Álvaro, 291-292, 312-315
Smith, casa, 291-292
figuras, 291-292
Smithson, Alison e Peter, 276
Sociedade das Nações, concurso, 265, 268-269, 272-273
Soria, Arturo, 131-133, 204-205, 221-224, 249-251
figuras, 223-224
Sota, Alejandro de la, 312-315
Sounion, igreja, 67-69
Souto de Moura, Eduardo, 312-315
Spagna, praça (Roma), 269, 172-175
figuras, 269, 171-173
Spalato, 82-83, 89-91
figuras, 82-83
Split, 82-83
Stam, Mart, 248-249, 349
figuras, 349
Stein, vila, 257-258
figuras, 257-258
Stirling, James, 241-243, 283-285, 312-313, 356
figuras, 283-285, 356
Stonehenge, 23-24
figuras, 23
Stupinigi, 174-178
figuras, 174-177
Stuttgart, 176-178, 248-249, 259, 265, 267-268, 290-292, 349
figuras, 248-249, 257-258, 267-268, 349
Suger, abade, 121-122
Sullivan, Louis, 201-202, 229-230
figuras, 202-204
Summerson, John, 58-59
Swan, teatro, 167
figuras, 167

Tabularium, 59-60
Taipei, torre, 311-313
Tange, Kenzo, 296-298, 312-313
figuras, 296-298
Tate, nova galeria, 314-316
figuras, 314-316
Tatlin, Vladimir, 270-272
figuras, 270-272
Taut, Bruno, 270-272
Team X, 246, 287-288
figuras, 287-288
teatro, Atenas, 79-80
teatro, Bordeaux, 168, 185-186

teatro, Delfos, 79-80
teatro, Epidauro, 79-80, 326
  figuras, 79-80, 326
teatro, Mérida, 79-80
teatro, Viena, 342
  figuras, 342
Teatro do Mundo, Veneza, 289-290
  figuras, 289-290
Tebas, 30-31, 41-44, 322
  figuras, 30-33, 41-44, 322
Telesterión, 65-66
Tendenza, grupo, 288-290
Terceira Internacional, monumento, 270-272
  figuras, 270-272
Termas, Vals, 314-316
terminal marítimo, Yokohama, 311-313, 315-317
  figuras, 315-317
Termini, estação ferroviária (Roma), 218-220
Terragni, Giuseppe, 268-269, 354
  figuras, 269-270, 354
Tessenow, Heinrich, 271-273
Thonet, 233
  figuras, 233
Tiergarten, Berlim, 219-221
Timgad, 90-92
  figuras, 89-92
Tito, arco, 59-60, 80-81
Tivoli, 59-60, 82-83, 89-91, 327
  figuras, 89-91, 327
Toledo, 100-102, 119, 124-126
  figuras, 100-102
Toledo, Juan Bautista de, 154
  figuras, 154
Tollet, Casimir, 217-219
Tolomeo, 136-137
Tóquio, 296-298, 308
  figuras, 296-298
Torres Clavé, 269-270
Torres Gêmeas, Nova York, 311-313, 363
  figuras, 363
Torricelli, 157-169
Toulouse, 115-116
  figuras, 287-288
Toulouse-le-Mirail, 286-288
  figuras, 287-288
Tours, 115-116
Trajano, 76-78
Trajano, coluna, 23-24, 80-81
  figuras, 23
Trajano, foro, 76-78, 88-90
  figuras, 76-78, 89-91
Trajano, termas, 89-91
Três Dragões, castelo, 203-204
Trevi, fonte, 172-175

Tschumi, Bernard, 298-302, 361
  figuras, 298-302, 361
Tugendhat, casa, 262-263, 267-268
  figuras, 262-263
Tulherias, 269-170
Turim, 168, 174-178, 212-213
  figuras, 174-177
Tutmósis I, 30-32

Ulpia, basílica, 76-78
  figuras, 76-78
Umberto, galeria, 217-219
Unidade de Habitação, 240-241, 248-249, 275
  figuras, 239-241, 275
Urbano VIII, 172-174
Urbino, 132-135, 142-144, 147-149
Utrecht, 255-256, 266-267, 302-304
  figuras, 255-256

Valdediós, 95-98
  figuras, 95-98
Val-de-Grâce, 172-175
València, 100-102, 126-128, 217-219
Valle de los Caídos, Madri, 25
Vals, 314-316
Van Berkel, Ben, 314-316
Van de Velde, Henry, 235-236, 266
  figuras, 236, 266
Van Doesburg, Theo, 240-241, 254-258, 266, 348
  figuras, 256-258, 348
Van Eesteren, Cornelis, 254, 265-267
Van Eyck, Aldo, 276, 303-305, 307-308
Van Gogh, 228-229
Vantongerloo, 254
Vanvitelli, 174-177
Vasari, Giorgio, 131-133, 139-140, 145-148, 151, 155-156, 265
Vaticano, 105-107, 136-137, 143-144, 148-151, 155-157, 160-162, 164-166, 171-173, 335
  figuras, 147-151, 156-157, 160-162, 171-173, 335
Vaudremer, 217-219
Vaux-le-Vicomte, 176-178
Vega Verdugo, José, 165-166
  figuras, 165-166
Velázquez, 227-228
Vendôme, praça, 23-24, 172-175
Veneza, 109-111, 147-149, 150-153, 168, 289-290
  figuras, 151-153, 289-290
Venturi, Robert, 286-288, 312-313
Verlaine, 216-218

Verne, 221-224
Verona, 150-153
Versalhes, 154, 168-269, 172-178, 341
  figuras, 176-178, 341
Viaplana, Albert, 303-305
  figuras, 303-305
Vicenza, 151-153
Victoires, praça, 172-175
Viena, 99-102, 124-126, 171-176, 198-200, 217-219, 220-222, 342, 344
  figuras, 174-176, 198-199, 202-204, 342, 344
Vignola, Giacomo Barozzi da, 131-133, 143-144, 151, 153-154
  figuras, 151-153
Vignon, Pierre, 182-184
  figuras, 182-184
Villanueva, Juan de, 182-183
  figuras, 182-184
Ville Contemporaine, 233, 242-244, 249-252, 267-268
  figuras, 233, 249-251
Ville Radieuse, 242-244, 249-251
  figuras, 249-251
Viollet-le-Duc, Eugène-Emmanuel, 193-194, 198-200
Vitória, 198-199
Vitrúvio, 72-73, 131-133
  figuras, 131-133
Vittone, Bernardo, 157-169
Vittoriano, monumento, 216-218
  figuras, 216-218
Vittorio Emanuele, galeria, 217-219
Voisin, plano, 242-244, 249-251
Voltaire, escola, 217-219
  figuras, 217-219
Vosges, praça, 172-175
Votiva, igreja (Viena), 198-199
VPRO, sede, 314-316

Wagner, Otto, 194, 202-204, 344
  figuras, 202-204, 344
Walking City, 294-296, 360
  figuras, 294-296, 360
Wallot, 216-218
Washington, 23-24, 182-184, 216-218
Waterloo, terminal (Londres), 315-317
Webb, Michael, 294
Weimar, 266
  figuras, 266
Weissenhof, colônia, 248-249, 259, 267-268, 349
  figuras, 248-249, 257-258, 349

Wells, 124-126
Welwyn, 223-224
Wendingen, 270-272, 354
Werkbund, 223-224, 234-238, 241-243, 248-249, 265-269, 349
Westminster, 124-126, 174-176
 figuras, 174-176
Winckelmann, Johann Joachim, 182
Woga, conjunto, 267-268, 355
 figuras, 355
Wren, Christopher, 174-176

Wright, Frank Lloyd, 202-204, 229-232, 256-258, 262-263, 265, 270-273, 347-348, 354
 figuras, 229-231, 262-263, 272-273, 347
Würzburg, 174-176

Xangai, 308

Yakarta, 308
Yamasaki, Minoru, 311-313
Yokohama, 311-313, 315-317
 figuras, 315-317

Zaera, Alejandro, 311-313, 315-317
 figuras, 315-317
Zaragoza, 100-102, 121, 126-128
Zevi, Bruno, 14-17, 77-79, 103-106, 122-123, 237, 272-273
Zócalo, praça, 137-138
 figuras, 137-138
Zola, 218-220
Zoser, 39-41
 figuras, 39-41
Zumthor, Peter, 314-316